JN188143

図表でみる 世界の行政改革

OECDインディケータ（2023年版）

経済協力開発機構（OECD）編著　平井文三 訳

Government at a Glance 2023

OECD INDICATORS

特集：複数の危機の時代における民主主義の強じん性

信頼と民主的ガバナンス

公共サービスへの満足度

政策サイクルのガバナンス

規制のガバナンス

予算編成の慣行

公共調達のマネジメント

インフラストラクチャの計画立案及び提供

デジタル・ガバメントとオープン・ガバメント・データ

公共部門の歳入及び生産費用

公共支出

公共の雇用及び代表性

人材マネジメント

明石書店

原著は経済協力開発機構（Organisation for Economic Cooperation and Development, OECD）により
以下のタイトルで出版された。
OECD（2023）, *Government at a Glance 2023*, OECD Publishing, Paris.
© OECD（30 Jun 2023）https://doi.org/10.1787/3d5c5d31-en
この翻訳はOECD との取り決めにより出版されたものである。これは、OECD の公式翻訳ではない。
翻訳の質及び原著との整合性については、翻訳出版社及び翻訳者のみが責任を負う。
原著と翻訳との間に齟齬がある場合、原著のテキストのみが有効とみなされる。

序　文

各国政府は、世界全体で、経済的強じん性、安全保障及び幸福を脅かしてきた多数の連続したショックを特徴とする、複数の危機の時代に入った。これらの危機の原因は、政治的不安定と地政学的緊張から、景気後退、エネルギー危機及びCOVID-19パンデミックのような公衆衛生上の緊急事態にまで及ぶ。各国政府は、人口の高齢化並びにグリーン及びデジタルという双子の移行のマネジメントのような構造的課題にも直面している。これらの構造的課題は、経済及び社会に対する、深遠な構造的変化を求める。

多くの政府は、急速な近代化、特にデジタル化によって提供される機会を利用している一方で、政治的二極化の高まり、誤情報の蔓延の増大及び従来の民主的プロセスへの幻滅の増大を含む多くの懸念すべき傾向にも直面している。このため、政府は、民主的強じん性の強化及び公的機関に対する信頼の強化にますます焦点を当てるようになっているが、これは世界的な金融危機後よりも平均してわずかに高いだけである。

この重大な局面において、OECD加盟国及び加盟申請諸国は、2022年11月の「信頼の構築及び民主主義の強化」に関するOECD公共ガバナンス委員会の閣僚級会合において会し、OECDの民主主義強化イニシアティブ（RDI）を立ち上げた。RDIを通じて、各国は、民主主義及び国民の信頼に対する主要なガバナンス上の課題のいくつかに対応するための広範な行動にコミットした。これには、誤情報との闘い、公共生活における代表性、参加及び開放性の強化、気候変動に対処するための政府の準備、デジタル民主主義のための公共ガバナンスの変革、政府の世界的責任の受け入れ及び外国の影響に対する強じん性の構築が含まれる。

これらのコミットメントの進展を監視するためには、証拠が鍵となる。この第8版の『図表でみる世界の行政改革（*Government at a Glance*）』は、この証拠ベースに貢献しており、民主的ガバナンスの長所と短所の両方を特定するのに役立つ様々な公共ガバナンス、ツール及び慣行に関する国際的に比較されたデータを特徴としている。「複数の危機の時代における民主的強じん性――構築・強化・保護のために」という特集章は、政府がこの目標に向けて取り組むことができる3つの主要な方法を強調しており、2023年の閣僚理事会（MCM）の背景文書として提示された。この報告書は、2023年6月13日に書面による手続きを通じて公共ガバナンス委員会によって承認され、OECD事務局による公表のために準備された。

謝 辞

『図表でみる世界の行政改革（2023年版）』は、OECD事務局のElsa Pilichowski公共ガバナンス局長の全体のリーダーシップの下で、同局によって作成されたものである。本書は、Monica Brezziの指揮の下、OECDガバナンス指標及び業績課において準備され、Santiago Gonzálezにより調整が行われた。『図表でみる世界の行政改革（2023年版）』は、Conor Das-Doyle、Alexis Kyander、Santiago González、Alessandro Lupi, Mariana Prats及びSina Smidによって起草された。David Gamboa SolanoとUgo Mottiが研究支援を提供した。

主な貢献は、Julio Bacio-Terracino、Jesper Johnson、Jean Francois Leruste、Ernesto Soria Morales、Elise Desplanques及び、Elona Wahlen（第4章）、Christiane Arndt-Bascle、Martha Baxter、Vincent Van Langen、Marianna Kartunen、Antonio Reyes、Paul Davison、Gamze Igrioglu及びEstera Szakadatova（第5章）、Andrew Blazey、Margaux Lelong、Scherie Nicol、Krystle Gatt Rappa、Stéphane Jacobzone、Camila Vammale、Caroline Penn及びAnne Keller（第6章）、Paulo Magina、Erika Bozzay、Mathieu Cahen及びLisa Vanden Eynden（第7章）、Ana Maria Ruiz Rivadeneira及びTenzin Dekyi（第8章）、Arturo Rivera Perez、Felipe González-Zapata、Cecilia Emilsson、Ricardo Zapata及びSeong Ju Park（第9章）、Daniel Gerson、Miriam Allam、Moritz Adler、Pietro Gagliardi、Meeta Tarani及びOllin Perez Raynaud（第12章）、Daniel Gerson、Natalia Nolan-Flecha、François Villeneuve、Alana Baker、Nina Thomassen及びLaurence Dynes（第13章）によってなされた。この版の特集が掲載されている章（第1章）は、上記の多くの人々から、指摘された特定の主題に関する寄稿を受けたほか、Gillian Dorner、Moritz Ader、Charles Baubion、Alessandro Bellantoni、Pauline Bertrand、Heather Buisman、Emma Cantera、Titouan Chassagne、Marco Daglio、Laurence Dynes、Sara Fyson、Misha Kaur、Shana Krishnan、Gloriana Madrigal、Craig Matasick、Darius Matusevicius、Mauricio Mejia Galvan、Réka Mihácsi、Giulia Morando、Barbara Ubaldi、Delphine Moretti、Pinar Güven、Jack Radsch、Claire Salama、Piret Tonurist、Daniel Trnka、Benjamin Welbyからも寄稿を受けたことを歓迎する。『図表でみる世界の行政改革（2023年版）』は、Sally Hinchcliffeによって編集され、Andrea Uhrhammerの編集支援を受けた。Meral GedikとThibaut Gigouによって出版のために準備された。

第3章への貴重なコメントが以下の者から得られた。すなわち、OECD雇用労働社会局のGaetan Lafortune、Chris James及びRie Fujisawa、そして、OECD教育・技能局のAbel Schuman、Corinne Heckman、Miyako Ikeda及びGiovanni Smeraroである。OECD幸福、社会的包摂、持続可能性及び機会均等センターからは、第11章「不平等削減と貧困」に関する2ページに対するコメントを提供された。OECD公共ガバナンス委員会と『図表でみる世界の行政改革』運営グループのメンバー（附録Hに記載）は、本書へのガイダンスと草案への実質的なコメントを提供した。

『図表でみる世界の行政改革』に掲載されている多くの指標は、公共ガバナンス委員会（PGC）、規制政策委員会（RPC）及び上級予算官吏委員会（SBO）とともに策定されたOECDの原則と勧告の測定を反映している。これらの指標は、PGC、RPC、SBO、公共雇用・マネジメントに関する作業部会、公共部門の清廉性を担当する上級官吏の作業部会、デジタル政府担当上級官吏の作業部会（リーダー）、インフラストラクチャと官民パートナーシップ（PPP）担当上級官吏作業部会及び、公共調達に関する主要実務者の作業部会との協力により開発された、政府官吏に対するOECDサーベイを通じてデータ収集された。

図表でみる世界の行政改革

OECDインディケータ（2023年版）

目次

要　旨
―重要な事実とデータ―

近年、複数の連続したショックが、世界中の経済の強じん性と幸福を脅かしている。OECD諸国の政府、そして、民主主義システムは、これらの危機への対応の中心となってきた。各国は、一般的に規模とスピードで対応してきたが、複数の危機の状況では、これで十分である可能性は低い。政府は、直面する課題をよりよく乗り切るために、信頼を構築し、民主主義の強じん性を高めるために、より高度な慣行を採用する必要がある。行動には、1）国民と利害関係者の参加と代表、社会的包摂性、イノベーションなどの民主的な強みを強化すること、2）複数の危機の状況でのサービス提供を支援するための主要なガバナンス能力を強化すること、3）公共の清廉性の失敗と誤情報や偽情報から生じる国民の信頼に対する積極的な脅威から保護することが含まれる。

複数の危機は、公的機関への信頼を損なうことによって民主主義の強じん性を低下させる可能性がある

- サーベイの対象となった22のOECD諸国の平均では、10人当たり4人強（41%）が中央政府への信頼が「高い」又は「中程度」であることが示されている。信頼は均等に分かれている。41%が中央政府への信頼が「低い」又は「ない」とを示している。2021年のCOVID-19パンデミックの間、信頼レベルは大きく変動したが、2008年の金融危機後ほど大幅に急落することはなかった。2008年の危機から国民の信頼が回復するまでに、OECD諸国平均で、約10年かかった。

- OECD諸国では、人々は公的機関を信頼できると考える傾向があり、公共サービスに広く満足している。回答者の約3分の2が保健医療システム（68%）、教育システム（67%）、行政サービス（63%）に満足している。サーベイ対象のOECD諸国22か国の平均で、回答者の半数以上が、政府が個人データを正当な目的にのみ使用していることに信頼している（51%）。多数の人々（67%）は行政手続に関する情報へのアクセスに満足しており、約半数（49%）は将来の危機に対処するための政府の準備に満足している。

- 政府が自分たちのニーズや要望に応えていると考える人はほとんどおらず、参加や代表性に対する期待に達していないと述べている。OECD諸国平均で、回答者の半数未満（40%）が、政府がパフォーマンスの低いサービスを改善したり、革新的なアイデアを実施したりすることを期待している（38%）。政府が何をしているかについて発言権があると感じている人はわずか30%である。

- 政府の清廉性に対する国民の認識も問題であり、OECD諸国平均で48%の人々が、高レベルの政治当局者が高給の民間部門の仕事に就く見込みと引き換えに政治的利益を与えると、認識している。

政府は、参加と社会的包摂性における強みをよりよく活用しなければならない

- 参加型の意思決定を改善できる大きな余地がある。OECD諸国22か国の回答者の10人に4人以上（43%）が、政府が公開協議で表明された意見を採用する可能性は低いと述べている。参加のためのより高度なメカニズムが必要である。2020年には、OECD諸国29か国のうち27か国が、国民や利害関係者との協議方法について公的機関を支援するための中央事務所を設置したが、参加型の実践は依然として場当たり的に実施されることが多い。

- すべてのOECD諸国は、法律や規制の策定に利害関係者を関与させている。同様に、33のOECD諸国（87%）は、インフラストラクチャ・プロジェクトへの利害関係者の参加のためのメカニズムを導入している。しかし、透明性と監視を改善する余地がある。法律や規制に関する今後の協議を開始前に発表している国はそれぞれ6か国と4か国のみであり、インフラストラクチャ・プロジェクトの監視とモニタリング監視に利害関係者を関与させている国は33か国中17か国のみである。

- 政府は、例えばジェンダー予算を通じたものを含め、社会的包摂性の向上を目指している。2022年には、OECD諸国38か国のうち23か国がジェンダー予算を適用しており、これは2016年と2018年にそれぞれ12か国と17か国しか適用していなかったことと比べ、増加している。しかし、多くの諸国は、ジェンダー予算の説明責任とインパクト評価に遅れをとっている。

- 近年の進展にもかかわらず、女性と若年者は政治や公的機関において過小評価されたままである。2021年には、OECD諸国の閣僚ポストの平均36%しか女性が占めていなかった。上級の職に占める女性の割合は、2011年から2021年の間にほとんどの国でOECD-EU諸国の平均33%から2021年には41%に増加したが、依然としてジェンダー平等を下回っている。20～39歳の人々は、OECD諸国の投票年齢人口の34%を占めているが、2022年の若年の国会議員の割合は23%であった。

政府は危機に対処するための主要な能力を強化しなければならない

- 財政の強じん性を維持することは、予期せぬ支出に対応し、構造的な環境社会の変化に資金を提供するための鍵である。新型コロナウイルス感染症のパンデミックによる深刻な悪化の後、財政にはいくつかの前向きな兆候があるが、回復は依然として脆弱である。OECD諸国の一般政府の平均財政赤字は、2020年の低水準（GDP比-10.2%）から、2021年にはGDP比-7.5%に、2022年には、OECD-EU諸国平均で、GDP比-3.5%に減少した。

- 予算編成マネジメント・プロセスは、気候危機に対処し、環境目標を達成するのに役立つ。グリーン予算編成メカニズムを実施している国の数は、2021年の14か国から2022年には24か国へと急速に増加しているが、グリーン予算編成は、モニタリングと監視の確保にに市民社会と議会をさらに関与させることによって、より効果的に利用することができる。

- 公共調達も、グリーン移行の達成に役立つ。ほとんどのOECD諸国（34か国中32か国）は、環境に害の少ない製品やサービスの購入を確保するために公共調達戦略、政策又は枠組みを導入しているが、

グリーン公共調達のインパクトを定期的に報告している諸国はわずか38%しかない。同様の傾向は他の部門でも観察されており、データが利用可能な諸国の約3分の2しかなく（27か国中17か国）、これらの諸国は、交通インフラストラクチャ・プロジェクトの潜在的な排出量を推定するために気候インパクト評価を必要としている。しかし、その結果をシステマティックに利用してプロジェクトを選択している国はわずか12か国である。

- 行政における公務員の流動性は、公的労働力の能力やイノベーションを構築し、強じん性を高めるための基礎となり得る。これらの便益にもかかわらず、2022年には、公務員の流動性はOECD諸国35か国のうちわずか3か国で義務的または期待され、11か国で推奨または奨励され、21か国では可能であるが奨励されていない。

政府は、汚職、清廉性の欠如、誤情報や偽情報から生じるリスクから保護しなければならない

- 多くのOECD諸国は、ロビイング、政治資金及び利益相反の状況における汚職を防止するための完全な保障措置を欠いている。OECD諸国29か国のうち、公に利用可能なロビー活動登録簿を持っているのはわずか12か国である。OECD諸国14か国では、政党や選挙運動が企業や外国からの財政的貢献を受けることを法律で禁止しており、匿名の寄付を登録する必要がある。一方、5か国はいかなる種類の禁止や登録義務も課していない。最後に、OECD諸国29か国のうち17か国で、政府の3つの部門すべてにわたって私的利益の開示が要求されている。

- 情報の完全性の強化は、デジタル時代において特に複雑になっている。人工知能（AI）は、民主的な権利と自由の行使を拡大し、保護することを含め、大きな機会を提供する。しかし、その利用はまた、政府が民主的な生活に建設的に関与する人々の意欲と能力を高め、社会に利益をもたらすことを確保せねばならないなど、政府に課題をもたらす。2022年には、OECD諸国30か国のうち17か国（57%）がAIの倫理的利用を確保するための法律や規制を有しており、11か国（37%）がガイドライン、基準、原則などとして導入している。

■ 第１章 ■

特集：複数の危機の時代における民主主義の強じん性

―構築・強化・保護のために―

はじめに

何十年にもわたって、民主的ガバナンスは、個人の権利と自由を保護し促進するとともに、長期的で持続可能な福祉の向上を可能にするための最良の制度的システムであることが証明されてきた。2022年11月の「信頼の構築と民主主義の強化」に関するOECD閣僚会議において、OECD加盟38か国、欧州連合及び一部のOECD加盟申請諸国の閣僚及びハイレベル代表は「民主主義は、継続的な自己評価及び自己改善を通じて、社会包摂的で、繁栄し、持続可能で、平和な社会を確保するために最も適した政府システムであり続ける」ことを再確認した（OECD, 2022 [1]）。

近年、民主主義は、一連のショック及び経済的及び民主的強じん性に対する課題に直面してきた。ウクライナに対するロシアのいわれのない侵略戦争及び世界的なCOVID-19の世界的流行は、OECD諸国の公共の福祉に大きな影響を及ぼしてきた。これらは、社会が2009年の世界的な金融危機の長期にわたる影響を乗り切るにつれて、多くの国が既に長期にわたる社会的、政治的及び経済的ストレスを経験した後に生じたものである。OECD諸国では、政府及び民主的システムがこれらの危機への対応の中心となってきた。多くの場合、政府及び民主的システムは、強じん性及び有効性を維持しており、COVID-19の世界的流行の影響を抑制し、その後回復させ（OECD, 2021 [2]）、ロシアの対ウクライナ戦争及びその結果としての2022年の物価上昇を含む経済的影響に対応するために、大きな規模及び高い速度で活動してきた。

しかし、各国が過去数十年で最大の保健医療、経済及び社会危機から脱し、現在及び将来の環境問題に備えるために闘う中で、OECD諸国の国民は自国の政府を信頼する人々と信頼しない人々とに均等に分かれており（OECD, 2022 [3]）、世界的な金融危機の余波よりもわずかに良好である。投票率の低さ、従来の民主的プロセスから離脱する国民の数の増加、誤情報や偽情報の増加、政治的二極化の拡大は、民主的強じん性及び政府が外部からのショックに備え、対応する能力を損なっている。OECD閣僚は既に、「現在の社会経済的、気候的、デジタル的及び地政学的環境において、政府の民主的モデルは深化され、保護される必要がある」ことを強調している（OECD, 2022 [1]）。特に、彼らは、内外からの民主主義への挑戦とともに、不確実性の増大と危機事象の並行傾向を強調し、我々の民主主義の強化及び我々の経済的及び社会政策対応への投資の必要性を強調した。

民主主義の強じん性を維持することは、幸福における持続可能で長期的な利益を継続するための鍵である。最も厳密な意味で、民主主義の強じん性とは、民主主義が非民主的になることを防ぐことを意味する。しかし、それは、国民を代表する政府と参加型の関与、基本的権利の尊重、政府に対するチェック、公平な行政の支援を確保する質の高い機関を維持することにも言及している。公的機関への信頼は、民主主義の強じん性にとって特に重要である。民主主義では、信頼の水準は自然に変動する。民主的な政府が継続的に改善し、安定したビジネス環境を可能にし、腐敗を防止し、国際ルールのシステムの信頼性を確保し、イノベーションと持続可能なビジネス投資を促進することを保証するのは、信頼を継続的に追求することである。その見返りとして、長期的に低いレベルの信頼、公的機関に対する不満、政治的二極化は、必要な構造改革を実施する政府の能力を損なう可能性がある。成長を支援し、我々の社会及び経済をより強固で、より公正で、ショックに対してより強じんなものとし続けるためには、現在必要とされている気候、エネルギー、マクロ経済、貿易、租税、社会及び教育の政策の野心的な組み合わせを実施するために、健全な公共ガバナンス及び信頼が必要である（OECD, 2022 [4]）。これらは、政策のより広範な受容、よりスマートでより対象を絞った公共支出と投資、より効果的な構造改革、ニーズにより敏感な政策とサービスにつながるより包括的な対話、及び公共資源の効率的かつ公正な利用に貢献する。

複数の重複する危機のマネジメントは、民主主義の強じん性を維持するための具体的な課題を生み出す。民主主義は、議論を促進し、利益を集約し、どの解決策が広範な支持を得ているかを特定し、公的機関がどのように提供しているかを透明性を持ってレビューするために、複雑な抑制と均衡のシステムを用いて運営されている。基本的権利を支持することに加え、民主主義は、他のいかなる形態の政府よりも国民のニーズを理解し、バランスをとるがゆえに、より多くのことを行い、そして、政府がそのサービス提供に対する説明責任を負うがゆえにである。しかし、民主主義の複雑さは、それらの運用を遅くして、潜在的な失敗の様々なポイントを可能にする。危機は、まさにこれらの経路を通じて民主主義を弱体化させる可能性がある。一方で、迅速な対応の必要性は、公共生活への参加と国民の自由権の行使を減少させる可能性がある。これは、国民が「声」の喪失を経験し、民主的プロセスから分離することにつながる可能性がある。一方で、危機に迅速に又は効果的に対応しないことは、公的機関の能力と価値に対する認識を損なう可能性がある。一様でない回復は、排除されている、又は「取り残されている」という感情を悪化させる可能性がある。さらに、開かれた社会では、危機は、誤情報や偽情報を拡散させ、悪意のある行為者が不当な影響力を得るための肥沃な土壌を作り出す可能性がある。これらの失敗はすべて、民主的制度への信頼を損ない、人々を政府の代替モデルに向かわせる可能性がある。これらは、しばしば、より迅速に提供することを約束することによって、又は複雑な政策課題に対する単純な解決策を提供することによってアピールする。ポピュリズム、ナショナリズム、独裁的傾向は危機の間に繁栄する。

危機とショックによる民主的強じん性へのリスクは消散しそうにない。主要な環境問題を抱える相互に結び付いた世界では、より頻繁なショックが予想される。各国は、既に、エネルギー危機と、現に発生している気候危機に直面している。また、人口の高齢化や新しい技術などの問題にも直面しており、これらは深刻な構造的社会変化を伴う。さらに、最近のショックは、相互に結びついた世界において、事象がどのように連鎖し、経済、民主主義及び国民の福祉に予期せぬ大きな影響を生み出すかを示している。

OECD諸国は、現在進行中のアジェンダの一部として、民主主義に対する主要なガバナンスの課題のいくつかに対応するための広範な行動に既にコミットしている。信頼の構築と民主主義の強化に関するルクセンブルク宣言は、OECD諸国が信頼を構築し、民主主義を強化するために協力するための今後の方法を提示している。この宣言は、1）誤情報や偽情報との闘い、2）参加、代表、開放性の強化、3）公的機関の世界的な行動責任の受け入れ、4）グリーン・マネジメント、5）デジタル民主主義のための公共ガバナンスの変革、という5つの柱に基づいている（OECD, 2022 [1]）。OECD民主主義強化イニシアティブは、現在の環境における政府の主な課題と今後の方向性をさらに強く定義している（OECD, 2022 [5]）。本章では、政府が複数の危機の中で民主主義の強じん性を最もよく強化し、我々の民主主義を長期的に保護する方法を提案する。

以下の節では、重複する危機が、民主主義政府に対する国民の信頼の基礎となる能力と価値の認識を損なう危険性があることを概説する。各国には独自の歴史的、政治的及び制度的状況があることを認識しつつ、次節では、行動のための3つの側面を探求する。1）参加と代表、社会的包摂性、イノベーション及び協力における民主的な強みを強化する。2）複数の危機の中での提供を支援するために必要な、主要なガバナンス能力を強化する。3）公共の清廉性さの欠如と誤情報や偽情報から生じる国民の信頼に対する積極的な脅威から保護する。共同で対処することで、今後、危機に直面している我々の民主主義を強化し、我々が将来の世代のために健全な民主主義を残すことを確保するために取り組む。

第1節　不確実な世界における民主的ガバナンス

1.1　複数の危機の時代

多くのOECD諸国は、近年、社会的・経済的安定に対する重大なショックに直面している。『図表でみる世界の行政改革』の第1版は、世界的な金融危機の最終段階である2009年に出版された。最初の焦点の章では、政府が危機から回復し、より安定した予測可能な運営環境に戻ることに伴う、公共ガバナンス改革の優先分野を提示した。しかし、2009年は、通常のビジネスへの復帰点を示すものではなかった。むしろ、それ以来ますます激しく展開する傾向にある複数の危機によって中断される時代への出発点を示した。

グローバル金融危機は、多くのOECD諸国に大きな経済ショックを引き起こし、国民が経験した経済的・社会的成果に大きな波及効果をもたらした。多くのOECD諸国は大規模な景気後退を経験し、その後、長年にわたる財政再建と低成長（IMF, 2018 [6]）、そして多くの場合、生活水準の停滞又は低下の時期を経験した。2020年には、COVID-19のパンデミックにより、第二次世界大戦以後最大の危機を経験した。このパンデミックにより、90%の国で経済活動が縮小し、世界経済は約3%縮小した（IMF, 2022 [7]）。その直後、2022年にはロシアによるウクライナへの大規模な侵攻が続いた。この侵攻により、大規模なエネルギー価格ショック、1970年代以来経験したことのない水準へのインフレの急上昇、そして、多くのOECD諸国における生活水準の低下が引き起こされた（OECD, 2022 [4]）。よりポジティブな兆候が現れ始めてはいるものの、グローバルな成長は、2023年と2024年のトレンドを依然として下回ると予測されている。インフレーションは徐々に緩やかになると予測されている。しかし、多くの諸国では、2024年後半まで高止まりすると予測されている（OECD, 2023 [8]）。

図1.1は、世界経済政策不確実性指数を用いて、2009年以降に経験された混乱、不安定性、不確実性の展開と歴史的に異常なレベルに対する認知をグラフ化したものである。この指数は、OECD諸国を中心とする20の主要経済国における政策関連の経済不確実性に関するメディアの議論の強度を調査し、注目を集める混乱の間に実質的な急上昇を示している。さらに重要なことに、図が示すように、2009年以降、複数の危機とショックがますます重複して発生するにつれて、不確実性に関する議論が増加傾向にある。

定期的に発生する危機は、一時的な現象ではなく、継続的な特徴である可能性が高い。進行中の危機とそれに関連する危機は、政府の運営環境の構造的要素となる可能性が高い（Tooze, 2022 [9]）。グローバルな温暖化は、自然災害の確率と強度の両方を高めている。気候関連及び気象関連の災害（干ばつ、暴風雨、サイクロン、ハリケーン、台風。極度の高温など）の頻度は、1970年代から2010年代までに4倍となった。水害（洪水など）は、1970年代と比べて2000年代には、世界全体で、6倍になった（FAO, 2021 [10]）。近年の発見からは、多くの気候の「激変点」に、はるかに弱いレベルの温暖化で遭遇する可能性がこれまでの想定よりもかなり高い確率であり、差し迫った脅威であることが示唆されている（OECD, 2022 [11]）。経済と技術の変化は、特に最も脆弱な人々にとって、経済安全保障にショックを与える可能性がある。今後15～20年の間に、自動化の結果として既存の仕事の14%が消滅する可能性があり、タスクが自動化されるにつれて32%が急激に変化する可能性がある（OECD, 2019 [12]）。デジタル・スキルの低い労働者は、自分の職業の中で自動化できない付加価値の高いタスクに移行することがより困難になる可能性がある（Georgieff and Hyee, 2021 [13]）。これらの変化は、多くの世帯がすでに経済的不確実性に耐える能力が限られている社会で起こるだろう。OECD諸国の不平等は現在、過去半世紀で最も高い水準にある（OECD, 2023 [14]）。OECD諸国の世帯の3分の1以上が貧困に陥るリスクがある（OECD, 2020 [15]）。

ショックが発生すると、以前よりも連鎖的で予期せぬ結果をもたらす可能性が高くなる。世界は、経済、貿易、金融、人口及び情報の流れの高いレベルの相互関連性を発展させてきた。高度に接続された開かれた経済と社会は、国民の経済的福祉と生活の機会に非常に大きな利益をもたらしてきた。しかし、高い相互関連性の副作用は、ショックや危機が発生したときに、ある地域の混乱や変化が、既知のつながりと予期もせぬつながりの両方を通じて、時には急速で予期せぬ方法

図1.1　グローバル経済政策の不確実性に対する認知は2009年以後上昇している

グローバル経済政策不確実性指数

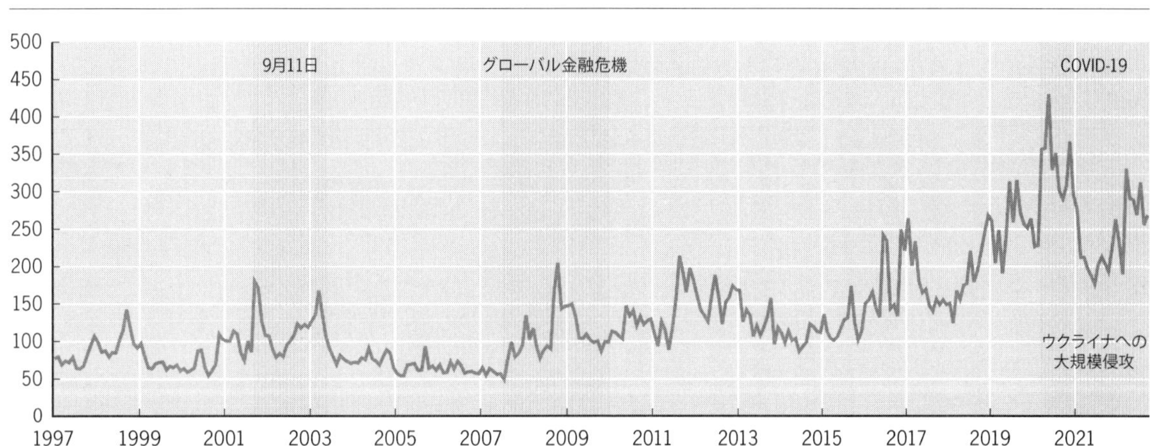

注：グローバル経済政策不確実性指数は、政策に関連する経済不確実性に関する各国の新聞報道を定量化する標準化された尺度である。グローバル経済政策不確実性指数は、20か国（オーストラリア、ブラジル、カナダ、チリ、中国、フランス、ドイツ、ギリシャ、インド、アイルランド、イタリア、日本、メキシコ、オランダ、ロシア、韓国、スペイン、スウェーデン、イギリス及びアメリカ）の国別指数のGDP加重平均である。各国指数は、月ごとの国別指数のGDP加重平均として世界指数を計算する前に、平均100に正規化されている。モデルの業績の分析を含む詳細については、Baker, Bloom and Davis（2016 [16]）を参照。

出典：Global Economic Policy Uncertainty Index: Current Price Adjusted GDP［GEPUCURRENT］, retrieved from FRED, Federal Reserve Bank of St. Louis, 2 December 2022, https://fred.stlouisfed.org/series/GEPUCURRENT.

StatLink：https://stat.link/j0d131

で、連鎖的な影響を及ぼす可能性があることである。(Acemoglu et al., 2012 [17])。これは、1つの国の中にある場合もあれば、複数の国にまたがる場合もある。最悪の場合、相互接続性と予測不可能性の組み合わせは、急速で滝状に連鎖して、複数の障害につながる可能性がある（Hynes et al., 2020 [18])。この「滝状（cascading)」効果は、グローバル金融危機（Haldane, 2013 [19]）とCOVID-19パンデミック（Hynes et al., 2020 [18]）の両方の顕著な特徴である。

不運にも、滝状に連鎖していく、予測不能な効果が気候危機の特徴となる可能性がますます高まっている。この影響は、個々の災害を社会的・経済的結果に連鎖させる可能性がある（OECD, 2022 [11])。もし一度でも大規模な激変点を通過してしまうと、この激変点は生態系、水及び食料のシステムに生物・物理学的インパクトを与える可能性がある。これらのインパクトは、生計手段や健康を含む社会経済的影響を引き起こし、政治的・社会的不安定性を引き起こす可能性がある（Franzke et al.,2022 [20] ; Black et al., 2022 [21])。

政府はまた、過去の危機による累積的な影響（「傷跡」）のために、将来のショックに対処する能力に対する制約に直面している。多くの諸国は、COVID-19の大流行への対応に資金を提供するために高水準の公的債務を積み上げており、現在、将来の大規模で予期せぬ危機対応に資金を提供する能力を制約している（第11章)。長期にわたって複数の危機の下で活動することは、公務員や労働者の「燃え尽き症候群」(Sciepura and Linos, 2020 [22]）や戦略的優先事項への焦点の喪失（Layboum, Throp and Sherman, 2023 [23]）など、より微妙な方法でも損害を与える。これは、公務員のスキルセット、危機管理手順、関連規制など、政府の能力のいくつかの側面を改善した過去の危機から学んだ教訓によって一部相殺されている。したがって、全体的な効果は、将来の危機の特性と過去の危機からの学習の質に依存する。

1.2　危機、信頼及び民主主義の強じん性

複数の危機又は繰り返し発生する危機は、公的機関への信頼を損なうことによって、民主主義の強じん性を低下させる可能性がある。民主主義国家では、信頼は、人々が公的機関の質をどのように認知し、どのように関連しているかを示す重要な指標である。2つの理由から、民主主義における公的機関の認知の重要なバロメーターである。第1に、民主主義では、独裁国家とは異なり、国民が政府を信頼しているかどうかを自由に報告できるため、信頼の正確な測定が可能である。第2に、民主主義は、公的機関の業績の透明性のあるレビューと政策に関する開かれた議論によって特徴付けられる。

民主的な公的機関への信頼は、コンピテンスと価値という2つの補完的な要素によって推進される。コンピテンスとは、与えられた任務を遂行するために必要な、遂行化能力、遂行容量、優れた判断力を有することを意味する。公的機関は、公衆のニーズに対応し、進化する課題の査定において信頼性があり、不確実性を最小限に抑え、将来指向の政策を実施することにより、コンピテンスを示さねばならない。価値は、政府の行動を導く根底にある意図と原則である。信頼されるためには、公的機関は、情報を提供し、利害関係者に相談し、耳を傾け、対応し、すべての人が代議制民主主義の機関に効果的に参加する平等な機会を確保するなど、開放性を持って活動していると

見られることによって、その価値を実証しなければならない。公的機関は、公共の利益を守るための倫理的価値、原則、規範に沿って、清廉性をもって活動しなければならず、かつ、すべての人の生活条件を改善し、人々の背景や特性にかかわらず一貫した待遇を提供することによって、公正に活動しなければならない（Brezzi et al., 2021 [24]）.

危機は、公的機関の価値に対する認知を損なうことによって、公的機関への信頼を弱める可能性がある。この影響は、緊急事態に直面した際の便宜が、協議、透明性、監視、さらには国民の自由に対する基準の停止につながる場合に最も劇的に見られる。COVID-19の間、緊急措置は、ほとんどのOECD諸国の行政府に対する広範な法律制定権限に変換され、時には外部や議会の監視が限られているか、ほとんどない場合もある（OECD, 2022 [25]）。たとえ逆になったとしても、この種の措置は、公的機関の価値に対する国民の認知にリスクをもたらし得る。危機は、民主主義国家の政府を弱体化させようとする利己的で腐敗した主体や悪意のある主体が、公共の清廉性の基準の抜け穴を利用して腐敗に関与し、不当な影響力を得ることができる状況を作り出し得る。

危機は、コンピテンスの認知を損なうことによって国民の信頼を損なう可能性もある。危機への対応と回復には、複雑でしばしば予期せぬ問題を迅速に解決することが必要である。これらは、政策の失敗や、一様でない又は効果的でない対応を生み出す主たる条件である。さらに、政府のサービス提供への困難が迅速に公開される場合、民主主義国の政府機関の信頼に二次効果をもたらす。経済的ショックから国民を保護する上での政府の信頼性は、公的機関への信頼に直接的な影響を及ぼす。家計の財務に不安定な状況にあると感じている人々の公的機関への信頼のレベル（34.6%）は、家計の財務に不安が少ない人々（51.2%）よりもはるかに低い（OECD, 2022 [3]）。より広い意味では、最近のいくつかの危機において、将来の経済見通しに対する国民の期待が民主主義に対する全体的な満足度に影響を及ぼすことが示されている（De Simone et al., 2021 [26]；Devine, 2019 [27]）。

COVID-19を含む最近の危機の間、公的機関への信頼は、OECD諸国を通じて、相対的に強じん性があった。2009年の金融危機の後、2012年には信頼が低下した。各国政府への信頼は、過去15年間、OECD諸国によって異なる傾向を辿ってきたが、データによると、2009年の危機から国民の信頼が回復するまでにOECD諸国平均で、約10年かかったことが示されている。対照的に、COVID-19パンデミック時には、OECD諸国間で信頼レベルに大きなばらつきがあったが、2021年のOECD諸国全体では、その平均は低下していなかった（図2.3）。

それにもかかわらず、回答者10人中4人強が自国の国家政府に対し、「高い」又は「やや高い」信頼を示している。2021年に第1回の「公的機関に対する信頼の推進力に関するOECDサーベイ」が実施され、OECD諸国平均で、回答者約10人中4人（41.4%）も、自国の国家政府を「高く」又は「やや高く」信頼していると回答したことが分かった（図1.2）。一方で、人口諸集団を通じて、信頼水準に大きな差がある。OECD諸国を通じて、女性、若年者及び教育・所得水準が低い者が、政府に対する、より低い信頼感を報告している（図2.2）。公的機関に対する信頼の差は、その基底にある社会の不平等により強化されており、すべての人口集団が、政府は自分たちによく職務執行しているとみなしているわけではない。

国と期間によっても、信頼水準は大きく異なる。法と秩序を維持するための機関は、OECD諸国平均で、最も信頼されている。OECD諸国平均で、回答者の半数（50.2%）が、公務員を「高く」又は「やや高く」信頼していると回答している。半数よりわずかに少ない回答者（46.9%）が、地方政府を「高く」又は「やや高く」信頼していると回答している（図2.1）。

OECD諸国では、国民が公的機関を信頼できると考える傾向があり、公共サービスに広く満足している。第3章では、公共サービスに対する満足度について検討する。OECD諸国の国民の多くが、医療制度（68%、図3.2）、教育制度（67%、図3.2）、政府が提供する行政サービス（63%、図3.3）に満足していると報告している。さらに、多くのOECD諸国は、政府の信頼性、すなわち人々のニーズを予測し、経済的、社会的、政治的不確実性を最小限に抑える政府の能力に対する国民の認知において、かなり良好な業績を示している。特に、COVID-19危機の状況では、政府が将来の大流行に備えていないことを懸念しているのはわずか3分の1である（OECD, 2022 [3]）。国民は、政府のデータを信頼し、そのデータを正当な目的にのみ使用する可能性が高いと考える傾向もある（図2.5）。公的機関の信頼性に対する認識は、政府と公務員に対する信頼の重要な決定要因である（図2.4）

しかし、多くの国民は、政府の応答性、開放性及び清廉性について懸念を表明している。政府が自分たちのニーズや欲求に応えてくれると考えている人はほとんどおらず、参加、代表、公共の部門の清廉性に対する期待に達していないと述べている。OECD諸国平均で、回答者の半数未満しか、政府が国民の要求に応えて、業績の低いサービスを改善したり、革新的なアイデアを実施したり、国

図1.2　10人中4人をわずかに超えた人々が強が自国の国家政府への信頼が「高い」か「やや高い」と回答している

自国政府への信頼のレベルが異なると回答した回答者の割合（0～10の尺度）、2021年

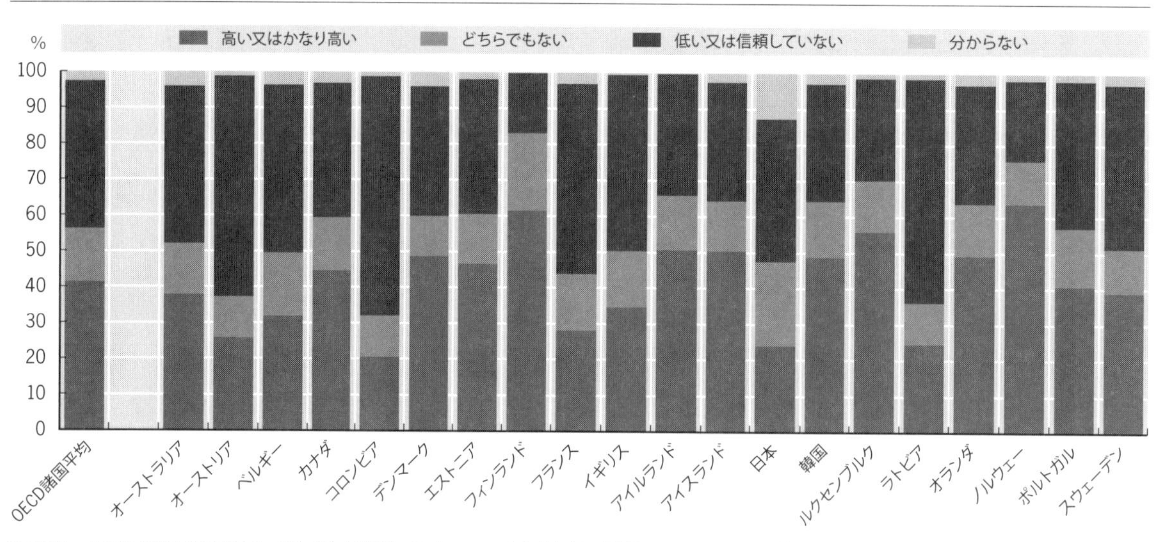

注：図は、0から10までの尺度で、0は「全く信頼していない」、10は「完全に信頼している」である。「あなたは国家政府をどの程度信頼しているか？」という質問に対する回答の国内分布を示している。OECD信頼度サーベイは、11の回答尺度を、次のように集計している。すなわち、0～4＝低い／信頼していないようである、5＝どちらでもない、6～10＝高い／信頼しているようである。「分からない」は独立したカテゴリーである。メキシコとニュージーランドは、この図には含まれていない。質問に「国家政府に対する信頼について」を含めなかったためである。OECD諸国平均は、各国の非加重平均を示している。詳細については、http://oe.cd/trust のサーベイ方法文書を参照。

出典：OECD Trust Survey（http://oe.cd/trust）（OECD, 2022 [3]）.

StatLink：https://stat.link/2g3pz8

の政策を変更したりすると期待していない。政府が公開協議で表明された意見を採用すると考えている人は3分の1未満である（OECD, 2022 [3]）。公開フィードバックでは、多くの人々が、公的機関への信頼が低い要因として、「汚職」「影響力」「権力」の問題を提起している（OECD, 2023 [28]）。政治的発言権を持っているという感覚は、国家政府、地方政府及び職業公務員を通じた公的機関への信頼の重要な推進力である。政治システムに対し発言権があると感じている国民の政府への政府に対する信頼は、そのように感じていない国民よりも、43%ポイント高い（図2.2）。

民主主義の強じん性に対するリスクは、現実のものである。グローバルには、民主主義の程度と質は、過去10年以上にわたり、低下し続けてきた。Papada et al.（2023 [29]）は、次のように推定している。2012年以後、平均的なグローバルの国民によって享受されている民主主義の程度は、1986年に経験されたものより悪化している。同年は、1990年代のソビエト連邦崩壊と民主化の波及より前である。フリーダムハウスによれば、民主主義の水準が低下した諸国の数は、過去17年の各年、水準が高まった諸国の数より大きい（Freedom House, 2023 [30]）。同様に、国際IDEAは、2022年に、権威主義に移行した国の数は、民主主義に移行した国の数の2倍以上であったことを示唆している（International IDA, 2022 [31]）。

民主主義の基準は、典型的には、多くのOECD諸国で、一般的にほとんど変化していない（Papada et al., 2023 [29]）。しかし、相互に結び付いた世界では、民主主義の強じん性に対するリスクから完全に隔離されている国はなく、これはOECD諸国でも明らかである。主要OECD諸国20か国を対象とした最近の研究では、回答者の48%が自国における民主主義の仕組みに満足していないことを明らかにした（Pew Reserch Center, 2022 [32]）。最も広い意味では、民主主義に対する国民の支持は、その強じん性の重要な決定要因である（Claassen, 2019 [33]）。公的機関への信頼に影響を及ぼす公共ガバナンスの側面は、民主主義に対する満足度にも影響を及ぼす可能性がある（Dahlberg and Holmberg, 2013 [34]）。民主的ガバナンスの失敗は、民主主義の質が時間とともに低下する重要な経路である（Diamond, 2020 [35]）。

第2節　民主主義の強じん性の支援

各国政府は、複数の危機が発生する環境において、民主主義の強じん性を保護するために、長期的に公的機関への信頼を支援するための断固とした措置を講じなければならない。抑制と均衡を特徴とする民主主義は、危機に対応するための明らかに迅速で単純な方法を提唱するガバナンス・モデルと、アイデアの競争の中にある。各国政府は、非常事態対応計画の立案と、時に例外的な対応のみに依存することによっては、経済・民主主義の強じん性を保護することはできない。各国政府は、危機たる環境において、諸制度への信頼を体系的に維持し改善するのに役立つであろう、公共ガバナンスのプロセスと基準を導入しなければならない。現在の行動は、長期的で、将来の世代のための、民主主義の強じん性を強化するための投資である。行動の主要な側面は、図1.3に示されている。

第一に、OECD諸国は、特に気候と生物多様性の危機に対処するという主要な課題に関して、国民のために、より良いアウトカムを明示的に推進するために、**民主的な強さを構築**すべきである。

図 1.3　民主主義の強じん性を支援するための行動の各次元

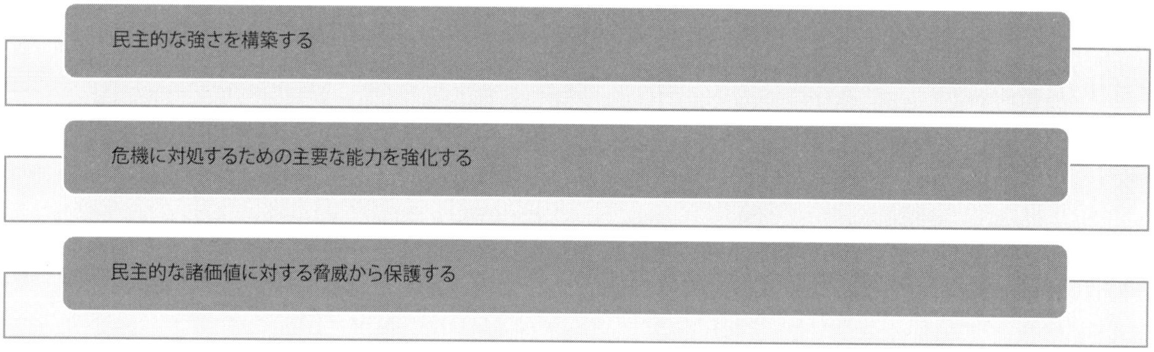

民主的な強さを構築する
危機に対処するための主要な能力を強化する
民主的な諸価値に対する脅威から保護する

出典：OECD Illustration.

これは、特により高度な参加と代表のツールを使用することによって、強固なコンセンサスを構築するために国民の声をより多く利用することを意味する。すなわち、社会のすべてのグループが含まれることを確保する。進化する環境において解決策を模索するために開放性、イノベーション、学習、適応性を活用する。各国が相互に支援できるように国際協力を構築する。重要なことは、これらの能力をよりよく制度化し、急速に変化する環境における意思決定を支援するために、効果的かつ迅速に機能することを確保することを意味する。第二に、政府は、**危機に対処するための主要な能力を強化すべき**である。これは、意思決定の際の一貫性、優先順位付け及び先見性を強化することを意味する。すなわち、強じん性のある財政、サプライ・チェーン及びインフラストラクチャを維持することである。公共部門における柔軟な行動容量、資源及びスキルを構築する。最後に、政府は、**民主的価値とその価値に関する認知に対する脅威から国民を保護すべきでる**。これには、効果的な公共部門の清廉性の規則を維持し、危機を利用して不当な又は悪意のある影響を得ようとする主体に対抗し、誤情報や偽情報と闘い、危機によって引き起こされた公共ガバナンス基準の例外がどのようにマネジメントされているかを定義することが含まれる。『図表でみる世界の行政改革（2023年版）』のデータは、すべてのOECD諸国がこれらの分野で改善をできることを示している。政府は更なる行動をとる準備ができていなければならない。

グリーン、ジェンダー及び次世代に関するより良い統治は、分野横断的な優先事項である。民主主義の強じん性を支援するために政府が取ることができる最も効果的な行動の1つは、気候危機に対処することである。これは、民主主義の強じん性にリスクをもたらす可能性のあるショックの一部を緩和するのに役立つ。OECDは、最近、気候危機に対処するためのガバナンスツールとプロセスの使用に関する助言を公表した（OECD, 2022 [5]）。重要な諸側面は、今後10年間にグリーンに関するより良い統治を提供するためのコンセンサスと信頼を導き、構築すること、気候と環境に関する行動のための適切なツールを使用すること、よりグリーンで強じん性のある公共部門を構築することである。そのため、このトピックは、『図表でみる世界の行政改革（2023年版）』で主要なテーマとされており、関連する政府プロセスのグリーンな側面に関するデータは、以下の多くの章に含まれている。

ここまでの記述及び第2章で指摘しているように、若年者、女性、及びより不安定な経済状況にある人々を含むグループは、政府が彼らのためにうまく機能していると考える可能性が低いことも明らかである。そのため、社会における多様なグループの社会的包摂とニーズを支援するための公共ガバナンス・プロセスは、本章と『図表でみる世界の行政改革（2023年版）』全体を通じて、前面に押し出されている。特に、若年者のニーズに対処することは、長期的な経済的、社会的、政治的持続可能性を強化するために不可欠である。

2.1　民主的な強さの上に構築する

民主的に統治された国々は、危機への対処方法を改善するために、参加、社会的包摂、イノベーション、協力における強みを活用しなければならない。民主主義国家における公共ガバナンスには、開かれた公開討論、社会全体にわたる期待とトレードオフの表現、批判的で透明性のある熟考、公共のニーズを満たすための変化とイノベーションを促進するように設計された独自の特徴がある。これらの特徴は、複数の危機が存在する環境において民主的な強じん性を支援するために不可欠である。これらの特徴は、複雑な問題を解決し、新たな解決策を提供する政府の能力を向上させ、予期せぬショックに直面した場合の政府の信頼性を高める。また、国民が公共の決定に発言権を持つことを可能にし、政府の価値に対する信頼を確保するのに役立つ。民主主義は、成果をもたらすためにこれらの強みを活用し、最大化する必要がある。

しかし、民主主義は、これらの強みを適時に利用しなければならない。現代の民主主義の特徴は、権力の濫用を制限し、制御するための抑制と均衡の存在である。複数の危機が存在する環境では、急速に変化する出来事に効果的に対応する必要性は、開かれた民主的な公共ガバナンスプロセスに必要な時間よりも短いかもしれない。このセクションでは、公共ガバナンスが民主主義の強みをよりよく制度化し、積極的に活用する方法を探求する。

代表、参加、そして国民の声を関与させる

国民は、参加型の意思決定と政治的代表を改善するには大きな余地があると考えている。参加と代表のプロセスは民主主義の中心である。それには選挙プロセス、制度化された参加メカニズム、社会対話、地方レベルでの国民の関与が含まれる。現在の複数の危機の状況では、効果的な政治的発言と選択を行う機会の欠如という広く行き渡った感覚がある。OECD諸国では、社会を通じて、公的機関は代表とインパクトに対する国民の期待の不足が進んでいると強くみなされている。OECD信頼度サーベイによると、自国の政治システムが発言権を与えていると答えた人は3分の1未満（30.2%）である。回答者の10人中4人以上（42.8%）が、政府が国民との協議で表明された意見を採用する可能性は低いと答えている（図1.4及び図4.3も参照）。民主的な政府は一部の人にとってはうまく機能しているが、すべての人にとっては十分ではないという感覚が広まっている（OECD, 2022 [3]）。多くの諸国で選挙の投票率が低下していることからも明らかなように、多くの市民は代表選出プロセスから離れることを選択している（Solijonov, 2016 [36]）。パンデミック後に市民を政治や政治プロセスに再び関与させることは、選挙プロセスの混乱を引き起こし、世界的な投票率の低下傾向を悪化させたため、特に困難である（International IDEA, 2022 [37]）。

図 1.4　政府が国民との協議で表明された意見を採用すると考える者はほとんどいない

政府が国民との協議で表明された意見を採用する可能性の異なる認知度を示した回答者の割合（0～10の尺度）、2021年

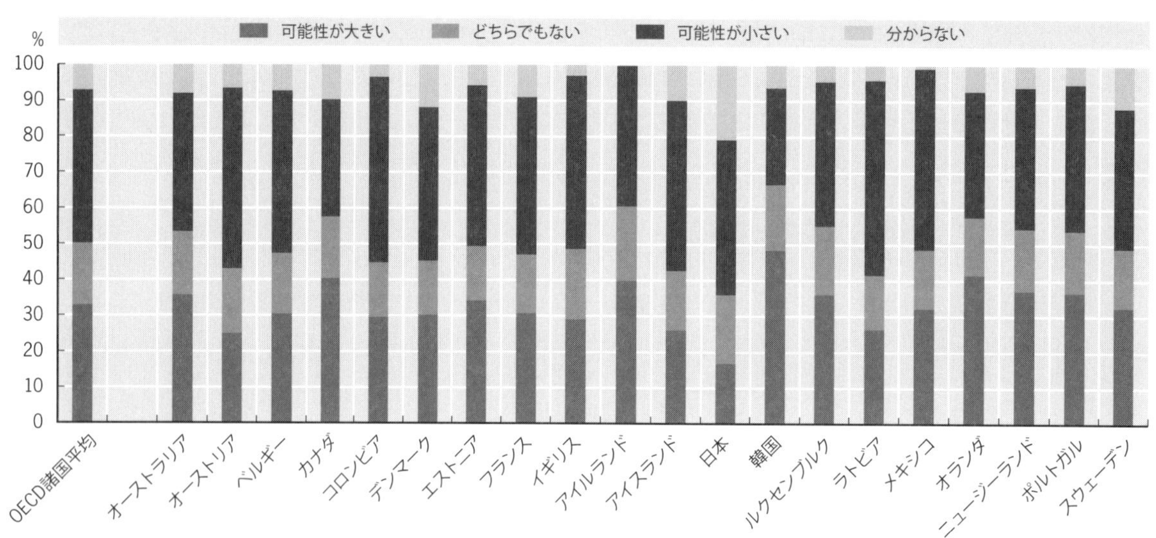

注：OECD 信頼度サーベイは、11 の回答尺度を、次のように集計している。すなわち、0～4＝低い／可能性が小さい、5＝どちらでもない、6～10＝高い／可能性が高いである。「分からない」は独立したカテゴリーである。図には、「主要な政策分野（課税、医療、環境保護など）の改革に関する国民との協議に参加した場合、政府が国民との協議で表明された意見を採用する可能性はどの程度あると思いますか？」という質問に対する回答の国内分布が示されている。フィンランドとノルウェーは、データが利用可能ではないため、この図に含まれていない。OECD 諸国平均は、各国の非加重平均を示している。詳細については、http://oe.cd/trust のサーベイ方法文書を参照。

出典：OECD Trust Survey（http://oe.cd/trust）（OECD, 2022 [3]）.

StatLink：https://stat.link/5ws0ke

代表制（又は間接）民主主義は、選挙で選出された公職にある者が国民の声を代表する仕組みであり、歴史的に、様々な国民や有権者の意見やニーズを意思決定に持ち込む主たる手段である。特に、危機の状況では、プロセスへの信頼が不可欠である。しかし、OECD諸国平均で、回答者10人中4人しか議会を信頼していない（図2.1）。強制的な投票が行われていない多くの国では、投票率は低く、議会議員はしばしば政治エリートの一部と見なされている。COVID-19によって引き起こされた混乱は、その機能の仕方を迅速に革新し変革することができなかった国の議会に対する信頼をさらに低下させた可能性がある（IPU, 2022 [38]）。危機の間、議会の役割はいくつかの場合に制約されてきた。これは、特に、複雑ではあるが迅速な危機対応のための、党派を超えたコンセンサスの構築を妨げてきた、高度に細分化された議会を有する二極化された政治状況に当てはまる。意思決定の清廉性も疑問視されている。

多くの政府は、現在、国民をさらに関与させる手段として国民参加に目を向けている。将来のショックに直面したときに、民主主義システムへの愛着を守るためには、政府が、コンセンサス到達に向けて、政治的代表と利益の集約のための既存のプロセスを補完する最も効果的な国民参加の形態を模索することが重要である。議会制民主主義と整合的な方法で国民参加のための有効な規則とプロセスを制度化することは、危機に効果的に対応し、危機から回復することができるように、危機の意思決定に国民を関与させる際の政府の機敏性を高めるための鍵となる。

国民参加を制度化する際の最優先事項は、活気に満ちた市民空間、すなわち、人々が公開討論に参加し、

政治と社会に影響を与えることを可能にする法的、政治的及び社会的環境を促進することである（OECD, 2022 [25]）。市民空間の法的基盤（表現、平和的な集会及び結社の自由、並びにプライバシーの権利）は、OECD諸国では一般的に強い。しかし、課題が残っており、危機の際には、特に明らかになる。これらの時期には、政府は国民の自由の行使を制限しなければならないことがある。例えば、COVID-19パンデミック時に導入された緊急措置は、国民が集まって平和的に抗議する能力に影響を与えた。さらに、負担の大きい行政及び報告手続きは、市民社会組織に対する障壁となり、彼らが危機対応に参加することを困難にしている。国民参加に対する敵対的な公開討論、中傷キャンペーン、戦略的訴訟（strategic lawsuits against public participation: SLAPPs）も脅威を増大させている（OECD, 2022 [25]）。

市民空間はまた、ジャーナリスト、人権擁護活動家、アクティビスト、一般国民、特に女性やマイノリティに対するヘイトスピーチの影響をますます受けている。その結果、OECD諸国の間では、ヘイトスピーチを差別の認識された形態として禁止する強い傾向がある。いくつかは、特にオンライン・ヘイトスピーチと闘うための措置を導入しており、その中には、被害者への支援（26か国中17か国、データを利用可能な国の65%）、苦情に関するデータの公表（26か国中17か国、65%）、対象を絞った啓発キャンペーン（26か国中14か国、54%）が含まれているが、やるべきことはまだある（図1.5）。

政策と意思決定における参加型プロセスをより良く制度化することは、国民の関与を改善するであろう。

図1.5　オンライン・ヘイトスピーチに対抗するための措置は強化可能である

措置が実施されているOECD諸国の数、2020年

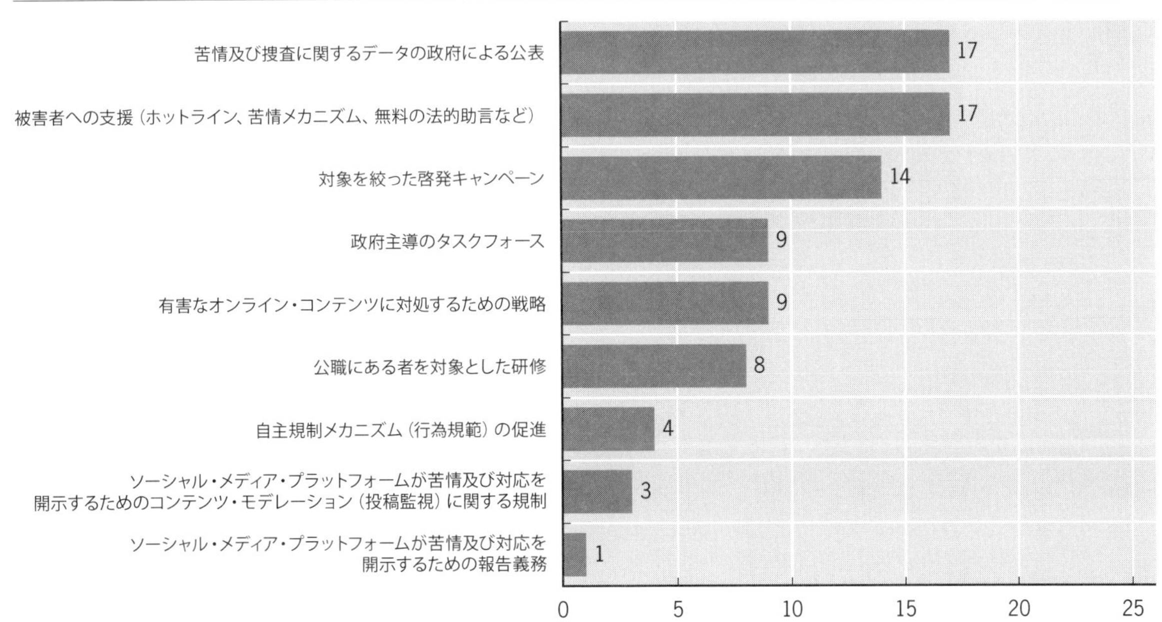

注：図はOECD諸国26か国のデータを示している。オーストラリア、オーストリア、アイルランドのデータはOECDの机上調査に基づいており、検証のために共有されている。

出典：OECD（2020 [39]）, OECD Survey on Open Government.

StatLink：https://stat.link/178db4251

政府は長い間外部の利害関係者と協議してきており（例えば、規制政策やインフラストラクチャの計画立案への利害関係者の関与に関する図8.1参照）、ほとんどのOECD諸国は利害関係者の関与の慣行を採用している。例えば、OECD諸国32か国中27か国（85%）が、国民と利害関係者を関与させるための政府全体のオンライン協議ポータルを持っている（OECD, 2021 [2]）。メキシコシティの憲法に関する協議など、OECD諸国のあらゆるレベルの政府にわたって優れた慣行が見られる。しかし、利害関係者の協議は依然として意思決定プロセスの後期に行われるか、人口のごく一部にしか到達しない傾向がある（OECD, 2020 [39]）。

データを利用可能な、OECDオープン・ガバメント勧告を遵守している多くのOECD諸国には、参加型メカニズムを監督する機関がある。ほとんどの諸国（29か国中26か国、90%）には、国民と利害関係者に対する協議方法について、公的機関を支援する中央機関がある。ほとんどの諸国（29か国中26か国、90%）には、政府と市民社会との間の関係を強化する中央機関もある（図1.6）。しかし、参加型の慣行は、通常、多数の機関を通じて散在しており、競合する任務を有する場合もある。中央・連邦の省レベルでは、多くの中央・連邦政府への参加を奨励する事務を所掌する専属の職員はほとんどいない（OECD, 2020 [39]）。

多くの政府は、協議を超えて、国民参加を改善するための新たな形態の審議プロセスに移行してきた。これには、国民の抽選、国民集会、国民を代表する委員で構成される審議会などのプロセスが含まれる。これらのプロセスは、より広範で多様な人々のグループに参加を拡大し、ロビーの不当な影響を防ぎ、代表制民主主義制度を補完し、一般国民が公的判断を行使するための条件を作り出すことができる。例えば、リスボンは、無作為に選ばれた50人の住民が参加する、気候変動やモビリティなどの政策問題に関し市役所に助言する常設の市民審議会を設立した。そうすることで、パリ、ミラノ、トロントなどの他の都市とともに、新たな民主的機関を設立した（OECD, 2021 [40]；

図1.6　多くのOECD諸国が参加型慣行を支援する機関を設立してきた

参加型慣行を支援又は円滑化することを任務とする機関のあるOECD諸国の数

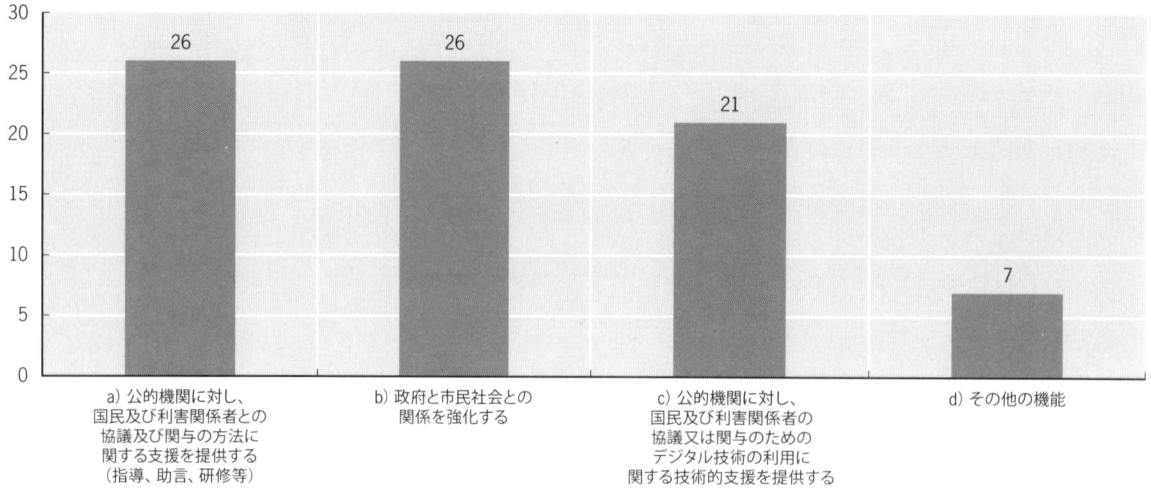

機能	国数
a) 公的機関に対し、国民及び利害関係者との協議及び関与の方法に関する支援を提供する（指導、助言、研修等）	26
b) 政府と市民社会との関係を強化する	26
c) 公的機関に対し、国民及び利害関係者の協議又は関与のためのデジタル技術の利用に関する技術的支援を提供する	21
d) その他の機能	7

注：図は、サーベイに回答したOECD諸国29か国のデータを示している。

出典：OECD（2020 [39]）, OECD Survey on Open Government.

StatLink：https://stat.link/9mhvpo

Mejia, 2022 [41])。

特に、OECD諸国は、グローバル金融危機以来、代表性のある審議プロセスの利用を大幅に増加させてきた（図1.7）。これらは、無作為に選ばれた住民が、公的機関に対する集団的勧告を作成するために、円滑化された審議にかなりの時間を費やしている場合である。公的機関は、計画立案、保健、環境など、コミュニティの生活に直接的な影響を与える特定の問題に関し、それらの審議会に諮問していることが最も多い。それらは、地方政府、特に都市によって最も頻繁に利用されている。政策立案者が二極化する問題に対処し、過小評価されているグループを関与させるために、代表性のある審議プロセスがますます利用されるようになっている。例えば、アイルランドは、中絶や離婚などの問題に関する主要な政策変更を議論するために審議プロセスを利用している（OECD, 2020 [43]）。デンマーク、ポーランド、スペイン、イギリスを含め、環境問題に関し、少なくとも69の審議プロセスがある（OECD, 2021 [42]）。これらの審議プロセスは、国民が利益を調整し、短期的な政治サイクルを超えた解決策を提案することに関与し（OECD et al., 2022 [44]）、危機緩和により広く貢献するのに役立つ。それにもかかわらず、これらのプロセスの有効性、清廉性、説明責任については疑問が残っており、民主主義の強じん性のために国民参加をよりよく活用するためにさらなる作業が行われる必要がある。直接民主主義の手段の有効性についても、さらなる検討に値する。

デジタル技術は、市民参加のための新たなルートを提供し、その規模と速度を向上させる可能性もある（コラム1.1）。オンライン・プラットフォームとデジタル・ツールは、公的機関が、より広範な人口に到達し、広範な地理的地域をカバーするのに役立つ。ほとんどすべてのOECD諸国、特に都市政府群は、市民と利害関係者の参加のためにオンライン・プラットフォームを利用している。2020年と2021年には、オンライン審議が審議プロセスを実施するために最も一般的に利用された

図1.7　審議プロセスは経時的に波状に増減しながら構築されてきた

OECD諸国における代表性のある審議プロセスの数、1979～2021年

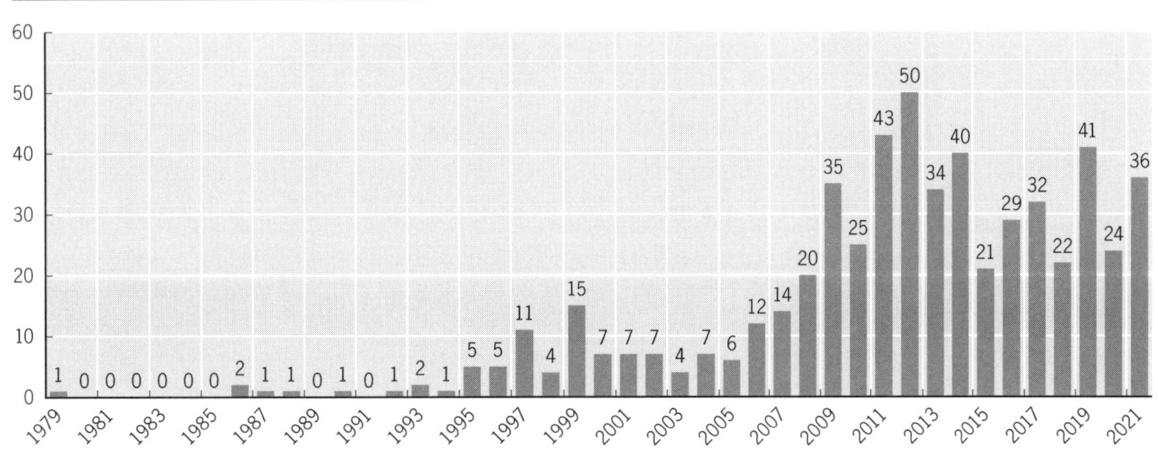

注：これは、OECDによってOECD諸国で記録されたプロセスの総数n=566である。OECD諸国のデータは、2021年にOECD加盟国であった24か国と欧州連合に基づいている。複数年にわたるプロセスは、完了した年に含まれる（恒久的に継続しているプロセスを除く）。

出典：OECD（2021 [42]）, Database of Representative Deliberative Processes and Institutions, https://airtable.com/shrHEM12ogzPs0nQG/tbl1eKbt37N7hVFHF.

StatLink：https://stat.link/qge1u9

媒体であり（OECD, 2021 [42]）、ほとんどすべてのOECD諸国は、参加を支援するためにオンライン・ポータルを利用している（コラム1.1）。しかし、効果的で社会包摂的であるためには、デジタル民主主義プラットフォームは、デジタル活用能力が低い脆弱なグループを排除するリスクを軽減し、オンライン上の基本的人権と自由を保護し、個人のプライバシーとデータ保護を確保し、アルゴリズムが不透明で偏ったものとなることから防ぎ、そして、サイバー・リスクから保護するため、十分に統治されなければならない。司法へのアクセスを可能にし、法の支配を支援するためにデジタル・ツールをどのように利用できるかについても考慮されるべきである。

コラム 1.1　民主主義の強じん性のためのデジタル化の活用

国民参加

オンライン・プラットフォーム、デジタル・チャンネル及びツールは、公共政策に関する協議及び審議のための代替的な空間を可能にする。2020年には、データが利用可能なOECD諸国の85%が、ポルトガルの「参加のポルトガル（Portugal Participa）」（Government of Portugal, 2023 [49]）のように、国民が参加のための過去、現在及び将来の機会について学ぶための「ワンストップショップ」として機能する政府全体のポータルを有していた（OECD, 2021 [2]）。しかし、共同制作会議（32%）、バーチャル公開会議（28%）、オンラインで提案を投稿し、意見照会を行う（41%）（OECD, 2020 [39]）など、他のイノベーション的なアプローチを採用している政府はほとんどない。これらの手段は、参加をデジタル的に拡大するのに役立つ可能性がある。

デジタル技術は、立法プロセスの近代化、議会慣行の透明性の向上、選挙区との関係の強化にも貢献できる。例えば、E-Democraciaプラットフォームは、国民が様々なメカニズムを通じて国会議員と交流することを可能にしている。これらには、国民が議会の会議をリアルタイムで追跡できる対話型ヒアリング、国民及び利害関係者とリアルタイムで法律を協議及び共同作成するためのツール、国民が議論のためのトピックを提案し、議会の議題の要素に優先順位を付けることを可能にするツールが含まれる（OECD, 2022 [50]）。

オンライン・ツールは、政府が危機への国民参加のためのチャンネルを迅速に実施するのに役立つ。例えば、COVID-19パンデミック時に、スコットランド政府は、ロックダウンに関する住民のアイデアと懸念を収集するためのオンライン公開討論を主催した（Webster, 2020 [51]）。フィンランドでの同様の活動であるオンラインのロックダウン対話は、全国の様々な年齢層や職業の人々を惹き付けた（Timeout Foundation, 2020 [52]）。

デジタル時代の基本的権利

デジタル化は、一部の民主的権利と自由の行使を拡大し保護するための空間を提供し、脆弱な人々を含む個人やグループがより効果的に懸念を表明できるようにした。同時に、一部の人権、自由、民主的価値に対する重大な課題も生み出している。問題には、プライバシーと個人データの使用、人工知能の偏った使用による平等な機会と公正な扱いへの挑戦、ヘイトスピーチや、人種、ジェンダーその他に基づく有害なステレオタイプの拡散による差別などがある。そのため、政府は、デジタルの文脈で人権と自由を保護するための新たな規制、宣言、憲章をますます発展させている。例としては、スペイン・デジタル権利憲章（Government of Spain, 2021 [53]）や、提案されているデジタルの権利と原則に関する欧州宣言（European Commission, 2023 [54]）などがある。諸国の中には、デジタル時代のための新たな権利を検討しているものもある（OECD, 2022 [55]）。

デジタル時代の法の支配

デジタル化は、法システムにおける効率性、アクセス可能性、公平性及び透明性を促進することによって、法の支配を強化し得る。デジタル化は、法に関する情報、資源及び代理へのアクセスを容易にし得る。例えば、裁判所システムのデジタル化は、国民が裁判所の決定や手続に関する情報にアクセスする方法を根本的に変えつつある。透明性イニシアティブは（オープンなデータ・ポータル、法廷手続のストリーミング配信、裁判日程の公表、平易な言語の使用など）公開された裁判所の議題、平易な言語の使用などを通じて、司法への理解、アクセス可能性、アクセスを向上させ得る。技術は、法システムにおいて、効率性を高め、費用を削減し、法制度の透明性を向上もさせ得る。すなわち、証拠に基づく意思決定を促進し、コミュニケーションと協働を改善する。同時に、政策決定者は、プライバシーの懸念、デジタル・ディバイド、サイバーセキュリティの脅威、アルゴリズムのバイアス、誤情報や偽情報の拡散、サイバー犯罪、規制上の課題など、潜在的なリスクと課題に対処する必要がある。

市民の発言力を高め、事実に基づく開かれた公開討論を提供するためには、公共部門のコミュニケーションを変革する必要がある。効果的な参加型、代表型、審議型の慣行には、公共の問題に関して建設的な意見を述べることができる、情報を十分に有した国民が必要である。しかし、メディアへの信頼も低下し、ゆえにメディア消費が減少しており（OECD, 2022 [3]）、国民は、圧倒的な量・質を更に高めていると感じるニュースサイクルから目を背けている（Newman, 2022 [45]）。情報エコシステムはますます細分化され、二極化する言論、誤情報や偽情報に対して脆弱になっている（Matasick, Alfonsi and Bellantoni, 2020 [46]）。このため、政府が国民と有意義にコミュニケーションをとることがますます重要になっている。タイムリーで、真実で、重要な公共部門のコミュニケーションは、誤情報や偽情報に対抗するための不可欠なツールである（OECD, 2022 [47]）。

国民中心の公共部門コミュニケーション・モデルへの移行をさらに強化する必要がある。OECDは、より社会包摂で、応答性があり、説得力のある、又は「市民中心」の公共部門コミュニケーションを支持するコミュニケーション慣行の波を分析してきた（Alfonsi et al., 2022 [48]）。COVID-19を含む最近の危機への対応の経験から、有意義な公共コミュニケーションとは、国民の声に耳を傾け、国民がより良い選択をするのに役立つ重要情報を提供することであることが実証されている。これは、政府の信頼感の醸成を支え、信頼を構築するのに役立つ。重要な慣行には、より多くの証拠に基づいた、対象を絞った、重要なメッセージを提供するためのデジタル技術の責任ある適用と、国民が政策目標を理解し、それに沿って行動するのに役立つコミュニケーションを設計するための行動上の先見性の使用が含まれる。チャンネルを多様化し、影響力のあるメッセンジャーに依存することは、主流以外の聴衆や、政府に無関心又は不信を抱いている人々に到達するのに役立つ。

多様なグループの社会的包摂と支援

社会的包摂は民主主義の重要な側面であり強さである。危機と政府の対応はともに、社会の様々なグループに様々な方法で影響を及ぼす。政策が不公平であると見なされたり、一部の人々のニーズを満たしていないと見なされたりすると、公的機関への信頼に問題を引き起こす可能性がある。若者と社会で最も弱い立場にある国民は、一貫して政府に対する信頼と満足度が低いと報告している。OECD諸国22か国の平均では、若年者と所得・教育水準の低い人々は、中央政府への信頼が低いと報告している（図2.2参照）。現在進行中の危機に直面している政府は、政策対応が社会の様々なグループに対して様々な経済的・社会的インパクトを及ぼす方法を検討するためのツールの利用を拡大することができる。これは、政策が公正で応答性があると見なされる程度を高め、コミュニティが「取り残される」ことを防ぐことによって、信頼を支援するのに役立つ。

各国は、政策決定において社会的包摂が考慮されることを確保するのに役立つ慣行を利用することがますます増えている。法律、規制及び政策が多様な社会グループに及ぼすインパクトを考慮することは、公平性と公正性を促進し、政府機関への信頼を構築するために極めて重要である。第5章では、規制プロセスのガバナンスについて説明する。多様なグループに対する政策の影響を特定することは、政府が政策を調整して意図しない結果を防ぎ、様々なグループのニーズへの対応を改善するのに役立つ（OECD, 2020 [56]）。分析された34のOECD諸国及びEU諸国のうち、90%以上が、現在、中小企業、ジェンダー平等、様々な社会的インパクトを規制インパクト評価（RIA）で考慮することを要求している（図1.8、第5章の図5.3、図5.4、図5.5）。オーストリア、フランス、ベルギーのフランドル地域、ドイツは「若年者チェック」を適用している（OECD, 2020 [57]）。カナダは「ジェンダーに基づく分析プラス」を使用して、政策とプログラムがジェンダーと年齢を含む様々な要因にわたって国民に及ぼすインパクトを評価している。OECD諸国は、これらのアプローチをより体系的にすることでさらに利益を得ることができる。国民は、自分の声やニーズを聴かれ、考慮されていると感じると、対策を支持し、遵守する可能性が高くなる（Lind and Arndt, 2016 [58]）。

より多くの国が、公共支出管理と予算プロセスにおいて、分配のインパクトと応答性に関する懸念を考慮に入れている。危機に対する政府の対応は、社会の様々なグループに様々な形で影響を及ぼす可能性がある。COVID-19、エネルギー危機、インフレーションの影響に対処するための支出措置はすべて、分配に影響を及ぼしている。少なくとも10か国の欧州諸国が、過去8年間に少なくとも1回、分配に関する懸念を予算計画に組み込んでいる。スウェーデンとオランダは、様々な政策によって最も影響を受ける可能性のあるグループをモデル化し、最近、様々な所得グループ

図1.8　様々なグループへのインパクトは、規制インパクト評価において検討されることがますます増えている

規制インパクト評価で評価された要素、管轄区域の数

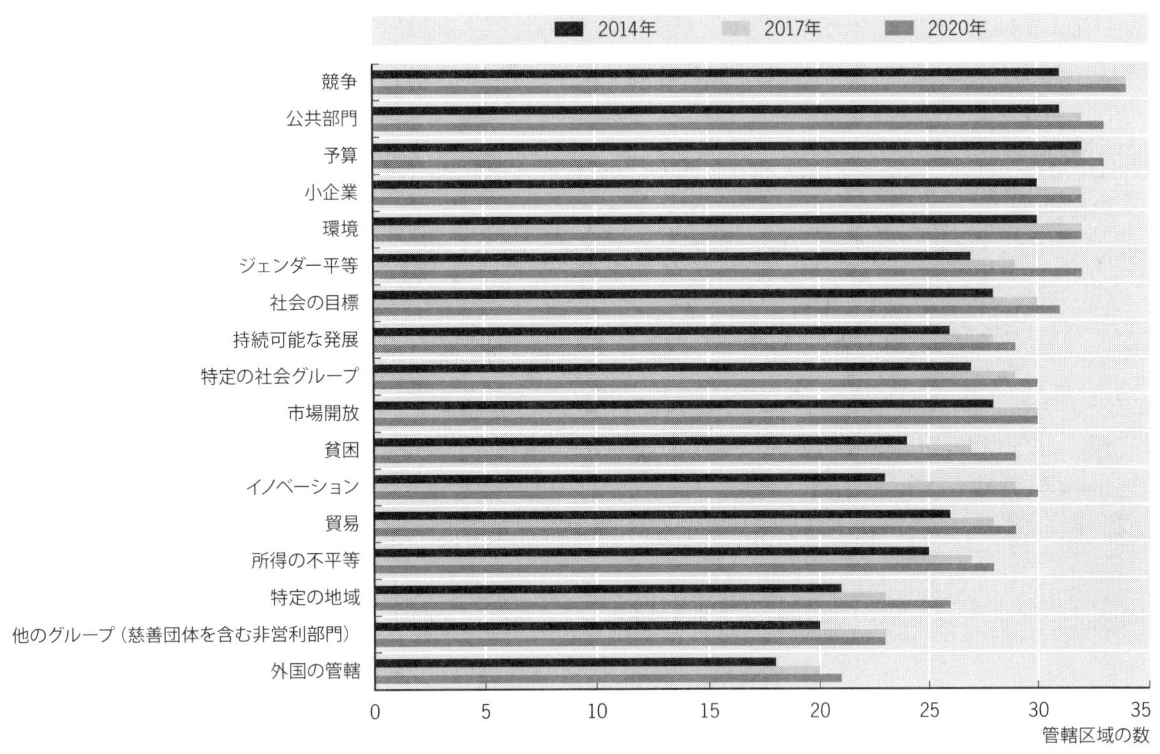

注：データは34のOECD諸国及びEU諸国に基づいている。コロンビア、コスタリカ、ラトビア、リトアニアのデータは含まれていない。法を開発するためのプロセスに影響を与える、サーベイ期間中の政治システムにおける変化ゆえに、トルコの回答は、一次法に対する規制インパクト評価としては利用できない。

出典：Indicators of Regulatory Policy and Governance（iREG）Survey, 2014, 2017 and 2021, oe.cd/ireg. 図5.5も参照。

StatLink：https://stat.link/guwmho

に対する一時的なエネルギー価格上限の影響を見直した。アイルランドは、世帯に対するエネルギー支援を調整し、炭素税の影響を監視した。ニュージーランドは、分配に関する懸念を統合する「幸福（well-being）」アプローチを採用している。スロバキアは、財政の長期的な持続可能性において世代間の公平性を考慮しており、オーストラリアは世代間の予算予測を行っている（OECD, 2020 [57]）。政策決定プロセスの早い段階で分配分析を組み込むことは、公共部門が多様なグループのニーズにより迅速に対応し、彼らが経済成長の利益にアクセスするのを助け、誰も「取り残されない」ようにするのに役立つ。

ジェンダー予算編成を採用している国の数は、2016年以降ほぼ倍増し、OECD諸国の61%となっている（図1.9と第6章の図6.4）。ジェンダー予算編成は、政策と予算の決定にジェンダー平等の考慮を含めるためのツールである。ジェンダー予算編成を実施している国の約半数（48%）は、予算措置が前倒しされる前に、予算措置のジェンダー・インパクト評価を実施している。これらは、特定の個人又はグループに対する措置の潜在的な悪影響を特定するのに役立ち、これらを緩和又は削減するための措置を講じることを可能にする。予算措置にジェンダーのインパクトに関する情報が添付されている場合、これにより、より多くの情報に基づいた意思決定と、より的を絞った公

図1.9　ジェンダー予算編成の利用は急速に増加している

ジェンダー予算編成を実施しているOECD諸国の数、2016年、2018年及び2022年

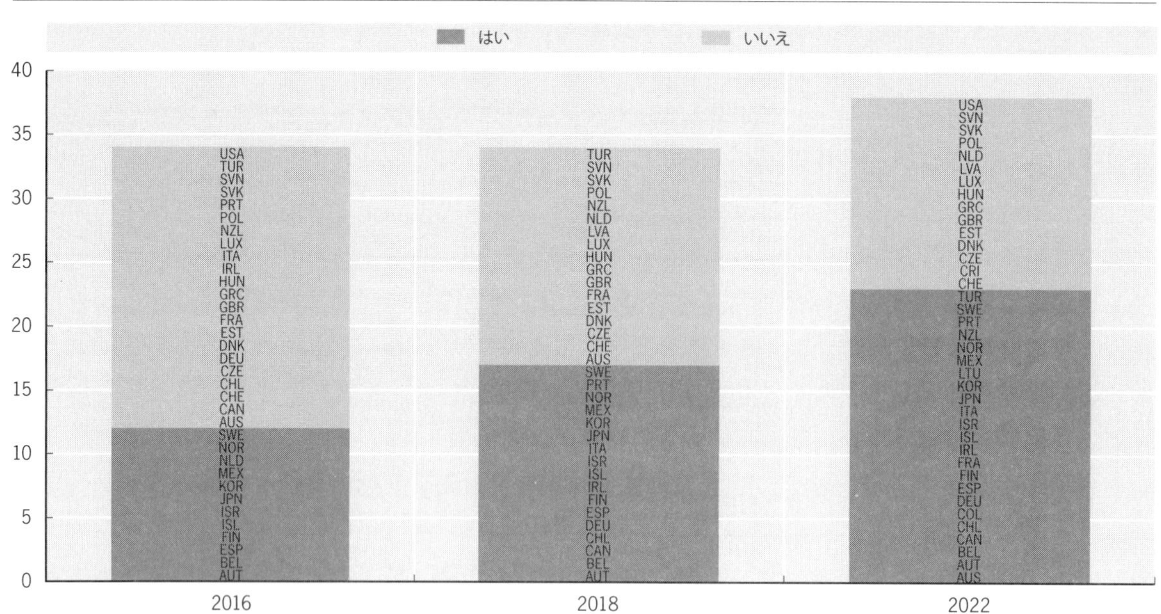

注：2018年以降、オーストラリア、コロンビア、フランス、リトアニア、ニュージーランド及びトルコがジェンダー予算編成を導入した。ニュージーランドはパイロットベースでジェンダー予算編成を導入した。ルクセンブルク、ラトビア及びスロベニアは、ジェンダー予算編成の実施を積極的に検討している。2016年と2018年については、コロンビア、コスタリカ及びリトアニアのデータは、利用可能ではない。2018年については、アメリカのデータは、利用可能ではない。

出典：OECD（2022 [59]), Survey on Gender Budgeting.

StatLink：https://stat.link/v78jei

共資源の利用が可能になる。

政府が若年者のニーズを理解し支援することに特に重点を置くことが特に重要である（コラム1.2）。若年者は、最近の危機によって深刻な影響を受けている。彼らはまた、経済的機会と気候変動における長期的な傾向の矢面に立たされている。若年者の見解は、高齢者グループの見解よりも民主主義の強じん性に長期的な影響を及ぼす。若年者のニーズを支援し、公共ガバナンス・プロセスを利用して彼らを民主的プロセスに関与させることが不可欠である。

公共サービスの提供におけるユーザーの関与は、サービスが積極的に提供され、進化する国民のニーズに対応できるようにするのに役立つ。危機の際には、公共サービスは社会の多様なニーズ、特に最も脆弱な人々のニーズを満たす上で重要な役割を果たす。これはCOVID-19パンデミック時に明らかであった。しかし、これはまた、増大する需要と期待に対処するために公共部門に課題をもたらした。OECDの予備的な結果は、「国民の需要の量の予想外の増加」と「すべての国民のニーズに対処する能力の限界」が、COVID-19パンデミック時にデジタル政府の分野で各国が直面した差し迫った課題であったことを明らかにしている（OECD, 2022 [63]）。

コラム1.2　若年者への焦点の強化

過去15年間に2世代の若年者が危機の矢面に立たされ、将来の世代の幸福と繁栄に疑問が投げかけられている。若年者は新型コロナウイルス感染症とインフレーションの上昇によって不釣り合いに大きな打撃を受けており、雇用、所得と将来の収入、メンタルヘルス、教育、手頃な価格の住宅に影響を及ぼしている（OECD, 2020 [60]；OECD, 2022 [61]）。温暖化や公的債務などの世代間の問題は、将来の世代の幸福にさらに影響を及ぼす可能性がある。これらの傾向は多くの若年者にとって懸念すべきものである。14～26歳の56%が、他のどの年齢層よりも安全、健康、財政などの問題について心配していると報告している（Edelman, 2022 [62]）。OECD諸国のほとんどの若年者（56%）は、政府が温暖化を削減するためにより多くのことを行うことを望んでいる（OECD, 2022 [3]）。

OECD諸国全体の平均では、18～29歳の人々のわずか37%が中央政府を信頼しているのに対し、30～49歳の人々では41%、50歳以上の人々では46%である（OECD, 2022 [3]）。民主的プロセスへの若年者の参加と代表性を高めることは、公共政策とサービスに対してより多様で迅速な対応をもたらすことができる。若年者は選挙に参加したり政党に参加したりする可能性が低く、公的機関では過小評価されている（OECD, 2020 [57]；OECD, 2022 [3]）（図12.10及び図12.12）。その代わりに、若年者は、例えば雇用や消費者の選択を通じて、あるいはオンラインコンテンツを作成することによって、制度化されていない政治活動に従事する可能性が高い。市民識字プログラムを強化し、若年者が政治生活に入る際に直面する障壁（特に不利な立場にある人々）を取り除き、公共のコミュニケーションを強化し、専門機関を通じたものを含め、意思決定に若年者が参加する機会を創出することによって、若年者の参加と代表性を高めることができる。

将来の世代のために民主主義を守るためには、政府が若年者に奉仕するためのより良い行政的・制度的能力を持つことも必要である。OECD諸国の4分の3が国家的な若年者戦略を持っているが、完全に参加し、予算を計上し、監視され、評価されているのはわずか20%である（OECD, 2020 [57]）。政策が若年者に及ぼす影響を評価するためのより良いデータ、証拠、方法も必要である。年齢別データの収集と利用はOECD諸国間で依然として一様ではなく、脆弱なグループの社会的包摂（45%）、公共生活への若年者の参加（42%）、若年者の権利（36%）に関する年齢別データの収集に多くの報告課題がある（OECD, 2020 [57]）。

公共サービスに対する満足度は、OECD諸国平均で相対的に良好であるが、政府はサービス提供を国民のニーズに対し、より敏感に対応させることができる。OECD諸国平均では、利用者のフィードバックに応じて公共サービスが改善される可能性が高いと考えている人はわずか40.2%である（図4.2）。政府は、デザイン思考セッション、デジタル・プロジェクト／イニシアティブのテストと評価、利用者満足度のモニタリングなど、サービスを設計し提供するための利用者を関与させる方法を模索している。利用可能なデータを有する多くの諸国は、最終利用者を巻き込んだデジタル・イニシアティブをテストし評価する政策を有している（29か国中18か国、62%）。満足度を監視するために指標を使用している国（48%）もあれば、サービス設計（48%）と提供（27%）に利用者を関与させるための公式の要件を有している国もある（OECD, 2021 [2]）。政府はまた、利用者のニーズを予測し、カスタマイズされたサービスを提供するために、AIなどのデータと技術を利用することにおいても進歩を遂げている（図9.5及び図9.6）。アジャイル（機敏）なサービス提供は、サービス提供の応答性と品質を向上させる上でも効果的であることが証明されている。これには、データと明確な目標に基づいた学際的なチームを使用し、国民にとってのアウトカムを改善することを義務付けることが含まれる（De Seve, 2022 [64]）。

政府は、オンラインとオフラインの両方で、応答性が高くアクセスしやすい公共サービスを設計するために、技術とデータの利用においてイノベーションを続けるべきである。携帯可能なデジタル・アイデンティティ（デジタル個人属性情報）は、利用者が様々な場所で様々な目的のためにサービスにアクセスできるようにすることで、サービス提供の有効性を高めることができる。チャンネル間で同じ品質と信頼性を確保することもできる。公共サービス提供における信頼できるデジタル・アイデンティティの重要性は、パンデミックの間に証明され、デジタル・アイデンティティによる解決策の取り込みが世界的に増加した（OECD, 2021 [2]）。オムニチャンネル・サービス・アプローチは、アクセス可能性と社会包摂性を大幅に改善し、政府のシームレスな経験を提供することもできる。

学習、イノベーション及び適応性

学習、イノベーション及び適応性は、危機が起こりやすい状況における民主的ガバナンスの重要な資産である。新たな問題や重複する危機に直面した場合、公的機関は政策の業績と提供を透明性を持って評価し、国民のために提供するための新しくより良い方法を見つけ続けることができなければならない。民主的ガバナンスのこれらの側面は、理想的には、公的機関が新たな問題を通じて自らの方法を考え、解決策を提供することを可能にすべきである。

OECD諸国の公的機関は、新型コロナウイルス感染症危機の間に学習し適応する能力を示した（OECD, 2021 [2]）。しかし、国民は一般的に自国の公的機関がイノベーション的であるとは考えていない。OECD諸国全体の平均でわずか38%の人々が、政府が国民の要求に応えて業績の低いサービスを改善したり、イノベーション的なアイデアを実施したりすると考えている（OECD, 2022 [3]）。この認識は、信頼レベルに大きな影響を与える。公共部門のイノベーション力に自信のある人々は、公務員を信頼する可能性がはるかに高い（図2.6）。

政府は弱点を特定し、政策設計を改善するためのシステムを持たなければならない。モニタリングと評価（M&E）システムは、政府が政策と提供の質を理解するためのフィードバック・ループである。危機においては、民主的な審議の範囲と時間がしばしば短縮されるゆえに、政策評価も説明責任を増大させ、「インプットの正当性」の代わりに「結果に基づく正当性」を提供する（Bekker, Ivankovic and Biermann, 2020 [65]）。しかし、危機はM&Eを実施することをより困難にし、多忙な機関にとっては優先度が低くなる。これは、OECD諸国が例外的措置の採用を迅速化するために、事前評価（すなわち、政策が実施される前に行われる評価）の利用を削減した可能性がある COVID-19の際に当てはまるようである。その代わり、政府は、主に、最高監査機関（OECD, 2022 [66]）のような行政府以外の関係者からの事後政策評価に依存してきた。

複数の危機の状況において、政府は証拠を生成し、弱点を特定し、政策を改善するための新たな方法を見出す必要がある。新型コロナウイルス感染症の間、OECD諸国は証拠統合方法の利用を増やし、イノベーション的な評価又はデータ収集方法を使用した。例えば、ヴィクトリア州保健省（オーストラリア）では、新型コロナウイルス感染症の間に提供された15の政策ソリューションを評価するために迅速な評価方法が使用された（Gawaya, Terrill and Williams, 2022 [67]）。迅速な評価方法は、危機の間に必要とされる意思決定の速いペースに対する合致度が高い時間枠で洞察を提供することができる。

各国政府は、公共部門のイノベーションについて、その監視を改善し、受託責任を議論しえるであろう。イノベーションは、インパクトを達成するための何か新たなことを実施すると考えられ得る（OECD, 2017 [68]）。イノベーションは、ショックや新たな問題に対する解決策を発見するためのツールである。公共部門におけるイノベーション的な能力の容量のより良い測定は、成功するイノベーション慣行を構築するために弱点と機会を特定する鍵である（Kaur et al., 2022 [69]）。強力な測定なしに、政府が公共部門のイノベーションの能力容量を改善し得る。これは、危機に対応する能力を確保するための積極的な投資である。政府は、監査を利用してイノベーションの機会を特定し、戦略的先見性や行動洞察能力などのスキルセットを構築し、公共部門のイノベーション戦略とイノベーションのふ卵器を開発することができる。

政府内でのデータの共有と利用は、学習と公共部門のイノベーションを可能にする。部門や政府のレベルを超えたものを含め、タイムリーなデータ・アクセスと共有は、危機に直面する政府の準備作業と準備態勢を改善することができる（OECD, 2021 [70]）。データ・アクセスと共有のためのデータ・ガバナンス・フレームワークを開発することは、証拠に基づく政策立案と利用者中心のサービスのためにデータを使用するための基礎を設定する。将来の危機への対応を改善するには、相互運用可能なデータ・ガバナンス・メカニズムと、オープン・データの形を含むデータの準備、信頼性、アクセス性の向上が必要である。データ・ガバナンスを拡大するには、利益がリスクと比較検討され、倫理、透明性及び個人データ保護のための適切なプロセス、コントロール及びツールが整備されていることを確保するなど、データ・マネジメントに対する信頼を高めるための措置も必要である。

国際協力と多国間主義

民主主義政府は、国際協力の強みを活用して、国境を越えた危機、特に気候変動への対処方法を改善することができる。世界の多国間機関の多くは、民主的ガバナンスに現に存在するリスクをもたらした第二次世界大戦の終結後に設立された。このなかにはOECDも含まれている。現在の時代の国境を越えた連鎖的な危機を予防し、マネジメントするためには、民主的に統治された国々が、より効果的な多国間関与のためのガバナンス慣行を導入することが重要である。これには、国際的な政策問題に取り組む国内政府機関間の水平的及び垂直的な調整を含む、多国間問題に関する政府内のより良い調整、政策の一貫性を促進するためのメカニズム、及びグローバルな観点から考える公務員のスキルの開発が含まれるべきである（OECD, 2022 [5]）。

国境を越えた影響をより良く理解することは、協力を支援し、連鎖的なリスクを軽減するために重要である。より強く相互に結び付いた世界経済は、個々の国の政策が他の国に波及効果をもたらす可能性があることを意味する。これらの国境を越えたインパクトは、資金の流れ、貿易、移住、知識の移転、炭素排出を通じて効果を示す可能性がある。各国が国内の利益のみに焦点を当てている場合、政策が他の国に及ぼすインパクトには否定的である可能性がある。新たな証拠は、この分野に改善が必要であることを示唆している（OECD, forthcoming [71]）。データが入手可能なOECD諸国の半数未満（12か国中5か国）しか、国境を越えたインパクトを分析する義務を有していない（図4.15）。そのようなインパクトを監視するために指標やその他の利用可能なデータを使用しているのはわずか3分の1（12か国中4か国）である（図4.16）。政府は、コミュニケーションを促進し、国境を越えた悪影響に効果的に対処し、それらを削減するために利用可能なツール、証拠、データを利用するためにより多くのことができる。

政府はまた、国際規制協力（international regulatory co-operation: IRC）を強化することができる。IRCは、政府が共通の問題について協力し、相互に学ぶことを可能にする。2021年6月、OECDは、各国がIRCを効果的に採用する方法に関する勧告を採択した。この勧告は、IRCに対する政府全体のアプローチ、国内のルール作りを通じたIRCの認知、様々なメカニズムを通じた国際的な協力という3つの柱を中心に構築されている（OECD, 2020 [72]）。OECD諸国38か国のうち5か国（14%）しかIRCを政府全体の政策として採用していない。しかし、23か国（61%）は部分的な政策を有して

図1.10　多くのOECD諸国は、国際的な規制協力に対して部分的なアプローチしかとっていない

国際規制協力（IRC）に対する政府全体又は分野横断的なアプローチを有するOECD諸国、2021年

はい、政府全体の分野横断的な政策がある
いいえ、国際的な規制協力に関する政策はない
部分的に、分野別の政策のみが適用される

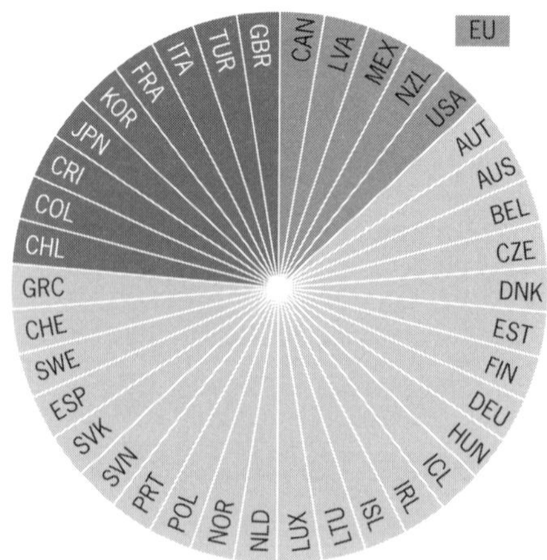

注：イギリスは国際規制協力（IRC）に対して政府全体のアプローチをとっていないと図示されている。しかし、2021年1月の最後の測定後に、同国はそのための国家政策を確立している。

出典：OECD（2021 [73]）, Indicators of Regulatory Policy and Governance（iREG）Survey.

StatLink：https://stat.link/flzeck

いる（図1.10）。そのような部分的な政策は非常に野心的であるが、特定の地域やセクターに焦点を当てている。38か国のうち9か国（24%）では、国際的な規制協力に関する政策がない（図1.10、第5章の図5.9及び図5.10）。

2.2　危機に対処するための主要なコンピテンスを強化する

より危機に陥りやすい状況をマネジメントするために、政府は、戦略的一貫性を確保し、経済的ショックを最小限に抑え、最も脆弱な人々を保護するために必要な主要な公共ガバナンスのコンピテンスとツールを強化する必要がある。彼らは、国民のニーズに応え続け、彼らがショックを管理するのを支援する上で信頼できるものでなければならない。本節では、政策の先見性と一貫性、公共部門の財政マネジメント、公共インフラストラクチャの計画と提供、公共調達、危機管理、及び公共サービス・マネジメントの主たるコンピテンスに焦点を当てる。『図表でみる世界の行政改革（2021年版）』（OECD, 2021 [2]）で取り上げられているように、柔軟な資源のバッファを確保することによって、大規模かつ高スピードで行動する力を維持することが依然として中心的である。複数の危機の時代には、社会の多様なグループへの影響を考慮しつつ、様々なスケジュールにわたって複雑で相互に関連する問題をマネジメントする力によって強化されなければならない。

政策の先見性と一貫性

危機は、政策を設定する際の優先順位付けと一貫性の必要性を高める。危機が定期的に発生する状況で活動することは、最も重要な長期的優先事項の提供に引き続き焦点を当てつつ、緊急の短期的ニーズをマネジメントし、政策分野間のトレードオフと相互作用をマネジメントする政府の能力に張力を与える。危険なのは、一部の人々が示唆しているように、複数の危機が、各国政府が長期の目標に向けて業務遂行する能力の容量を圧倒しかねないことである（Laybourn, Throp and Sherman, 2023 [23]）。ここでの失敗は、機関の信頼性に対する政府の認知を損なう。

政府中枢（centre of government: CoG）は、危機対応のバランスを取ること、長期的な計画立案、分野横断的な問題に関する調整という、重要な役割を果たしている。CoGは、内閣総理大臣と内閣を支援する組織である（例えば、内閣総理大臣府や大統領府）。COVID-19流行の間、CoGはより多くの調整作業と権限を引き受けた（OECD, 2021 [74]）。暫定的なデータは、この傾向が続いていることを示しており、多くのCoGは2019年から2023年の間に権限の範囲、政策分野、政府間調整活動及び職員数を拡大した（OECD, forthcoming [75]）。彼らの危機マネジメント業務も過去3年間で増加しており、多くの場合、短期的な問題に対して臨時のタスクフォースを利用している。

CoGは、危機対応と政府全体の戦略計画立案を組み合わせて、政府のサービス提供を保護しなければならないであろう。CoGに共通する2023年の優先事項には、インフレーション、国家安全保障、気候、エネルギー、生物多様性などがある（OECD, forthcoming [75]）。これらには、複雑で、時には矛盾する優先事項に対処することが含まれる。準備、計画立案及び優先順位付けは、危機対応の質と長期の諸目的への作業を継続する能力に影響を与える。例えば、ルクセンブルクのリスク分析と調整されたアプローチは、COVID-19以前に既にインフルエンザ・パンデミックのリスクを特定しており、危機を緩和するための行動を促進した（OECD, 2022 [76]）。

政策の一貫性を保つ能力は、時間の経過と政策分野全体にわたって政策のトレードオフのバランスをとるための鍵となる。多くの危機問題の原因と解決策は、複数の政策分野にわたって相互に作用する。例えば、化石燃料の生産と消費を支援する措置に対する政府支出は、COVID-19の支援もあって、2021年にほぼ倍増した（OECD, 2022 [77]）。これは、気候変動と闘うための国際的な取り組みを弱体化させる。政府は、政策分野全体の一貫性を支援するために、より体系的なアプローチを使用する必要がある。利用可能なデータがあるOECD諸国12か国中11か国（92%）が、持続可能な開発のための政策一貫性への正式なコミットメントを有しており、9か国（75%）がそれを監督する主導機関を有している（OECD, forthcoming [71]）。

しかし、政策の一貫性を提供し、2030年以降に及ぶ長期戦略を定義するには、諸課題が残っている。これには、複数の地球規模の課題、それらの相互関係、及びそれらの将来起こり得る潜在的な影響に対処するためのツール（戦略的先見性、システム思考、シナリオ開発、モデリング・ツール、インパクト評価など）を備えた公共サービスが必要である。**長期的マネジメントには、戦略的先見性がますます不可欠になる。**戦略的先見性は、現在明らかになっている将来を認知し、理解し、行動するための確立された慣行である。OECDによる国別研究では、、戦略的先見性の能力は政府に存在するが、しばしば縦割りに陥っており、政策立案に統合されていないことを発見した。戦略的先見性が使用される場合、上級指導者のために先見性のある情報を伝達し、作成する能力が欠如しており、戦略的先見性の使用と利点に関する知識が限られている（OECD, 2022 [78]）。これはかなりの「インパクト・ギャップ」に寄与している（OECD, 2022 [78]）。OECDの予測的イノベーション・ガバナンス・モデルは、この問題に対処し、将来と先見性の知識を意思決定と中核的な政府プロセスに結び付ける方法を検討しており（Tõnurist and Hanson, 2020 [79]）。政府は、新たな傾向を定期的にレビューし、それらを戦略計画に組み込む方法を検討する必要もある。例えば、ニュージーランドは、政策立案サイクルにおいて長期的な洞察をより有効に活用する方法を検討している（OECD, 2023 [80]）。

強じん性のある財政

政府は、予算ガバナンスへの信頼を構築し、必要に応じて危機対応に資金を提供できるように十分な財政スペースを維持するために、信頼できる財政管理の枠組みを持たなければならない。予算プロセスとガバナンスについては、第6章で検討する。近年の危機にすべては、財政の強じん性を維持することが重要であることが示されている。各国は、大規模な自然災害の余波の中で、困窮したセクターを支援したり、大規模なパンデミックの結果に対処したりするために、大規模で予期せぬ支出に資金を提供できねばならない。しかし、OECD諸国の債務水準は近年大幅に上昇している（図10.10）。

適切な財政ルールを維持することが極めて重要である。ほとんどすべてのOECD諸国が財政ルールを使用している。最も広く使用されているルールは、予算バランスと債務に関するものである。名目予算残高財政ルールは、法的根拠のある20か国と政治的根拠のある6か国によって使用されている。構造的予算バランスの財政ルールは、法的根拠のある22か国と政治的根拠のある3か国によって使用されている。政治的根拠のある債務上限に関するルールは、OECD諸国20か国によって使用されている（OECD, 2019 [81]）。COVID-19パンデミックの間、いくつかの国は、大規模な裁量的財政支出対応の必要性を満たすため、財政ルール及び複数年予算計画に違反又はこれらを停止した。OECD諸国の中には、現在、危機によって提示された機会を利用して、財政枠組みの変更を検討している国もある。これらの問題は、現在の欧州経済ガバナンスレビューなど、一部の機関の懸念の中心となっている（European Commission, 2023 [54]）。

各国はまた、財政リスク（すなわち、財政予測からの潜在的な大きな逸脱の原因）を特定し、マネジメントする必要がある。これらのリスクには、マクロ経済ショックなど、政府のコントロール外の事象が含まれるが、例えば、政府が多額の融資や保証を供与した場合など、政府自身の活動によっても発生する可能性があり、これらの債務が返済されないか、又は保証の履行を要求される可能性がかなりある。OECD諸国の75%で財政リスクをマネジメントするためのプロセスが実施されている（OECD, 2019 [81]）。しかし、これらのリスクをすべて包括的に特定するか、それらがどのように効果的に監視されているかは、OECD諸国ごとに大きく異なる。OECDは最近、OECD諸国に対し、融資と保証のためのより慎重な予算ガバナンスのためのガイダンスを含め、財政リスクの特定（Moretti, Braendle and Leroy, 2021 [82]）、分析及びマネジメントのためのプロセスを求めている（Moretti, Braendle and Leroy, 2021 [83]）。

政府のマクロ経済予測が独立財政機関（independent fiscal institution: IFI）による審査を義務付け、又は予測をIFIにすべて外部委託することとすることは、政府の戦略の信頼性とその政府の財政の強じん性をを著しく高める。グローバル経済危機以後、IFIの数は急増してきており、現在、OECD諸国38か国中29か国に存在している（図6.7）。このうち過半数の諸国では、IFIは公式予測の承認（29か国中11か国、38%）又は精査（29か国中12か国、41%）において重要な役割を果たしている。29か国中3か国（10%）では、IFIが公式マクロ経済予測を作成している（OECD, 2021 [84]）。オランダでは、IFIとして機能する中央計画局が政府に直接予測を提供している。スウェーデン、イギリス、アメリカでは、IFIが政府財政計画の健全性に関する査定を公表している。

気候危機に対処するためには、予算編成と財政マネジメント・プロセスをより効果的に利用することができる。グリーン予算編成メカニズムを実施している国の数は、2021年の35か国中14か国（40%）から2022年には36か国中24か国（66%）へと急速に増加している（図6.1）。グリーン予算編成を実施するために用いられる手法とツールは引き続き広く採用されており、OECD諸国もグリーン予算編成のための制度的な仕組みを強化している（図1.11と第6章の図6.2）。しかし、説明責任と透明性を向上させる余地はある。各国は、市民社会の関与、グリーン予算編成の監視、グリーン予算報告書の議会への提出などの慣行を広く利用しているわけではない。

政府は、大規模で深刻な気候関連の事象に対する財政の強じん性も高めることができる。2022年には、その多くが気候変化によって引き起こされた自然災害が、世界全体で3,130億米ドルの経済的損失を引き起こしたと推定されている（AON, 2023 [86]）。OECDは、政府が気候関連のリスクに対して財政が強じんであることを確保するために、財政リスク評価と調整された統合財政戦略を構築する

図 1.11　グリーン予算編成は現在広く普及しているが、より効果的である可能性がある

OECD グリーン予算編成指数、2022 年

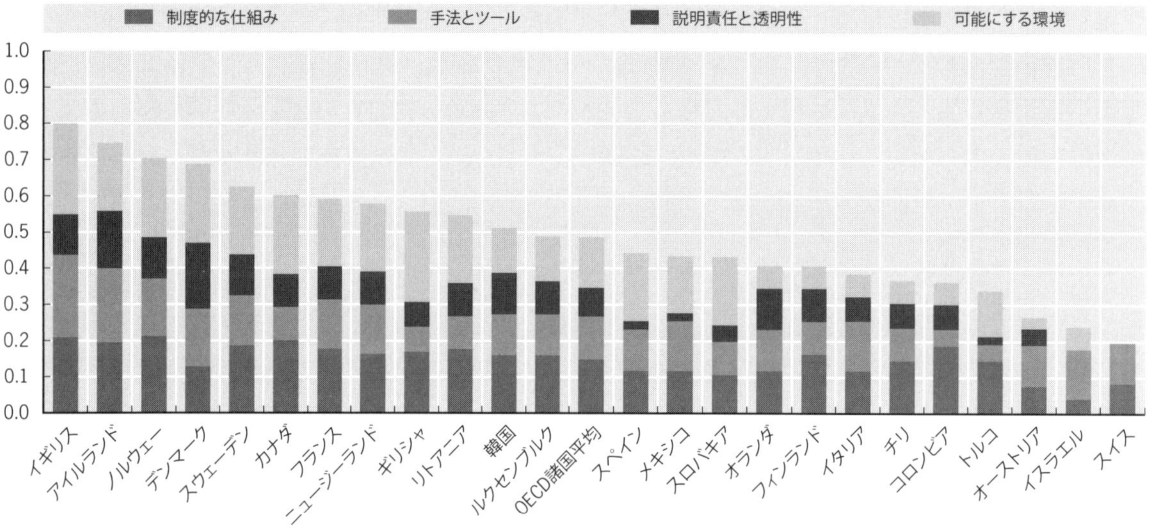

注：慣行の変化を反映して、2021 年の OECD グリーン予算編成指数から更新されている。グリーン予算を導入した OECD 諸国のデータのみが示されている。
出典：OECD（2022 [85]）, Survey on Green Budgeting.

StatLink：https://stat.link/safikq

ことを支援する統合された枠組みを開発した（OECD, 2022 [87]）。頻度が高く、深刻度が低い気候関連の事象（例えば、局地的な洪水や干ばつ）については、予算に関する柔軟性と行動容量を有する政府は、災害救援と対応のニーズをカバーするための一般的な予備費を設定すべきである。深刻度が高く、頻度が低い気候災害については、予備費の方が適切である（公的債務融資へのアクセスの容易さとコストに依存する）。緊急事態のための予算枠組みは、災害直後のニーズをカバーするために資金を迅速に再配分することを可能にすべきである。例えば、コロンビアの財政戦略は、下位層のリスクに資金を提供し、気候関連の災害後のニーズを満たすためのツールとして予算の再配分を使用している（Ministerio de Hacienda y Crédito Público, 2021 [88]）。政府は、バランスシート措置を利用して、手頃な価格の保険の利用可能性を改善し、災害後の政府支出の必要性を削減することもできる（OECD, 2022 [87]）。

強じん性のある公共インフラストラクチャの計画立案とサービス提供

インフラストラクチャ・ガバナンスは、気候危機と闘い、他のショックを通じてサービスの継続性を確保する上で重要な役割を果たす。2050年に実質ゼロ・エミッションを達成するためには、世界の年間エネルギー部門投資を近年達成された2兆3,000億米ドルから2030年までに5兆米ドルに増加させる必要がある（IEA, 2021 [89]）。同時に、インフラストラクチャ資産と運用は、気候変動の影響にますますさらされ、公共サービスの提供に直接影響を及ぼす。信頼性が高く、持続可能で強じん性のあるインフラストラクチャを開発するには、インフラストラクチャ計画立案とそのサービス提供プロセスを再調整する必要がある。強固な制度的能力、適切なプロセス、強固な評価は、期待されるアウトカムをもたらす最適なインフラストラクチャ投資を達成するための前提条件である。

第8章では、政府が公共インフラストラクチャの提供をどのように計画し、マネジメントするかを検討する。目標は、適切なプロジェクトが選択され、費用対効果が高く、手頃な価格であり、公共部門と最終利用者に対して金銭的価値を示すことを確保することである。インフラストラクチャの計画と管理に対するライフサイクルアプローチでは、計画、優先順位付け、資金調達から始まり、設計、調達、建設、運用、保守、廃止措置に至るまで、ライフサイクルのすべての段階でインフラストラクチャのパフォーマンス、コスト、便益を考慮に入れる。これは、資産を最適化し、より強じん性のあるものにするのに役立つ。

環境的に持続可能で気候変動に強いインフラストラクチャに関するOECDインフラストラクチャ・ガバナンス指標は、環境的に持続可能で気候変動に強いインフラストラクチャを支える様々なガバナンス要素の概要を提供している。国別指標値は0.19から0.93（可能な最小値と最大値は0と1）の範囲であり、OECD諸国平均は0.52である（図1.12、第8章の図8.7も参照）。各国はいくつかの優良事例を示しているが、検討されたガバナンスの5つの側面すべてにおいて改善の余地が大きい。例えば、データが入手可能な国の63%(27か国のうち17か国)が、交通インフラストラクチャ・プロジェクトの潜在的排出量を推定するために気候インパクト評価を必要としているが、その結果を体系的に利用してプロジェクトを選択又は優先順位付けしている国はわずか44%（27か国のうち12か国）である。気候変動適応策を交通インフラストラクチャ・プロジェクトの設計に統合する必

図1.12　政府は、環境的に持続可能で気候変動に強いインフラストラクチャの提供を大幅に改善することができる

グリーン化インフラストラクチャのガバナンスに関するOECDインフラストラクチャ・ガバナンス指標（IGI）、2022年

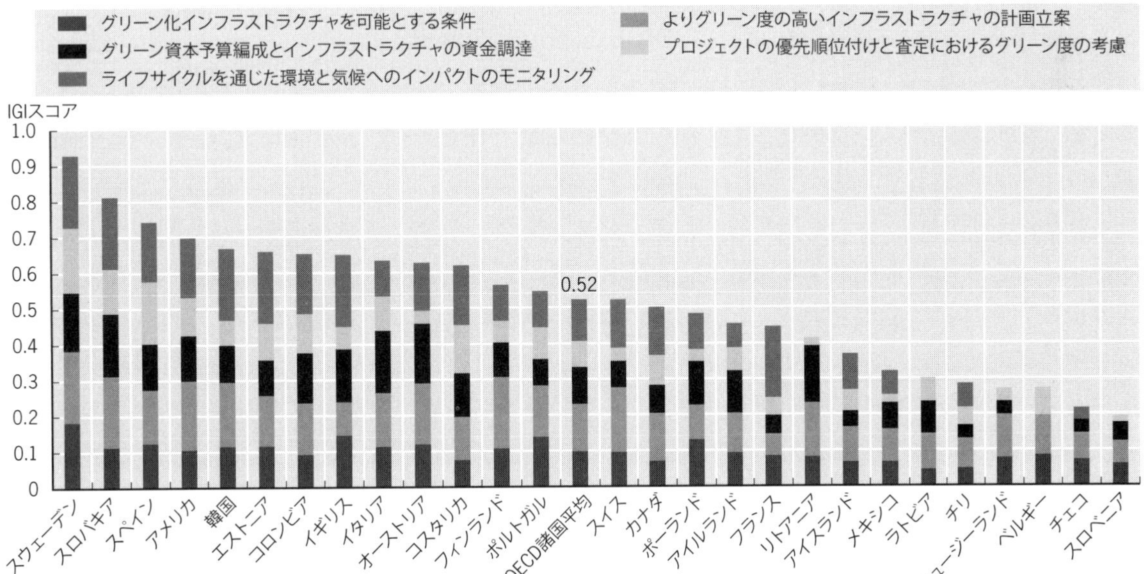

- グリーン化インフラストラクチャを可能とする条件
- グリーン資本予算編成とインフラストラクチャの資金調達
- ライフサイクルを通じた環境と気候へのインパクトのモニタリング
- よりグリーン度の高いインフラストラクチャの計画立案
- プロジェクトの優先順位付けと査定におけるグリーン度の考慮

IGIスコア

スウェーデン、スロバキア、スペイン、アメリカ、韓国、エストニア、コロンビア、イギリス、イタリア、オーストリア、コスタリカ、フィンランド、ポルトガル、OECD諸国平均（0.52）、スイス、カナダ、ポーランド、アイルランド、フランス、リトアニア、アイスランド、メキシコ、ラトビア、チリ、ニュージーランド、ベルギー、チェコ、スロベニア

注：スコアの範囲は0～1である。オーストラリア、ドイツ、ギリシャ、日本、ルクセンブルク、ノルウェー、トルコのデータは利用可能ではない。ベルギーのデータはフランドル地域からの回答のみに基づく。ベルギー（フランドル地域）にはこの指標の完全なデータがない。完全なデータを有する下位レベルの政府がグラフに含まれている（ベルギー（フランドル地域）のスコアはOECD諸国平均に含まれていない）。詳細な方法論に関する注は第8章の指標32「環境的に持続可能で気候変動に強いインフラストラクチャの提供」を参照。

出典：OECD（2022 [90]）, Survey on the Governance of Infrastructure - Part V: Deliver environmentally sustainable and climate-resilient infrastructure; OECD（2021 [91]）, Regulatory Indicators Survey.

StatLink：https://stat.link/4lxwry

要がある国は半数未満（26か国のうち12か国、46%）である。プロジェクトの選択と優先順位付けの方法を示すために気候強じん性基準を体系的に利用している国はわずか35%（26か国のうち9か国）である（図8.7と表8.8も参照）。

国家は、公共インフラストラクチャ、特に重要なインフラストラクチャが、気候危機によってもたらされるものを含むリスクに対して強じん性があることを確保しなければならない。自然災害、極端な気象現象、健康危機などのショックは、気候危機によってより頻繁及び／又は激しくなる可能性があり、インフラストラクチャ資産やネットワークが損害や混乱に対して脆弱になる可能性がある。これは、高齢化や不十分なメンテナンスなどの継続的なインフラストラクチャ・ガバナンスの課題によってさらに悪化している。強じん性を維持することは、悪影響を吸収し、サービスの質を確保するために不可欠である。

既存のインフラストラクチャの強じん性を確保するために、各国は資産管理のためのイノベーション的で持続可能な解決策をより多く利用することができる。インフラストラクチャの業績に関するより良いデータを収集し、それを情報マネジメント・システムに提供することによって、各国は、資産マネジメントについて、より多くの情報に基づいた意思決定を行うことができる。経時的にインフラストラクチャの強じん性を確保するために、各国は業績基準に照らして、様々なライフサイクル段階で資産を監視し、それらの基準の遵守を確保する執行体制を構築することができる。例えば、OECD諸国の58%（26か国中15か国）は、資産の運用、保守及び廃止措置を通じて環境及び気候変動リスクを監視し、緩和するためのメカニズムを有している（OECD, forthcoming [92]）。

より強じん性のある公共部門のサプライチェーンのための調達慣行の利用

公共調達政策は、国際貿易の開かれたシステムを強化する一方で、公共部門のサプライチェーン、特に不可欠な物資及びサービスの強じん性を確保するために機能すべきである。第7章は公共調達を扱う。サプライチェーンはますますグローバル化され、相互依存するようになっている。これは生産性の向上と生産価格の低下をもたらした一方で、公共の買い手がサプライチェーンの混乱のリスクにさらされることも増加させた。これは、医薬品やエネルギーのような不可欠な物資の供給に対するリスクが出現した最近の危機において明らかである。公共調達戦略は、国際貿易の開かれたシステムを強化する方法でこれらのリスクをマネジメントすることが重要である。政府は、不可欠な物資及びサービスの提供を確保するためのリスク・マネジメント戦略を含む、公共部門のサプライチェーンの強じん性を強化するための様々な戦略を採用している（OECD, 2020 [93]）。サプライチェーンに関するより良い知識は、公共の買い手が彼らに対するリスクを特定し、優先順位を付け、対処するのに役立つ（OECD, 2020 [93]）。しかし、2018年には、データが利用可能なOECD諸国のうち、公共調達リスクを評価し、防止し、緩和するための国家戦略を有していたのはわずか52%であった（OECD, 2019 [94]）。

開かれた貿易の枠組みの中で、公共部門のサプライチェーンの強じん性と不可欠な物資へのアクセスを確保するための効果的な戦略には、供給者の多様化と国境を越えた協力の改善が含まれる（OECD, forthcoming [95]）。国際的な調達協力（不可欠な物資の共有、共同調達の実施、輸出制限の回避に関する協定など）は、物資やサービスの共有を促進し、各国政府がそれらを調達するために互いに競争することを回避することができる（OECD, forthcoming [95]）。例えば、2012年に創設されたバルト調達イニシアティブは、支出を削減し、医薬品やワクチンへのアクセスの継続性を確保するために、エストニア、ラトビア、リトアニアのための集中的な共同購入システムを確立した（Vogler et al., 2021 [96]）。最近では、ウクライナにおけるロシアの侵略戦争を受けて、EUは加盟国が世界市場で共同で天然ガスを購入できるようにするための新たな規則を提案した（EU, 2022 [97]）。

供給リスクをマネジメントするために相互接続されたサプライチェーンの複雑な網を進んでいくためには、高度な調達スキルが必要である。2020年には、OECD諸国のわずか35%しか、公共調達担当官が専門的な訓練を受けることを義務付けていなかった（OECD, 2023 [98]）。多くの諸国が、オーストリアの公共調達アカデミーのようなオプションの訓練を提供しており、そこでは職員が調達プロセス全体を通じて質、金銭的価値、公平性を確保するための訓練を受けている（OECD, 2023 [98]）。

各国は、技能と能力を向上させるために知識センターとの共同アプローチを促進することもできる。2020年には、OECD諸国の62%が知識センターと協力して訓練を開発しており、2018年の39%（OECD, 2023 [98]）から大幅に増加している。公共調達は、グリーン移行に関する目標の達成にも役立つ。これについては第7章で検討する。OECD諸国の政府は、環境に関する選択とアウトカムをより重視する方向に経済を導くために、購買力を利用することがますます増えている。調査対象となったOECD諸国34か国のうち32か国（94%）には、積極的な国家グリーン公共調達（GPP）政策又は枠組みがあり、最近、影響の大きいセクターを対象とし、3分の2の諸国でよりクリーンな製品に移行するように更新されている（図7.3）。しかし、GPP政策を実施しているOECD諸国32か国のうち12か国（38%）しかそのインパクトについて報告しておらず、ゆえに、持続可能性目標の達成にどのように貢献しているかを理解することができていない（図7.6）。

危機マネジメント

政府は、危機マネジメントの政策と慣行を適応させ、予期せぬ事態への対処方法を改善し、システムの機敏性を高める必要がある。標準的な運用手順と過去の出来事に基づく危機マネジメントへの従来のアプローチは、より頻繁なショックや、前例のない、あるいは予想外に大きなショックに直面した場合に、もはや十分ではない（OECD, 2015 [99]）。これは、データが利用可能なOECD諸国25か国のうち18か国が、2017年以降に対処する準備ができていなかったCOVID-19以外の主要な危機を少なくとも1回経験していることによって実証されている（OECD, forthcoming [100]）。

第1に、政府は、古典的な危機とより複雑な危機の両方をマネジメントするための頑健なガバナンスの枠組みを構築する必要がある。危機マネジメントには民間部門だけでなく複数の機関を関与させ、これらの利害関係者を国内及び国際的に調整するための仕組みを整備することが重要である。第2に、政府は、学際的な科学的専門知識と、危機時の戦略的意思決定を支援するための容易に理解できる情報を提供する能力を備えた関係者のネットワークを確立する必要がある。複雑さを解きほぐし、不確実性を特定することは、緊急事態を理解するために不可欠である。第3に、危機マネジャーは、国民の期待に応えるための危機コミュニケーション戦略を策定できる必要がある。最後に、政府は、複雑な危機をマネジメントし、これの準備をするための専門家とリーダーを訓練しなければならない。現在、ほとんどのOECD諸国は、これらの中核的な機能の多くを危機マネジメント・システムに組み込んでいる（図1.13、OECD, forthcoming [100]）。それにもかかわらず、国家の強じん性を維持するためには、継続的な改善、訓練、学習を通じて、進化するリスク状況に先んじて戦略的危機マネジメント能力を維持することが重要である。

公共サービスにおけるスキルとマネジメント

各国政府は、労働力の敏捷性を最大化するための措置を講じるべきである。第13章では、OECD諸国における公務員集団のマネジメント方法に関するデータを紹介している。柔軟な公務員集団公共サービスは、急速に変化する新たな優先課題に迅速に対応することができる。それは、将来の公共サービスの中核的特徴である（OECD, 2021 [102]）。OECDは、柔軟な公共サービスの3つの側面を挙げている。すなわち、モビリティ、学習する文化及びフレキシブルな公務員集団の3つである（OECD, 2023 [103]）。これらの各分野は、COVID-19パンデミック時の公務員集団の強じん性に大きく貢献した。OECD諸国を通じた公務員集団には、この3つの分野すべてにおいて有望な新しい慣行を改良し、拡大するチャンスがある。

モビリティとは、公務員に公務員集団の様々な部門で働く機会を与えることを意味する。COVID-19のような緊急事態では、特定のスキルセットを持つ人々を迅速に特定し、彼らを最も必要とされる場所に移動させるメカニズムを持つことが重要であることが示された。緊急事態を超え

図1.13　多くのOECD諸国は、COVID-19以前に主要な危機マネジメントの仕組みを有していた

危機マネジメントの仕組みを実施しているOECD諸国の数、2022年

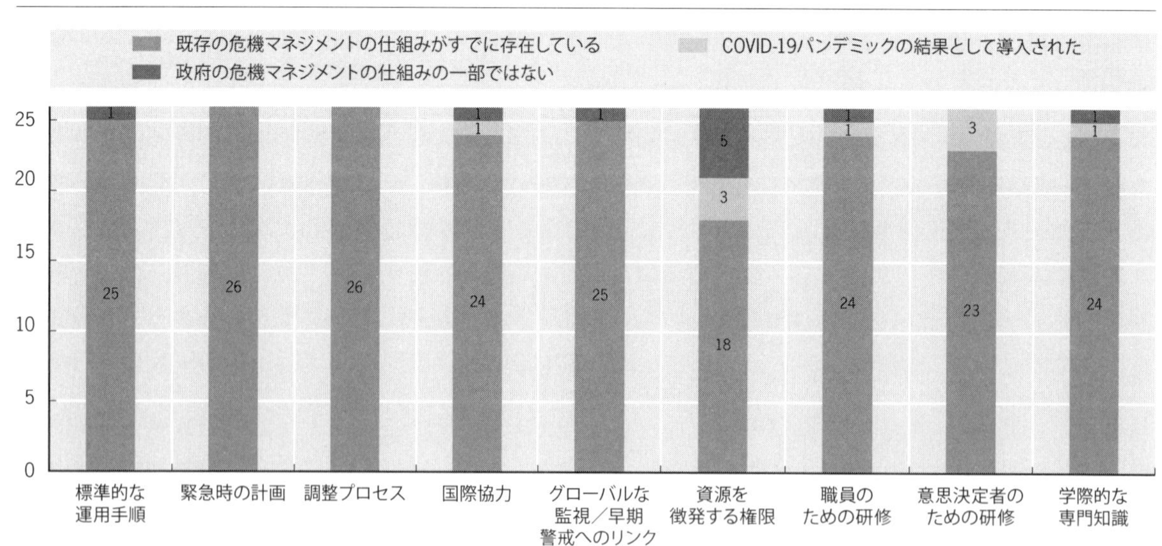

注：データはOECD諸国26か国のものである。尋ねられた質問は「以下の特徴のいずれかが、COVID-19以前に政府の危機マネジメント・メカニズムで確立されたか、又はCOVID-19の結果として導入されたか？」であった。

出典：OECD（2022 [101]）, Questionnaire on the Governance of Critical Risks.

StatLink：https://stat.link/1efnb8

て、政策課題がより複雑になるにつれて、モビリティは、行政が適切なスキルと専門知識を調整するのを支援する重要なツールとなり得ると同時に、重要な労働力の学習と開発の機会を提供する。モビリティ・ツールの戦略的な使用は、より大きな強じん性、能力、イノベーションの基礎となり得る。これらの利点にもかかわらず、モビリティはほとんどの行政において必須ではなく、明示的に推奨されるものでもない（図13.1）。

強じん性を持つためには、公共サービスは迅速に学習し、急速に変化する状況に適応し、先見性とイノベーション的な問題解決のスキルを構築する必要がある。これには、学習が継続的で、キャリアが長く、期待される学習文化が必要である。また、成長の機会やパフォーマンスのフィードバックなどのインセンティブとも連携しなければならない。学習文化を醸成するためには、リーダーが学習を優先し、公式・非公式の学習のための空間を創出し、学習機会としてのモビリティを促進することが重要である。ほとんどの行政には学習戦略があるが（図13.3）、十分なデータやシステマティックな計画立案によって常に支援されているわけではない。

空間的（例えば、リモートワーク）と時間的（例えば、パートタイム）の両方の柔軟な労働慣行は、公務員集団における労働力の強じん性にとって不可欠である。COVID-19の大流行は、公務員が、国民のニーズに応じることができるように、いつでも、どこからでも働くことができるようにすることが重要であることを示した。柔軟な働き方には、公務員が自らの好みや組織の要件に合わせて労働時間や勤務地を調整できるようにする様々なツールが含まれている。これらは、将来の公共サービスの労働力に必要なスキルを惹き付け、維持するための鍵である。OECD諸国の公務員は、多くの形態の柔軟な働き方を利用できる（図13.5）。しかし、これらのうち確立された権利はほとんどない（図13.6）。

2.3　民主的価値に対する脅威から保護する

民主的ガバナンスは、危機の際に強まる腐敗、清廉性の欠如、誤情報や偽情報から生じる民主主義の強じん性に対するリスクからこれを保護しなければならない。これらの問題は、公的機関への信頼に対する直接的な、時には意図的な脅威を形成する。第4章では、清廉性と政策立案がどのようにマネジメントされているかに関する問題を取り上げる。OECD諸国全体では、上級政治職員の清廉性について懐疑的な見方が広がっている。平均して、OECD調査の回答者のほぼ半数（48%）が、ハイレベルの政治的任用官吏が、高給の民間部門の仕事の提供と引き換えに、政治的利益を与えると予測している（図1.14）。これらのリスクは、危機の際に高まる可能性がある。スピードと便宜の圧力は、民主的ガバナンスと監視の基準を低下させる可能性がある。これは、アクターたちが自らの利益を追求するために公共部門の清廉性のシステムの弱点を利用することを可能にし得る。これには、不当な影響力を得ようとする、又は戦略的理由で民主主義国家を弱体化させようとする国内外のアクターたちが含まれ得る。このセクションでは、民主主義政府がこれらの脅威に対してファイアウォールを構築するために取るべき主要な行動を取り上げる。

図1.14　不当な影響に対する認知が広がっている

選挙で選出又は任命された職員が、政治的支持と引き換えに高賃金の民間部門の仕事の提供を受け入れる／拒否すると回答した回答者の割合、OECD諸国非加重平均、2021年

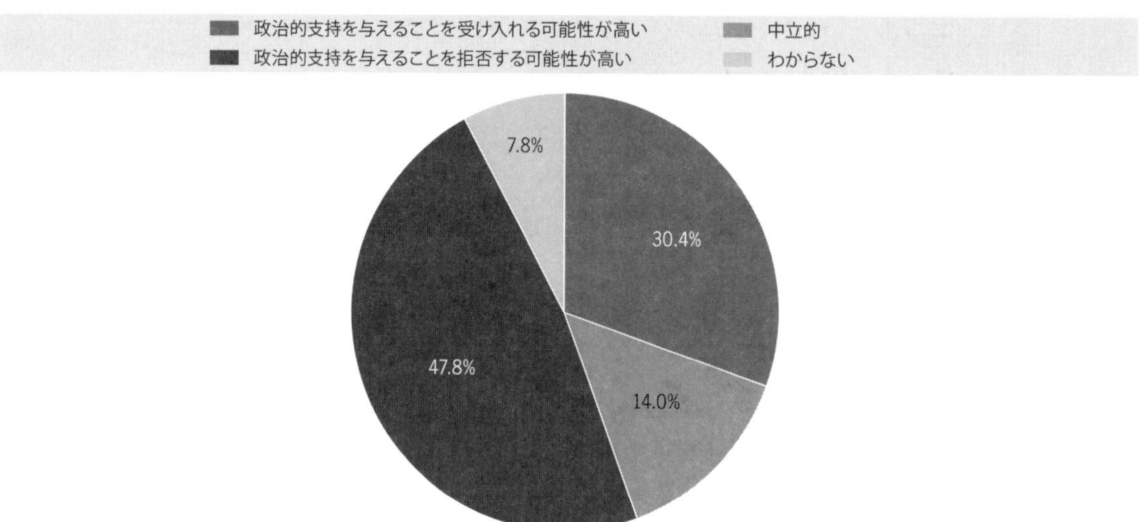

注：図は、「上級政治家が政治的支持と引き換えに民間部門で高賃金の仕事の見通しを提供された場合、彼らがそれを拒否する可能性はどの程度あると思いますか？」という質問に対する回答のOECD諸国非加重平均を示している。「OECD信頼度サーベイ」は、以下の11ポイントの回答尺度を集計している。すなわち、0～4＝低い／可能性が低い、5＝中立、6～10＝高い／可能性が高い、である。OECD諸国平均は、各国の非加重平均を示している。メキシコとニュージーランドは、回答者が中央政府への信頼度について尋ねられていないため、この数字からは除外されている。詳細については、http://oe.cd/trust のサーベイ方法文書を参照。

出　典：OECD Trust Survey (http://oe.cd/trust)；OECD (2022 [3]), Building Trust to Reinforce Democracy: Main Findings from the 2021 OECD Survey on Drivers of Trust in Public Institutions, https://doi.org/10.1787/b407f99c-en.

StatLink：https://stat.link/04i291

清廉性と腐敗防止

政府は、民主的統治システムが民主主義のための「ゲームのルール」を保護し、執行することを確保しなければならない。民主的に統治されたシステムは、選挙で選出された政治指導者と、主要な意思決定能力の容量を有する公職にある者の双方が、国民の利益のために政策を決定するという期待に基づいている。政策を設計し実施する際、政府は多様な利益集団を関与させ、これらの集団の費用と便益を考慮する必要がある。この文脈において、ロビー活動やその他の影響力の行使を通じた利害関係者と政府との間の関与は、民主的プロセスの自然な部分である（OECD, 2010 [104]）。

これらの慣行が行われる方法は、民主的強じん性にとって極めて重要である。ロビー活動や影響力が濫用されると、公共政策が損なわれる。例えば、特別利益集団が影響力を独占したり、誤解を招く証拠を利用して自らの利益を増進したり、世論を操作したりする場合である。政治指導者や公共部門の意思決定者が政治的清廉性の基準に違反し、その立場を利用して特定の団体の商業的又は政治的利益を促進する場合、公共政策に関する決定は有害な影響を及ぼす可能性がある。これは、公的機関や民主的プロセスに対する不信をもたらす可能性がある（OECD, 2021 [106]）。

汚職リスクは、危機的状況によって高まる可能性がある。COVID-19危機は、不当な影響に対す

る政府の脆弱性を浮き彫りにした。パンデミックに関連したロビー活動は、危機の初期の数か月間に著しく増加した（OECD, 2021 [106]）。ワクチン購入などのCOVID-19関連政策に対する強力な利益集団の影響（European Court of Auditors, 2022 [107]）、及び主要な意思決定プロセスにおける強力な利益集団の影響を明らかにする可能性のある情報要求へのアクセスに対する透明性の欠如に対する懸念が生じた（EU Ombudsman, 2022 [108]；EU Ombudsman, 2023 [109]）。これは、影響を受けた企業や利害関係者が政策対応に影響を与えた過去の危機を反映している（OECD, 2021 [106]）。さらに、多くの政府は、政策対応と復興計画のための科学的・技術的専門知識を収集するための特別な手続きを確立した。任命された専門家は、危機対応に対して信頼できる情報と正当性を提供することができるが、マネジメントされていない利益相反の可能性に関連した清廉性のリスクももたらす。

多くのOECD諸国は、ロビー活動、政治資金調達及び利益相反の状況における汚職を防止するための完全な保障措置を欠いている（図1.15）。ロビー活動は、OECD諸国では特に規制されていない政策分野である。OECD諸国28か国の平均では、ロビー活動に関する標準的な規制上の保障措置のうち、実施されているのはわずか38%であり、実際に実施されているのはわずか33%である（詳細は図4.8及び図4.9を参照）。これは、政策立案に不当な影響を及ぼす機会につながる可能性がある。各国は政治資金の規制において、より優れており、標準的な基準と規制の66%が実施され、55%が実際に実施されている（詳細は図4.10、図4.11及び図4.12を参照）。これは、企業が政治献金キャンペーンや政党への貢献を通じて利益を確保するリスクが比較的低いことを示唆している。利益相反から保護するためのOECD諸国の規制は、OECD諸国平均で76%の諸国が基準を満たしているが、実際の慣行は33%しか満たしていない（詳細は図4.4、図4.5及び図4.6を参照）。強力な規制要件にもかかわらず、多くの諸国は、利息及び資産の申告が提出されたかどうかを追跡できないか、又はその内容を検証するための手続きが不十分であることが多い。

外国政府、特に非民主的な政権が、とりわけ偽情報キャンペーン、悪意のある政治資金、秘密のロビー活動を通じた国内政策決定への干渉を通じて民主主義を不安定化させることを目的とする場合、清廉性リスクが増大する。より強く相互接続されたデジタル世界では、これらの慣行はますます一般的になり、特に民主的な強じん性に対する新たな脅威となっている。

不当な影響や外国の干渉のリスクから民主的な強じん性を保護するためには、政府は多くの相互支援的な行動を実施する必要がある。第一に、政治資金調達を通じたものを含め、国内外を問わず、商業的・政治的利益によるロビー活動や影響に対する清廉性と透明性を強化する必要がある。OECD諸国の少数は、依然として外国の政府や企業からの政党や選挙キャンペーンへの寄付を禁止していない。これにより、外国のエージェントが国家の民主的アウトカムに直接影響を与えることが可能になる。さらに、OECD諸国の半数未満しかロビー登録簿を設置しておらず、しかも、そのすべてが外国からの影響、特に外国政府のために行われる活動を対象としているわけではない。機能するロビー登録簿は、国内及び外国の関係者の活動に対する透明性の前提条件である。

第二に、公職にある者、特に、選挙で選出され、又は任命された公職にある者は、ロビー活動及び影響活動に関連するリスクに適応した公的な清廉性の枠組みを必要とする。これには、公共雇

図 1.15　多くの OECD 諸国は、ロビー活動、政治資金調達及び利益相反の状況における腐敗を防止するための完全な保障措置を欠いている

既存の規制保障措置の割合及び実際に履行されている規制保障措置の割合、OECD 諸国平均

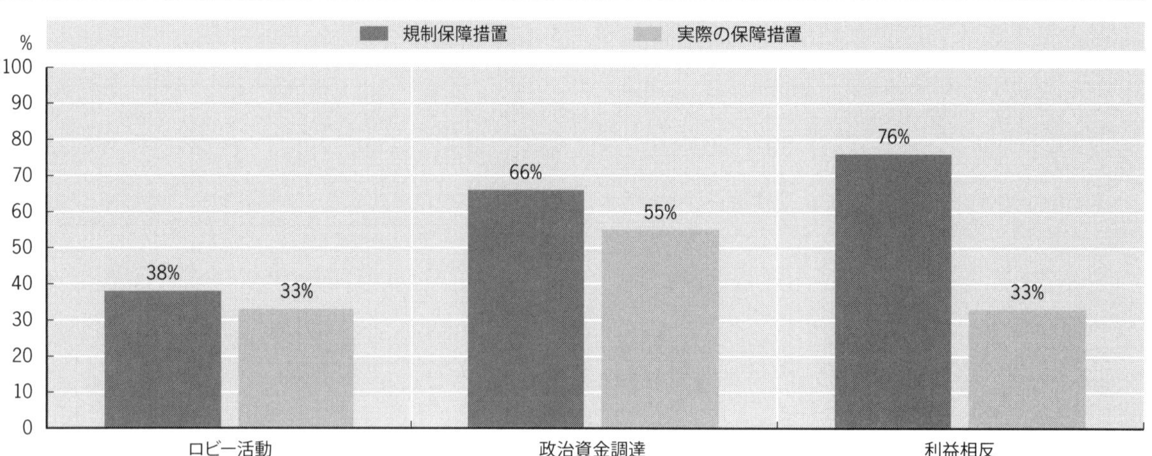

注：割合の値は、各カテゴリーの標準基準の充足に関する OECD 諸国 28 か国の平均スコアを表している。利益相反については、OECD 公共部門清廉性指標は、９つの標準規制保障措置及び実際に実施すべき９つの標準保障措置の充足を測定している。ロビー活動については、４つの標準規制保障措置及び実際に実施すべき９つの標準保障措置を測定している。政治金融については、11 の標準規制保障措置及び実際に実施すべき８つの標準保障措置を測定している。ベルギー、コロンビア、ドイツ、ハンガリー、アイスランド、イタリア、リトアニア、ニュージーランド、ポルトガル及びイギリスについては、データが利用できない。

出典：OECD（2022 [105]）, OECD Public Integrity Indicators, https://oecd-public-integrity-indicators.org/.

StatLink：https://stat.link/a1whrt

用の前後のリスク及びその他の利益相反の状況を管理するための効果的なシステムが含まれるべきである。同様に、ロビー活動及び影響活動に従事する企業、ビジネス及び業界団体、コンサルタント及び法律事務所、非政府組織、シンクタンク、研究機関その他の組織は、政策決定プロセスに関与するための透明性及び清廉性の枠組みを必要とする。

最後に、投資による居住（residence-by-investment: RBI）及び投資による市民権（citizenship-by-investment: CBI）制度に対しては、より一層の透明性及び内部統制が必要である。証拠は、これらのプログラムが誤用及び濫用に対して非常に脆弱であり、汚職、脱税、マネー・ローンダリングなどの金融及び経済犯罪を隠蔽又は助長するために使用される可能性があることを示している。いくつかの研究はまた、これらのスキームが国民所得のかなりの割合（時には50%まで）を形成することができる小島嶼国において、これらのプログラムの促進に関与する企業が、政治資金調達、ロビー活動及び政府への不当な影響並びに腐敗活動の奨励において重要な役割を果たしている（OECD, 2022 [5]；OECD, 2019 [110]）。

誤情報や偽情報との闘い

政府は、危機の際にその脅威が高まる誤情報や偽情報に対処するために効果的な行動をとる必要がある。誤解を招く誤情報の存在と、そのようなコンテンツが政府や社会にもたらす課題は、新しいものではない。それにもかかわらず、情報の清廉性を擁護し強化することは、デジタル時代において特に複雑になっている。誰もが情報源（又は誤情報や偽情報）となり、コンテンツは瞬時にグロー

バルに共有され、人工知能（AI）ツールは誤解を招くコンテンツの作成と普及を促進する。さらに、国内外の悪意のある関係者は、民主主義における情報の清廉性を攻撃するために、この新しい状況を利用している。より広範には、誤解を招く誤ったコンテンツの増幅は、民主主義生活に建設的に関与する国民の意欲と能力を損なう可能性がある。

この複雑な環境において、定期的な危機は、誤解を招く情報と悪意のある情報の両方が助長される機会を増大させる。COVID-19の世界的流行とウクライナに対するロシアの大規模な侵略は、民主主義の強じん性のために偽情報がもたらす脅威を浮き彫りにしている。様々なソーシャルメディア・プラットフォームにわたって、誤情報や偽情報に関与する個人の数が増加している。例えば、ニュージーランドでは、COVID-19の「信号機」システムの導入とオミクロンの発生に続く数か月間に、誤情報や偽情報のベクトル、速度、量が着実に増加している（Hannah, Hattotuwa and Taylor, 2022 [111]）。議会外での暴動に至るまで、陰謀説の拡散がますます進んでいた（Smith, 2022 [112]）。

民主主義の強じん性には、基本的自由を維持・強化しつつ、誤情報や偽情報の蔓延とインパクトを軽減するための行動の慎重なバランスが必要である。民主主義では、情報の清廉性の強化は多くの関係者に依存している。政府は透明で正確な情報源でなければならず、メディア、研究者、市民社会組織の自由と独立も確保しなければならない。この分野における介入の多くは、誤情報や誤解を招くコンテンツに対抗することに焦点を当てている。一方、情報の清廉性を構築するためのガバナンスの取り組みは、政府全体と社会全体の視点によって推進されるべきである。政府は、誤情報や偽情報に対応するための効果的な制度的構造を整備する必要がある。これには、政府全体の調整メカニズム、公務員の能力構築を支援する戦略とツールの開発、広報機能の役割、脅威と効果的な対応を特定するための国際協力メカニズムへの参加が含まれる。

情報の清廉性に対する社会全体の対応には、メディアとデジタル・リテラシーのイニシアティブ、多様で独立したメディア部門の促進と維持、政府外パートナーを関与させる構造などがある。各国政府は、監視と規制の機会と課題を吟味もしなければならないだろう。これには以下の事項が含まれる。適切かつ効果的な規制プロセスの特定、ソーシャル・メディア・プラットフォームの透明性の枠組み、規制の入口をマッピングし、価値観を明確化する取り組みなどが含まれる（OECD, 2022 [5]）。OECDは、最近、情報の完全性を強化するための新たなアプローチを特定し、その証拠を収集するために、誤情報・誤情報リソース・ハブを設立した。

緊急権限及び規制の監視

緊急権限及び規制は、透明性を持ってマネジメントされ、信頼できる期限が定められ、レビューの対象とならなければならない。危機は、信頼され、証拠に基づいた、国際的に調整され、十分な執行がされた政策及び規制の必要性を特に高める。危機に直面した場合の民主的ガバナンスに対する重要な課題は、迅速な行動の必要性が、協議、参加、透明性及インパクト評価の必要性など、民主的ガバナンスのより広範な原則としばしば衝突することである。COVID-19時のような一部の危機では、効果的な危機対応には、基本的な民主的権利に対する制限さえも含まれる可能性がある。

多くのOECD諸国では、COVID-19に対する緊急措置が行政府に広範な法令制定権限を与え、時には外部及び、とりわけ議会の監視が制限されているか、ほとんどない（OECD, 2022 [25]）。議会の監視の停止の比例性と期間は、多くの状況で議論されたままである。

民主的な強じん性を維持するためには、緊急権限及び規制の使用に対する適切な監視及び制限を有することが重要である。一般的なアプローチの1つは、緊急権限及び規制が本質的に明示的に一時的であることを確保することである。OECD諸国は、2020年9月現在、COVID-19パンデミックに対応して発行された合計190の特定の規制を自己報告した。これらの約半分にはサンセット条項が含まれていた（OECD, 2021 [113]、表2.3参照）。緊急措置について影響を受ける可能性のあるすべての当事者と協議することが困難な状況では、政策立案者は、すべての関連分野の専門家で構成される諮問グループに頼ることができる。重要な決定に関しては、時間が許せば、社会的パートナー及び地方政府と協議することができる（OECD, 2020 [114]）。強固で十分な資源を有する規制監視機関は、より良い規制慣行が危機の際に、緊急措置に不注意に優先されないようにする上で重要な役割を果たす（OECD, 2021 [113]、図3.10参照）。最後に、迅速な規制又は緊急規制が事後レビューを受け、措置が精査され、教訓が得られることを確保することが重要である。

参考文献・資料

Acemoglu, D. et al. (2012), "The network origins of aggregate fluctuations", *Econometrica*, Vol. 80/5, pp. 1977-2016, https://doi.org/10.3982/ecta9623. [17]

Alfonsi, C. et al. (2022), "Public communication trends after COVID-19: Innovative practices across the OECD and in four Southeast Asian countries", *OECD Working Papers on Public Governance*, No. 55, OECD Publishing, Paris, https://doi.org/10.1787/cb4de393-en. [48]

AON (2023), *Weather, Climate and Catastrophe Insight Report*, Aon plc, https://www.aon.com/weather-climatecatastrophe/index.aspx. [86]

Baker, S., N. Bloom and S. Davis (2016), "Measuring economic policy uncertainty", *Quarterly Journal of Economics*, Vol. 131/4, https://doi.org/10.1093/qje/qjw024. [16]

Bekker, M., D. Ivankovic and O. Biermann (2020), "Early lessons from COVID-19 response and shifts in authority: Public trust, policy legitimacy and political inclusion", *European Journal of Public Health*, Vol. 30/5, pp. 854-855, https://doi.org/10.1093/eurpub/ckaa181. [65]

Black, R. et al. (2022), *Environment of Peace: Security in a New Era of Risk*, Stockholm International Peace Research Institute, https://doi.org/10.55163/lcls7037. [21]

Brezzi, M. et al. (2021), "An updated OECD framework on drivers of trust in public institutions to meet current and future challenges", *OECD Working Papers on Public Governance*, No. 48, OECD Publishing, Paris, https://doi.org/10.1787/b6c5478c-en. [24]

Claassen, C. (2019), "Does public support help democracy survive?", *American Journal of Political Science*, Vol. 64/1, pp. 118-134, https://doi.org/10.1111/ajps.12452. [33]

Dahlberg, S. and S. Holmberg (2013), "Democracy and bureaucracy: How their quality matters for popular satisfaction", *West European Politics*, Vol. 37/3, pp. 515-537, https://doi.org/10.1080/01402382.2013.830468. [34]

De Seve, G. (2022), *The Future of Agile Government*, IBM Center for the Business of Government, https://www.businessofgovernment.org/report/future-agile-government. [64]

De Simone, E. et al. (2021), "Expectations About Future Economic Prospects and Satisfaction with Democracy: Evidence from European Countries during the COVID-19 Crisis", *Social Indicators Research*, Vol. 159/3, pp. 1017-1033, https://doi.org/10.1007/s11205-021-02783-8. [26]

Devine, D. (2019), "Perceived government autonomy, economic evaluations, and political support during the Eurozone crisis", *West European Politics*, Vol. 44/2, pp. 229-252, https://doi.org/10.1080/01402382.2019.1675130. [27]

Diamond, L. (2020), "Democratic regression in comparative perspective: Scope, methods, and causes", *Democratization*, Vol. 28/1, pp. 22-42, https://doi.org/10.1080/13510347.2020.1807517. [35]

Edelman (2022), *2022 Edeleman Trust Barometer Special Report: The New Cascade of Influence*, Edelman, https://www.edelman.com/trust/2022-trust-barometer/special-report-new-cascade-of-influence. [62]

EU (2022), *Council agrees on substance of new measures on joint purchases of gas and a solidarity mechanism*, European Council/Council of the European European, https://www.consilium.europa.eu/en/press/press-releases/2022/11/24/further-measures-to-tackle-the-energy-crisis-council-agrees-on-joint-purchasesof-gas-and-a-solidarity-mechanism/. [97]

EU Ombudsman (2023), *Ombudsman asks Commission to deal urgently with systemic delays in processing public access to documents requests*, European Ombudsman, https://www.ombudsman.europa.eu/en/news-document/en/167763. [109]

EU Ombudsman (2022), *Ombudsman inquiry on Commission President's text messages is a wake-up call for EU*, European Ombudsman, https://www.ombudsman.europa.eu/en/press-release/en/158303. [108]

European Commission (2023), *Economic governance review*, European Commission website, https://economy-finance.ec.europa.eu/economic-and-fiscal-governance/economic-governance-review_en. [54]

European Court of Auditors (2022), *EU COVID-19 Vaccine Procurement: Sufficient Doses Secured After Initial Challenges, but Performance of the Process not Sufficiently Assessed*, Special Report, European Court of Auditors, https://www.eca.europa.eu/en/Pages/DocItem.aspx?did=61899. [107]

FAO (2021), *2021: The Impact of disasters and Crises on Agriculture and Food Security*, Food and Agriculture Organization of the United Nations, Rome, https://doi.org/10.4060/cb3673en. [10]

Franzke, C. et al. (2022), "Perspectives on tipping points in integrated models of the natural and human Earth system: Cascading effects and telecoupling", *Environmental Research Letters*, Vol. 17/1, p. 015004, https://doi.org/10.1088/1748-9326/ac42fd. [20]

Freedom House (2023), *Freedom in the World: 2023*, Freedom House, https://freedomhouse.org/sites/default/files/2023-03/FIW_World_2023_DigtalPDF.pdf. [30]

Gawaya, M., D. Terrill and E. Williams (2022), "Using rapid evaluation methods to assess service delivery changes: Lessons learned for evaluation practice during the COVID-19 pandemic", *Evaluation Journal of Australasia*, Vol. 22/1, pp. 30-48, https://doi.org/10.1177/1035719x211057630. [67]

Georgieff, A. and R. Hyee (2021), "Artificial intelligence and employment: New cross-country evidence", *OECD Social, Employment and Migration Working Papers*, No. 265, OECD Publishing, Paris, https://doi.org/10.1787/c2c1d276-en. [13]

Government of Portugal (2023), *Portal de Participacao Civica*, Participa.gov website, https://participa.gov.pt/base/home. [49]

Government of Spain (2021), *Spanish Charter of Digital Rights*, Official website of the President of the Government of Spain and the Council of Ministers, https://www.lamoncloa.gob.es/lang/en/gobierno/news/Paginas/2021/20210713_rights-charter.aspx. [53]

Haldane, A. (2013), "Rethinking the financial network", in *Fragile Stabilitat – stabile Fragilitat*, https://doi.org/10.1007/978-3-658-02248-8_17. [19]

Hannah, K., S. Hattotuwa and K. Taylor (2022), "The murmuration of information disorders: Aotearoa New Zealand's mis- and disinformation ecologies and the Parliament Protest", *Working Paper*, The Disinformation Project, https://thedisinfoproject.org/wp-content/uploads/2022/05/The-murmurationof-information-disorders-May-2022-Report-FULL-VERSION.pdf. [111]

Hynes, W. et al. (2020), "Bouncing forward: A resilience approach to dealing with COVID-19 and future systemic shocks", *Environment Systems and Decisions*, Vol. 40/2, pp. 174-184, https://doi.org/10.1007/s10669-020-09776-x. [18]

IEA (2021), *Net Zero by 2050: A Roadmap for the Global Energy Sector*, International Energy Agency, https://www.iea.org/reports/net-zero-by-2050. [89]

IMF (2018), *World Economic Outlook October 2018: Challenges to Steady Growth*, International Monetary Fund, https://www.imf.org/en/Publications/WEO/Issues/2018/09/24/world-economic-outlook-october-2018. [6]

International IDEA (2022), *Global Overview of COVID-19: Impact on Elections*, International Institute for Democracy and Electoral Assistancen, https://www.idea.int/news-media/multimedia-reports/global-overview-covid-19-impact-elections. [37]

International IDEA (2022), *The Global State of Democracy 2022: Forging Social Contracts in a Time of Discontent*, International Institute for Democracy and Electoral Assistance, https://idea.int/democracytracker/sites/default/files/2022-11/the-global-state-of-democracy-2022.pdf. [31]

IPU (2022), *Parliaments in a Time of Pandemic*, Inter-Parliamentary Union, https://www.ipu.org/parliaments-in-time-pandemic. [38]

Kaur, M. et al. (2022), "Innovative capacity of governments: A systemic framework", *OECD Working Papers on Public Governance*, No. 51, OECD Publishing, Paris, https://doi.org/10.1787/52389006-en. [69]

Laybourn, L., H. Throp and S. Sherman (2023), *1.5C – Dead or Alive? The Risks to Transformational Change from Reaching and Breaching the Paris Agreement Goal*, Institute for Public Policy Research, https://www.ippr.org/research/publications/1-5c-dead-or-alive. [23]

Lind, E. and C. Arndt (2016), "Perceived fairness and regulatory policy: A behavioural science perspective on government-citizen interactions", *OECD Regulatory Policy Working Papers*, No. 6, OECD Publishing, Paris, https://doi.org/10.1787/1629d397-en. [58]

Matasick, C., C. Alfonsi and A. Bellantoni (2020), "Governance responses to disinformation: How open government principles can inform policy options", *OECD Working Papers on Public Governance*, No. 39, OECD Publishing, Paris, https://doi.org/10.1787/d6237c85-en. [46]

Mejia, M. (2022), *Lisbon's Citizens' Council: Embedding deliberation into local governance*, Participo website, https://medium.com/participo/lisbons-citizens-council-embedding-deliberation-into-local-governancea4e366755c0f. [41]

Ministerio de Hacienda y Crédito Público (2021), *Estrategia Nacional de Proteccion Financiera de Riesgo de Desastres, Epidemias y Pandemias*, Government of Colombia. [88]

Moretti, D., D. Boucher and F. Giannini (2021), "Managing fiscal risks: Lessons from case studies of selected OECD countries", *OECD Journal on Budgeting*, Vol. 21/1, https://doi.org/10.1787/7db1d712-en. [82]

Moretti, D., T. Braendle and A. Leroy (2021), "Balance sheet-based policies in COVID-19 fiscal packages: How to improve transparency and risk analysis?", *OECD Journal on Budgeting*, Vol. 2021/2, https://doi.org/10.1787/6b946136-en. [83]

Newman, N. (2022), *Overview and Key Findings of the 2022 Digital News Report*, Reuters Institute, https://reutersinstitute.politics.ox.ac.uk/digital-news-report/2022/dnr-executive-summary. [45]

OECD (2023), *Drivers of Trust in Public Institutions in New Zealand*, Building Trust in Public Institutions, OECD Publishing, Paris, https://doi.org/10.1787/948accf8-en. [80]

OECD (2023), *Inequality*, OECD website, https://www.oecd.org/social/inequality.htm/ (accessed on 30 March 2023). [14]

OECD (2023), *OECD Economic Outlook, Interim Report March 2023: A Fragile Recovery*, OECD Publishing, Paris, https://doi.org/10.1787/d14d49eb-en. [8]

OECD (2023), "Professionalising the public procurement workforce: A review of current initiatives and challenges", *OECD Public Governance Policy Papers*, No. 26, OECD Publishing, Paris, https://doi.org/10.1787/e2eda150-en. [98]

OECD (2023), *Public Employment and Management 2023: Towards a More Flexible Public Service*, OECD Publishing, Paris, https://doi.org/10.1787/5b378e11-en. [103]

OECD (2023), "Understanding cultural differences and extreme attitudes in the 2021 OECD Trust Survey: Text analysis of open-ended responses", *OECD Working Papers on Public Governance*, No. 57, OECD Publishing, Paris, https://doi.org/10.1787/ef25d883-en. [28]

OECD (2022), *Anticipatory Innovation Governance Model in Finland: Towards a New Way of Governing*, OECD Public Governance Reviews, OECD Publishing, Paris, https://doi.org/10.1787/a31e7a9a-en. [78]

OECD (2022), *Building Financial Resilience to Climate Impacts: A Framework for Governments to Manage the Risks of Losses and Damages*, OECD Publishing, Paris, https://doi.org/10.1787/9e2e1412-en. [87]

OECD (2022), *Building Trust and Reinforcing Democracy: Preparing the Ground for Government Action*, OECD Public Governance Reviews, OECD Publishing, Paris, https://doi.org/10.1787/76972a4a-en. [5]

OECD (2022), *Building Trust to Reinforce Democracy: Main Findings from the 2021 OECD Survey on Drivers of Trust in Public Institutions*, Building Trust in Public Institutions, OECD Publishing, Paris, https://doi.org/10.1787/b407f99c-en. [3]

OECD (2022), *Climate Tipping Points: Insights for Effective Policy Action*, OECD Publishing, Paris, https://doi.org/10.1787/abc5a69e-en. [11]

OECD (2022), "Declaration on Building Trust and Reinforcing Democracy", *OECD Legal Instruments*, No. OECD/LEGAL/0484, OECD, Paris, https://legalinstruments.oecd.org/en/instruments/OECDLEGAL-0484. [1]

OECD (2022), "Delivering for youth: How governments can put young people at the centre of the recovery", *OECD Policy Responses to Coronavirus (COVID-19)*, OECD Publishing, Paris, https://doi.org/10.1787/92c9d060-en. [61]

OECD (2022), *Evaluation of Luxembourg's COVID-19 Response: Learning from the Crisis to Increase Resilience*, OECD Publishing, Paris, https://doi.org/10.1787/2c78c89f-en. [76]

OECD (2022), "First lessons from government evaluations of COVID-19 responses: A synthesis", *OECD Policy Responses to Coronavirus (COVID-19)*, OECD Publishing, Paris, https://doi.org/10.1787/483507d6-en. [66]

OECD (2022), *Good Practice Principles for Public Communication Responses to Mis- and Disinformation*, OECD, Paris, https://www.oecd.org/gov/open-government/good-practice-principles-public-communicationresponses-to-mis-and-disinformation.pdf. [47]

OECD (2022), *OECD Economic Outlook, Volume 2022 Issue 2*, OECD Publishing, Paris, https://doi.org/10.1787/f6da2159-en. [4]

OECD (2022), *OECD Public Integrity Indicators*, OECD Public Integrity Indicators website, https://oecdpublic-integrity-indicators.org/. [105]

OECD (2022), *OECD Survey on Digital Government 2.0.* [63]

OECD (2022), *Open Government Review of Brazil: Towards an Integrated Open Government Agenda*, OECD Public Governance Reviews, OECD Publishing, Paris, https://doi.org/10.1787/3f9009d4-en. [50]

OECD (2022), *Questionnaire on the Governance of Critical Risks.* [101]

OECD (2022), "Rights in the digital age: Challenges and ways forward", *OECD Digital Economy Papers*, No. 347, OECD Publishing, Paris, https://doi.org/10.1787/deb707a8-en. [55]

OECD (2022), *Support for fossil fuels almost doubled in 2021, slowing progress toward international climate goals, according to new analysis from OECD and IEA*, OECD website, https://www.oecd.org/newsroom/support-for-fossil-fuels-almost-doubled-in-2021-slowing-progress-toward-international-climate-goalsaccording-to-new-analysis-from-oecd-and-iea.htm. [77]

OECD (2022), *Survey on Gender Budgeting.* [59]

OECD (2022), *Survey on Green Budgeting.* [85]

OECD (2022), *Survey on the Governance of Infrastructure.* [90]

OECD (2022), *The Protection and Promotion of Civic Space: Strengthening Alignment with International Standards and Guidance*, OECD Publishing, Paris, https://doi.org/10.1787/d234e975-en. [25]

OECD (2021), "Eight ways to institutionalise deliberative democracy", *OECD Public Governance Policy Papers*, No. 12, OECD Publishing, Paris, https://doi.org/10.1787/4fcf1da5-en. [40]

OECD (2021), *Government at a Glance 2021*, OECD Publishing, Paris, https://doi.org/10.1787/1c258f55-en. [2]

OECD (2021), *Independent Fiscal Institutions Database*, OECD, https://www.oecd.org/gov/budgeting/OECD-Independent-Fiscal-Institutions-Database.xlsx. [84]

OECD (2021), *Indicators of Regulatory Policy and Governance (iREG) Survey*, OECD website, https://www.oecd.org/gov/regulatory-policy/indicators-regulatory-policy-and-governance.htm. [73]

OECD (2021), *Lobbying in the 21st Century: Transparency, Integrity and Access*, OECD Publishing, Paris, https://doi.org/10.1787/c6d8eff8-en. [106]

OECD (2021), *OECD Database of Representative Deliberative Processes and Institutions*, OECD, https://airtable.com/shrHEM12ogzPs0nQG/tbl1eKbt37N7hVFHF (accessed on 16 March 2023). [42]

OECD (2021), *OECD Regulatory Policy Outlook 2021*, OECD Publishing, Paris, https://doi.org/10.1787/38b0fdb1-en. [113]

OECD (2021), *Open Data for Trust and Well-being: One Year After the First Wave of the COVID-19 Pandemic*, OECD, Paris, https://www.oecd.org/gov/digital-government/7th-oecd-expert-group-meeting-on-open-governmentdata-summary.pdf. [70]

OECD (2021), *Public Employment and Management 2021: The Future of the Public Service*, OECD Publishing, Paris, https://doi.org/10.1787/938f0d65-en. [102]

OECD (2021), *Regulatory Indicators Survey*. [91]

OECD (2021), *Survey on Building a Resilient Response: The Role of Centre of Government in the Management of the COVID-19 Crisis and Future Recovery*, OECD, https://www.oecd.org/gov/survey-the-role-of-centre-ofgovernment-in-the-management-of-the-covid19-crisis-and-future-recovery-efforts.pdf. [74]

OECD (2020), *Governance for Youth, Trust and Intergenerational Justice: Fit for All Generations?*, OECD Public Governance Reviews, OECD Publishing, Paris, https://doi.org/10.1787/c3e5cb8a-en. [57]

OECD (2020), *How's Life? 2020: Measuring Well-being*, OECD Publishing, Paris, https://doi.org/10.1787/9870c393-en. [15]

OECD (2020), *Innovative Citizen Participation and New Democratic Institutions: Catching the Deliberative Wave*, OECD Publishing, Paris, https://doi.org/10.1787/339306da-en. [43]

OECD (2020), *Integrating Responsible Business Conduct in Public Procurement*, OECD Publishing, Paris, https://doi.org/10.1787/02682b01-en. [93]

OECD (2020), *OECD Survey on Open Government*. [39]

OECD (2020), "Recommendation of the Council on International Regulatory Co-operation to Tackle Global Challenges", *OECD Legal Instruments*, No. OECD/LEGAL/0475, OECD, Paris, https://legalinstruments.oecd.org/en/instruments/OECD-LEGAL-0475. [72]

OECD (2020), "Regulatory quality and COVID-19: The use of regulatory management tools in a time of crisis", *OECD Policy Responses to Coronavirus (COVID-19)*, OECD Publishing, Paris, https://doi.org/10.1787/b876d5dc-en. [114]

OECD (2020), *Reviewing the Stock of Regulation*, OECD Best Practice Principles for Regulatory Policy, OECD Publishing, Paris, https://doi.org/10.1787/1a8f33bc-en. [56]

OECD (2020), "Youth and COVID-19: Response, recovery and resilience", *OECD Policy Responses to Coronavirus (COVID-19)*, OECD Publishing, Paris, https://doi.org/10.1787/c40e61c6-en. [60]

OECD (2019), *Budgeting and Public Expenditures in OECD Countries 2019*, OECD Publishing, Paris, https://doi.org/10.1787/9789264307957-en. [81]

OECD (2019), "Corruption risks associated with citizen- and resident-by-investment schemes", *Scoping note, 2019 OECD Anti-Corruption and Integrity Forum*, OECD, Paris, https://www.oecd.org/corruption/integrity-forum/oecd-corruption-risks-of-citizen-and-resident-by-investment-schemesscoping-note-2019.pdf. [110]

OECD (2019), *Government at a Glance 2019*, OECD Publishing, Paris, https://doi.org/10.1787/8ccf5c38-en. [94]

OECD (2019), *OECD Employment Outlook 2019: The Future of Work*, OECD Publishing, Paris, https://doi.org/10.1787/9ee00155-en. [12]

OECD (2017), *Fostering Innovation in the Public Sector*, OECD Publishing, Paris, https://doi.org/10.1787/9789264270879-en. [68]

OECD (2015), *The Changing Face of Strategic Crisis Management*, OECD Reviews of Risk Management Policies, OECD Publishing, Paris, https://doi.org/10.1787/9789264249127-en. [99]

OECD (2010), "Recommendation of the Council on Principles for Transparency and Integrity in Lobbying", *OECD Legal Instruments*, No. OECD/LEGAL/0379, OECD, Paris, https://legalinstruments.oecd.org/en/instruments/OECD-LEGAL-0379. [104]

OECD (forthcoming), *Implementation Report of the OECD Recommendation on the Governance of Critical Risks.* [100]

OECD (forthcoming), *Managing risks in the public procurement of goods, services and infrastructure.* [95]

OECD (forthcoming), *OECD Centres of Government Survey 2023.* [75]

OECD (forthcoming), *Survey on Institutional Capacities and Tools to Enhance Policy Coherence for Sustainable Development.* [71]

OECD (forthcoming), *Survey on the Governance of Infrastructure 2022.* [92]

OECD et al. (2022), *Latin American Economic Outlook 2022: Towards a Green and Just Transition*, OECD Publishing, Paris, https://doi.org/10.1787/3d5554fc-en. [44]

Papada, E. et al. (2023), *Democracy Report 2023: Defiance in the Face of Autocratization*, V-Dem Institute, https://www.v-dem.net/documents/30/V-dem_democracyreport2023_highres.pdf. [29]

Pew Research Center (2022), *Social Media Seen as Mostly Good for Democracy Across Many Nations, But U.S. is a Major Outlier*, Pew Research Center, https://www.pewresearch.org/global/2022/12/06/social-media-seenas-mostly-good-for-democracy-across-many-nations-but-u-s-is-a-major-outlier/. [32]

Sciepura, B. and E. Linos (2020), "When perceptions of public service harms the public servant: Predictors of burnout and compassion fatigue in government", Review of Public Personnel Administration, https://doi.org/10.1177/0734371X221081508. [22]

Smith, P. (2022), *Parliament amok: A photo essay*, Radio New Zealand website, https://www.rnz.co.nz/national/programmes/the-house/audio/2018833066/parliament-amok-a-photo-essay (accessed on 22 March 2023). [112]

Solijonov, A. (2016), *Voter Turnout Trends around the World*, International Institute for Democracy and Electoral Assistance, https://www.idea.int/sites/default/files/publications/voter-turnout-trends-aroundthe-world.pdf. [36]

Timeout Foundation (2020), *Summary of Lockdown Dialogues gives an overview of the current situation in society*, Timeout Foundation website, https://www.timeoutdialogue.fi/news/summary-of-lockdowndialogues/. [52]

Tõnurist, P. and A. Hanson (2020), "Anticipatory innovation governance: Shaping the future through proactive policy making", *OECD Working Papers on Public Governance*, No. 44, OECD Publishing, Paris, https://doi.org/10.1787/cce14d80-en. [79]

Tooze, A. (2022), "Welcome to the world of the polycrisis", *Financial Times*, https://www.ft.com/content/498398e7-11b1-494b-9cd3-6d669dc3de33. [9]

Vogler, S. et al. (2021), "European collaborations on medicine and vaccine procurement", *Bulletin of the World Health Organization*, Vol. 99/10, pp. 715-721, https://doi.org/10.2471/blt.21.285761. [96]

Webster, N. (2020), *Public discussions on COVID-19 lockdown in Scotland*, Participo website, https://medium.com/participo/public-discussions-on-covid-19-lockdown-in-scotland-8f34a586c69c. [51]

World Bank (2022), *World Development Report 2022: Finance for an Equitable Recovery*, The World Bank, https://doi.org/10.1596/978-1-4648-1730-4. [7]

第２章　信頼と民主的ガバナンス

指標 1　公的機関に対する信頼の水準

信頼は、公的ガバナンスの重要なアウトカム指標である。制度への信頼は多次元的な概念であり、民主主義国の政府機関の質と政府機関との関係を人々がどのように認知しているかを示す尺度を提供する（OECD, 2022; Brezzi et al., 2021; OECD, 2017）。信頼を強化するための政府投資は、複数の危機の際に特に重要である。

公的機関への信頼は、文化的、社会経済的、及び制度的要因により国によって異なる。最初の OECD 信頼調査では、調査対象国の間で同様の国民の信頼の要因が見出された（OECD, 2022）。

調査対象となった OECD 諸国平均では、41.4% が自国政府に対して高い又は中程度に高い信頼をしている。その水準は国によって大きく異なり、フィンランドとノルウェーでは 60% 以上に達しているが、約 4 分の 1 の国では 30% を下回っている。信頼度は公的機関によっても異なる。一般的に地方政府は国家政府よりも信頼を高めており（OECD 諸国平均で、地方政府に対して高い又は中程度に高い信頼を持っていると回答した人は 46.9%）、公務員は地方政府や国家政府よりも信頼を高めている（50.2% が公務員に対して高い又は中程度に高い信頼を持っていると報告している）。裁判所と法制度は最も高いレベルの信頼（56.9%）を享受しているが、議会に対して高い又は中程度に高い信頼を持っていると回答したのは 10 人中 4 人のみである（図 2.1）。

多くの OECD 諸国は、政府の信頼性、サービスの提供、情報へのアクセス、及び将来の危機への備えに対する国民の認識において満足のいくアウトカムを示している。しかし、政府は、国民のニーズと欲求に対する政府の対応、国民の参加、代表、公共の一体性に対する認識においては、かなり不十分である（OECD, 2022）。OECD 諸国全体で、女性と、教育と所得の水準が低い人々は、政府への信頼が低いと報告している。認知された脆弱性は、現在の状況よりもさらに重要であるように思われる。すなわち、経済的に不安定であると認識している人々、社会的地位が低いと認識している人々、又は政府の活動に発言権がないと感じている人々は、一貫して信頼が低い。平均して、政治システムに発言権があると感じている人々の政府への信頼は、そうでないと感じている人々よりも 43% ポイント高い（図 2.2）。

2021 年の COVID-19 パンデミック時には、信頼水準は大きく変動したが、2008 年の金融危機時ほど大幅に急落することはなかった。OECD 諸国平均で、2008 年の危機から国民の信頼が回復するまでに約 10 年を要した。中央政府に対する信頼度は、過去 15 年間に OECD 諸国において様々な傾向を辿ってきた。例えば、北欧では、信頼度は 2015 年以降ほぼ一貫して上昇しており、2019 年以降、域内諸国は OECD 諸国の中で中央政府に対する信頼が最も高い水準を記録している。中南米や中・東欧などの他の地域では、過去 15 年間に様々な傾向を経験している（図 2.3）。

方法論と定義

信頼とは、他の個人又は機関が肯定的な行動を期待して一貫して行動するという個人の信念と定義されている（OECD, 2017）。OECD は、22 か国で実施された OECD 信頼度サーベイの対象国を代表するデータを用いて、公共ガバナンスの認知を調査している。多くの国では 2021 年 11 月から 12 月にかけてサーベイが実施され、2020 年と 2022 年 1 月から 3 月にかけていくつかのサーベイが実施された。OECD 信頼度サーベイは、以下のように 11 ポイントの回答尺度を集計している。すなわち、0 ～ 4 = 低／可能性が低い、5 = 中立、6 ～ 10 = 高／可能性が高い。OECD 信頼度サーベイは、対象国数が大きく（通常、国ごとに 2,000 人の回答者）ため、サブグループ分析が可能であり、結果の信頼性を確保するのに役立つ。サーベイの方法と実施に関する詳細な議論については、https://oe.cd/trust の広範な方法論的背景論文を参照。

ギャラップ世界世論調査は、可能であれば多くの国で約 1,000 人の対象国を代表する確率的な標本に基づいた横断的かつ縦断的な調査である。調査は、その国の電話のサービス提供範囲に応じて、対面調査と電話調査を組み合わせて実施される。データは 2023 年 1 月に抽出された。調査方法の詳細については、https://www.gallup.com/178667/gallupworld-poll-work.aspx を参照。

詳細情報

OECD (2022), *Building Trust to Reinforce Democracy: Main Findings from the 2021 OECD Survey on Drivers of Trust of Public Institutions*, Building Trust in Public Institutions, OECD Publishing, Paris, https://doi.org/10.1787/b407f99c-en.

Brezzi, M. et al. (2021), "An updated OECD framework on drivers of trust in public institutions to meet current and future challenges", *OECD Working Papers on Public Governance*, No. 48, OECD Publishing, Paris, https://doi.org/10.1787/b407f99c-en.

OECD (2017), *OECD Guidelines on Measuring Trust*, OECD Publishing, Paris, https://dx.doi.org/10.1787/9789264278219-en.

図注

図 2.1・図 2.2：0 から 10 の尺度で、0 は全くない、10 は完全にあるとなっている。「あなたは［国家政府／地方政府／公務員／裁判所及び法制度／立法機関］をどの程度信頼しているか？」という質問に対する回答である。「高い」又は「中程度に高い信頼」は、6 ～ 10 の回答に対応する。図中の OECD 諸国平均は各国の非加重平均である。メキシコについては、公務員に対する信頼に関するデータのみが利用可能である。ニュージーランドについては、国家政府に対する信頼に関するデータは利用可能ではない。フィンランドについては、裁判所、法制度及び立法機関に対する信頼に関するデータは入手できない。

図 2.2：政治的意見とは、「［国］の政治システムは、あなたのような人々が政府の活動に発言権を持つことをどの程度認めていると思うか？」という質問に対する答えである。「高い」は 6 ～ 10 の回答に対応し、「低い」は 0 ～ 4 の回答に対応する。中立的な回答（5 に対応）は図に含まれていない。「現職の政党に投票した」とは、「前回の国政選挙で投票した政党（又は投票しなかった場合に投票したであろう政党）は、現在、政権の一部であるか？」に対する回答を指す。

図 2.3：「この国では、以下のそれぞれに信頼がありますか、そうではありませんか。国家政府、地方政府、公務員、裁判所及び制度、並びに議会」に対して「はい」と答えた回答者の割合を指す。利用可能な回答は「はい／いいえ／わかりません」のみである。

図 2.1　国家・地方政府、公務員、司法及び議会に対する高い又はやや高い信頼（2021 年）
各種機関に対する高い又はやや高い信頼を示した回答者の割合

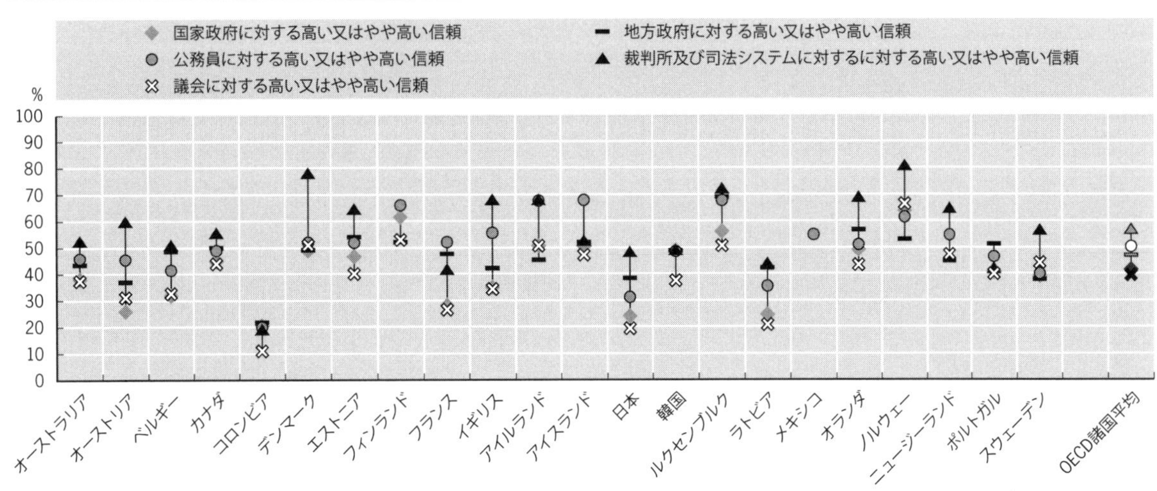

出典：OECD Trust Survey（http://oe.cd/trust）.

StatLink：https://stat.link/vzho5u

図 2.2　国家政府に対する信頼（下位集団別）（2021 年）
国家政府に対して、高い又はやや高い信頼、及び低い信頼又は又は全く信頼がないと回答した回答者の割合（下位集団別）

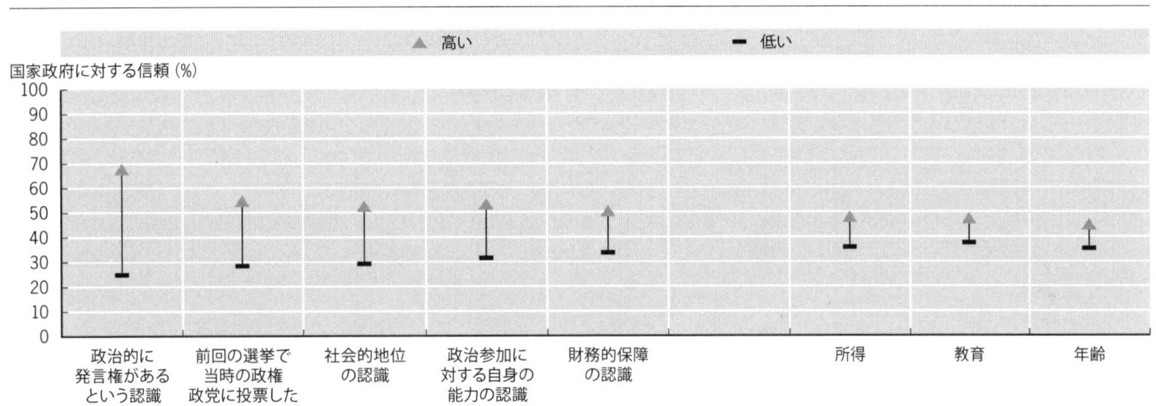

出典：OECD Trust Survey（http://oe.cd/trust）.

StatLink：https://stat.link/8mkgqt

図 2.3　国家政府に対する信頼（2007 ～ 2022 年）
国家政府に対する信頼を示した回答者の割合

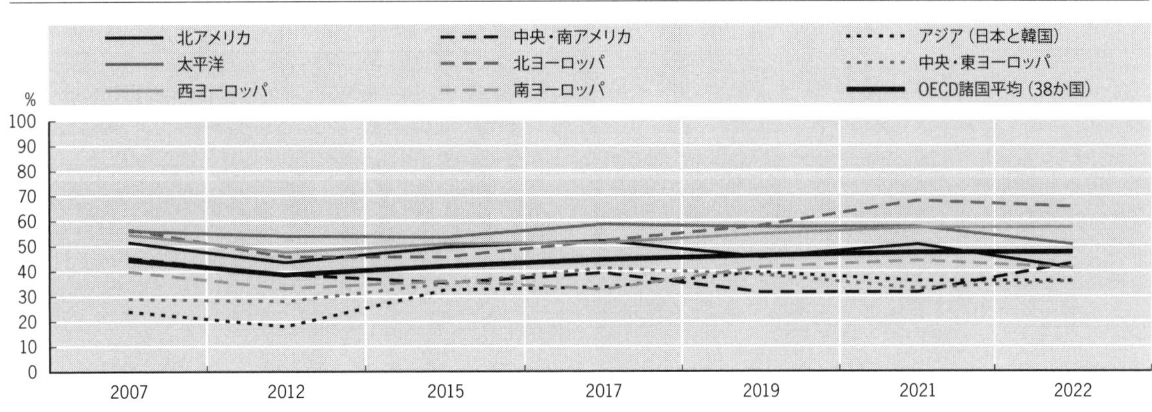

出典：Gallup World Poll, 2007-22.

StatLink：https://stat.link/gl8fi0

指標2　公務員に対する信頼の推進力

国民の信頼の主な要因は、政府の機関やレベルによって異なる。2021年のOECD信頼サーベイに基づく分析では、公務員に対する信頼のレベルは、政府の信頼性に対する認識と、公共サービスの応答性と公平性に最も影響されることが分かった（OECD, 2022）。

信頼性（人々が行政サービスに満足し、政府が個人データを合法的に使用し、感染症に備えていると確信している程度）は、公務員に対する信頼に最も大きな影響を与え得る。OECD信頼サーベイによると、回答者の63.0%が行政サービスに満足している。他のすべての条件が等しいとして、行政サービスに対する満足度がわずかに増加（1標準偏差）すると、公務員に対する信頼が6%ポイント増加し得る（図2.4）。公務員に対する信頼に肯定的かつ統計的に有意な影響を与えるその他の要因には、公的な便益の供与を申請する際に、富裕層と貧困層の両方が公平に扱われているという認知、公務員がイノベーションを採用する準備ができているという認知、政府が行うことに対し発言権があるという感情などがある。これらの結果は、これらのガバナンス要因が信頼を促進する上でいかに重要であるかを示している。その一方で、出発点は異なる。異なる要因は、既存の満足度が異なることである。政府が行うことに対し発言権があると感じている回答者は、OECD諸国平均でわずか30.2%である。一方、政府に対する便益供与の申請が公平に扱われると考えている回答者は58.5%である。これは、どちらも同様に公務員に対する信頼が向上することを示している。しかし、政府には、前者の方が改善の余地があることを示している（図2.4）。

個人データがどのように収集され、処理され、保存され、使用されるかを国民に知らせることは、認知された信頼性を向上させ、それによって、公務員に対する信頼を高めるための政府の取り組みの重要な側面である（図2.4）。OECD諸国平均で、51.1%の人々が政府が個人データを合法的な目的のためにのみ使用すると考えている。デンマーク、アイスランド、アイルランド、オランダ及びノルウェーの回答者は、政府によるデータの使用に対する信頼が特に高い（図2.5）。

新しいアイデアを採用する際の機敏性は、応答性の重要な側面であり、公務員への信頼の推進力の1つである。OECD信頼サーベイによると、公共サービスを改善するために公的機関がイノベーション的なアイデアを採用する可能性が高いと感じている者は、OECD諸国平均で、わずか38%であるが、国によってばらつきがある。そのようなイノベーションを期待している人（70%）は、そうでない人（33%）よりも公務員を信頼している可能性がはるかに高い。調査対象となったすべての国で、政府にイノベーションの余地があると感じている人の公務員への信頼は常に高いが、信頼のギャップの大きさは大きく異なる（図2.6）。

方法論と定義

信頼とは、他の個人又は機関が、肯定的な行動に対する期待に沿って一貫して行動するという個人の信念と定義されている（OECD, 2017）。OECDは、22か国で実施されたOECD信頼サーベイの当該国を代表するデータを用いて、公共ガバナンスの認知をサーベイしている。多くの諸国は、2021年11月から12月にサーベイを実施し、2020年と2022年1月から3月に実施されたサーベイもいくつかある。OECD信頼サーベイは、以下のように11ポイントの回答尺度を集計している。すなわち、0～4＝低い／信頼がなさそう、5＝中立、6～10＝高い／信頼がありそう。OECD信頼サーベイは、対象国ごとの標本規模がかなり大きい（通常、国ごとに2,000人の回答者）ため、サブグループ分析が可能であり、結果の信頼性を確保するのに役立つ。サーベイの方法と実施に関する詳細な議論については、https://oe.cd/trust.58で広範な方法論に関する背景論文を参照。

詳細情報

OECD（2022）, *Building Trust to Reinforce Democracy: Main Findings from the 2021 OECD Survey on Drivers of Trust in Public Institutions*, Building Trust in Public Institutions, OECD Publishing, Paris, https://doi.org/10.1787/b407f99c-en.

OECD（2021）, *Government at a Glance 2021*, OECD Publishing, Paris, https://doi.org/10.1787/1c258f55-en.

OECD（2017）, *OECD Guidelines on Measuring Trust*, OECD Publishing, Paris, https://doi.org/10.1787/9789264278219-en.

図注

図2.4：個人の特性、対人関係の信頼のレベル、及び各国の固定効果をコントロールするロジスティック推定において、公務員に対する信頼の最も頑健な決定要因を示している。このモデルは18か国を対象としている。フィンランド、メキシコ、ニュージーランド及びイギリスは、欠損した変数があるため、除外されている。OECD信頼フレームワークから導き出された質問と係数が最も高い質問のみが示されているが、統計的に有意である可能性のある年齢、性別、教育などの個人の特性は示されていない。

図2.5：「個人データを公的機関／事務所と共有する場合、それが合法的な目的のためにのみ使用される可能性はどの程度あると思うか？」という質問を参照している。0～10の尺度で、「可能性が高い」は6～10、「中立」が5、「可能性が低い」は0～4の回答に相当する。フィンランドとニュージーランドはデータが利用可能ではないため、除外されている。

図2.6：「公共サービスを改善することができる革新的なアイデアがある場合、それが事務を所掌する公的機関／事務所によって採用される可能性はどの程度あると思うか？」という質問を参照している。0～10の尺度で、6～10の回答が「可能性が高い」である。OECD諸国平均は非加重平均を示している。データが利用可能ではないため、メキシコは除外されている。「高い」又は「中程度に高い」信頼は、「0は『信頼が全くない』、10は『完全に信頼している』という0～10の尺度で、どの程度信頼しているか。公務員（政府の中央又は地方レベルの、選挙で選出されていない公務員）はどうか。」という質問に対する6～10の回答に相当する。

図 2.4 公務員に対する信頼の決定要因（2021 年）

公務員に対する信頼の、選び出された変数の改善における変化（% ポイント）（縦軸）と、当該変数に満足している国民の割合（横軸）

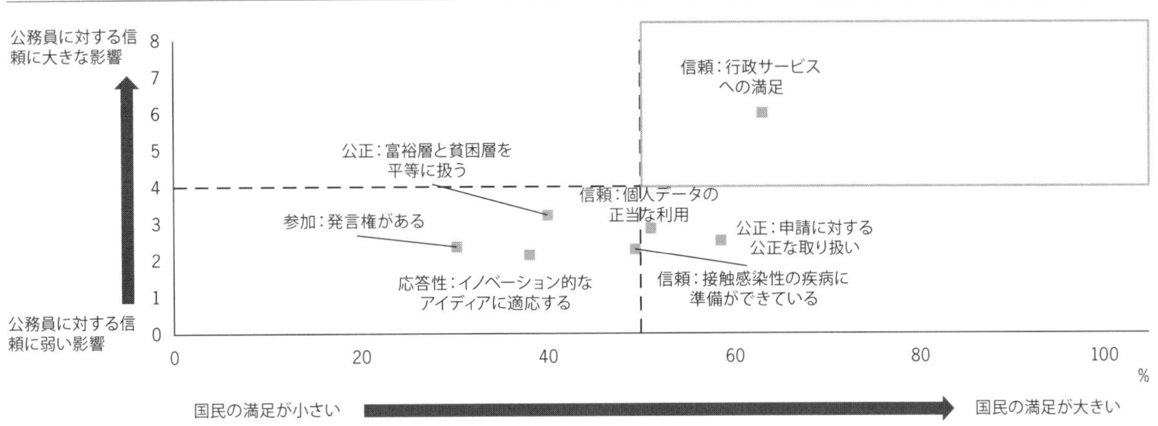

出典：OECD Trust Survey（http://oe.cd/trust）.

StatLink：https://stat.link/xrk5d9

図 2.5 政府による個人データ利用に対する信頼（2021 年）

政府が個人データを正当な目的のみに排他的に用いることに対する認知された確率の異なる水準を報告した回答者の割合

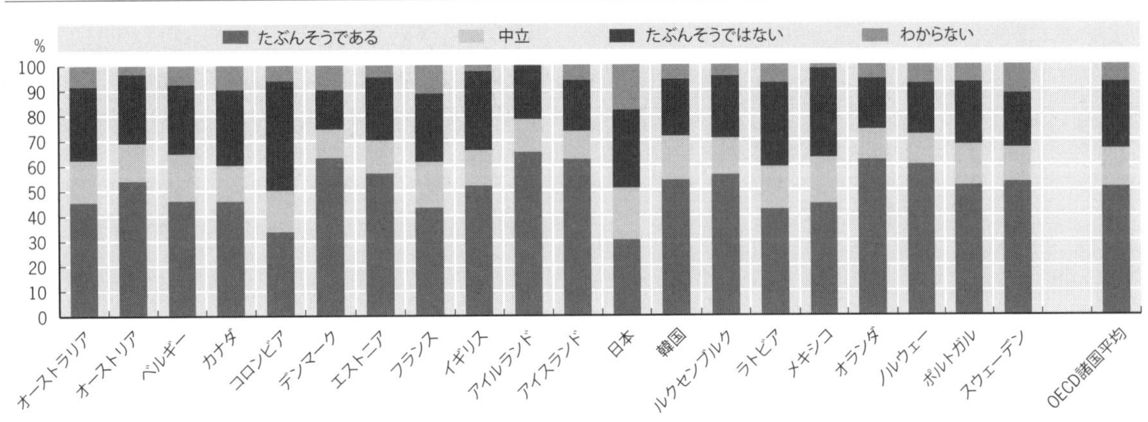

出典：OECD Trust Survey（http://oe.cd/trust）.

StatLink：https://stat.link/3pfwyg

図 2.6 公務員への信頼と政府がイノベーション的であることの認知（2021 年）

政府機関がイノベーション的なアイディアを採用する／しないであろうという回答者の認知で仕分けした、公務員に対する高い／やや高い信頼を示した回答者の数

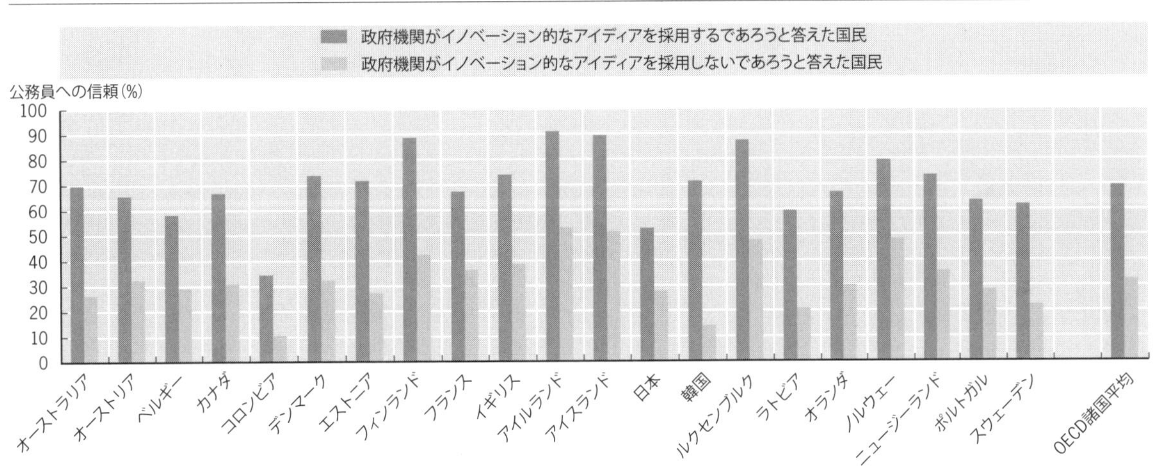

出典：OECD Trust Survey（http://oe.cd/trust）.

StatLink：https://stat.link/afrdj0

指標 3　政治的効能感

民主主義の基本的要素は、人々が自由に意見を表明し、政府の意思決定に参加する平等な機会を有するという原則である。政治プロセスに影響を与えることができると感じている人々は、投票を通じて、又は政治家や政党と関わることによって、国民の生活に参加する可能性がより高い。政治への積極的な関与は、より強力な民主的価値を構築し、政治システムの正当性を確保する。政治的発言力がないと感じている人々は、法律や規制を遵守する可能性が低く、ボイコットなどの抗議行動に参加する可能性が高く、投票に参加しないか棄権することによって民主的プロセスから完全に撤退する可能性が高い（Prats and Meunier, 2021）。

政治的効能感とは、自分の政治インプットが政治プロセスにインパクトを与えるという感覚を指す。政治的効能感には 2 つの側面がある。内部での有効性、すなわち政治プロセスを理解し参加する自信と、外部への効能感、すなわち政府が行うことに発言権を持つという感覚である。OECD 諸国平均で、41% の人々が政治に参加できると確信しているが、自国の政治システムが彼らに発言権を与えていると感じているのはわずか 30.2% である（図 2.7）。

国民のフィードバックに対する政府の反応と、国民が発言権を持つことを可能にする能力容量についての認知は、政策決定に国民を含めるという政府のイニシアティブと関連している。その結果、応答性の欠如は、システムが少数の人々の利益のために機能しているという認知につながり、政治的疎外を助長する可能性がある（OECD, 2022）。OECD 信頼サーベイでは、多くの人々が反対意見を表明した場合に国の政策が変更されると予想する人々の割合と、政治的発言力があると感じる人々の割合との間に正の相関があることが明らかになっている。OECD 諸国平均で、回答者の 36.5% の者が、人口の過半数が政策に反対した場合に国の政策が変更されると述べている（図 2.8）。

より広い意味では、外部への効能感は、民主主義に対する人々の満足度とも正の相関があり、民主主義が実際にどのように機能するかに対する人々の満足度を測定すると言われている（Poses and Revilla, 2021）。欧州社会調査の最新のデータは、政府が行うことに発言権を持つという認知と民主主義に対する満足度との間に正の相関があることを確認している（図 2.9）。

方法論と定義

OECD は、22 か国で実施された OECD 信頼サーベイの各国を代表するデータを用いて、公共ガバナンスの認知を標本調査している。多くの国では、サーベイが 2021 年 11 月から 12 月にかけて実施された。2020 年と 2022 年 1 月から 3 月にかけて実施されたサーベイもあった。OECD 信頼サーベイは、以下のように 11 ポイントの回答尺度で集計している。すなわち、0 ～ 4 = 低／可能性が低い、5 = 中立、6 ～ 10 = 高／可能性が高い、である。OECD 信頼サーベイは、かなりの国で国ごとの標本規模が極めて大きい（通常、国ごとに 2,000 人の回答者）ため、サブグループ分析が可能であり、結果の信頼性を確保するのに役立っている。サーベイの方法と実施に関する詳細な議論については、https://oe.cd/trust の広範な方法論的背景論文を参照のこと。

欧州社会調査（European Social Survey: ESS）は、2001 年に開始され、人々の態度、信念及び行動を測定するために 2 年ごとに実施されてきた全国サーベイである。第 10 回の最新データは、2020 年 9 月から 2022 年 5 月にかけて 32 か国で収集された。9 か国は、COVID-19 パンデミックのために対面調査ではなく自己記入（ウェブベース）調査を試験的に実施した。最小標本規模 1,500 人であり、人口 200 万人未満のアクセス可能性、応答性及び質国では 800 人である。

詳細情報

OECD (2022), *Building Trust to Reinforce Democracy: Main Findings from the 2021 OECD Survey on Drivers of Trust in Public Institutions*, Building Trust in Public Institutions, OECD Publishing, Paris, https://doi.org/10.1787/b407f99c-en.

Poses, C. and M. Revilla (2021), "Measuring satisfaction with democracy: how good are different scales across countries and languages?", *European Political Science Review*, Vol. 14/1, pp. 18-35, https://doi.org/10.1017/s1755773921000266.

Prats, M. and A. Meunier (2021), "Political efficacy and participation: An empirical analysis in European countries", *OECD Working Papers on Public Governance*, No. 46, OECD Publishing, Paris, https://doi.org/10.1787/4548cad8-en.

図注

図 2.7：「あなたの国の政治システムは、あなたのような人々が政府の活動に発言権を持つことをどの程度認めていると思うか？」及び「あなた自身の政治への参加能力にどの程度自信があるか？」という質問を参照している。自信があるとは、0 ～ 10 の尺度で 6 ～ 10 の回答に相当する。

図 2.8：「国民の半数以上が国家政策に反対する見解を明確に表明した場合、それが変更される可能性があると思うか？」という質問を参照している。可能性が高いとは、0 ～ 10 の尺度で 6 ～ 10、中立が 5、可能性が低いが 0 ～ 4 の回答に相当する。

図 2.9：「全体として、あなたは［自国］の民主主義の仕組みにどの程度満足しているか？」及び「［自国］の政治システムは、あなたのような人々が政治に影響を与えることをどの程度認めているか？」という質問を参照している。信頼があるとは、最初の質問に対して 0 ～ 10 の尺度で 6 ～ 10 の回答に対応し、満足しているとは、2 番目の質問に対して 1 ～ 5 の尺度で 4（相当の程度で）及び 5（かなり強い程度で）の回答に対応している。

図 2.7　外部及び内部への政治的効能感（2021 年）

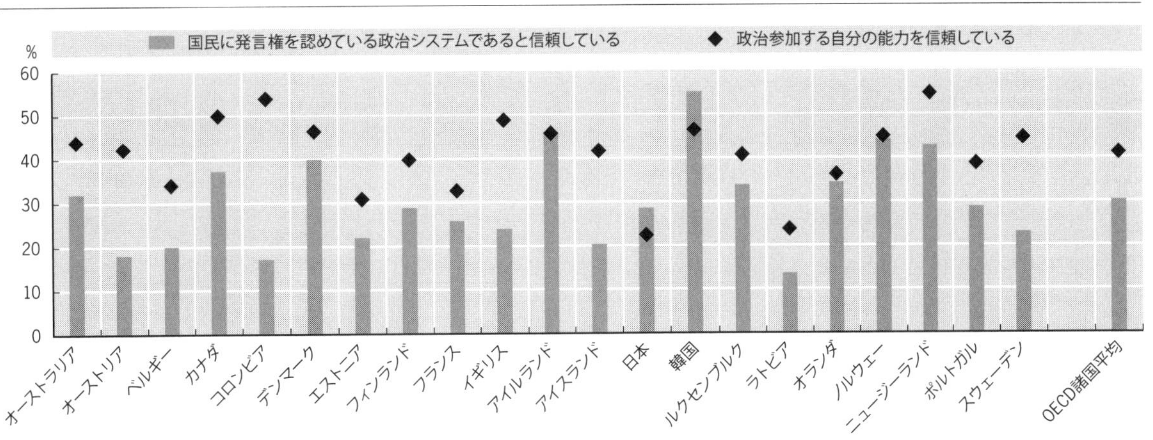

出典：OECD Trust Survey（http://oe.cd/trust）.

StatLink：https://stat.link/9miobs

図 2.8　政策の国民へのフィードバックという応答性の認知（2021 年）

もし過半数の国民が国家政策に反対の意見を表明したら、当該政策は変えられるだろうという認知された確率の様々な水準を報告している回答者の割合

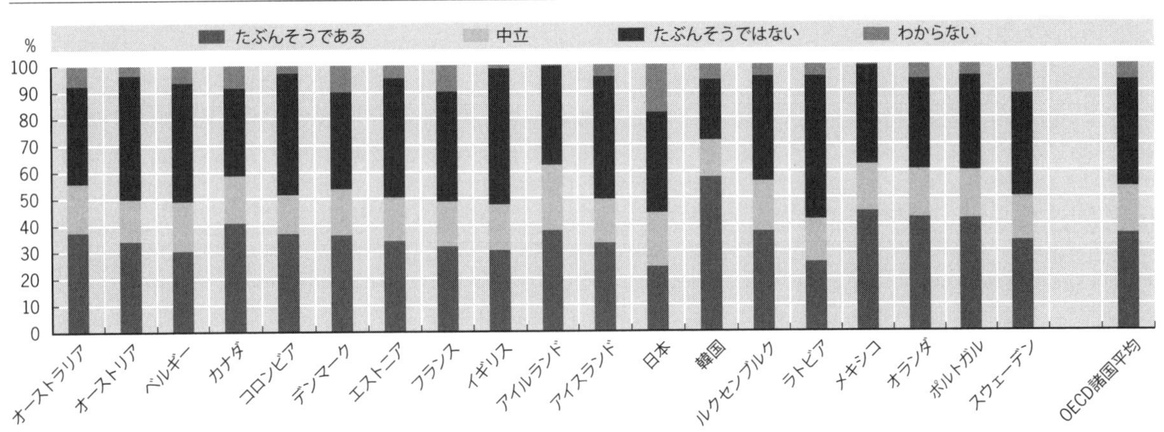

出典：OECD Trust Survey（http://oe.cd/trust）.

StatLink：https://stat.link/g9x4pb

図 2.9　外部への政治的効能感と民主主義への満足度（2021 年）

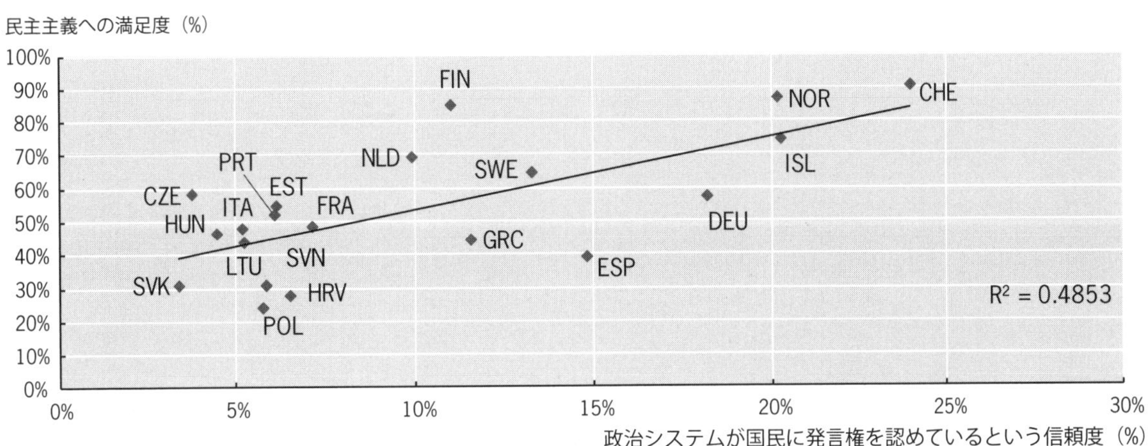

出典：欧州社会サーベイ第 10 波に基づく OECD の計算結果

StatLink：https://stat.link/pju3bt

第 3 章　公共サービスへの満足度

指標 4　国民へのサービス提供のスコアカード

指標 5　公共サービスに対する満足度

指標 6　人口グループを通じた公共サービスに対する満足度

指標 7　行政サービスのアクセス可能性、応答性及び質

指標 8　医療のアクセス可能性、応答性及び質

指標 9　教育のアクセス可能性、応答性及び質

指標 10　司法のアクセス可能性、応答性及び質

指標4　国民へのサービス提供のスコアカード

本章では、OECD諸国が特定の公共サービスのアクセス可能性、応答性及び質に関し、どのように機能しているかを記述している。この枠組みは、サービスに対する利用者の満足の主要な決定要因を評価することを目的としている。サービスに対する利用者の満足は、これら3つの属性の結果尺度と考えることができる。サービスに対する全体的な満足は、サービスが利用者のニーズと期待に対して良好に機能しているかどうかを迅速に測定する際の頼りになる指標となっている。満足の尺度は、市民の態度と行動に関する他の関連する尺度と強いつながりがある。満足は、公的機関への信頼と公的機関の応答性と信頼性の水準に関連している。

このスコアカードは、教育、保健、司法、そして本版で初めて行政サービス（例えば、身分証明書の取得や給付金の申請）に関する一連の部門固有の尺度を通じて、サービス提供の主要な属性を要約したものである。それらは、異なる方法で組織され、社会生活と個人生活の異なる側面に対処している場合であっても、異なる公共サービスの業績を比較する方法を示している。国別ランキングは提供されているが、これらは異なる測定単位の指標を比較し、異なる現象を捉えるために計算されたものに過ぎない。そのため、このスコアカードは、どの国が全体的に最も優れたサービスを提供し、どのレベルで提供されているかを包括的に示すものではなく、その目的のために使用されるべきでもない。

「国民へのサービス提供に関するOECD枠組み」は『図表でみる世界の行政改革』(2017年版)で導入されたものであり、指標はOECDの各部門の専門家によって選択されている。選択の基準は、1）妥当性（すなわち、指標は測定されている概念を表す）、2）政策の重要性、3）データの利用可能性と対象範囲、4）データの解釈可能性（すなわち、より高い／より低い値がより良い／より悪い業績を意味するかどうかの曖昧さがない）である。選択された指標は、各サービスに関連する側面の概要を提供することを意図している。このため、指標の選択はサービスによって異なる（例えば、教育のための就学率と医療のための医療保障の対象範囲は、ともにアクセシビリティの尺度である）。

表3.1　「国民へのサービス提供に関するOECD枠組み」の指標

	保健医療	教育	司法	行政サービス
アクセス可能性	・*医療保障の対象範囲* ・*医療費全体に占める家計の自己負担額の割合* ・*費用、距離、待ち時間のために医療ニーズが満たされていない人々の割合* ・*人口1,000人当たりの臨床医数*	・*教育（初等教育から高等教育）への総支出に占める教育への民間支出の割合* ・*幼児期及び初等教育前の3歳及び4歳での入学者数* ・*25歳未満の初めての高等教育への入学者数の割合*	・*国民は民事司法にアクセスかつ支払い可能である* ・*裁判外紛争解決メカニズムはアクセス可能で、公平かつ効果的である*	・行政情報に容易にアクセスできることを期待している人口の割合
応答性	・*白内障手術の専門家による評価から治療までの待ち時間の中央値*	・*教育、雇用、訓練を受けていない（NEET）若者（15～29歳）*	・*第1審の民事及び商事の非訴訟事件の処理時間* ・*第1審の民事及び商事の訴訟事件の処理時間* ・*第1審の行政事件の処理時間*	・EU諸国で利用可能なユーザーサポートのレベル ・政府の給付又はサービスの申請が公正に扱われることを期待している回答者の割合
質	・*成人の糖尿病による入院* ・*虚血性脳卒中による入院後30日以内の死亡率*	・*数学的リテラシーにおける平均PISAスコア*	・*民事司法は政府の不適切な影響を受けない* ・*人々は個人的な不満を是正するために暴力に訴えない*	・この版の指標はない

注：斜体の指標は、スコアカードに含まれている。

出典：医療保障のカバレッジ範囲、医療費全体に占める家計の自己負担額の割合及び人口1,000人当たりの臨床医数は、OECD保健医療統計による。費用、距離又は待ち時間のために満たされていない医療ニーズを有する人々の割合は、欧州連合の統計局であるユーロスタットからのものである。教育への総支出に占める教育への民間支出の割合及び初めての高等教育就学率に関するデータは、OECD教育統計からのものである。数学的リテラシーのスコアは、OECD（2012年及び2018年）PISA（データベース）からのものである。裁判外紛争解決メカニズム及び個人の苦情を是正するための暴力の利用に関する指標は、世界司法プロジェクト法の支配指数からのものである。第1審の民事及び商事訴訟事件及び第一審の行政事件の処理時間は、効率的な司法のための欧州評議会からのものである。指標の残りの情報源は、以下のページに記載されている。

スコアカードの解釈

各スコアカードは、3つのサービス分野（保健、教育、司法）にわたる国民へのサービス提供のの枠組みの1つの側面（アクセス可能性、応答性、質）に焦点を当てている。各指標について、各国は3つのグループに分類される。1）平均から1標準偏差を上回る（又は指標に応じて下回る）値の場合は濃グレー色、2）平均から1標準偏差を下回る（又は指標に応じて上回る）値の場合は中間グレー色、3）平均から1標準偏差以内の値の場合は薄グレー色。

各指標について、利用可能なデータがあるすべての国がランク付けされる（指標のパフォーマンスが最も高い国が第1位にランクされる）。複数の国の指標が同じ値である場合、それらは同順位とされる。傾向データが利用可能な場合、矢印は、利用可能な最新の年と比較して、国の絶対的なパフォーマンスが改善したか（↑）、低下したか（↓）、又は安定していたか（→）を示す。特に指定がない限り、改善又は低下を示す基準は、1%ポイントの変化（指標がパーセンテージで表されている場合）又は1%の変化である。スコアカードの最後の行は、基準年と比較可能なデータがある最新の年の両方を示す。

結果の概要

以下では、スコアカードで考慮される3つの側面による概要を説明する。アクセス可能性は、必要な場合に適切なサービスを受けるという国民の能力とみなしうる。指標は、支払い可能性、地理的近接性及び情報へのアクセスの容易さをカバーしている。応答性とは、公的機関が国民の期待にどれだけ迅速かつ適切に対応するかを示す。これは、公共サービスが、それを利用する個人のニーズ、好み、視点及び尊厳を考慮に入れ、不当に遅滞することなく提供されることを意味する。これには、礼儀と平等な待遇、特別なニーズへのサービスのマッチング（すなわち、サービス提供者が障害のある人々のような人口の異なるセグメントに提供を適応させるかどうか）、及び適時性の側面が含まれる。質とは、サービスが望ましいどの程度アウトカムの実現可能性を高め、現在の専門知識と一致しているかを示す。指標は、効果的なサービス提供とアウトカム、サービス提供とアウトカムの一貫性及び安全の保障（安全性）の側面をカバーしている。

公共サービスへのアクセス可能性

多くのOECD諸国は、民間又は公的な健康保険制度を通じて、普遍的又はほぼ普遍的な医療保障を達成している。2020年以降、多くのトップ業績の諸国の間で保障は安定している。コスタリカ、エストニア、ポーランド及びアメリカは、近年、医療保障のカバレッジの大幅な拡大を経験している。

健康保険制度の対象となるサービスの範囲と、患者が自らの財源から費用を負担しなければならない範囲は、OECD諸国の国ごとに異なる。例えば、メキシコでは、公的医療の適用範囲が限られていることを考えると、医療費のかなりの割合が国民による自己負担（out-of-pocket: OOP）支出による。しかし、OOP支出は医療へのアクセスの唯一の尺度ではない。地理的近接性は、医療へのアクセスのしやすさを評価するためにも使用できる。医師の不足は、待ち時間の延長や、サービスにアクセスするために患者がさらに移動しなければならないことにつながる可能性がある（OECD, 2021）。

医療へのアクセスの補完的な指標は、診察又は治療のニーズが満たされていないと報告した人口の割合である。EU所得・生活条件調査（EU SILC）によると、OECD-EU諸国は、COVID-19の大流行にもかかわらず、2020年から2021年の間、満たされていないニーズに関する全体的なパフォーマンスを維持している。実際、エストニアでは、診察のニーズが満たされていないと報告した人の割合は13.0%から8.1%へと大幅に減少した。また、トルコ（1.1%ポイント）、フィンランド（1.0%ポイント）及びラトビア（0.7%ポイント）でも減少した。オーストリアは、満たされていない医療ニーズを自己報告する国民の割合が最も低い国の1つであると同時に、総医療費に占める世帯のOOP支払いの割合は19位である。

OECD諸国全体の教育システムは、義務教育年齢の子どもたちに教育への普遍的なアクセスを提供しており、これは国によって異なる。しかし、4歳児の平均就学率は89%であり、OECD 37か国のうち12か国（カナダのデータは利用可能ではない）がこの平均を下回っている。例えば、イギリスは幼児教育への100%の就学率を達成している。重要な寄与因子は、すべての4歳児が公的機関であれ民間機関であれ15時間の無料ケアを受ける権利があることである（UK Government, 2022）。フィンランドのような他の国では、幼児教育の提供は主に公共システムを通じて行われている。25 歳未満の人の初回の高等教育就学率も国によって異なる。幼児教育と高等教育の両方へのアクセスに影響する要素は、利用可能な公的資源の水準と、公共支出と民間支出の相対的な割合である。文脈によっては、民間支出の高い割合が、政府による世帯への給付金と移転、教育への資金拠出におけるその他の民間主体の関与によることもある。

司法へのアクセスのためには、個々人が自らの権利と彼らの紛争を解決する既存のメカニズムを認識し、当該プロセスの費用が支払い可能でなければならない。デンマーク、ドイツ、オランダ及びスウェーデンは、国民にとって、最も支払い可能でアクセス可能な民事司法システムを有している。代替的紛争処理手続き（alternative dispute resolution: ADR）は、法廷外で紛争を解決するためのメカニズムを指す。デンマーク、エストニア、韓国及びノルウェーは最もアクセスしやすく、不偏中立で、効果的な ADR メカニズムを有している。

行政サービスのアクセス可能性は、国民のニーズの多様性と性質を正確に認識し、それらを効率的に満たす政府の能力に関連している。この能力は、情報へのアクセス、地理的距離、利用者のための施設、提供チャンネルなどの点で異なる。行政サービスへのアクセスに関連する尺度の 1 つは、サービスに関する情報を見つけることがいかに容易であるかについての国民の期待である。例えば、2021 年の公的機関における信頼の推進力に関する OECD 調査では、回答者の 66% が、行政手続きに関する情報が自国で容易に入手できると予想している（OECD, 2021）。

公共サービスの応答性

医療の待ち時間が長いと、患者の症状が悪化し、満足度が低下し得る。利用可能な情報がある OECD-EU 諸国 16 か国のうち 7 か国（44%）では、最も一般的な選択的（緊急でない）手術である白内障手術の待ち時間が 2015 年から 2020 年の間に増加した。これらの結果はおそらく COVID-19 の大流行の影響を受けている。なぜなら、ほとんどの国が COVID-19 患者への取り組みを転換し、治療を求めている間に人々が感染するのを避けるために、大流行中に選択的ケアを一時停止したからである。これらのサービスの再開はしばしば段階的であり、いくつかの活動はその後の大流行の波で再び一時停止された。それにもかかわらず、7 か国がその期間に待ち時間の中央値を何とか短縮した。これには、2020 年に白内障手術の待ち時間の中央値が 20 日と最も短かったイタリアが含まれている。

教育システムの応答性は、学生の様々なニーズを満たすことに成功したかどうかを見ることによって検証される。OECD 諸国全体では、義務教育が終了する年齢は、コロンビアの 15 歳からスイスの 19 歳までに及ぶ。応答性の尺度の 1 つは、いかなる形態の雇用、教育、訓練にも参加していない若者（NEET）の割合である。オランダ、ノルウェー、メキシコ及びスウェーデンは、NEET である 15 ～ 29 歳の割合が最も低い。NEET の絶対レベルは 26 か国のうち 12 か国で悪化し、今年版では 6 か国のみで改善した。2021 年のデータを 2017 年のデータと比較すると、これは COVID-19 の経済的影響を反映している可能性がある。OECD 諸国平均及び個々の国内では、政府は大流行中に遠隔学習のための機会を等しく提供することができなかった。例えば、不利な社会経済的背景を持つ学生の大部分は、自宅でコンピュータにアクセスできなかった（OECD, 2020）。

司法事件の解決の遅れは、原告が訴訟を取り下げたり、費用を負担したり、将来合法的なルートを追求することを思いとどまらせたりする原因となり得る。スコアカードでは、3 種類の事件（係争中の民事・商事事件、係争中でない民事・商事事件、行政事件）の処理時間に関するデータを使用して、司法制度の応答性を検証している。事件の解決に必要な時間は、事件の割り当てと解決の手続き、事件の複雑さ、司法制度で働く職員数、新規事件数、行政事務を削減するための技術の使用などの要因によって異なる。データが入手可能な国の中で、ハンガリー、リトアニア及びオランダは、係争中の民事・商事（訴訟・非訟）事件及び行政事件の第 1 審における事件解決にかかる時間が最も短くしか要しない。

公正性、フィードバック及び公平性は、応答性の高い行政サービスを支えている。コミュニケーション・チャンネルを確立することにより、各国政府は、国民の多様なニーズを満たす、より良いサービスを提供し得る。利用者支援指標は、このようなコミュニケーション・チャンネルの利用可能性を評価しており、この指標を通じて、国民が、自らの不服や照会の地位について、最新の状況を受け取り得る。2021 年に、フィンランド、イタリア及びトルコは、(0 から 1 までの尺度で) 最大スコアの 1.0 点を、利用者支援利用可能性について達成した。一方、OECD-EU 諸国平均は 0.93 点であった（European Commission, 2022）。さらに、一般的な政府が提供する便益やサービスがどの程度公平に提供されているかについての国民の見解は、公務員に対する信頼と有意に相関している（Morgan and James, 2022）。このように、利用者支援指標は、政府と国民の間のコミュニケーション・チャンネルの存在と有効性を評価し、最終的には公共サービスに対する全体的な満足度と信頼に影響を与える。

公共サービスの質

医療提供の質は、2つの健康状態に関する患者の転帰を調べることによって評価される。1つ目は、糖尿病による入院率であり、プライマリケアの質の指標として使用されている。糖尿病は、予防と治療の組み合わせによって効果的に管理できる慢性疾患である。そのため、糖尿病による入院のレベルが高いことは、プライマリケアの質に関する問題を示している。2つ目の指標である虚血性脳卒中による入院後の30日間の致死率は、急性期ケアの質を測定している。この指標は、患者の病院へのタイムリーな搬送や効果的な医療介入などのケアプロセスを反映している（OECD, 2015）。

2019年には、アイスランドとイタリアが糖尿病による入院を回避する上で最も効果的なOECD諸国の2つであったが、アイスランドは脳卒中による入院後の30日間の死亡率も最も低い。2015年以降改善しているためである。ラトビア、メキシコ及びポーランドは、予防医療と急性期医療の両方で効果が低くなっているが、状況は過去数年間で改善されている。しかし、医療の質は多くの異なる要因に影響される可能性があり得る。一部の国は急性期ケアではトップの成績を収めているが、予防ケアではその逆である。例えば、韓国は脳卒中による入院後の30日間の死亡率では2位でしたが、糖尿病による入院率では32か国中30位であった。

アウトカムは、教育システムの質を把握する効率的な方法でもある。OECD生徒の学習到達度調査（PISA）などのテストは、生徒が教えられたスキルをどの程度効果的に使用しているかを評価することで、教育の質を測る有用な尺度となる。2018年のPISAでは、OECD諸国の生徒が数学的リテラシーで平均487点を獲得し、日本（527点）、韓国（526点）及びエストニア（523点）の生徒が最も高い平均点を獲得した。

世界司法プロジェクト（WJP）は、世界中の法の執行に関するデータを収集しており、専門家や国民に対して、個人が苦情を解決するために暴力に訴えることによって自力救済による正義を追求する可能性、政府が国家に対する訴訟で裁判官に影響を与える可能性、及び裁判所の決定が執行される可能性を尋ねている。アイルランドの司法制度は最も公平であり、人々が個人的な苦情に対して暴力を行使する可能性が最も低い国としてランク付けされている。2016年から2022年にかけて、OECD諸国は、一般的に、政府の不適切な影響を受けない民事司法に関するスコアを維持してきた。この分野で大幅な低下を経験した国は2か国のみである。2016年から2022年の間にスコアが0.10ポイント改善したスペインと0.14ポイント増加したスロベニアを除いて、人々が苦情を解決するために暴力に訴える可能性についての見通しは似ている。

詳細情報

Baredes, B. (2022), "Serving citizens: Measuring the performance of services for a better user experience", *OECD Working Papers on Public Governance*, No. 52, OECD Publishing, Paris, https://doi.org/10.1787/65223af7-en.

European Commission (2022), *eGovernment Benchmark 2022: Synchronising Digital Governments: Insight Report*, Publications Office of the European Union, https://data.europa.eu/doi/10.2759/488218.

Morgan, D. and C. James (2022), "Investing in health systems to protect society and boost the economy: Priority investments and order-of-magnitude cost estimates", *OECD Health Working Papers*, No. 144, OECD Publishing, Paris, https://doi.org/10.1787/d0aa9188-en.

UK Government (2022), "Education provision: Children under 5 years of age", Explore Education Statistics website, https://explore-education-statistics.service.gov.uk/find-statistics/education-provision-children-under-5.

OECD (2021), "Health spending" (indicator), https://doi.org/10.1787/8643de7e-en (accessed on 5 March 2021).

OECD (2020), *PISA 2018 Results (Volume V): Effective Policies, Successful Schools*, PISA, OECD Publishing, Paris, https://doi.org/10.1787/ca768d40-en.

OECD (2015), *Government at a Glance 2015*, OECD Publishing, Paris, https://doi.org/10.1787/gov_glance-2015-en.

スコアカード 1　サービスへのアクセス可能性

	保健医療								教育						司法			
	公的健康保険及び主要な任意健康保険の総カバレッジ		総医療支出に占める世帯の私費支払い額		医療診察に対する未充足のニーズ（自己申告）		人口1,000人（実人数）当たり総合診察委の人数		教育施設に対する民間支出の相対的割合		4歳での（早期児童及び一時教育）への就学率		25歳未満で高等教育に初めて入学する割合		国民が民事司法にアクセス可能で支払い可能である		代替的紛争解決メカニズムが、アクセス可能で、不偏中立で、効果的である	
オーストラリア	1	→	17	↓	n.a.		12	↑	34	→	28	↓	10	↓	23	→	11	↓
オーストリア	2	→	22	↓	3	→	1	↑	7	↑	16	→	17	↑	12	↑	26	→
ベルギー	4	→	19	↓	9	→	20	↑	6	→	2	→	33	→	7	↑	15	↓
カナダ	1	→	7	↓	n.a.		24	↑	27	↑	n.a.		n.a.		24	↑	19	↓
チリ	7	↑	35	↓	n.a.		n.a.		36	→	29	↓	16	↑	13	↓	24	↓
コロンビア	8	↓	15	↓	n.a.		n.a.		33	→	27	↑	8	↓	25	↑	28	→
コスタリカ	12	↓	27	↓	n.a.		n.a.		n.a.		21	↑	n.a.		16	↑	21	→
チェコ	1	→	6	↓	3	→	10	↑	11	↓	25	→	22	↑	19	↓	9	↑
デンマーク	1	→	11	→	8	→	9	↑	8	↑	4	→	6	↓	2	↑	3	↓
エストニア	6	↑	29	↓	24	↓	14	→	9	↓	19	→	15	↑	8	↑	4	↑
フィンランド	1	→	20	↓	20	→	14	→	1	→	24	↑	5	↓	10	↑	20	↑
フランス	2	→	2	→	16	↑	21	→	16	→	1	→	29	↑	20	↑	10	↓
ドイツ	2	→	8	→	1	→	5	↑	17	→	14	→	11	↓	3	↑	7	↓
ギリシャ	1	→	37	↓	23	↓	n.a.		10	→	31	↑	27	↑	21	↑	22	↑
ハンガリー	10	↓	31	↓	7	→	22	→	25	↑	3	↑	24	→	27	↑	30	↓
アイスランド	1	→	18	↓	18	→	7	↑	5	→	9	↓	12	↑	n.a.		n.a.	
アイルランド	1	→	5	↓	12	→	15	↑	19	↓	1	→	26	↑	n.a.		n.a.	
イスラエル	1	→	23	↓	n.a.		18	↑	24	↑	6	→	2	→	n.a.		n.a.	
イタリア	1	→	28	↓	10	↓	11	↑	18	→	11	→	31	→	22	↑	25	↑
日本	1	→	14	→	n.a.		26	↑	31	→	1	↑	35	→	15	→	5	↓
韓国	1	→	32	↓	n.a.		27	↑	28	↓	15	↓	34	→	11	→	2	↓
ラトビア	1	→	36	↓	19	↓	17	↑	20	↑	17	→	9	↑	n.a.		n.a.	
リトアニア	3	↑	34	↓	15	→	4	↑	13	→	22	↑	19	↓	n.a.		n.a.	
ルクセンブルク	1	→	1	↓	6	→	n.a.		3	→	5	↑	23	↑	n.a.		n.a.	
メキシコ	14	↓	38	↓	n.a.		28	→	29	↑	23	↓	20	→	31	↓	31	↑
オランダ	2	→	3	↓	2	→	13	↑	22	→	13	→	32	→	1	↑	6	→
ニュージーランド	1	→	12	→	n.a.		16	↑	26	↓	26	↓	7	↑	5	↑	12	→
ノルウェー	1	→	16	→	5	→	2	↑	2	→	8	→	13	→	9	↑	1	→
ポーランド	11	↑	25	↓	15	↓	19	↑	14	↑	20	↑	21	→	18	↑	17	↓
ポルトガル	1	→	33	↓	13	→	n.a.		21	↓	10	↑	25	→	17	→	18	↓
スロバキア	9	↑	24	→	17	↑	n.a.		15	→	30	↑	18	→	26	n.a.	29	n.a.
スロベニア	1	→	9	→	22	↑	19	↑	12	→	18	↑	30	→	14	↑	14	↑
スペイン	1	→	26	↓	7	→	3	↑	23	→	7	→	28	→	6	↑	13	↑
スウェーデン	1	→	13	↓	8	→	8	↑	4	→	12	→	1	→	4	↑	8	↑
スイス	1	→	30	↓	4	→	6	↑	n.a.		33	→	3	↑	n.a.		n.a.	
トルコ	5	→	21	→	11	↓	n.a.		30	↑	34	↓	4	↓	28	↑	27	↓
イギリス	1	→	10	↓	21	↑	23	↑	35	↑	1	→	14	↓	29	↓	16	↑
アメリカ	13	↓	4	↓	n.a.		25	→	32	→	32	↓	n.a.		30	↑	23	↓
年	2020	2015	2020	2015	2021	2015	2020	2015	2019	2015	2020	2017	2020	2018	2022	2016	2022	2016

国名はアルファベット順。セル内の数字は、データが利用可能なすべての国の中での各国の順位。矢印は、絶対的な業績が改善したか（↑）、低下したか（↓）、又は安定しているか（→）を示す。

業績が OECD 諸国平均から 1 標準偏差上（下）

業績が OECD 諸国平均から 1 標準偏差内

業績が OECD 諸国平均から 1 標準偏差下（上）

注：医療保険カバレッジについては、各国は次のようにグループ化されている。濃グレーは医療保険カバレッジ 95 ～ 100%、中間グレーは同カバレッジ 90 ～ 95%、薄グレーは同カバレッジ 90% 未満。コロンビアの医療保障に関するデータは 2021 年ではなく 2019 年のものである。日本のデータは 2021 年ではなく 2020 年のものである。未充足の診療の必要性とは、費用、距離、待ち時間のいずれかのために医療の予約や治療を受けなかったと報告した人の割合を指す。25 歳未満の初めての高等教育就学率に関するデータは、2018 年ではなく 2016 年のものである。オーストラリア、ニュージーランド、イギリス及びアメリカで教育に対する民間支出の割合が高いのは、教育ローンや奨学金を受けている学生の割合が高いことと関係している。民事司法及び裁判外紛争解決メカニズムの指標へのアクセス可能性と支払い可能性については、改善は指数の 0.1 ポイントの増加、悪化は同規模の減少を伴う。その他の指標のデータの詳細は、対応する節（各指標）に記載されている。各国は昇順にランク付けされているが、医療支出全体に占める OOP 支出の割合、未充足の診療に対するニーズ、教育に対する民間支出は降順にランク付けされている。2020 年の OOP の改善は、COVID-19 パンデミックによる診療の延期の結果である可能性がある。

出典：OECD Health Statistics（database）、Eurostat（2022）; OECD Education Statistics（database）; World Justice Project（2022）、Rule of Law Index 2022

スコアカード2　サービスの応答性

	医療		教育		司法					
	白内障手術の待期期間の中央値		15～19歳のニート		民事・商事訴訟事件の処理期間		民事・商事非訟事件の処理期間		行政事件の処理期間	
オーストラリア	15	↑	18	→	n.a.		n.a.		n.a.	
オーストリア	n.a.		21	→	7	↑	4	↑	19	↓
ベルギー	n.a.		20	↓	n.a.		n.a.		14	↑
カナダ	13	↑	27	↑	n.a.		n.a.		n.a.	
チリ	12	↑	31	↑	n.a.		n.a.		n.a.	
コロンビア	n.a.		34	↑	n.a.		n.a.		n.a.	
コスタリカ	16	↓	32	↑	n.a.	n.a.	n.a.		n.a.	
チェコ	n.a.		n.a.		12	↑	6	↑	17	→
デンマーク	4	↓	19	↓	9	↓	7	↑	n.a.	
エストニア	9	↓	25	→	10	↓	3	↓	4	↑
フィンランド	10	↑	24	→	8	↑	12	↑	10	↑
フランス	n.a.		28	↓	16	↓	17	↑	12	↑
ドイツ	n.a.		17	→	n.a.		9	↑	18	↓
ギリシャ	n.a.		30	↓	n.a.		16	↑	21	↓
ハンガリー	3	↓	26	→	2	↑	6	↑	2	↑
アイスランド	n.a.		16	↑	n.a.		n.a.		n.a.	
アイルランド	n.a.		23	↓	n.a.		n.a.		n.a.	
イスラエル	n.a.		29	↑	n.a.		n.a.		1	↓
イタリア	1	↓	33	→	18	↓	n.a.		22	↑
日本	n.a.		n.a.		n.a.		n.a.		n.a.	
韓国	n.a.		n.a.		n.a.		n.a.		n.a.	
ラトビア	n.a.		12	↓	3	↑	10	↑	11	↓
リトアニア	n.a.		8	↓	1	↓	1	↑	5	↑
ルクセンブルク	n.a.		9	↓	n.a.		5	↑	n.a.	
メキシコ	n.a.		3	↓	n.a.		n.a.		n.a.	
オランダ	7	↑	1	↓	5	↑	2	↑	8	↓
ニュージーランド	n.a.		6	↓	n.a.		n.a.		n.a.	
ノルウェー	14	↑	2	↓	17	↓	n.a.		n.a.	
ポーランド	2	↓	5	↓	4	↓	13	↑	3	↑
ポルトガル	11	↑	15	↓	n.a.		11	↓	23	↓
スロバキア	n.a.		13	↓	13	↑	8	↑	15	↓
スロベニア	n.a.		11	↓	11	↑	14	↑	16	↓
スペイン	8	↓	22	↓	15	↓	15	↑	13	↑
スウェーデン	n.a.		4	↓	14	↓	5	↓	6	↓
スイス	n.a.		7	↓	n.a.		n.a.		9	↑
トルコ	5	→	14	↓	6	↓	n.a.		7	↑
イギリス	6	→	10	↓	n.a.		n.a.		20	↓
アメリカ	n.a.		n.a.		n.a.		n.a.		n.a.	
年	2020	2015	2021	2017	2018	2014	2020	2016	2018	2014

国名はアルファベット順。セル内の数字は、データが利用可能なすべての国の中での各国の順位。矢印は、絶対的な業績が改善したか（↑）、低下したか（↓）、又は安定しているか（→）を示す。

業績が OECD 諸国平均から 1 標準偏差上（下）
業績が OECD 諸国平均から 1 標準偏差内
業績が OECD 諸国平均から 1 標準偏差下（上）

注：医療及び司法の指標については、データの利用可能性が限られているため、セルに色を付けていない。各国は昇順にランク付けされているが、白内障手術の待期期間の中央値、15～29 歳のニート、民事・商事訴訟事件の処理時間、民事・商事非訟事件の処理時間、行政事件の処理時間は降順にランク付けされている。

出典：Commonwealth Fund Health Policy Survey (2015 and 2020); OECD Health Statistics (database); OECD Education at a Glance (database); CEPEJ (2020), European Commission for the Efficiency of Justice (database).

スコアカード3　サービスの質

	医療				教育		司法			
	糖尿病による入院		脳梗塞入院後30日時点の死亡率		15歳でのPISA数学的リテラシーの平均得点		民事司法が政府の不適切な影響力を受けていない		国民が、自力救済のために暴力を用いない	
オーストラリア	22	↑	7	↓	24	↓	9	→	17	→
オーストリア	23	↓	9	→	18	↓	14	→	8	→
ベルギー	21	↓	14	→	10	↓	10	→	21	→
カナダ	13	↑	13	↓	7	↓	8	→	10	→
チリ	17	↓	16	↓	35	↓	25	→	34	→
コロンビア	6	↓	9	→	38	↑	30	→	33	→
コスタリカ	14	↓	n.a.		37	↓	23	→	31	→
チェコ	24	↓	22	→	17	→	18	→	13	→
デンマーク	19	↓	5	↓	8	↑	3	→	4	→
エストニア	15	↓	15	↓	3	↑	12	→	16	→
フィンランド	18	↓	17	→	11	↓	4	→	7	→
フランス	n.a.		n.a.		20	→	17	→	28	→
ドイツ	27	↓	10	→	15	↓	6	→	15	→
ギリシャ	n.a.		n.a.		34	↓	28	→	32	→
ハンガリー	n.a.		n.a.		30	↑	33	↓	11	→
アイスランド	1	↓	1	↓	21	↑	n.a.		n.a.	
アイルランド	12	↑	12	↓	16	↓	1	n.a.	1	n.a.
イスラエル	8	↑	8	↓	32	↓	n.a.		n.a.	
イタリア	2	↑	n.a.		25	↑	20	→	29	→
日本	n.a.		n.a.		1	↓	16	→	5	→
韓国	30	↓	2	→	2	↓	22	→	26	→
ラトビア	20	↑	26	→	19	↑	21	n.a.	20	n.a.
リトアニア	32	↓	25	↓	29	↑	15	n.a.	12	n.a.
ルクセンブルク	n.a.		n.a.		27	↓	13	n.a.	2	n.a.
メキシコ	28	↓	27	↑	36	↓	32	→	35	↓
オランダ	4	↓	6	→	4	↓	5	→	23	→
ニュージーランド	n.a.		11	→	22	↓	11	→	14	→
ノルウェー	7	↓	3	↓	14	↑	2	→	6	→
ポーランド	25	↓	24	↓	5	↓	31	↓	24	→
ポルトガル	5	↓	21	→	23	↑	19	→	30	→
スロバキア	26	↑	18	→	26	↑	26	n.a.	9	n.a.
スロベニア	16	↑	23	↓	9	↑	29	→	19	↑
スペイン	3	↑	20	↓	28	↓	27	→	25	↑
スウェーデン	9	↓	7	→	12	↑	7	→	3	→
スイス	11	↑	n.a.		6	↓	n.a.		n.a.	

	医療				教育		司法			
	糖尿病による入院		脳梗塞入院後 30 日時点の死亡率		15 歳での PISA 数学的リテラシーの平均得点		民事司法が政府の不適切な影響力を受けていない		国民が、自力救済のために暴力を用いない	
トルコ	29	→	13	↓	33	↑	34	→	27	→
イギリス	10	↑	19	→	13	↑	24	→	18	→
アメリカ	31	↑	4	→	31	↓	24	→	22	→
年	2019	2015	2019	2015	2018	2012	2022	2016	2022	2016

国名はアルファベット順。セル内の数字は、データが利用可能なすべての国の中での各国の順位。矢印は、絶対的な業績が改善したか（↑）、低下したか（↓）、又は安定しているか（→）を示す。

業績が OECD 諸国平均から 1 標準偏差上（下）

業績が OECD 諸国平均から 1 標準偏差内

業績が OECD 諸国平均から 1 標準偏差下（上）

注：指標に関して、「民事司法は政府の不適切な影響を受けていない」及び「人々は自力救済のために暴力を用いない」の指標については、改善（減少）は、指数の 0.1 ポイント以上の増加（減少）である。その他の指標のデータの詳細は、対応する節に記載されている。各国は昇順にランク付けされているが、「糖尿病による入院」と「脳卒中による入院後 30 日以内の死亡率」は降順にランク付けされている。「糖尿病による入院」の指標は、人口 15 歳以上人口 100,000 人当たりの人のうち、糖尿病と一次診断された入院の数と定義される。

出典：OECD Health Statistics（database）; PISA（database）; World Justice project（2022）, Rule of Law Index 2022.

指標5　公共サービスに対する満足度

病院、学校、裁判所又は政府機関によって提供される公共サービスは、多くの国民の生活に影響を与え、人々が公的機関や政府と直接対話するポイントとして機能している。満足度は、国民の視点から公共サービスの業績を測るために広く使用されている。国民の満足度は、アクセス、支払い可能な価格、礼儀、適時性など、サービスの多くの異なる側面を反映し得るものの、これは、総合的な、集計された各国を通じたサービス業績の測定を提供し得る（Baredes, 2022）。公共サービスに対する満足は、政府や、公務員集団などの他の公的制度に対する信頼にも影響を与える（OECD, 2022）。

OECD諸国では、2022年に多くの人々（68%）が医療制度に満足していると報告している（図3.2）。しかし、国ごとに大きなばらつきがある。スイスでは92%が医療制度に満足しており、OECD諸国の中で最も高く、次いでベルギーが90%であった。比較的高い自己負担額にもかかわらず、スイスはアクセスと質という他の側面で比較的良好であり、全体的な満足度が高くなっている。

OECD諸国全体では、67%が教育制度に満足しており、ノルウェー（87%）、フィンランド（85%）、スイス（84%）及びアイルランド（84%）が最も高い割合を報告している（図3.2）。教育に対する満足度は、医療や司法に対する満足度よりも国によって大きく異なり、最高と最低の間に66%ポイントの差がある。一部の国で比較的低い割合であるのは、特にCOVID-19パンデミックによってもたらされたサービスへの変革の間に、より多くの資源とインフラストラクチャの改善が必要であったことによって説明され得る。例えば、OECD諸国の中では、パンデミック中にすべての学生が同じ遠隔学習の機会を得たわけではない。OECD諸国平均で、15歳の学生の9%が自宅に静かに勉強する場所を持ってない（OECD, 2020）。

司法サービスを利用している人口の割合は、保健や教育よりも低い。したがって、司法制度や裁判所に対する信頼は、医療や教育に対する信頼よりも経験に基づく可能性が低くなる。OECD諸国平均で、国民の半数以上（56%）が、自国の司法制度や裁判所に自信を持っていると報告している。OECD諸国間では大きな違いがあり、ノルウェー、デンマーク、スイス及びフィンランドの国民の80%以上が、司法制度に自信を持っていると報告している（図3.2）。

パスポート、証明書又は免許の取得は、国民と行政との対話を必要とする上記以外のサービスである。サーベイの対象となったOECD諸国22か国の平均63%が行政サービスに非常に満足しており、ルクセンブルクとオランダでは約80%に達している（図3.3）。

方法論と定義

データはギャラップ世界世論調査によって収集され、一般的に各国の1,000人の国民を代表するサンプルに基づいている。2022年のデータは7月以後に収集された。この調査の詳細については、www.gallup.com/home.aspx を参照。

OECDは、22か国で実施されたOECD信頼サーベイの、各国の全国を代表するサーベイ・データを使用して、公共ガバナンスの認識をサーベイを実施している。多くの国では2021年11月から12月に実施され、いくつかのサーベイは2020年と2022年1月から3月に実施された。

詳細情報

Baredes, B. (2022), "Serving citizens: Measuring the performance of services for a better user experience", *OECD Working Papers on Public Governance*, No. 52, OECD Publishing, Paris, https://doi.org/10.1787/65223af7-en.

OECD (2022), *Building Trust to Reinforce Democracy: Main Findings from the 2021 OECD Survey on Drivers of Trust in Public Institutions*, Building Trust in Public Institutions, OECD Publishing, Paris, https://doi.org/10.1787/b407f99c-en.

OECD (2020), "Coronavirus special edition: Back to school", *Trends Shaping Education Spotlights*, No. 21, OECD Publishing, Paris, https://doi.org/10.1787/339780fd-en.

図注

図3.2・図3.3：OECD諸国平均は非加重平均を示している。

図3.2：一般的な措置は、セクターの全体的なパフォーマンスを評価するために、アクセス、応答性及び質に関する他の指標で補完されるべきである。ルクセンブルクのデータは2019年のものである。オーストリア、チリ、エストニア、フランス、ドイツ、アイルランド、イスラエル、イタリア、ラトビア、リトアニア、韓国、スロバキア、スペイン、スイス、トルコ及びイギリスのデータは、2021年のものである。各国は医療満足度の高い順にランク付けされている。医療／教育に対する満足度は、「住んでいる都市又は地域で、質の高い医療の利用可能性／教育システム又は学校に満足しているか、又は満足していないか？」に対して「満足している」と回答した回答者の割合に基づいている。司法制度に対する信頼は、「この国では、以下のそれぞれに自信があるか、ないか？司法制度と裁判所はどうであるか？」に対して「はい」と回答した回答者の割合に基づいている。データには、司法制度を利用していない国民が含まれている。

図3.3：フィンランドとノルウェーのデータは利用可能ではない。「0から10の尺度で、その国の行政サービスの質（身分証明書や出生証明書、死亡証明書、婚姻証明書、離婚証明書の申請など）にどの程度満足しているか、それとも満足していないか？」という質問に対するものである。「満足」は、6から10の回答に相当する。

図 3.2　保健医療、教育及び司法システムに対する国民の満足度（2022 年）

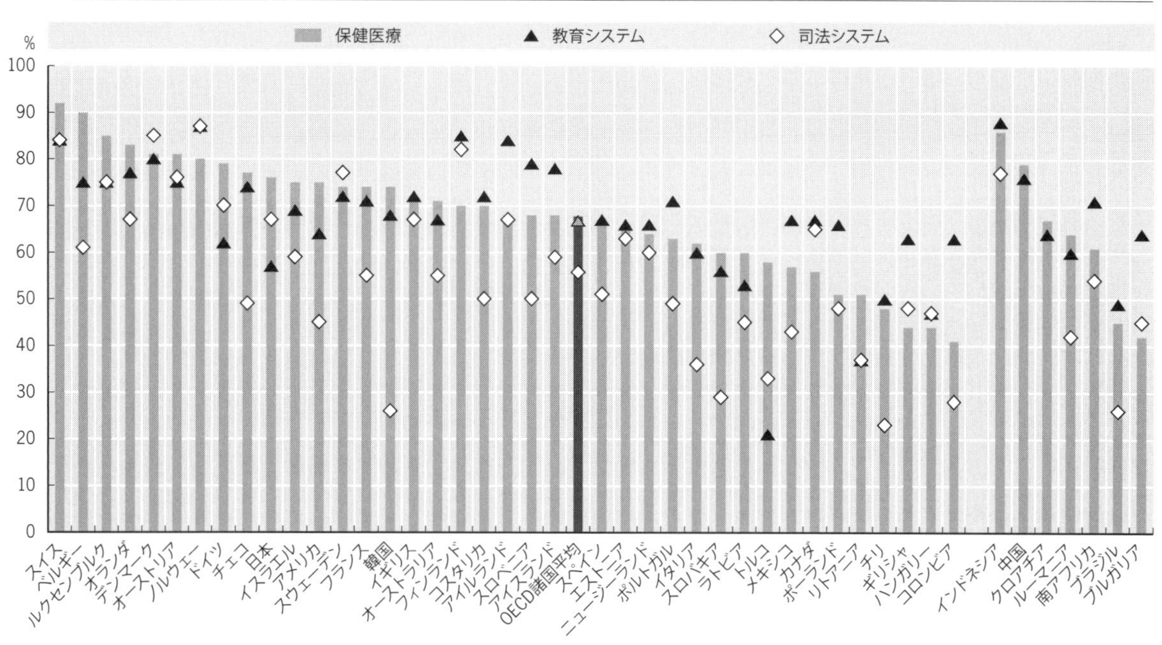

出典：Gallup World Poll 2022（database）.

StatLink：https://stat.link/kep316

図 3.3　行政サービスに対する国民の満足度（2021 年）

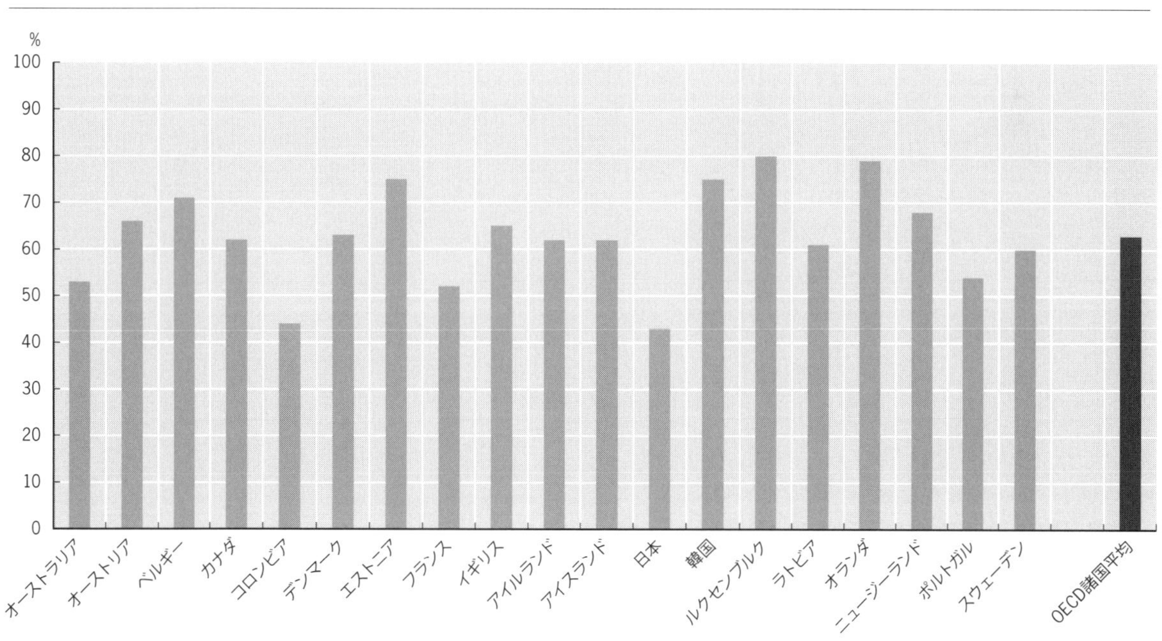

出典：OECD Trust Survey（http://oe.cd/trust）.

StatLink：https://stat.link/vt1ryh

指標6　人口グループを通じた公共サービスに対する満足度

公共サービスは、人々が人生の機会を得て、その可能性を最大化できるようにする上で重要な役割を果たしている。社会・人口集団間の満足度の差は、異なる特性を持つ人々のアクセス可能性、タイムリーさ又は質のレベルの差を示している可能性がある。これらの差は、社会の不平等を悪化させ、又は引き起こし、サービスの利用を減少させ得る。これらの差は、政府がサービス提供を改善し、誰も取り残されないようにするための道筋を特定するのに役立つ診断ツールとなり得る。多くのOECD諸国では、省・エージェンシーが様々な人口集団の公共サービスに対する満足度を監視し、改革の影響を評価し、さらなる行動のための分野を特定するのに役立ち得る。

医療に対する満足度には男女差があり、OECD諸国全体で男性の満足度が女性よりも平均6.1%ポイント高くなっている（図3.4）。カナダは男性（68%）と女性（55%）の差が13%ポイントと最も大きく、次いでデンマーク及びニュージーランド（ともに12%ポイント）並びにオランダ及びポルトガル（ともに11%ポイント）となっている。ノルウェーは女性（78%）の満足度が男性（75%）よりも統計的に有意に高い唯一の国である。

教育に対する満足度は教育水準に大きく依存している。OECD諸国平均では、教育水準の高い国民の満足度（62%）が教育水準の低い国民の満足度（54%）よりも高くなっている（図3.5）。教育水準の高い国民は教育水準の低い国民よりも教育システムに長期間在籍しており、通常は教育水準の低い国民よりも教育システムに参加することで大きな利益を得ている。カナダ、デンマーク、アイスランド及びノルウェーでは、教育水準の高い国民と低い国民の満足度の差は20%ポイント超も大きくなっている。教育水準の低い国民が教育水準の高い国民よりも満足度が高い国は、21か国のうち韓国（21%ポイント）、アイルランド（11%ポイント）、コロンビア（5%ポイント）及びフィンランド（2%ポイント）の4か国のみである。

行政サービスに対する満足度は、一般的に若年層で低く、高齢層で高くなっている。18～29歳の平均56%が行政サービスの質に満足していると報告しているのに対し、50歳以上では67%である（図3.6）。高齢層は、調査にサーベイに参加したすべての国で、行政サービスにより強く満足していた。アイルランドは高齢者と若年者の差が最も大きく（32%ポイント）、次いで日本（18%ポイント）並びに韓国及びニュージーランド（ともに16%ポイント）となっている。

方法論と定義

OECDは、22か国で実施されたOECD信頼サーベイによる、当該国を代表するサーベイ・データを用いて、公共ガバナンスに対する認知を調査している。ほとんどの国は2021年11月から12月にかけて調査された。2020年と2022年1月から3月にかけて調査が行われた諸国もある。

本節では、OECD諸国の様々な社会集団の公共サービスに対する満足度を比較している。データは、2021年の公共機関信頼度OECDサーベイから得られたものである。この調査は、各国の満足度を測定するための手段と方法論を標準化し、頑健な国際比較を可能にしている。社会集団間の主な対照を明らかにするために、3つの人口統計学的変数（年齢、性別、教育水準）について、3つの公共サービス（医療、教育、行政）の満足度を計算した。OECD諸国のサービスに関するOECD諸国平均と人口統計値は、附録Gのオンラインで利用可能なオンライン表G.1.1に示されている。以下のグラフは、グループ間で満足度に最も大きな差がある人口統計学的変数について、各サービスに対する満足度を示している。

詳細情報

OECD (2022), *Building Trust to Reinforce Democracy: Main Findings from the 2021 OECD Survey on Drivers of Trust in Public Institutions*, Building Trust in Public Institutions, OECD Publishing, Paris, https://doi.org/10.1787/b407f99c-en.

図表注

図3.4・図3.5・図3.6：OECD諸国平均は非加重平均を示している。医療／教育／行政サービスに対する満足度は、「0から10の尺度で、［国］全体の医療、教育システム、行政サービスの質（例えば、身分証明書、出生証明書、死亡証明書、婚姻証明書又は離婚証明書の申請）にどの程度満足しているか、又は満足していないか？」という質問に対する回答に基づいている。満足は6～10の回答に相当する。

図3.5:「高等教育」とは、ISCED 2011レベル5～8を指し、学士号、修士号、博士号などの大学レベルの学位を指す。「低学歴」とは、高等教育を修了していないことを指す。

図3.6・表G.1.1：フィンランドとノルウェーでは、行政サービスに関する質問は行われなかった。

表G.1.1「性別、年齢及び教育レベル別の公共サービス満足度の人口統計学的値（2021年）」は、附録Gでオンラインで利用可能である。

図 3.4　保健医療に対する満足度（2021 年）
男女別回答者の割合

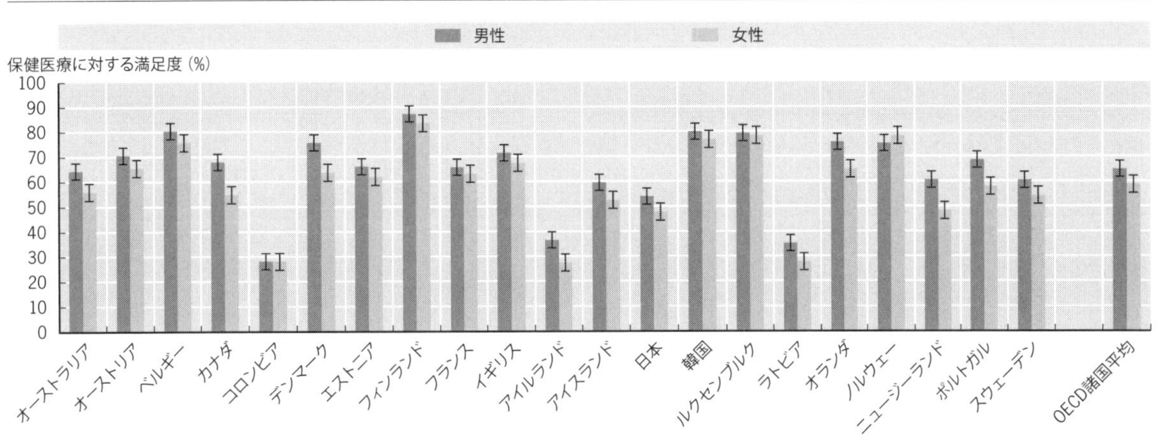

出典：OECD Trust Survey（http://oe.cd/trust）.

StatLink：https://stat.link/aludtv

図 3.5　教育に対する満足度（2021 年）
教育水準別回答者の割合

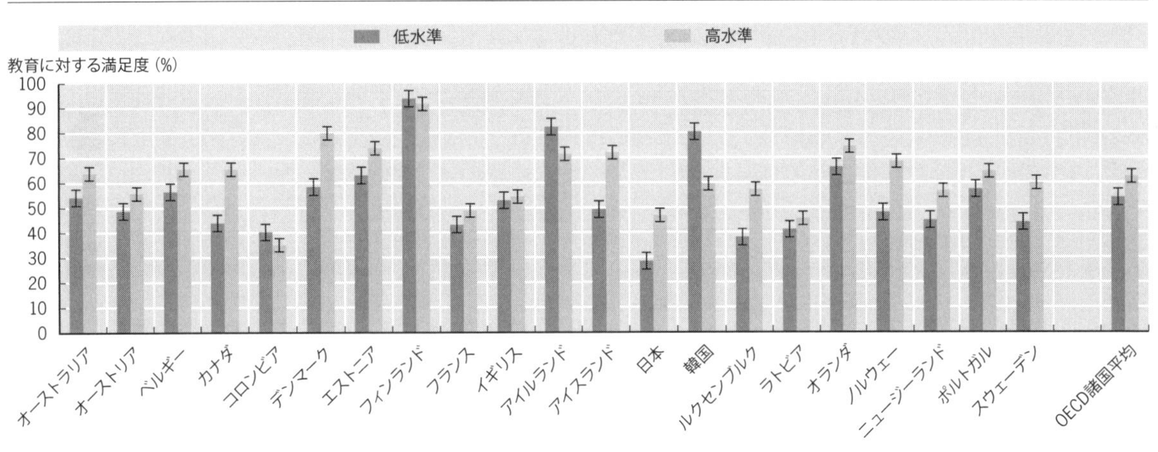

出典：OECD Trust Survey（http://oe.cd/trust）.

StatLink：https://stat.link/5ld0ca

図 3.6　行政サービスに対する満足度（2021 年）
年齢階層別回答者の割合

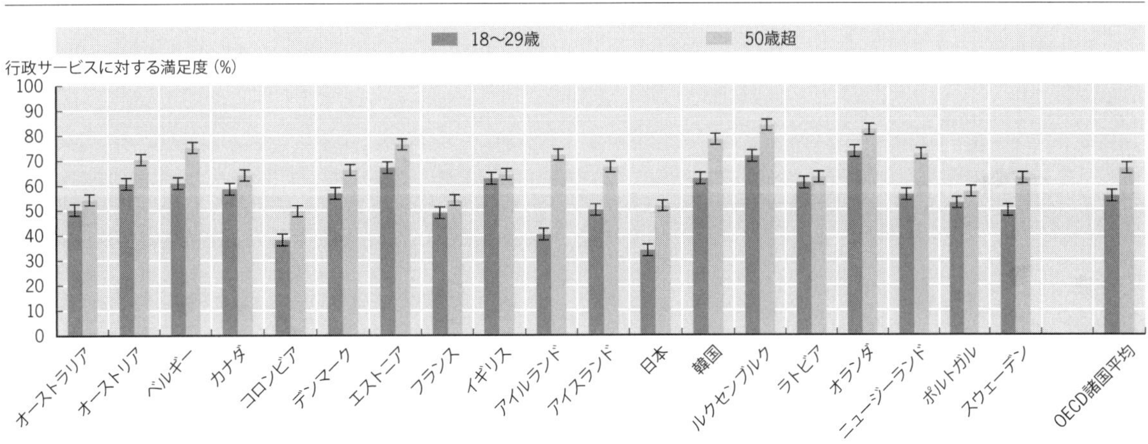

出典：OECD Trust Survey（http://oe.cd/trust）.

StatLink：https://stat.link/iutb61

指標7　行政サービスのアクセス可能性、応答性及び質

行政サービスは、公的機関によって提供され、ビジネスと国民が規制及び法律を遵守し、その権利を行使し、又はその権利を有する便益の給付を請求することを可能にする。一般的に利用されている行政サービスの例には、納税、身分証明書の発行、便益給付の申請などがある。

行政サービスのアクセス可能性は、国民のニーズの性質を正確に認識し、多様なニーズに合わせてサービスを提供する政府の能力容量を反映している。2021年の公的機関に対する信頼の推進力に関するOECDサーベイでは、回答者の65.1%が、行政手続きに関する情報が自国において容易に入手可能であると予想している（図3.7）。しかし、国によって大きなばらつきがあり、アイルランド（83.0%）とオランダ（78.9%）は、情報へのアクセスの容易さの認知レベルが最も高い。一般に、この分野に高い期待を有する国は、行政サービスに対する満足度も高い傾向がある（OECD, 2022）。情報の欠如は、行政サービスへのアクセスに対する1つの障壁に過ぎない。その他には、地理的距離、利用者のための不十分な施設、不十分な提供チャンネル、複雑な言語の使用及び過度の行政負担が含まれる。

応答性のある公共サービスは、人々が異なるニーズを有することを認識し、彼らを支援するために適応する。応答性のある行政サービスは、「フリーサイズ」アプローチを採用するのではなく、人々の意見を考慮に入れる。利用者支援は、苦情がどのように処理されたかについての回答を人々が受け取るための双方向のコミュニケーション・チャンネルを提供することを必要とする。図3.8は、利用者支援を利用することが可能であった行政サービスにオンラインでアクセスした利用者の割合を示している。2021年には、フィンランド、イタリア及びトルコが、利用者支援の利用可能性で1.0ポイント（0～1の尺度で可能な最大スコア）に達した。OECD-EU諸国の平均は0.93ポイントである。これらの水準が比較的高いことを考慮しても、OECD 26か国のうち25か国がOECD諸国平均の0.07ポイント以内にある。

公共サービスの応答性のもう1つの側面は、すべての人を公平に扱うことによって多様なニーズを満たす能力容量を示す。一般的な政府の便益給付又はサービス提供に対する彼ら自身の潜在的な申請について尋ねられたとき、回答者の高い割合（OECD諸国全体で58.5%）が、彼らの申請が公平に扱われると感じていた。回答者の半数以上が、サーベイの対象となったOECD諸国21か国のうち18か国で公平に扱われると予想しており、アイルランドとオランダでは70%以上に上昇している（図3.9）。各国において、政府の便益給付又はサービス提供を申請する際の公正な取り扱いに自信があることは、公務員に対する信頼と高度かつ有意に相関している（OECD, 2022）。

方法論と定義

OECDは、22か国で実施されたOECD信頼度サーベイの当該国を代表するサーベイ・データを用いて、公共ガバナンスの認識を調査している。多くの諸国は2021年11月から12月にかけて調査され、2020年と2022年1月から3月にかけてサーベイが実施された諸国もあった。

2022年のe-ガバメント・ベンチマーク洞察レポートとバックグラウンド・レポートは、様々な方法で収集されたいくつかのデータソースを組み合わせて、EU諸国間のe-ガバメントの状況を総合的に概観したものである。データは2021年夏に収集された。ユーザー中心とは、情報及びサービスがオンラインで利用可能であり、オンラインでサポートされ、モバイル・デバイスと互換性がある水準を示している。この次元を捉えるための主要な指標は利用者支援であり、オンライン支援、ヘルプ機能及びフィードバックが利用可能な指数のスコアを示す。

詳細情報

Baredes, B. (2022), "Serving citizens: Measuring the performance of services for a better user experience", *OECD Working Papers on Public Governance*, No. 52, OECD Publishing, Paris, https://doi.org/10.1787/65223af7-en.

European Commission (2022), *eGovernment Benchmark 2022: Synchronising Digital Governments: Insight Report*, Publications Office of the European Union, https://data.europa.eu/doi/10.2759/488218.

OECD (2022), *Building Trust to Reinforce Democracy: Main Findings from the 2021 OECD Survey on Drivers of Trust in Public Institutions*, Building Trust in Public Institutions, OECD Publishing, Paris, https://doi.org/10.1787/b407f99c-en.

図注

OECD諸国平均は、2021年信頼度サーベイにおける調査対象OECD諸国の非加重平均を示している。

図3.7・図3.9：情報の入手の容易さ及び申請の公正な取り扱いに関するフィンランドのデータは利用可能ではない。

図3.7：情報の入手の容易さは、「0から10の尺度で、行政手続き（例えば、パスポートの取得、給付金の申請など）に関する情報が必要な場合、その情報が容易に入手できる可能性があると思うか、又はその可能性が低いと思うか？」という質問に対する6から10の回答の割合に基づいている。満足度は、「行政サービス（例えば、身分証明書、出生証明書、死亡証明書、婚姻証明書又は離婚証明書の申請）の質にどの程度満足しているか、又は満足していないか？」という質問に対する6から10の回答の割合に基づいており、縦軸の回答尺度の6から10の回答の値に等しい。

図3.9：データが利用可能な国の数が限られているため、国はアルファベット順に記載されている。「あなた又はあなたの家族が政府の給付又はサービス（例えば、失業給付その他の形態の所得支援）を申請する場合、あなたの申請が公正に取り扱われる可能性があると思うか？それとも、その可能性が低いと思うか？」という質問に対する6から10の回答の割合に言及している。

図 3.7　行政情報を見つける容易さの認知と行政サービスに対する満足度（2021 年）

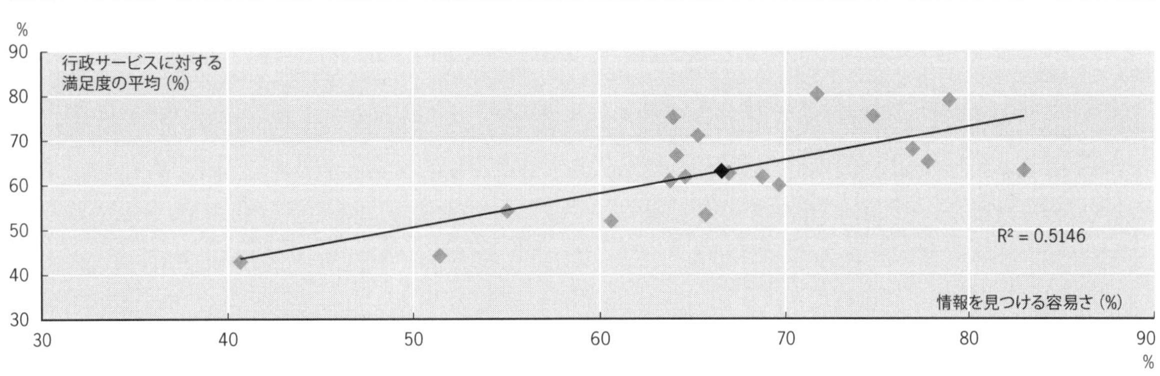

出典：OECD Trust Survey（http://oe.cd/trust）.

StatLink：https://stat.link/7mpdv9

図 3.8　オンライン・サービスへの利用者支援の評価スコア（2021 年）

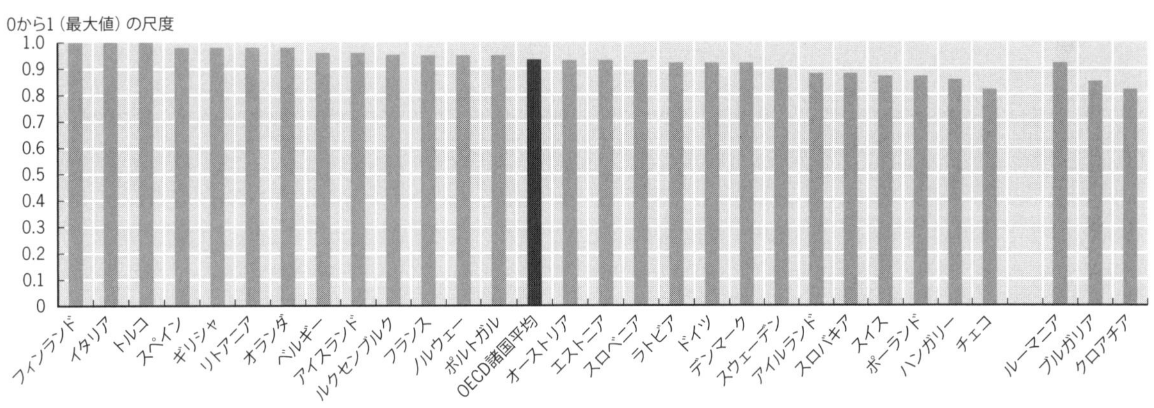

出典：European Commission（2022）, *eGovernment Benchmark 2022: Synchronising Digital Governments: Insight report*, Publications Office of the European Union, https://data.europa.eu/doi/10.2759/488218.

StatLink：https://stat.link/8wdhbm

図 3.9　行政上の公正性への信頼（2021 年）

政府が公的給付又は政府サービスへの申請を構成に扱う確率の異なる認知水準を報告した回答者の割合

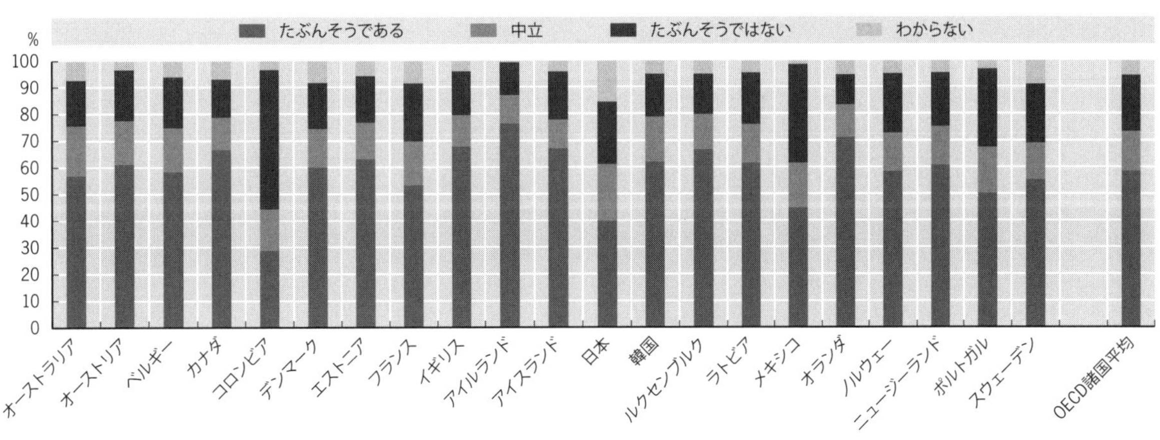

出典：OECD Trust Survey（http://oe.cd/trust）.

StatLink：https://stat.link/p9shae

指標8　医療のアクセス可能性、応答性及び質

OECD諸国の多くは、医師との相談や病院でのケアを含む一連の中核的な医療サービスに対して普遍的（又はほぼ普遍的）なカバレッジを達成しているが、手頃な価格とアクセスのしやすさの問題が依然として医療サービスの利用を妨げている。医療へのアクセスには、全国に公平に配分された十分な医師が必要である。医師の不足は、待ち時間の延長や、患者がサービスにアクセスするために遠くまで移動しなければならないことにつながる可能性がある（OECD, 2021）。人口当たりの医師の数は、OECD諸国によって大きく異なる。2021年には、比較可能なデータがあるOECD諸国30か国平均で、国民1,000人当たり約4人の現役医師がいた。その範囲は、メキシコ、韓国、日本及びアメリカの1,000人当たり2.5人強から、オーストリアとノルウェーの1,000人当たり5人強までであった（図3.10）。

待機時間は、サービス提供のタイムリーさの尺度の1つである。過剰な待機時間は、医療サービスの質と有効性の両方に対する認知に影響を及ぼす可能性がある。2021年には、白内障手術（OECD諸国で最も頻繁に行われている外科的介入の1つ）の待機時間の中央値は約3か月（86日）であった。待機時間はイタリア（16日）、ハンガリー（25日）及びポーランド（36日）の3か国で最も短く、コスタリカ（247日）とオーストラリア（172日）の2か国で最も長かった（図3.11）。OECD諸国平均で、白内障手術の待機時間は、パンデミック前と比較して4日減少しており、これはサービスの中断によって引き起こされた積み残しの患者に対処するための協調的な政策努力を反映している。それにもかかわらず、オーストラリア（+74日）、ニュージーランド（+25日）、ノルウェー（+23日）、カナダ（+5日）の4か国で白内障手術の待機時間が増加した。

医療提供者は、感染性、慢性及び生命を脅かす疾患及び損傷を含む様々な健康問題に毎日対処しなければならない。OECD諸国で最も頻繁かつ深刻な健康問題のいくつかは、心血管疾患（心臓発作及び脳卒中を含む）及び様々な種類のがんである。これらの疾患は、OECD諸国における2つの主要な死因であり、心血管疾患は全死亡の約3分の1を占め、がんは約4分の1を占めている。心血管疾患及びがんは、より大きな予防努力（例えば、タバコ及びアルコールの使用の減少、及びより良い食習慣）によって減らすことができる。しかし、早期発見も重要であり、診断されたときに効果的でタイムリーな治療を提供することも重要である。急性期ケアの質の良い指標は、虚血性脳卒中で入院した後の30日間の致死率である。この指標は、適時の病院への搬送及び効果的な医学的介入（OECD, 2015）などの虚血性脳卒中による入院後の割合は、45歳以上の人では入院100件当たり8.1件であった。OECD諸国の中で最も低かったのは日本（3.0）とアイスランド（3.4）であった一方、メキシコ（21.1）が最も高かった（図3.12）。

方法論と定義

臨床医とは、患者に直接ケアを提供し、その年に公的機関及び民間機関で積極的に医療を実践している医師の数と定義される。医師密度は、人口に対する医師の数の比率である。

白内障手術の待機時間の中央値は、患者が手術の待機リストに追加された日（専門家の評価後）から治療のために入院した日までの経過時間を指す。

虚血性脳卒中の致死率は、入院から30日以内に死亡した45歳以上の人の割合を測定する。図3.12に示されている割合は、最初に入院したのと同じ病院で死亡した患者（すなわち、リンクされていないデータ）を参照している。割合は年齢・性別で標準化されている。

詳細情報

OECD/European Union (2022), *Health at a Glance: Europe 2022: State of Health in the EU Cycle*, OECD Publishing, Paris, https://doi.org/10.1787/507433b0-en.

OECD (2021), *Health at a Glance 2021: OECD Indicators*, OECD Publishing, Paris, https://doi.org/10.1787/ae3016b9-en.

OECD (2015), *OECD Reviews of Healthcare Quality: Japan 2015: Raising Standards*, OECD Reviews of Health-care Quality, OECD Publishing, Paris, https://dx.doi.org/10.1787/9789264225817-en.

図注

OECD諸国平均は各国の非加重平均を示している。OECD諸国が表示されていない場合は、データが利用可能ではないためである。

図3.10：オーストラリア、ベルギー、チェコ、エストニア、フランス、イスラエル、日本、韓国、ラトビア、リトアニア、メキシコ、オランダ、スロベニア及びスペインのデータは、2020年のものである。デンマーク、ポーランド、スウェーデン及びアメリカのデータは、2019年のものである。フィンランドのデータは、2018年のものである。

図3.11：オーストラリア、エストニア、フィンランド、ノルウェー及びポーランドのデータは、2020年のものである。デンマークの利用可能な最新のデータは、2018年のものである。

図3.12：ベルギー、カナダ、チリ、チェコ、デンマーク、エストニア、フィンランド、ドイツ、イスラエル、韓国、オランダ、ニュージーランド、ノルウェー、スロベニア、スペイン及びスウェーデンのデータは、2019年のものである。オーストラリア、ポーランド及びアメリカのデータは、2018年のものである。コロンビア、日本及びメキシコのデータは、2017年のものである。

図3.10　人口1,000人当たり現役医師数（2021年）

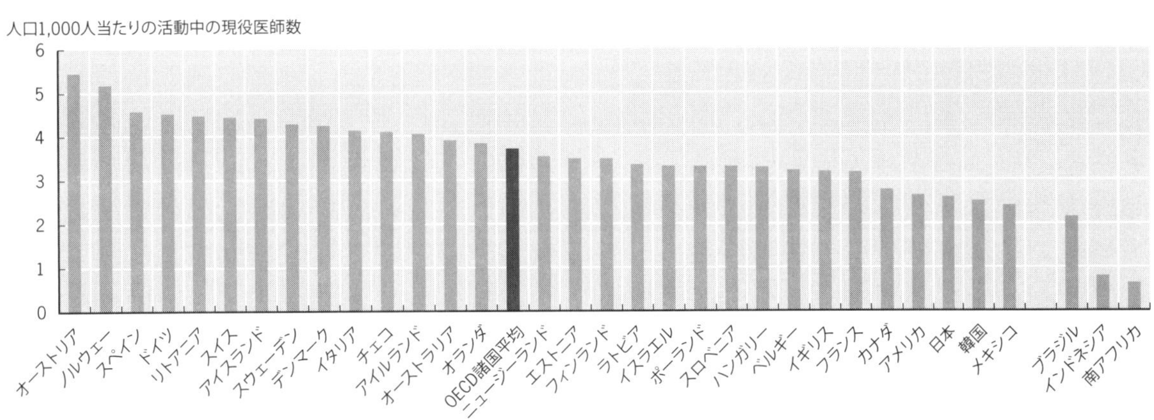

出典：OECD (2021), Health Statistics (database).

StatLink：https://stat.link/3xk8sq

図3.11　白内障についての専門医の診断から治療までの待期期間の中央値（2019年及び2021年）

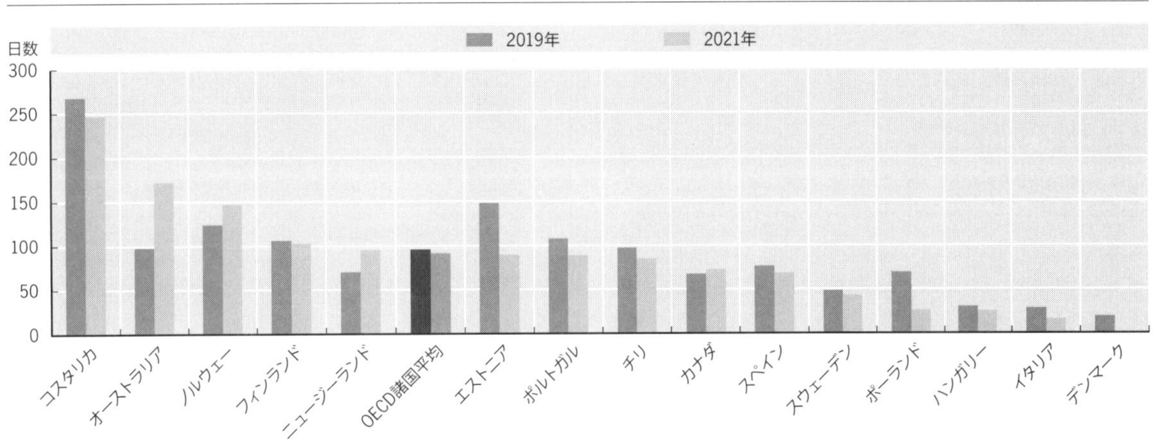

出典：OECD (2021), Health Statistics (database).

StatLink：https://stat.link/ydht53

図3.12　虚血性脳卒中入院後30日死亡率（2020年）

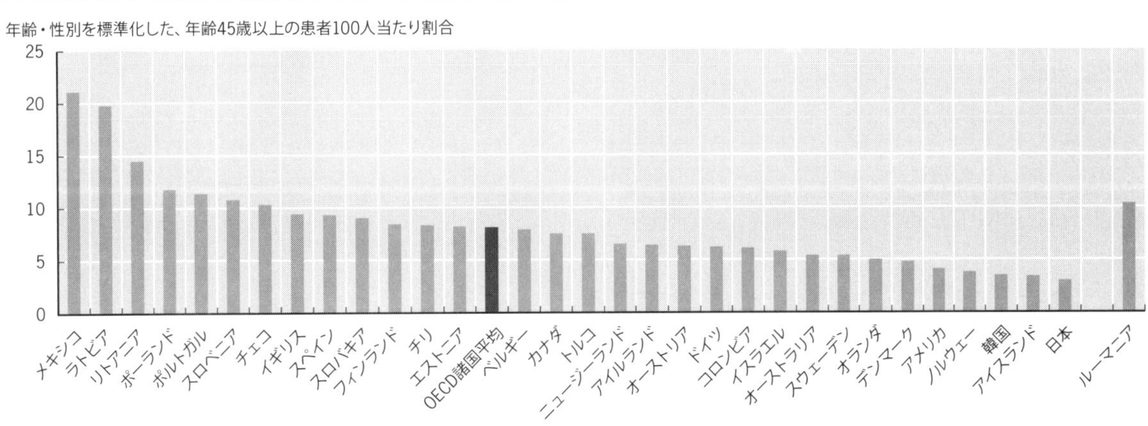

出典：OECD (2021), Health Statistics (database).

StatLink：https://stat.link/tfkmg5

指標 9　教育のアクセス可能性、応答性及び質

幼児教育は、子どもの認知的・情緒的発達、学習、幸福にとって極めて重要である（OECD, 2022)。低年齢で質の高い組織化された学習に参加する子どもは、より良い教育アウトカムを得る可能性が高い（OECD, 2022)。そのため、早期就学は教育へのアクセスの中核的な尺度と考えられるようになっている。2020 年の OECD 諸国平均では、4 歳児の 88.7%、3 歳児の 74.3% が教育に就学している。フランス（2019 年から 3 歳から義務化)、アイルランド、イスラエル（1949 年から 3 歳から義務化)、日本及びイギリスは、3 歳児から 4 歳児までの就学率が 100% に達している。4 歳児の就学率が最も低いのは、社会経済的状況にかかわらず、トルコ（34%)、スイス（49%）及びアメリカ（64%）である（図 3.13)。これらの諸国に加えて、他のすべての OECD 諸国は OECD 諸国平均の 10% ポイント以内である。

教育、雇用、訓練を受けていない 15 歳から 29 歳までの割合（NEET）は、教育システムの応答性の尺度である。NEET 率が高いことは、社会経済的状況にかかわらず、すべての国民に同じ機会を提供できていないことを示している。これらを削減することは、OECD 諸国にとって重要な課題であり、特に COVID-19 のパンデミック以後は重要である。2021 年には、OECD 諸国平均で、15 歳から 19 歳までの 15.0% が NEET であり、2017 年（14.1%）から 1% ポイント増加している。オランダ（7.4%)、ルクセンブルク（7.8%）及びノルウェー（8.4%）が 2021 年の NEET 率が最も低く、トルコ（28.7%)、コロンビア（27.1%)、イタリア（26.0%）及びコスタリカ（26%）が最も高かった。OECD 諸国全体で最も大幅な削減が行われたのは、ベルギー、デンマーク及びスロバキア（2017 年以後それぞれ -2% ポイント）であった（図 3.14)。

教育の質は、学生が社会で活躍するために必要なスキルをいかに効果的に習得しているかによって評価することができる。公平性は質の重要な側面である。個人的な状況が教育の可能性を達成する上で障害となるべきではなく、すべての個人が少なくとも最低限のレベルに達するべきである（OECD, 2012)。2018 年、OECD 諸国平均で、OECD 生徒の学習到達度調査（PISA）の数学で 487 点を獲得した。平均点が最も高かったのは、日本（527 点)、韓国（526 点）及びエストニア（523 点）である。コロンビア（391 点)、コスタリカ（402 点）及びメキシコ（409 点）が最低の平均点の諸国である（図 3.15）

しかし、これらの平均は不平等を隠している。OECD 諸国全体の平均では、数学の成績の分散の 12.1% は学生の社会経済的地位に起因する可能性がある。成績に対する背景の影響は、ハンガリー（19.1%）で最も大きく、次いでルクセンブルク（17.8%）及びフランスとスロバキア（それぞれ 17.5%）である。対照的に、エストニア（6%)、カナダ（6.7%)、アイスランド（6.6%）では、社会経済的背景の役割ははるかに小さい（図 3.15)。

方法論と定義

就学率のデータは、教育統計に関する UNESCO-OECD-Eurostat（UOE）からのものである。就学率は純就学率として表されている。純就学率は、すべての教育レベルに就学している特定の年齢層の学生数をその年齢層の総人口で割ることによって計算される。数値は人数に基づいており、フルタイムとパートタイムの学習を区別していない。NEET 率のデータは OECD によるデータ収集からのものである。

NEET 率は、15 ～ 29 歳の総人口に占める、雇用、正規教育又は訓練を受けていない 15 ～ 29 歳の割合である。教育を受けていることには、パートタイム又はフルタイムの正規教育に参加していることが含まれるが、非正規教育又は短期教育活動に参加している者は含まれない。雇用は、調査の基準週に少なくとも 1 時間の賃金を支払われた者、又はそのような仕事を一時的に休んだ者すべてを対象とする。

PISA 2018 は、79 か国の 15 歳の学生の読解力、数学、科学のスキルを調査した。学生の社会経済的背景は、3 つの変数に基づいていた。すなわち、親の最高教育水準と最高職業地位、及び家庭の所有物であり、これらは指数に集計される。

詳細情報

OECD (2022), *Education at a Glance 2022: OECD Indicators*, OECD Publishing, Paris, https://doi.org/10.1787/3197152b-en.

Schleicher, A. (2020), *The Impact of COVID-19 on Education: Insights from Education at a Glance 2020*, OECD, Paris, www.oecd.org/education/the-impact-of-covid-19-on-educationin-sights-education-at-a-glance-2020.pdf.

OECD (2019), *PISA 2018 Results (Volume I) :What Students Know and Can Do*, PISA, OECD Publishing, Paris, https://doi.org/10.1787/5f07c754-en.

Carcilo,S. et al. (2015), “NEET youth in the aftermath of the crisis:Challenges and policies”, *OECD Social, Employment and Migration Working Papers*, No. 164, OECD Publishing, Paris, http://dx.doi.org/10.1787/5js6363503f6-en.

図注

OECD 諸国平均は、各国の非加重平均を示している。

図 3.13：カナダのデータは利用可能ではない。3 歳のギリシャのデータは欠損している。アメリカのデータは ISCED 01 プログラムを除外している。各国は、4 歳までの就学率の高い順にランク付けされている。

図 3.14：日本と韓国のデータは利用可能ではない。チリのデータは 2021 年ではなく 2019 年のものである。ブラジルと南アフリカのデータは 2021 年ではなく 2018 年のものである。

図 3.15：スペインのデータは利用可能ではない。中国のデータは北京市、上海市、江蘇省、及び浙江省のみを対象としている。

図 3.13　3 歳児及び 4 歳児が早期幼児教育及び初等前教育に在籍している割合（2020 年）

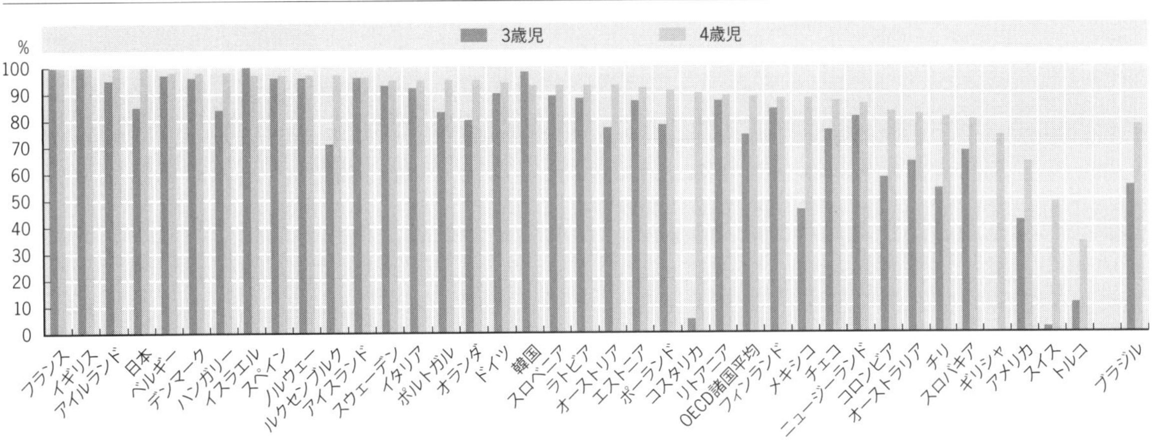

出典：OECD（2022）, OECD.Stat Education（database）.

StatLink：https://stat.link/q9jrb8

図 3.14　若年成人男性（15 ～ 29 歳）で、教育・雇用・訓練のいずれも受けていない者の割合（2017 年及び 2021 年）

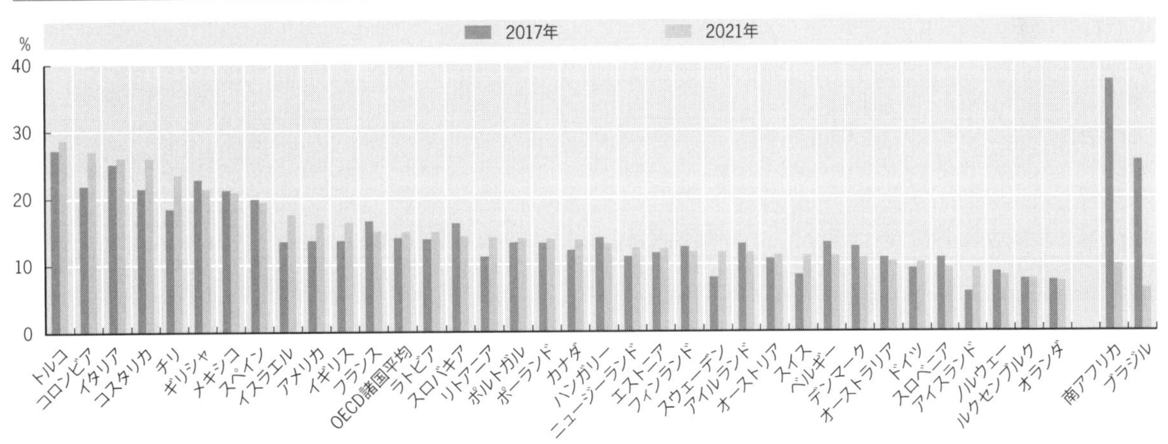

出典：OECD（2020）, *Education at a Glance*; OECD（2022）, *Education at a Glance*.

StatLink：https://stat.link/5w8c0l

図 3.15　数学的リテラシーの平均得点と、社会経済的な背景により説明されうる分散の割合（2018 年）

PISA 数学的リテラシー平均得点（左軸）、社会経済的な背景による分散（右軸）

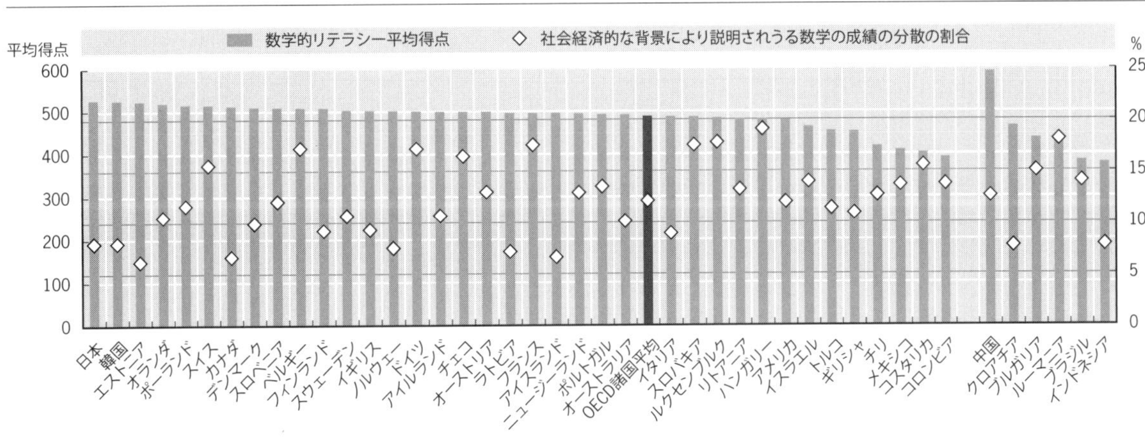

出典：OECD（2019）, *PISA 2018 Results（Volume II）: Where All Students Can Succeed.*

StatLink：https://stat.link/eqo4zw

指標 10　司法のアクセス可能性、応答性及び質

司法へのアクセスとは、国民、ビジネス及びコミュニティが紛争を予防し、法的及び司法関連のニーズを効果的、公正、公平かつタイムリーに解決する能力を指す（OECD, forthcoming）。もう 1 つの側面は、司法システムへの有意義な参加を可能にし、法律を理解し利用する人々の能力を構築する法的権限付与である（OECD, 2019）。2022 年の世界司法プロジェクト（World Justice Project: WJP）「法の支配」指数の民事司法の側面のアクセス可能性と支払い可能な価格において、OECD 諸国平均の値は、最大 1 ポイントのうち 0.65 ポイントを獲得し、2016 年から 0.03 ポイント上昇した。オランダ（0.79）、デンマーク（0.78）及びドイツ（0.77）が最も高いスコアを示した。スコアの最も大幅な上昇はエストニア（0.08 ポイント）、デンマーク、フィンランド、スウェーデン及びトルコ（それぞれ 0.07）であった（図 3.16）。スコアが低下したのは、イギリス（-0.04）、チェコ、メキシコ（それぞれ -0.02）及びチリ（-0.01）であった。

法的事件の解決の遅れは国民に影響を与え、ビジネスを混乱させる。応答性のある司法システムは、「適切な」サービスの組み合わせが「適切な」顧客に、「適切な」法律分野、「適切な」場所、「適切な」時期に提供されることを保証する（OECD, 2019）。2020 年には、データが入手可能な OECD 諸国平均で、民事及び商事訴訟の解決に 266 日を要した。リトアニア（117 日）、オランダ（127 日）及びエストニア（135 日）が最も短かった。フランス、ギリシャ（それぞれ 637 日）及びスペイン（468 日）が最も長かった。2016 年以降、処理時間は OECD 諸国平均で 52 日増加し、フランス（＋ 284 日）、スペイン（+187 日）及びポーランド（+92 日）で日数が最も増加した（図 3.17）。

独立した司法システムは、事件の公正な解決を確保するための鍵である。裁判官への圧力は、司法システムの外部（例えば、政府やメディア）から、又は内部の同僚や上司から（例えば、裁判所長が正当な手続きなしに裁判所で裁判官の判決を無効にする）（ENCJ, 2014）もたらされる。2022 年には、政府の不適切な影響から解放されたことについて、OECD 諸国平均で。最大 1 ポイントのうち 0.72 ポイントを獲得した(図 3.18)。最高スコアはアイルランド（0.95）、ノルウェー（0.94）、デンマーク（0.91）及びフィンランド（0.89）で、最低スコアはトルコ（0.19）、ハンガリー（0.34）、メキシコ（0.42）及びポーランド（0.62）である。OECD 諸国平均は、2016 年から 2022 年の間に 0.03 ポイント下落した。国別では、12 か国で減少した。すなわち、ベルギー、フランス（それぞれ -0.03 ポイント）、ニュージーランド、スウェーデン、エストニア（それぞれ -0.02 ポイント）及びギリシャとスペイン（それぞれ -0.01 ポイント）である。

方法論と定義

WJP「法の支配」指数は、各国の 1,000 人の回答者を対象とした一般人口サーベイと、各国の国家機関と頻繁に交流する専門家を対象としたサーベイに基づいている。各次元は 0 から 1 までのスコアで評価される。スコアが高いほど業績が向上している。詳細については、https://worldjusticeproject.org/our-work/wjp-rule-law-index 参照。アクセスのしやすさと支払い可能性は、利用可能な救済策に対する人々の認知と、法的助言と代理の支払い可能な価格について尋ねることによって評価される。不適切な影響からの自由は、訴訟当事者が国家に対して訴訟に勝つ可能性がどの程度あるか、そのような決定を尊重するかどうかなどの要因について尋ねることによって推定される。

CEPEJ Database には、2018 年及びそれ以前の司法制度の評価に関する欧州評議会加盟国及びオブザーバーからのデータが含まれている。処理時間は、第 1 審裁判所が決定に達するまでにかかる推定時間である。これは、各年の係属中の事件数を、その期間に解決された事件の数で割り、365 を乗じて計算される。訴訟上の民事及び商事問題とは、訴訟上の離婚など、当事者間の紛争を指す。司法の運営方法や裁判所間の権限配分の方法は、国ごとに異なるため、各国間の比較には注意が必要である。今回の試行に含まれる裁判所と事件のタイプは、データ収集と分類とともに、同一ではない可能性がある。

詳細情報

Majhosev, A. (2021), *WJP Rule of Law Index 2021*, World Justice Project.

ENCJ (2014), *Independence and Accountability of the Judiciary: ENCJ Report 2013-2014*, European Network of Councils of the Judiciary, Brussels.

Johnson, J.T. (2011), "The European Commission for the Efficiency of Justice (CEPEJ) : Reforming European justice systems: Mission impossible?", *IJCA*, Vol. 4/2011.

OECD (forthcoming), "OECD Recommendation on Access to Justice and People-Centred Justice Systems".

図注

図 3.16・図 3.18：各国は、2022 年の指数の値の降順にランク付けされている。アイスランド、イスラエル及びスイスのデータは利用可能ではない。アイルランド、ラトビア、リトアニア、ルクセンブルク及びスロバキアのデータは、時系列が欠損しているため、OECD 諸国平均に含まれていない。

図 3.17：各国は、事件の解決に必要な時間の降順にランク付けされている。イタリアでは、2013 年に民事事件の異なる分類が導入された。これは、他の年との比較が誤解を招く可能性があることを意味する。チェコとスロバキアでは、各事件は最終的な判決・決定が確定するまで係属中とみなされるため、第 1 審のみで係属中の事件の数を区別することは不可能であった。

図3.16　民事司法へのアクセスと支払い可能性（2016年及び2022年）

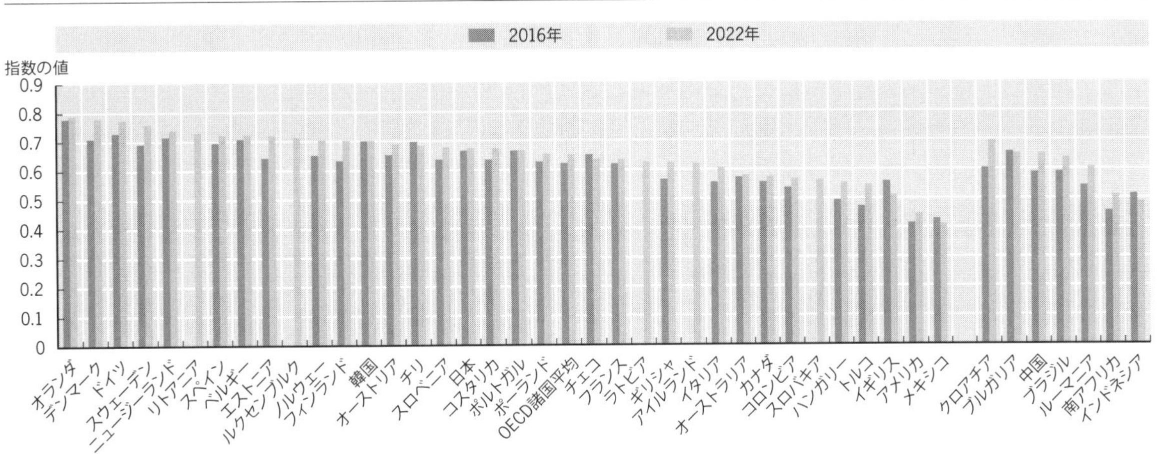

出典：*WJP Rule of Law Index 2021*, World Justice Project.

StatLink：https://stat.link/dpv0sy

図3.17　民事・商事訴訟の処理時間（2016年及び2020年）

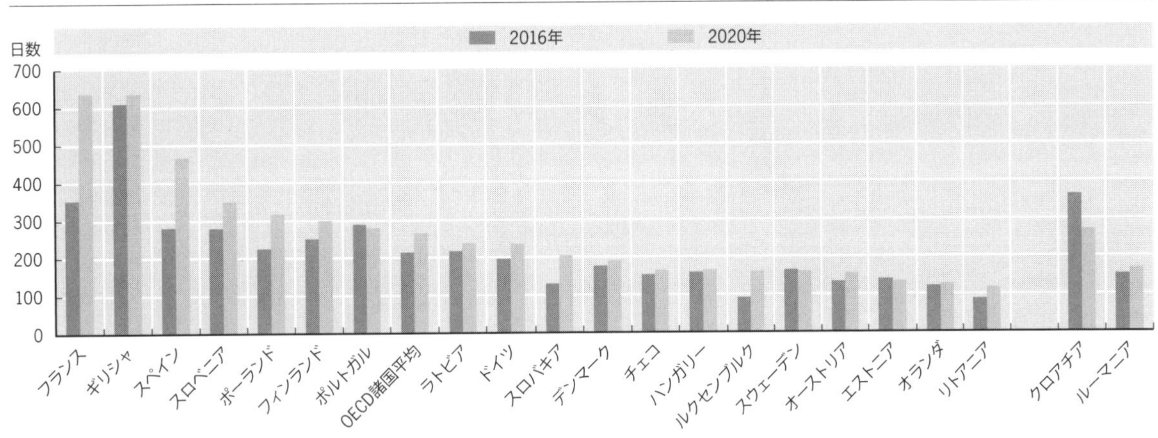

出典：*European Commission for the Efficiency of Justice*（*CEPEJ*）.

StatLink：https://stat.link/ha07bf

図3.18　民事司法が不適切な政府の影響を受けていない（2016年及び2022年）

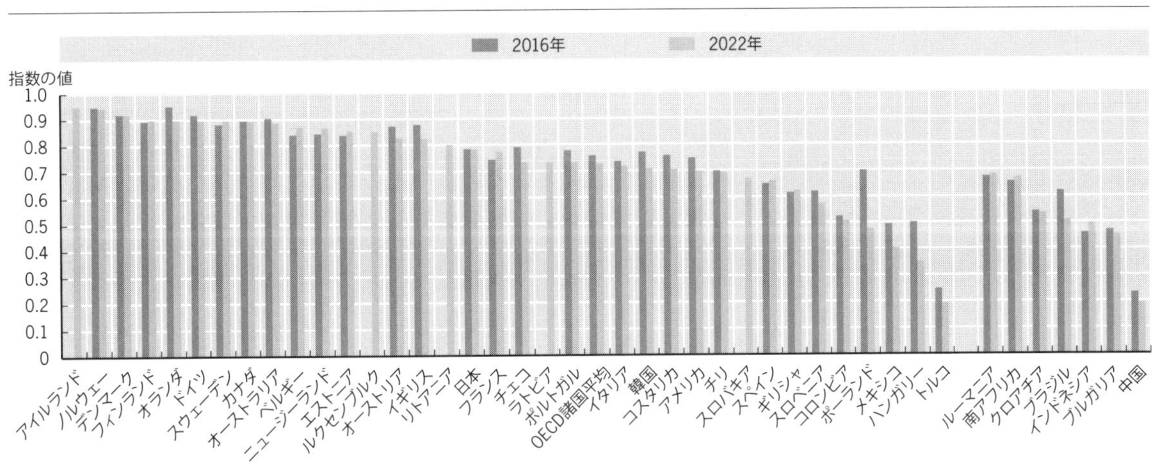

出典：*WJP Rule of Law Index 2021*, World Justice Project.

StatLink：https://stat.link/tdfc16

第 4 章　政策サイクルのガバナンス

指標 11　開放性と包摂性

指標 12　利益相反のマネジメント

指標 13　ロビー活動と影響力

指標 14　政党や選挙運動への資金提供

指標 15　法の支配

指標 16　特集：国境を越えたインパクト

指標 11　開放性と包摂性

開かれた政府とは、行政がどのように機能し、国民と相互作用するかを変革することを目的としたガバナンスの文化である。開かれた政府の重要な要素は、国民と利害関係者を関与させ、彼らの視点と洞察を取り入れ、政策の立案と実施における協力を促進する能力である。利害関係者の参加は、政府の説明責任を高め、国民のエンパワーメントと政治的影響力を拡大し、国民の能力を構築し、政策決定のための証拠基盤を改善し、実施コストを削減し、政策決定とサービス提供におけるイノベーションのネットワークを促進する（OECD, 2020）。政策決定と透明性のある意思決定への市民の積極的な参加の促進は、地方レベルでより具体的であることが多い（OECD, 2020）。

公的機関への信頼の推進力に関する OECD サーベイによると、OECD 諸国の約 41% の人々が、自分たちの地域に影響を及ぼすコミュニティの決定に発言権を持つことができると考えている。オランダ（53.3%）、アイルランド（51.9%）、カナダ（51.4%）、メキシコ（50.7%）では、人口の半分以上がこれが事実であると予想している。一方、コロンビア（28.5%）、ノルウェー（26.7%）、日本（18.1%）では、国民はあまり自信を持っていない（図 4.1）。ノルウェーの比較的低い水準は、自治体の合併やカウンティの行政構造の変更を通じてサービスの専門化を追求する最近の改革の結果である可能性があるが、公共サービスや機関との接触と親密さを低下させることによって、より遠く離れた政府という認知をもたらした可能性がある（OECD, 2022a）。

関心を表明できることに加えて、国民は、これらの関心が彼らの生活、例えば公共サービスの提供と質に直接的な影響を及ぼす場合には、これらの関心に耳を傾け、対処されると感じる必要がある（OECD, 2022b）。OECD 諸国平均では、多くの国民がその関心について苦情を申し立てた場合に公共サービスが改善され得ると考える国民は、40.2% である。しかし、韓国（57.7%）、オランダ（50.1%）及びエストニア（49.8%）の国民の約半数は、このようなことが起こると予想している（図 4.2）。

協議とは、政府が事前に定義された問題について国民の意見を求め、関連する情報とフィードバックの提供を要求する、より正式で高度なレベルの参加を指す（OECD, 2020）。協議を含む参加型プロセスの一部として受け取ったインプットは、慎重かつ敬意をもって考慮されるべきである。したがって、フィードバック・ループを閉じることが重要である。フィードバック・ループは、参加型プロセスを実行する人々が、彼らのインプットの状況と彼らの参加の最終的なアウトカムについて参加者に返答するような、参加プロセスの実施者によって行われる努力を指す。適切にフィードバック・ループを閉じないことによって、公的機関は、国民が再度参加する意欲を削ぎ、おそらく、信頼感、政治的効能感、主体感などの参加の便益を低下させるであろう。

OECD 信頼サーベイの結果からは、サーベイの対象となった OECD 諸国平均で、国民の 3 分の 1（32.9%）で、自国政府が、租税や保健医療のような主要な政策分野に関する国民への協議において表明された意見が採用されるであろうと考えている。韓国（48.5%）、オランダ（41.6%）、カナダ（40.3%）及びアイルランド（39.9%）が、この分野で最も良い結果を得ている（図 4.3）。

方法論と定義

OECD は、22 か国で実施された OECD 信頼サーベイの当該国を代表するデータを用いて、公共ガバナンスの認知を調査している。多くの諸国は 2021 年 11 月から 12 月にかけてサーベイを実施したが、2020 年と 2022 年 1 月から 3 月にかけてサーベイを実施した国もある。

詳細情報

OECD (2022a), *Drivers of Trust in Public Institutions in Norway*, Building trust in Public Institutions, OECD Publishing, Paris, https://doi.org/10.1787/81b01318-en.

OECD (2022b), *Building Trust to Reinforce Democracy: Main Findings from the 2021 OECD Survey on Drivers of Trust in Public Institutions*, Building trust in Public Institutions, OECD Publishing, Paris, .https://doi.org/10.1787/b407f99c-en.

OECD (2022c), *OECD Guidelines for Citizen Participation Processes*, OECD Public Governance Reviews, OECD Publishing, Paris, .https://doi.org/10.1787/f765caf6-en.

OECD (2020), *Innovative Citizen Participation and New Democratic Institutions: Catching the Deliberative Wave*, OECD Publishing, Paris, https://doi.org/10.1787/339306da-en.

図注

図 4.1・図 4.2・図 4.3：0 から 10 の尺度で、6 〜 10 の回答が「可能性が高い」、5 が「中立」、1 〜 4 の回答には「可能性が低い」を割り当てた。「わからない」は別の選択肢であった。OECD 諸国平均は、OECD 諸国の非加重平均を示している。

図 4.1：「あなたのコミュニティに影響を与える決定が地方自治体によって行われる場合、あなたの意見を表明する機会がある可能性はどの程度あると思いますか？」という質問による。

図 4.2：「公共サービスがうまく機能していないと多くの人が苦情を言った場合、それが改善される可能性はどの程度あると思いますか？」という質問による。

図 4.3：「主要な政策分野（課税、保健医療、環境保護など）の改革に関する国民への公開協議に参加する場合、政府が国民への協議で表明された意見を採用する可能性はどの程度あると思いますか？」という質問による。フィンランドとノルウェーは、データが利用可能ではないため、これらの数字から除外されている。

図4.1　地方の意思決定に影響を与える機会があるとの認知（2021年）

自分たちはコミュニティの意思決定において発言権があるという確率の異なる水準を報告している回答者の割合

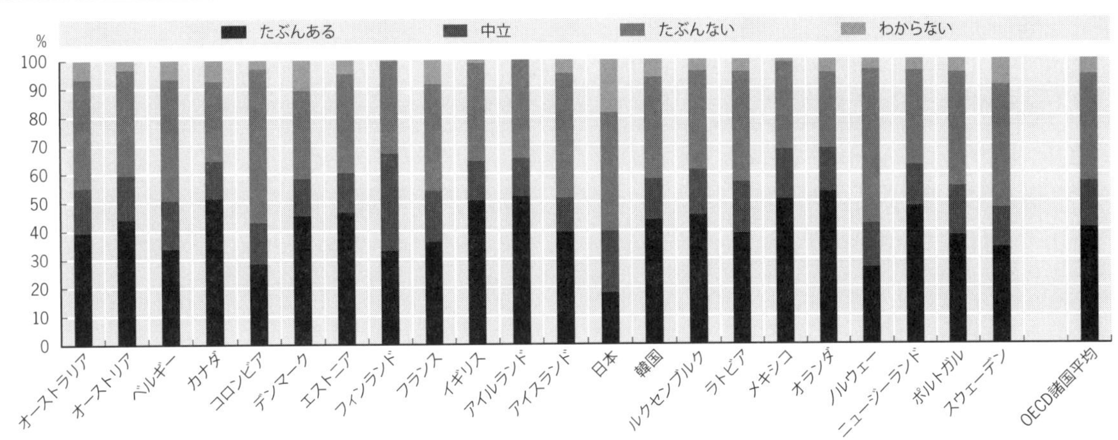

出典：OECD Trust Survey (http://oe.cd/trust).

StatLink：https://stat.link/e54tvu

図4.2　国民の不服に対する応答性の認知（2021年）

悪く機能している公共サービスが、多くの国民が不服を申し立てることによって改善されるであろう確率の異なる水準を報告している回答者の割合

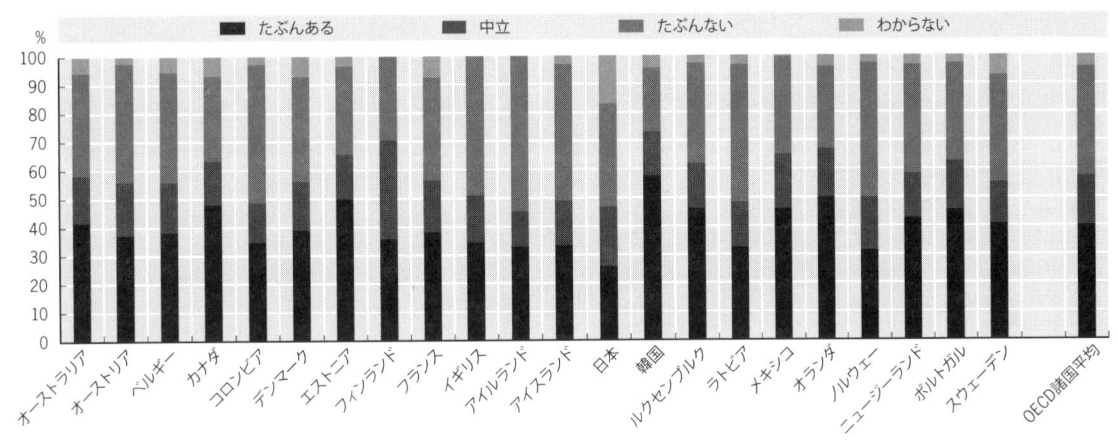

出典：OECD Trust Survey (http://oe.cd/trust).

StatLink：https://stat.link/ms6q89

図4.3　国民への協議の効能の認知（2021年）

国民への協議において示された選択肢が採用されるであろう確率の異なる水準を報告している回答者の割合

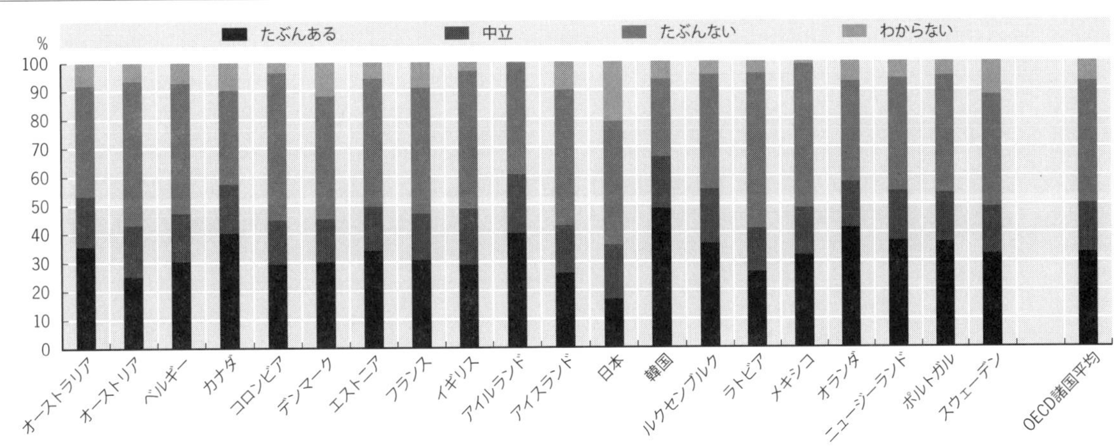

出典：OECD Trust Survey (http://oe.cd/trust).

StatLink：https://stat.link/dfwqkl

指標 12　利益相反のマネジメント

公共部門における利益相反の防止とマネジメントは、政府が公共部門の清廉性を強化・向上させるために不可欠である。発見されずに放置されたり、不適切なマネジメントが行われたまま放置されると、公職にある者、意思決定、機関、政府の清廉性を損なう可能性がある。未解決のまま放置されると、公職にある者の私的利益が意思決定プロセスに不適切な影響を与え、最終的には私的利益によって捕捉される可能性があるため、汚職につながる可能性がある。

透明性、開放性及び回転ドア慣行の監視は、利益相反を削減するための重要な手段である。OECD 諸国は、公職にある者に私的な金銭的利益と資産の開示を要求し、これらが検証されることを確保し、遵守しない場合に制裁を適用するなど、利益相反をマネジメントするための、より対象を絞った措置をも採用している。大臣は、調査対象となった OECD 諸国 26 か国のうち 23 か国（88%）、26 か国の国会議員。行政府の上級職業公務員（大臣に次ぐレベル）は、29 か国のうち 20 か国（69%）で、司法の最高機関のメンバーは 29 か国のうち 18 か国（62%）で、公職への就任とその職の変更又は更新の際に私的利益を開示することが法的に義務付けられている。17 の OECD 諸国では、政府の 3 つの部門すべてにわたって私的利益の開示が義務付けられている（表 4.4）。

同時に、多くの OECD 諸国は、法的義務の実際の実施に関する統計を欠いている。実際に、規制義務の遵守を監視するシステムが整備されており、データを提供している国は、一般的に良好な遵守を示している。過去 6 年間にオーストリア、チリ、フィンランド、アイルランド、ラトビア、ルクセンブルク及びアメリカではすべての大臣と国会議員が利益宣言を提出しており、オーストラリア、フィンランド、フランス、ラトビア、メキシコ、ニュージーランド、スペイン及びアメリカでは、95% 以上が私的利益宣言を提出している（表 4.4）。

私的利益宣言の内容を検証することで、遵守を強化することができる。調査対象となった OECD 諸国 27 か国のうち、カナダ、チリ、日本、ルクセンブルク、スペイン及びアメリカのみが、過去 2 年間に提出された宣言の 60% 以上を責任当局が検証している。8 か国では 60% 未満であり、残りの 9 か国ではデータが利用可能ではない（図 4.5）。

利益相反規定の執行は、不遵守を抑止し、清廉性システムの正当性と信頼を確保するために極めて重要である。調査対象となった OECD 諸国 29 か国のうち、22 か国（76%）が利益相反義務規定に違反した場合の規制枠組みにおいて制裁を定義している。実際には、これらの諸国うち 9 か国が過去 3 年間に開示義務の不遵守、利益相反状況のマネジメント欠如又は非解決に対して制裁を発行している（図 4.6）。

方法論と定義

データは、公共政策立案の説明責任に関する OECD 公共部門の清廉性指標に基づくアンケートを通じて収集された。29 の OECD 諸国と 1 つの加盟申請国（ブラジル）が回答した。回答者は中央政府の清廉性政策を担当する上級官吏であった。OECD 公共部門の清廉制指標は、公共部門の清廉性指標に関する OECD 勧告に対する状況を測定する。

公共部門の清廉性とは、公共部門における。民間の利益よりも公共の利益を擁護し、優先させるための共有された倫理的価値、原則及び規範の一貫した調整及び遵守を指す。

利益相反とは、公職にある者が、その任務及び行動責任の遂行に不当に影響を及ぼす可能性のある私的な能力容量に由来する利益を有する場合に、公職にある者の公務と民間の利益との間の紛争を含む。

詳細情報

OECD (2020), *OECD Public Integrity Handbook*, OECD Publishing, Paris, https://doi.org/10.1787/ac8ed8e8-en.

OECD (2017), "Recommendation of the Council on Public Integrity", *OECD Legal Instruments*, OECD, Paris, https://legalinstruments.OECD.org/en/instruments/OECD-LEGAL-0435.

OECD (2004), "Recommendationof the Council on Guidelines for Managing Conflict of Interest in the Public Service", *OECD Legal Instruments*, OECD, Paris, https://legalinstruments.OECD.org/en/instruments/OECD-LEGAL-0316.

図注

図 4.4：法的義務＝影響を受けるすべての者は、少なくとも公職への就任及び公職の更新又は変更の際に、私的利益申告書を提出しなければならない。実際の宣言＝義務付けられた者全数に占める割合として提出された一般的な私的利益申告書。

図 4.5：ブラジルのデータは利用可能ではない。

図 4.6：内側の輪＝利益相反規定の違反に対する制裁は、犯罪の重大性に比例して定義される。外側の輪＝過去 3 年間に、開示義務の不遵守、利益相反状況のマネジメント欠如非解決の場合に、一連の制裁が実施されている。制裁の欠如は、自動的に執行の欠如を意味するものではなく、違反が発生していないか、又は検出されていない可能性がある。ブラジル＝内側の輪では「はい」、外側の輪では利用可能ではない。

表 4.4　公共部門の各機能を通じた私的利益の開示：規制と慣行（2022 年）

	閣僚		議会議員		司法の最高機関の構成員		新規に任命された、又は再任された公務員のトップ層	
	法的義務	実際の開示（過去6年）	法的義務	実際の開示（過去6年）	法的義務	実際の開示（過去4年）	法的義務	実際の開示（過去4年）
オーストラリア	はい	100%	はい	99%	はい	100%	はい	N/A
オーストリア	はい	100%	はい	100%	いいえ	N/A	いいえ	N/A
カナダ	はい	N/P	はい	N/P	いいえ	N/P	はい	N/P
チリ	はい	100%	はい	100%	はい	52%	はい	100%
コスタリカ	はい	N/A	はい	N/A	はい	N/A	はい	N/A
チェコ	はい	100%	はい	96%	はい	100%	はい	N/A
デンマーク	いいえ	N/A	はい	N/A	いいえ	N/A	いいえ	N/A
エストニア	はい	N/P	はい	N/P	はい	N/P	はい	N/P
フィンランド	はい	100%	はい	100%	はい	N/A	はい	100%
フランス	はい	100%	はい	99%	はい	100%	はい	96%
ギリシャ	はい	N/A	はい	100%	はい	N/A	はい	N/A
アイルランド	はい	100%	はい	100%	いいえ	N/A	はい	N/A
イスラエル	はい	98%	はい	100%	はい	N/P	はい	N/P
日本	はい	N/A	はい	N/A	いいえ	N/A	いいえ	N/A
韓国	いいえ	N/A	はい	N/A	いいえ	N/A	いいえ	N/A
ラトビア	はい	100%	はい	100%	はい	100%	はい	100%
ルクセンブルク	はい	100%	はい	100%	いいえ	N/A	いいえ	N/A
メキシコ	はい	94%	はい	N/A	はい	N/A	はい	100%
オランダ	はい	N/P	はい	N/P	はい	N/P	はい	N/P
ニュージーランド	いいえ	100%	N/P	N/P	N/P	N/P	いいえ	100%
ノルウェー	はい	N/A	はい	N/A	はい	N/A	いいえ	N/A
ポーランド	はい	100%	はい	N/A	はい	N/A	はい	N/A
スロバキア	はい	N/A	はい	N/A	はい	N/A	はい	N/A
スロベニア	はい	N/P	はい	N/P	はい	N/P	はい	N/P
スペイン	いいえ	100%	N/A	N/A	いいえ	N/A	いいえ	100%
スウェーデン	いいえ	N/A	いいえ	N/A	いいえ	N/A	いいえ	N/A
スイス	いいえ	N/A	はい	N/A	いいえ	N/A	いいえ	N/A
トルコ	はい	N/A	はい	N/A	はい	N/A	はい	N/A
アメリカ	はい	100%	はい	100%	はい	100%	はい	99%
OECD諸国全体								
はい	23		26		18		19	
いいえ	6		1		10		10	
OECD諸国平均								
実際の開示（%）		99%		100%		92%		99%
ブラジル	はい	N/A	はい	N/A	はい	N/A	はい	N/A

N/A：データが利用可能ではない：当該国が、当該データが存在しないためにデータを提供できない。

N/P：データが提供されていない：質問表の回答においてデータが欠損している。

出典：OECD（2022）, Public Integrity Indicators（database）, https://oecd-public-integrity-indicators.org/.

StatLink：https://stat.link/u0prcg

図 4.5　実際の私的利益開示の認証（2022 年）

権限ある当局が、過去 2 年の暦年の間に開示者の最低 60% を認証した

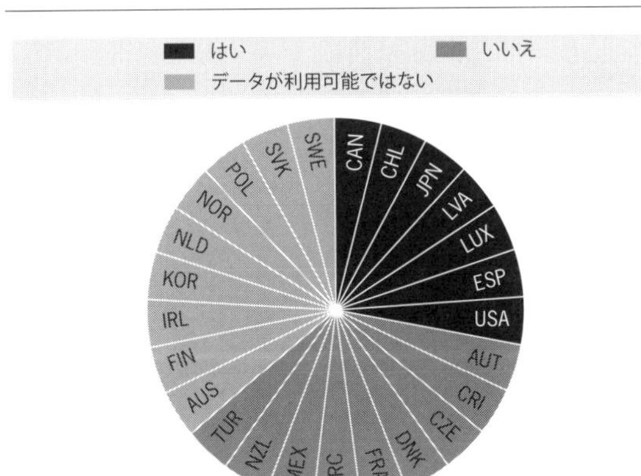

データが利用可能ではない：当該国が、当該データが存在しないためにデータを提供できない。

出典：OECD（2022）, Public Integrity Indicators（database）, https://oecd-public-integrity-indicators.org/.

StatLink：https://stat.link/kzglp8

図 4.6　利益相反規定違反への制裁：規制と執行（2022 年）

はい　いいえ
データが利用可能ではない　データが提供されていない

注：内側の輪＝制裁が定義されている。外側の輪＝違反への制裁が過去 3 年以内に公布された。

データが利用可能ではない：当該国が、当該データが存在しないためにデータを提供できない。

データが提供されていない：質問表の回答においてデータが欠損している。

出典：OECD（2022）, Public Integrity Indicators（database）, https://oecd-public-integrity-indicators.org/.

StatLink：https://stat.link/skmdvr

指標13　ロビー活動と影響力

利益集団は、実施中又は検討中の様々な公共政策及び規制に関する貴重な情報を政府に提供し得る。それにもかかわらず、経験的には、必要な保障措置がなければ、ロビー活動の慣行の濫用、例えば、特別利益集団による影響力の独占、秘密の又は欺瞞的な証拠による不当な影響力、又は世論の操作が、有害な影響を隠したままで、重要な公共政策に関する決定をもたらし得る。究極的には、その結果は公的機関や民主的プロセスに対する国民の不満となり得る。

政策決定者や公共政策は特別利益集団の影響を受け、公共の利益に反する政策成果をもたらす可能性があるという認識が広まっている。OECD信頼サーベイによると、OECD諸国22か国平均で47.8%の人々が、ハイレベルの政治当局者が、高給の民間部門の仕事の提供と引き換えに政治的利益を与えると考えている（図4.7）。ロビー活動における透明性と清廉性の原則に関するOECD勧告は、不当な影響と政策獲得のリスクを軽減するために、透明性と清廉性の基準に関する規制又は政策に関する指示とガイダンスを提供している。

データが利用可能なOECD諸国29か国のうち12か国（41%）が、公に利用可能なロビー活動登録簿を通じて透明性を提供している。10か国では、これらの登録簿にロビイストの名前、介入の領域、ロビー活動の種類に関する情報が含まれている。3か国のOECD諸国は、ロビー活動のための予算と費用、及び対象となる法律又は規制を開示するロビー活動登録簿を有している（図4.8）。

29か国のうち10か国（34%）が、ロビー活動における透明性と清廉性の基準に違反した場合に、規制の枠組みの中で定義された一連の制裁措置を有している。これらの国のうち7か国は、ロビー活動の規制の不遵守又は情報の不完全もしくは誤った開示について調査を実施している（図4.9）。

方法論と定義

データは、公共政策決定の説明責任に関するOECD公共部門の清廉性指標に基づくアンケートを通じて収集された。29のOECD諸国と1つの加盟申請国（ブラジル）が回答した。回答者は中央政府の清廉性政策を担当する上級官吏であった。OECD公共部門の清廉性指標は、公共部門の清廉性に関するOECD勧告に対する状況を測定するものである。

公共部門の清廉性とは、公共部門において、民間の利益よりも公共の利益を支持し、優先させるための共通の倫理的価値、原則及び規範の一貫した調整と遵守を指す。

特別利益集団とは、特定の問題に関する公共政策及び規制に影響を与えることに焦点を当てるために、十分に組織化され、多額の財源を有する団体であり、通常、人口に対して数が限られている。この用語は否定的な意味合いを持ち、社会全体を犠牲にして、主にグループ自身に利益をもたらすこれらのグループによる行動を意味する。

不当な影響とは、秘密の、欺瞞的な、若しくは誤解を招く証拠若しくはデータを提供すること、世論を操作すること、又は公務員の決定を操作することを意図したその他の慣行を使用することのいずれかによって、公職にある者がマネジメントする公共政策及び規制の設計、実施、執行及び評価に影響を与えようとする試みである。

詳細情報

OECD (2021), *Lobbying in the 21st Century: Transparency, Integrity and Access*, OECD Publishing, Paris, https://doi.org/10.1787/c6d8eff8-en.

OECD (2020), *OECD Public Integrity Handbook*, OECD Publishing, Paris, https://doi.org/10.1787/ac8ed8e8-en.

OECD (2010), "Recommendation of the Council on Principles for Transparency and Integrity in Lobbying", *OECD Legal Instruments*, OECD, Paris, https://legalinstruments.oecd.org/en/instruments/OECD-LEGAL-0379.

図注

図4.7：OECD諸国平均は、各国の非加重平均を示している。「もしハイレベルの政治家が政治的好意と引き換えに民間部門での高給の仕事の見通しを提供された場合、彼らがそれを拒否する可能性はどの程度あると思いますか？」という質問に対する回答である。「政治的好意を与えることを拒否する可能性が高い」は、0～10の尺度で6～10の回答に対応し、「中立」は5に対応し、「政治的好意を与えることを受け入れる可能性が高い」は0～4に対応し、「知らない」は別の選択肢であった。

図4.8：内側の輪＝ロビイストの登録ツールは、すべての詳細な段階的な登録手続きにアクセス可能である。中間の輪＝ロビイストの登録簿の情報には、名前、組織、介入の領域及びロビー活動の種類が含まれる。外側の輪＝ロビイストの登録簿の情報には、ロビー活動のための予算／費用及び対象となる法律及び規制が含まれる。

図4.9：内側の輪＝ロビー活動又は影響力に関連する透明性及び清廉性の基準の違反に対する比例的な制裁は、規則に定義されている。外側の輪：ロビー活動及び影響力に関連する透明性及び清廉性の基準の不遵守、又は情報の不完全又は誤った開示のために、過去1暦年中に少なくとも1回の調査が実施された。

図 4.7　不当な影響力（2021 年）

選挙で選出された、又は任命された官吏が、政治的便宜と引き換えに、給与水準の高い民間部門の職の申し出を受け取り、又は拒否したであろうことを示唆した回答者の割合

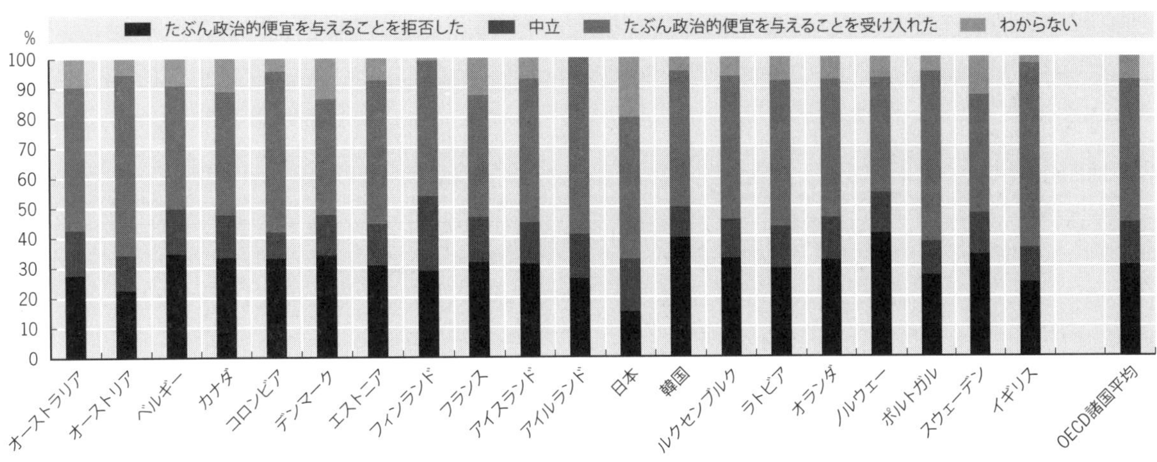

出典：OECD Trust Survey（http://oe.cd/trust）.

StatLink：https://stat.link/svxh0y

図 4.8　ロビイング登録簿の質：アクセス可能性とカバレッジ（2022 年）

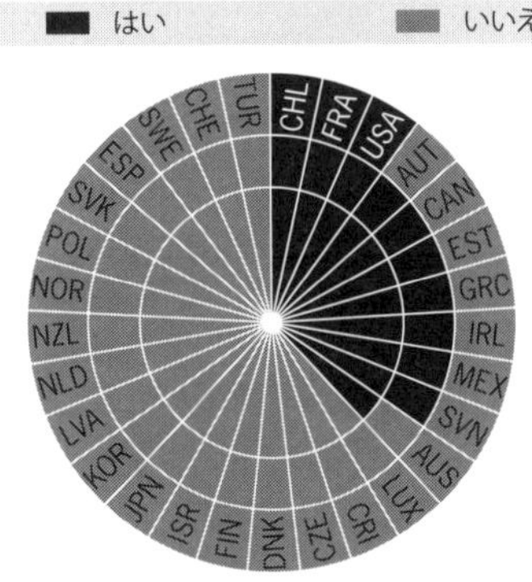

注：内側の輪＝ロビイング登録簿はアクセス可能である。中間の輪＝登録簿は基本的な情報を記録している。外側の輪＝登録簿はより広い情報を記録している。
出典：OECD（2022），Public Integrity Indicators（database），https://oecd-public-integrity-indicators.org/.

StatLink：https://stat.link/qpbsdw

図 4.9　ロビイングの透明性又は清廉性違反に対する制裁：規制と慣行（2022 年）

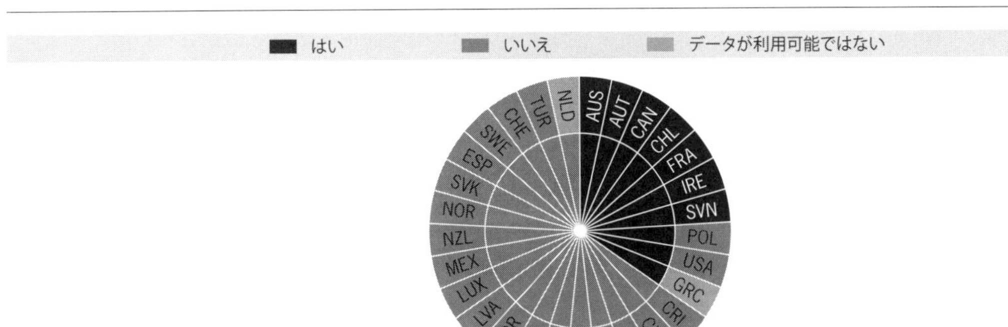

注：内側の輪＝制裁が定義されている。外側の輪＝過去 1 年間に捜査が行われた。
データが利用可能ではない：当該国が、当該データが存在しないためにデータを提供できない。
出典：OECD（2022），Public Integrity Indicators（database），https://oecd-public-integrity-indicators.org/.

StatLink：https://stat.link/nz4bwe

指標14　政党や選挙運動への資金提供

財務的貢献は、個人や団体が選挙に立候補する候補者や政党を支援し、彼らの考えや利益を代表することを可能にする。しかし、政党や選挙キャンペーンへの資金提供が十分に規制されていない場合、それは不当な影響や政策獲得の手段となる可能性がある。したがって、政党や選挙運動への資金提供における透明性を確保することは、不当な影響を防止し、政府が公共の一体性を強化・向上させることを支援するために、極めて重要である。

各国は、政党に財務報告の開示を要求し、外国の関係者や公営企業からの寄付を禁止し、独立した監視機関を通じて規制を実施することによって、政党や選挙運動への資金提供における透明性と一体性を高めることができる。一般的に、OECD諸国は強力な政治財務規制を有しているが、その実施と監視を改善する余地がある。

政党は、利用可能なデータを有するOECD諸国29か国のうち26か国（90%）で年次財務報告を公表することが法的に義務付けられている。実際には、これらの報告書は19か国においてのみすべての政党によって公表された。また、OECD諸国29か国のうち27か国(93%)では、設定された期限内に選挙運動の資金と支出を開示することが法的に義務付けられている。実際には、これらの報告書は、9か国のみで過去2回の選挙サイクルに対して国内規制で定められた期限内にすべての政党と候補者によって提出された（表4.10）。

利用可能なデータを有するOECD諸国29か国のうち15か国(52%)では、匿名の寄付が完全に禁止されており、政党や候補者へのすべての寄付が登録され報告されなければならない。政党は、29か国のうち22か国（76%）で公営企業から、23か国で外国又は外国企業から財務的貢献を受けることが法律で禁止されている。OECD諸国14か国は、その法的枠組みの中で3種類の禁止をすべて課しているが、5か国はそれらのいずれも課していない（図4.11）。

OECD諸国27か国のうち17か国（63%）には、政党の資金調達と選挙運動を監督する独立した監視機関がある。14か国は、政治財務規制違反に関連する事件の数、実施された調査の数、発行された様々な種類の制裁の内訳に関する情報を公表している。OECD諸国3か国は、政治財務に関するこの種の情報を公表していない（図4.12）。

方法論と定義

データは、公共政策決定の説明責任に関するOECD公共部門の清廉性指標に基づくアンケートを通じて収集された。29のOECD諸国と1つの加盟申請国（ブラジル）が回答した。回答者は中央政府の清廉性政策を担当する上級官吏であった。OECD公共部門の清廉性指標は、公共部門の清廉性に関するOECD勧告に対する状況を測定する。

公共部門の清廉性とは、公共部門において、民間の利益よりも公共の利益を支持し、優先させるための共有された倫理的価値、原則及び規範の一貫した調整と遵守を指す。

詳細情報

OECD (n.d.), *Public Integrity Indicators*, https://oecd-publicintegrity-indicators.org/.

OECD (2020), *OECD Public Integrity Handbook*, OECD Publishing, Paris, https://doi.org/10.1787/ac8ed8e8-en.

OECD (2017), "Recommendation of the Council on Public Integrity", *OECD Legal Instruments*, OECD, Paris, https://legalinstruments.oecd.org/en/instruments/OECDLEGAL-0435.

図注

図4.10：年次財務報告＝（実際には）すべての政党からの財務報告が公に利用可能である。選挙運動＝（実際には）すべての政党が、過去2回の選挙サイクルについて国内法で定められた期限内に選挙に関連する会計報告を提出している。

図4.11：内側の輪＝匿名の寄付の禁止、並びに政党及び／又は候補者に対して行われたすべての寄付は、登録及び報告されなければならない。中間の輪＝公営企業からの寄付の禁止。外側の輪＝外国又は外国企業からの寄付の禁止。ブラジル＝3つの指標すべてについて「はい」と回答している。。

図4.12：内側の輪＝独立した機関が政党の資金調達と選挙運動を監督する権限を有する。外側の輪＝以下の情報が公表されている。1）政治財務規則違反件数、2）実施された捜査件数、3）発出された様々な種類の制裁の内訳。ブラジル＝内側の輪は「はい」、外側の輪は「いいえ」と回答している。

表4.10　政党及び選挙運動の資金の透明性：規制と慣行（2022年）

	政党は、一定の額を超えたすべての献金を含む、年次財務報告を公開しなければならない		政党及び／又は候補者は、選挙運動期間中の自らの財務（収支）報告しなければならない	
	規制によって	慣行によって	規制によって	慣行によって
オーストラリア	はい	はい	はい	いいえ
オーストリア	はい	いいえ	はい	はい
カナダ	はい	はい	はい	はい
チリ	はい	はい	はい	いいえ
コスタリカ	はい	はい	はい	いいえ
チェコ	はい	はい	はい	いいえ
デンマーク	はい	はい	いいえ	いいえ
エストニア	はい	N/P	はい	N/P
フィンランド	はい	はい	はい	いいえ
フランス	はい	はい	はい	いいえ
ギリシャ	はい	はい	はい	はい
アイルランド	はい	はい	はい	いいえ
イスラエル	はい	はい	はい	いいえ
日本	いいえ	いいえ	はい	いいえ
韓国	いいえ	いいえ	はい	はい
ラトビア	はい	はい	はい	いいえ
ルクセンブルク	はい	はい	はい	いいえ
メキシコ	はい	はい	はい	いいえ
オランダ	はい	はい	はい	はい
ニュージーランド	はい	いいえ	はい	いいえ
ノルウェー	はい	はい	はい	はい
ポーランド	はい	はい	はい	いいえ
スロバキア	はい	いいえ	はい	はい
スロベニア	はい	N/P	はい	N/P
スペイン	はい	いいえ	はい	N/A
スウェーデン	はい	はい	はい	いいえ
スイス	はい	いいえ	はい	いいえ
トルコ	いいえ	いいえ	いいえ	はい
アメリカ	はい	はい	はい	はい
OECD諸国全体				
はい	26	19	27	9
いいえ	3	8	2	17
ブラジル	はい	いいえ	はい	いいえ

N/A：データが利用可能ではない：当該国が、当該データが存在しないためにデータを提供できない。
N/P：データが提供されていない：質問表の回答においてデータが欠損している。
出典：OECD (2022), Public Integrity Indicators (database), https://oecd-public-integrity-indicators.org/.

StatLink：https://stat.link/ifdrhl

図4.11　政治資金と選挙運動の監視：規制（2022年）

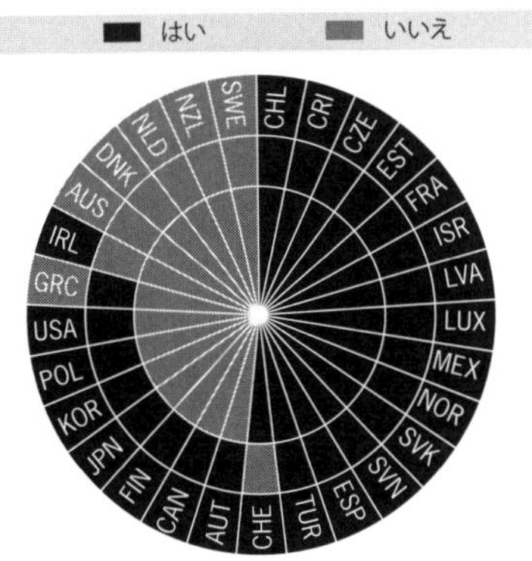

注：内側の輪＝匿名の寄附を禁止し、政党及び／又は候補者に対してなされたすべての寄附は、登録され、報告されねばならない。中間の輪＝公的に所有された企業からの献金を禁止する。外側の輪＝外国又は外国企業からの寄付を禁止する。
出典：OECD (2022), Public Integrity Indicators (database), https://oecd-public-integrity-indicators.org/.

StatLink：https://stat.link/sf8q3z

図4.12　政治資金と選挙運動の監視：独立した監視と公開情報（2022年）

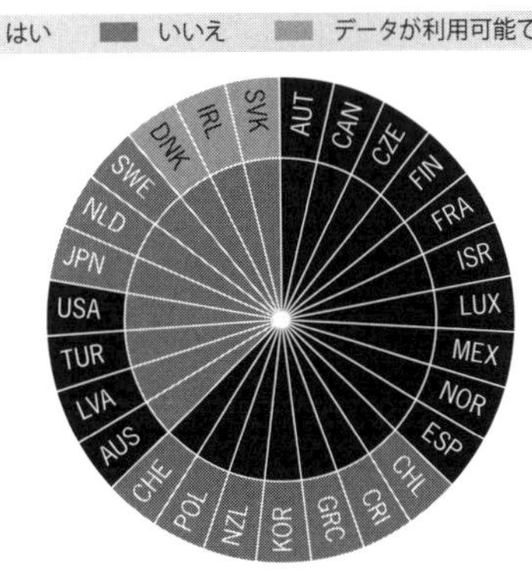

注：内側の輪＝独立した主体が政党と選挙運動の財務を監視している。外側の輪＝違反、捜査及び制裁の情報が公開されている。
データが利用可能ではない：当該国が、当該データが存在しないためにデータを提供できない。
出典：OECD (2022), Public Integrity Indicators (database), https://oecd-public-integrity-indicators.org/.

StatLink：https://stat.link/jnbmkc

指標15　法の支配

現代社会は、コミュニティ内及び国民と国家の間の紛争を解決するための安定した明確なシステムを必要としている。法の支配は、民主的ガバナンスの基礎の1つであり、同じ規則、基準及び原則が、政府自体を含むすべての個人と組織に適用されることを保証している。法の支配は、すべての人が法に従って平等に扱われ、独立した公平な裁判所から公正な扱いを受けることを要求している（Venice Commission, 2011）。法文化は、法律、規範、立法、伝統、判決手続き及び国際協定に謳われている。法の支配の強化は、公共財と公共サービスの効果的な提供を確保し、経済発展を促進し、平和と秩序を維持し、清廉性の侵害や汚職があった場合の説明責任を確保するために不可欠な前提条件である。

司法の独立は、裁判官が干渉を恐れることなく公然と公平に自由に決定できることを保証している。OECD諸国平均で、OECD信頼サーベイの回答者のわずか42.1%が、自国の裁判所が政府のイメージに悪影響を及ぼす可能性のある決定に対して公平であると予想している。最も肯定的な認識は、アイルランド（58%）、デンマーク（56%）、オランダ（53%）であり、回答者の半数以上が司法が政治的影響を受けずに決定を下すと予想している（図4.13）。

追加のデータソースは、より包括的な状況を提供している。世界司法プロジェクト（World Justice Project: WJP）の「法の支配指数」は、法の支配のいくつかの側面を評価している。COVID-19パンデミックの間、政府は国民の自由の一部を一時的に制限し、例外的なガバナンス手続きを導入した。政府の制限と緊急措置が解除されると、OECD諸国はパンデミック前よりも指数でわずかに良好な結果を示し、これは彼らの制度的枠組みと法制度の高いレベルの強じん性と適応性を示している可能性がある（Grogan, 2022; WJP, 2022）。

多くのOECD諸国は、WJP指数の次元全体で高いスコアを獲得している。WJP指数の政府権限の次元に対する制約は、政府の他の部分に対するチェックとコントロール（すなわち、効果的な水平的説明責任）と、自由で独立した報道などの非政府チェック、政府職員の説明責任と制裁、法に従うべき権力の移行を実行する能力を測定している。基本的権利の次元は、平等な待遇と差別のない権利、生命と安全、意見と表現の自由を含む、国連世界人権宣言の下で確立された国際人権を政府がどの程度遵守しているかをカバーしている。2つの次元は国によって高度に相関している。0.9以上のスコア（0が最も弱く、1が法の支配の最も強い遵守）で、北欧諸国は両方の次元でトップの業績を示している（図4.14）。

方法論と定義

法の支配指数は、1）政府権限の制約、2）腐敗の欠如、3）開かれた政府、4）基本的権利、5）秩序と安全保障、6）規制の執行、7）民事司法、8）刑事司法の8つの側面を捉えている。世界司法プロジェクトは、各国の対面／オンライン調査と現地専門家へのインタビューを組み合わせて、国を代表するサンプル（一部の国ではサンプルを主要都市地域に限定している）を収集している。データは、36のOECD諸国と1つの加盟申請国（ブラジル）と4つの戦略的パートナー諸国について利用可能である。すべての国のスコアは0（法の支配の遵守が最も弱い）から1（法の支配の遵守が最も強い）の範囲に正規化され、構成要素のスコアは単純平均を用いて集計されている。

OECDは、22か国で実施されたOECD信頼サーベイの当該国を代表するデータを用いて、公共ガバナンスの認識を調査している。多くの諸国では2021年11月から12月にサーベイが実施され、少数のサーベイが2020年と2022年1月から3月に実施された。

詳細情報

Grogan, J. (2022), "COV ID-19, The Rule of Law and Democracy. Analysis of Legal Responses to a Global Health Crisis", *Hague Journal on the Rule of Law*, Vol. 14/2-3, pp. 349-369, https://doi.org/10.1007/s40803-022-00168-8.

WJP (2022), *Rule of Law Index 2022*, World Justice Project, Washington, DC, https://worldjusticeproject.org/rule-of-lawindex/downloads/WJPIndex2022.pdf.

Venice Commission (2011), *Report on the Rule of Law*, Venice Commission of the Council of Europe, www.venice.coe.int/webforms/documents/?pdf=CDL-AD (2011) 003rev-e.

図注

図4.13：「裁判所が政府のイメージに悪影響を及ぼす可能性のある決定を行おうとする場合、裁判所が政治的影響を受けない決定を行う可能性はどの程度あると思いますか？」という質問に言及している。「可能性が高い」は、0～10の尺度で6～10、「中立」は5、「可能性が低い」は0～4の回答に相当し、「わからない」は別の選択肢であった。OECD諸国平均は各国の非加重平均を示している。フィンランド、メキシコ及びノルウェーのデータは入手できない。

図4.14：アイスランド、イスラエル及びスイスのデータは入手できない。ラトビア、リトアニア、ルクセンブルク及びスロバキアのデータは2022年に初めて含まれた。

図 4.13　司法の独立への信頼（2021 年）

ある裁判所が、政府のイメージに負の方向に影響する判決・決定を行うという認知された確率の異なる水準を報告した回答者の割合

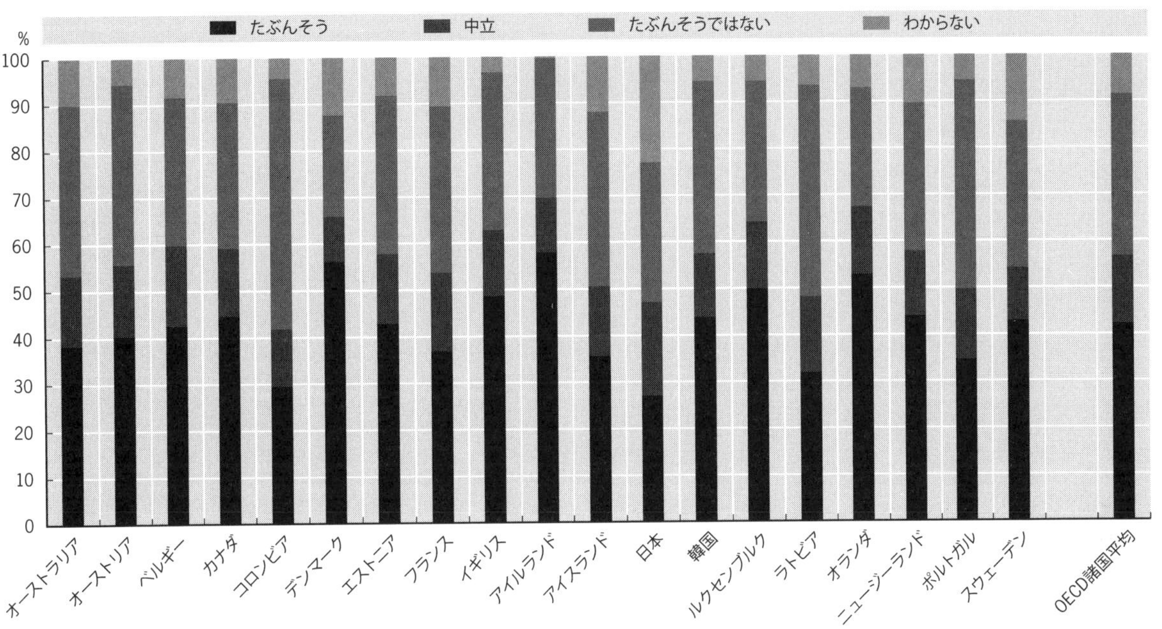

出典：OECD Trust Survey（http://oe.cd/trust）.

StatLink：https://stat.link/csabjz

図 4.14　政府権力の制限と基本的権利（2022 年）

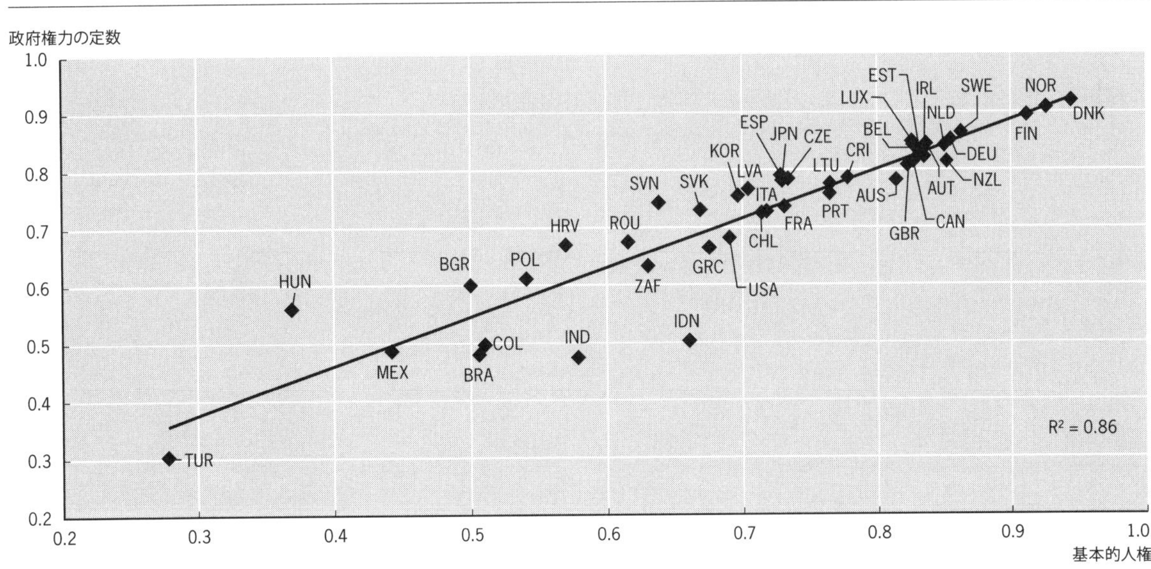

出典：WJP（2022）, Rule of Law Index、2022

StatLink：https://stat.link/71z5n4

指標 16　特集：国境を越えたインパクト

より強く相互に結び付いた世界経済では、個々の国の政策が国境を越えて波及効果を及ぼしたり、他の国やグローバル・コモンズ（地球規模の共有地）にインパクトを及ぼしたりする可能性があることを意味する。そのような国境を越えたインパクトの伝達経路は、金融の流れ、財やサービスの輸出入、人の移動、知識の移転、炭素排出など、数多く複雑である。課題は、各国が国内の利益のみに焦点を当てると、その行動が他国に悪影響を及ぼし、その影響が自国の社会、環境及び国内経済に悪影響を及ぼす可能性があることである。これが、現在のグローバルな状況において政策の一貫性が政策立案に不可欠となっている理由である。

政策の国境を越えた影響を予測し対処する政府の能力は、持続可能な開発のための 2030 アジェンダのようなグローバルなアジェンダを達成するために不可欠である。持続可能な開発のための政策の一貫性に関する OECD 勧告は、国境を越えたインパクトに対処するために必要なメカニズムとツールを政策立案者に提供するための包括的な基準を提供している。この勧告は、3 つの柱を中心に構成された一連の指針を提供している。すなわち、1）政策の一貫性に向けた戦略的ビジョン、コミットメント及びリーダーシップの構築、2）部門間の政策相互作用に対処し、政府レベル間の行動を調整するための制度的メカニズムの強化、3）政策の国内、国境を越えた、長期的な影響を予測し、評価し、対処するための一連の対応ツールの開発である。

政策の一貫性に関するサーベイに回答した OECD 諸国は、プログラム、政策、規制及び法律案を実施する際に国境を越えた影響を分析するためのメカニズムとして、インパクト評価手法の改善に進展を見せている。しかし、これらの国の半数未満（12 か国のうち 5 か国、42%）しか、そのような実施を行う際に、国境を越えたインパクトに関する分析を政策決定者に義務付けていない（図 4.15）。3 分の 1（12 か国のうち 4 か国）が国境を越えたインパクトを監視するために指標やその他の利用可能なデータを使用している（図 4.16）。課題には、政策立案プロセスの適切な段階でのデータが限られていること、高水準の資源と能力容量が必要とされること、ある国の政策と外部性が、直線的でないことが多い他の国のインパクトとの間に明確な因果関係を確立することが困難であること、国境を越えたインパクトの評価が体系的なプロセスであることを確保することなどがある。さらに、政府は、国境を越えたインパクトに効果的に対処するために効果的なコミュニケーションを促進し、行政と政府レベル全体の能力を強化し、負のインパクトを軽減し、実施しない場合のインパクトと費用をよりよく理解するために利用可能なツール、証拠及びデータを使用する必要がある。

方法論と定義

データは、持続可能な開発のための政策一貫性を強化するための制度的能力とツールに関する 2022 年 OECD サーベイからのものである。これは、2022 年 3 月 22 日から 2022 年 11 月 6 日まで、政策一貫性のための国家フォーカル・ポイントの OECD ネットワークと協力して実施された。このサーベイの目的は、2024 年に OECD 理事会に提出される持続可能な開発のための政策一貫性に関する OECD 勧告（OECD, 2019）の実施に関する最初の進捗報告書を作成するための重要な情報を提供することであった。

国境を越えるインパクトとは、意図されているか否かにかかわらず、資本、物資、人及び天然資源の流れを通じて国境を越え、他の国又はグローバル・コモンズに対してプラス又はマイナスの影響を及ぼすことができる、一国に起因するあらゆる影響をいう。これらのインパクトは、政府開発援助のような明確な国境を越える目的を有する意図的な行動から生じることがあるが、直接的な政策とは無関係の国内政策及び状況からも生じることがある。

グローバル・コモンズとは、海洋や気候システムのように、国の管轄権の外にあり、すべての国がアクセスできる地球の地域である。

詳細情報

Ino, J., F. Murtin and M. Shinwell (2021), “Measuring transboundary impacts in the 2030 agenda: Conceptual approach and operationalisation”, *OECD Papers on Well-being and Inequality, No. 01, OECD Publishing*, Paris, https://doi.org/10.1787/62f13e92-en.

OECD/EC-JRC (2021), *Understanding the Spillover and Transboundary Impacts of Public Policies: Implementing the 2030 Agenda for More Resilient Societies*, https://doi.org/10.1787/862c0db7-en.

OECD (2019),” Recommendation of the Council on Policy Coherence for Sustainable Development”, *OECD Legal Instruments*, OECD, Paris, https://legalinstruments.OECD.org/en/instruments/OECD-LEGAL-0381.

図注

図 4.15：「法律／規制／政策／プログラムを実施する際に、国境を越えた影響の分析を実施するための要件があるか？ 以下の回答のいずれかを選択してください」という質問に対する回答である。選択肢は「はい」「いいえ、しかし計画されています」「いいえ、計画されていません」「わからない」であった。

図 4.16：「あなたの国は、指標やその他の利用可能なデータを用いて国境を越えた影響を監視していますか？以下の回答のいずれかを選択してください」という質問に対する回答である。選択肢は「はい」「いいえ、しかし計画されています」「いいえ、計画されていません」「わからない」であった。

図 4.15 立法／規制／政策／プログラムを実施する際の国境を越えたインパクトを分析する義務（2022 年）

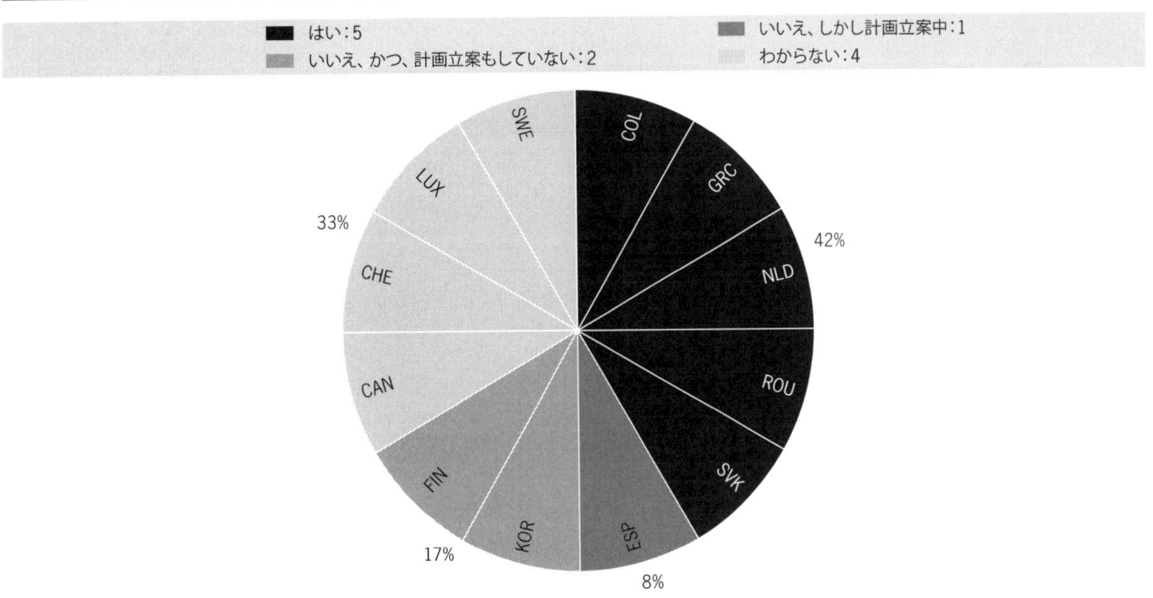

出典：The 2022 Survey on Institutional Capacities and Tools to Enhance Policy Coherence for Sustainable Development (PCSD), unpublished internal document.

StatLink：https://stat.link/4yvrzm

図 4.16 国境を越えたインパクトのモニタリング（2022 年）

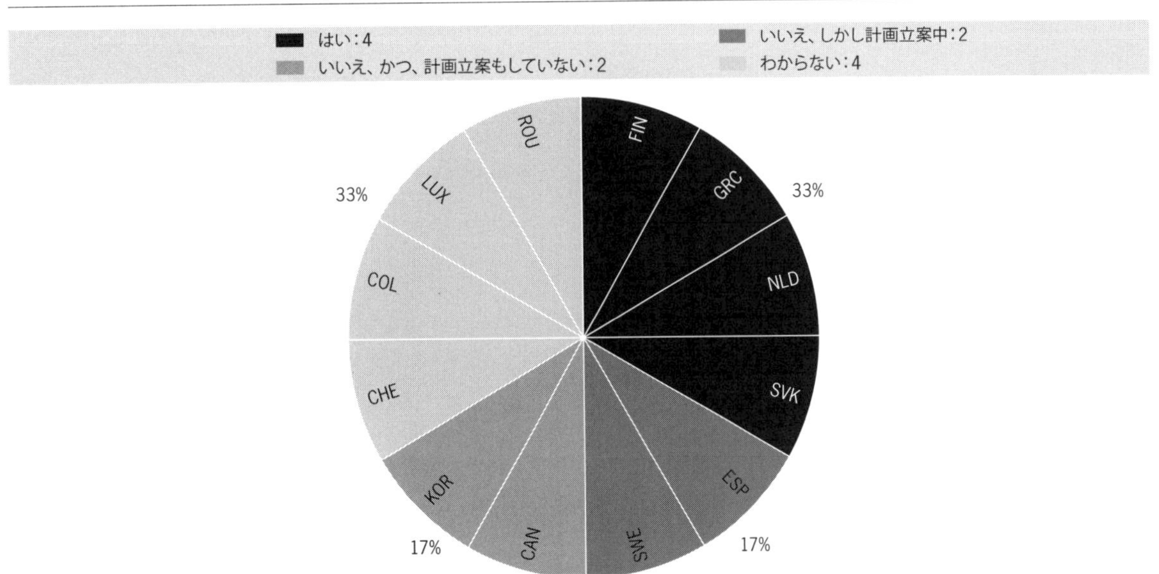

出典：The 2022 Survey on Institutional Capacities and Tools to Enhance Policy Coherence for Sustainable Development (PCSD), unpublished internal document.

StatLink：https://stat.link/7196af

第 5 章　規制のガバナンス

指標 17　利害関係者の関与

指標 18　規制インパクト評価

指標 19　事後評価

指標 20　国際的な規制協力

指標 21　経済規制当局の資源調達

指標17　利害関係者の関与

世界的な危機と複雑な政策問題に直面して、政府はより迅速かつ適切に規制し、国民の間に共有された政策オーナーシップの感覚を構築しようとすることが求められてきた。規制の設計と質を改善するためには、ビジネス、個々の国民、国民全体に、規制を形成し、改革し、挑戦する機会を与えることが重要である。

OECDの規制政策とガバナンスの指標（Indicators of Regulatory Policy and Governance: iREG）は、規制を策定する際のコミュニケーション、協議及び利害関係者の関与の質を測定する。規制の策定における利害関係者の関与の質は徐々に改善している。2018年から2021年の間に、OECD諸国38か国のうち16か国（42%）とEUが、主要な法律については利害関係者の関与の質を改善し（図5.1）、下位の規制については38か国のうち17か国(45%)とEUが改善した(図5.2)。利害関係者の関与を実施するための新たな義務と、より頻繁な後期協議の実施を通じて、体系的な採用が改善された。最近の改善には、バーチャル協議会議の利用の増加（主にCOVID-19パンデミックの影響による）と協議プロセスの透明性が含まれる。2018年以後、チリ、コロンビア、コスタリカ、ギリシャ、アイスランド、ラトビア、オランダ、ノルウェー、スペインなどの諸国は、協議慣行を拡大し、よりアクセスしやすくした。

それにもかかわらず、ほとんどのOECD諸国は、依然として利害関係者の関与を改善する余地がある。最近の変化にもかかわらず、主要な法律（図5.1）と下位の規制（図5.2）の両方で、改善の余地が最も大きい分野は、監視と質のマネジメント（利害関係者の関与の質を監視し、確保するためのメカニズム）である。

透明性を改善する余地もある。協議開始前に利害関係者に情報を提供することで、時間、資源及びエネルギーを節約することができる。OECD諸国38か国のうち6か国（16%）とEUのみが、主要な法律に関する今後の協議をすべて発表している。38か国のうち4か国（11%）とEUのみが、下位の規制に関する協議を発表している（オンライン表G.2.1）。政府は、初期段階（問題の可能な解決策に関するデータとアイデアを収集するため）と後期段階（規制案について協議するため）の両方で、規制の策定に利害関係者を関与させることができる。データが利用可能なOECD諸国38か国のうち7か国（18%）とEUのみが、初期段階で利害関係者をシステマティックに関与させている。これは、近年改善されていない。これとは対照的に、規制案について利害関係者にコメントする機会を提供することは長年の慣行である。OECD諸国38か国のうち29か国（76%）とEUでは、現在、政策策定の後期段階で利害関係者と体系的に協議している。一部の国では、影響を受ける当事者とより頻繁に協議する必要がある。しかし、協議の監視を強化し、協議が規制案の最終設計にどのように影響したかを報告するための重要な機会が残っている（OECD, 2021）。

方法論と定義

iREG調査は、OECD規制政策委員会の代表団と中央政府職員からの回答を利用している。2021年には、38のOECD諸国とEUが調査に回答した。データは、行政府によって開始された主要な法律と下位の規制を対象としている。iREGの詳細については、oe.cd/iREGを参照。

iREGは、2012年の規制政策とガバナンスに関するOECD勧告に基づいている。iREGは、合成指標を使用して利害関係者の関与の質を評価している。iREGには、方法論、監視と質のマネジメント、システマティックな採用、透明性の、4つの均等にウエイト付けされたカテゴリーが含まれている。国が採用した慣行が多いほど、その指標スコアは高くなる。各カテゴリーの最大スコアは1である。合成指標の合計スコアは0から4の範囲である。指標は行政府の慣行のみを対象としている。

主要な法律は、議会によって承認されなければならない規制である。下位の規制は、政府の長、大臣又は内閣によって承認され得る。

初期段階の協議は、政策立案者が公共政策の問題を特定し、解決策を検討している場合に実施され、後期段階の協議は、規制の決定が行われ、規制案が起草された場合に実施される。

詳細情報

OECD (2021), *OECD Regulatory Policy Outlook 2021*, OECD Publishing, Paris, https://doi.org/10.1787/38b0fdb1-en.

OECD (2012), *Recommendation of the Council on Regulatory Policy and Governance*, OECD Publishing, Paris, https://doi.org/10.1787/9789264209022-en.

図表注

図5.1・図5.2：2014年のデータは、2014年にOECD加盟国であった34か国及びEUに基づく。2017年及び2021年のデータには、コロンビア、コスタリカ、ラトビア及びリトアニアが含まれる。

図5.1：法律を策定するプロセスに影響を及ぼすサーベイ期間中の規制インパクト評価（regulatory impact analysis: RIA）に関する法制度整備のプロセスが進行中であったために、トルコの合成指標は、規制の策定における利害関係者の関与及び主要な法律のRIAには利用できない。

図5.1：指標は、行政府の慣行のみを対象とする。図は、すべての主要な法律が議会によって開始されるアメリカを除く。アスタリスク（*）を付した諸国では、主要な法律の提案の相対的に高い割合が議会によって開始される。

表G.2.1「政策立案時の利害関係者の関与（国別）（2021年）」は、附録Gでオンラインで利用可能である。

図 5.1 第 1 次立法の立案における利害関係者の関与（2021 年及び 2015 年と 2018 年の合計スコア）

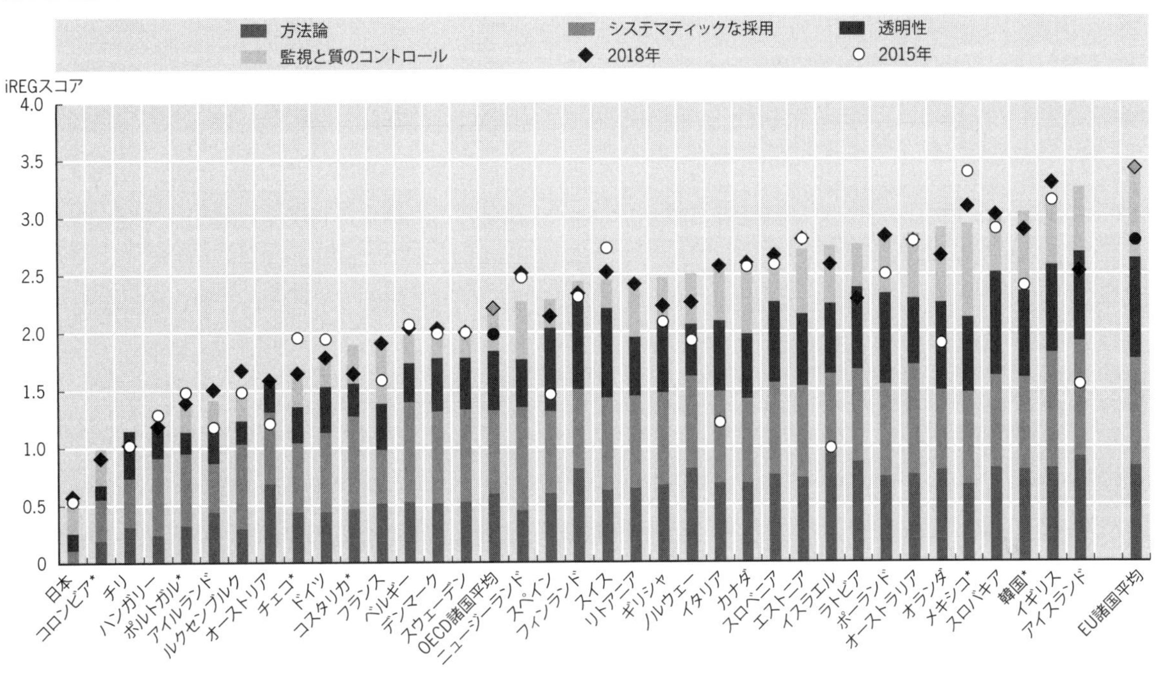

出典：Indicators of Regulatory Policy and Governance Surveys 2014, 2017 and 2021, oe.cd/ireg.

StatLink：https://stat.link/8kiw0q

図 5.2 下位規則の立案における利害関係者の関与（2021 年及び 2015 年と 2018 年の合計スコア）

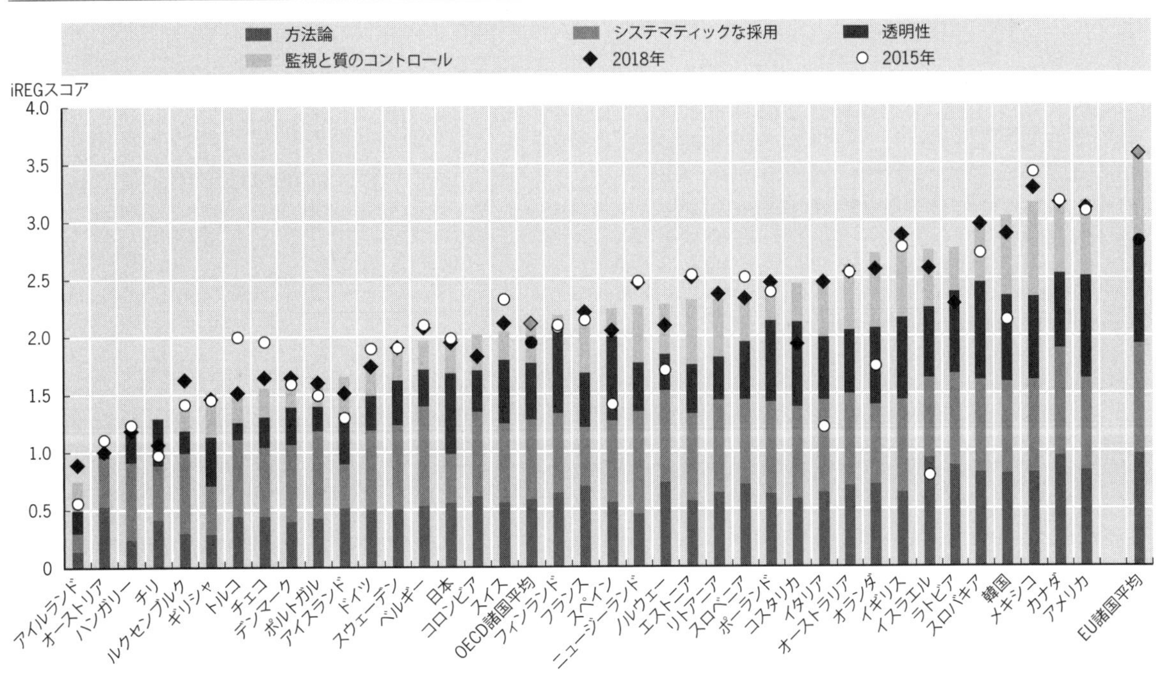

出典：Indicators of Regulatory Policy and Governance Surveys 2014, 2017 and 2021, oe.cd/ireg.

StatLink：https://stat.link/mtne4j

指標18　規制インパクト評価

規制が適切に設計されれば、成長を促進し、気候変動に対処し、福祉を向上させるのに役立つ。そうでなければ、不必要な官僚主義と政府の行動に対する信頼の低下をもたらす可能性がある。規制は明確で健全であり、様々な見解を考慮に入れるべきである。規制インパクト評価（regulatory impact analysis: RIA）は、政策提案の予想される便益と費用に関する客観的な情報を提供することによって意思決定を支援する。これは、政府が透明性のある証拠に基づく政策を策定するのを支援するツールである。すべてのOECD諸国は、いくつかの予想される規制についてRIAを要求している。

規制政策とガバナンスの指標（iREG）サーベイは、OECD諸国のRIAシステムの質を測定している。RIAシステムの質は時間の経過とともにゆっくりと改善されている。OECD諸国38か国のうち23か国（61%）とEUは、2018年から2021年の間に一次法に関するRIAシステムの質を改善した（図5.3）。OECD諸国38か国のうち20か国（53%）とEUは、同時期に下位規制に関するRIAシステムを改善した（図5.4）。いくつかの国は大幅な改善を行った。ラトビアは現在、RIAに予算、財政、行政コストを考慮するよう要求しており、イスラエル、ポルトガル、スペインはいずれもRIAの意思決定者に提供される情報の精査を強化している。

しかし、ほとんどのOECD諸国は依然としてRIAシステムを改善する余地がかなりある。主要な法律（図5.3）と下位規制（図5.4）の両方で改善の余地が最も大きい分野は、監視と質のマネジメント（影響評価の質を監視し確保するためのメカニズム）であり、その後に透明性が続く。これらの分野が2018年から2021年の間に最大の改善が見られたにもかかわらず、これは依然として当てはまる。

OECD諸国は、RIAを実施する際に、より広範な一連の影響を考慮している。分析された34のOECD諸国とEUのうち、事実上すべての諸国が規制提案の競争、予算、政府への影響を考慮する必要がある（図5.5）。これらのOECD諸国とEUの90%以上が現在、環境へのインパクトも考慮する必要がある。同じ割合が中小企業、ジェンダー平等、様々な社会的インパクトの分析を必要としている。例えば、チリとギリシャは、ジェンダー平等その他の社会的インパクトの可能性の評価を必要としている。オーストリア、フランス、ベルギーのフランドル地域及びドイツは「青少年チェック」を適用している。カナダは「ジェンダーに基づく分析プラス」を使用して、交差するアイデンティティ要因を認識する多様な社会集団に対する政策とプログラムの影響を評価している。しかし、いくつかの関連する影響、特に所得と地理による分配要因（例えば、地方及び国際的な影響）は、RIAで考慮される可能性が低い。経済の相互関連性が高まっていることを考えると、これらのタイプの影響は、規制提案の便益とコストを特定する上でますます重要になる可能性が高い。

方法論と定義

iREG調査は、中央政府関係者からの回答を利用している。2021年には、38のOECD諸国とEUが調査に回答した。データは、行政府によって開始された主要な法律と下位の規制を対象としている。iREGの詳細については、oe.cd/iregを参照。

iREGは、2012年の規制政策とガバナンスに関するOECD勧告に記載されている慣行に基づいている。ある国が採用した慣行が多ければ多いほど、そのスコアは高くなる。合成指標には、次の4つの均等に重み付けされたカテゴリーが含まれている。方法論は、RIAに含まれる様々な評価に関する情報を収集する。監視と質のマネジメントは、RIAの質を監視し確保するためのメカニズムを記録する。システマティックな採用は、公式の義務とRIAが実施される頻度を記録する。透明性は、RIAプロセスがいかに公開性があるかを記録する。各カテゴリーの最大スコアは1である。合計スコアの範囲は0から4である。

主要な法律は、議会によって承認されなければならない規制である。下位の規制は、政府の長、大臣、又は閣僚によって承認されることができまる。

青少年チェックは、若者に関連する新しい政策や法律が若者に与える影響を考慮するために設計された影響評価ツールである。

詳細情報

OECD (2021), *OECD Regulatory Policy Outlook 2021*, OECD Publishing, Paris, https://doi.org/10.1787/38b0fdb1-en.

OECD (2020), *Regulatory Impact Assessment*, OECD Best Practice Principles for Regulatory Policy, OECD Publishing, Paris, https://doi.org/10.1787/7a9638cb-en.

OECD (2012), *Recommendation of the Council on Regulatory Policy and Governance*, OECD Publishing, Paris, https://doi.org/010.1787/38b0fdb1-en 10.1787 9789264209022

図注

図5.3：指標は、行政府の慣行のみを対象とする。図は、すべての主要な法律が議会によって開始されるアメリカを除く。アスタリスク（*）を付した諸国では、主要な法律の提案の相対的に高い割合が議会によって開始される。

図5.3・図5.4：2014年のデータは、2014年にOECD加盟国であった34か国とEUに基づいている。2017年と2021年のデータには、コロンビア、コスタリカ、ラトビア及びリトアニアが含まれている。

図5.3・図5.5：立法システムにおける継続的なプロセスに影響を及ぼすサーベイ期間中のRIAに関する法制度整備のプロセスが進行中であったために、トルコの合成指標は、トルコの合成指標は、主要な法律のRIAについては利用できない。

図5.5：34のOECD加盟国及びEUに基づくデータ。コロンビア、コスタリカ、ラトビア及びリトアニアのデータは含まない。

図5.3　第1次立法の立案における規制インパクト分析（2021年及び2015年と2018年の合計スコア）

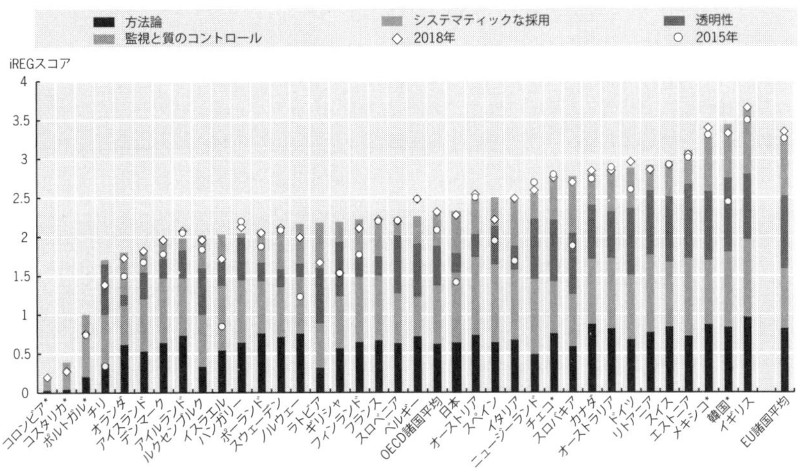

出典：Indicators of Regulatory Policy and Governance Surveys 2014, 2017 and 2021, oe.cd/ireg.

StatLink：https://stat.link/6vt7gx

図5.4　下位規則の立案における規制インパクト分析（2021年及び2015年と2018年の合計スコア）

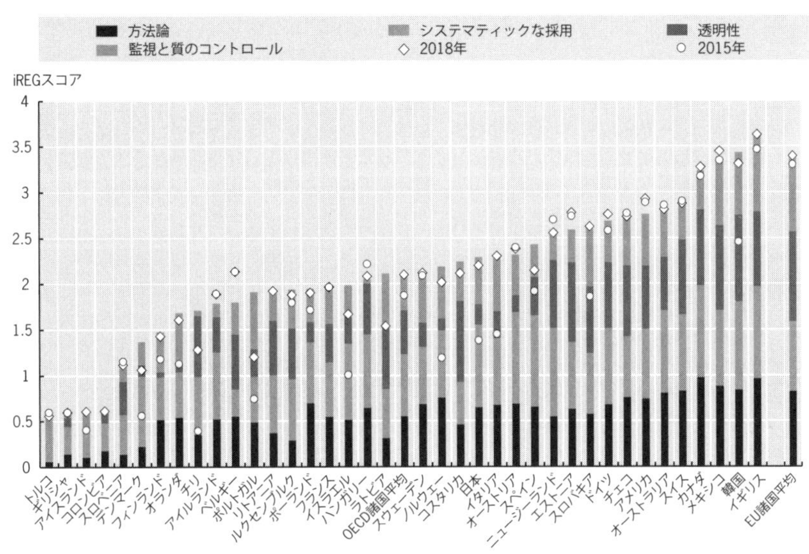

出典：Indicators of Regulatory Policy and Governance Surveys 2014, 2017 and 2021, oe.cd/ireg.

StatLink：https://stat.link/jh8rw4

図5.5　規制インパクト評価における評価対象要素（2014年、2017年及び2020年）

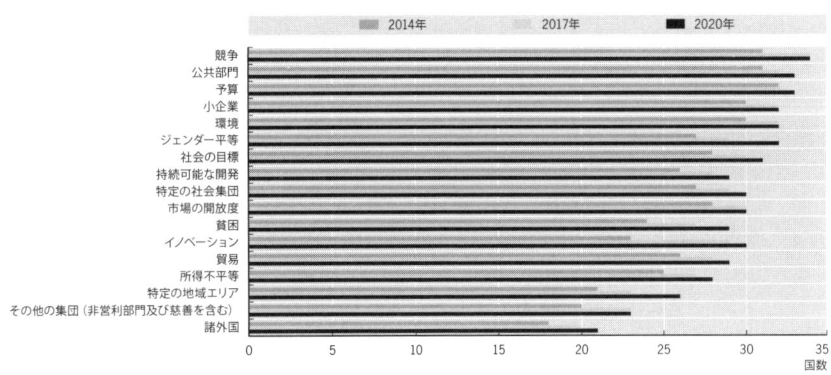

出典：Indicators of Regulatory Policy and Governance Surveys 2014, 2017 and 2021, oe.cd/ireg.

StatLink：https://stat.link/jh8rw4

指標 19　事後評価

すべての規制は、行動を誘発するように設計されている。しかし、意図した通りに機能するものもあれば、そうでないものもある。さらに、一部の規制は、テストやパブリック・レビューの恩恵を受けずに導入されている（規制インパクト評価の節を参照）。政府には、COVID-19 の際のように、規制の潜在的なインパクトに関する情報が限られた措置を導入するなど、迅速な行動が求められる。規制は、予期せぬ結果をもたらしたり、根底にある問題を是正できなかったりする可能性もある。評価は、規制の業績チェックを提供する。規制の一貫性を高めることで、規制システム全体の改善に役立つ。また、利害関係者が問題を提起し、解決策を提案する機会を提供する。評価は、透明性、説明責任、及び規制の遵守を向上させることができる。

多くの OECD 諸国は、規制が意図した通りに機能しているかどうかを認識していない。事後評価を実施する場合、OECD 諸国 38 か国のうち 21 か国（55%）が、規制がその目的を達成しているかどうかを評価していない（図 5.6）。一般的な慣行には、サンセット条項（規制が事前にレビューされず、それを継続する決定がなされない限り、将来のある日に規制が存在しなくなる）とワン・イン・ワン・アウト政策（新しい規制によって予想されるビジネスコストを、既存のビジネスコストを削減することによって相殺する必要がある）が含まれる。どちらのツールにも用途があるが、規制が政策目標を達成しているかどうかをチェックするのではなく、規制数の増加を制限するために使用されている。

規制政策とガバナンスの指標（Indicators of Regulatory Policy and Governance: iREG）サーベイは、規制の事後評価に関する各国の慣行を測定している。近年、OECD 諸国平均では、規制の事後評価の改善は限定的である。OECD 諸国 38 か国のうち 22 か国（58%）と EU は、2018 年から 2021 年の間に主要な法律の事後評価システムの質を改善した（図 5.7）。同時期に OECD 諸国 38 か国のうち 23 か国（61%）と EU で下位規制の事後評価システムが改善された（図 5.8）。最大の改善は事後評価の透明性である。OECD 諸国は、既存の規制を修正しフィードバックするための推奨事項を作成するために、一般国民のための専用ウェブサイトに投資している。事後評価が実施される際に利害関係者が積極的に関与している国もある。

それにもかかわらず、多くの OECD 諸国には、事後評価システムを改善する大きな余地がまだある。OECD 諸国には、より多くの監視機関が設立されている国もあるが、改善の余地が最も大きい分野は監視と質のマネジメント（事後評価の質を監視し保証するメカニズム）である。一部の OECD 諸国は重要な改善を行っている。カナダ、ギリシャ、イタリア、日本、韓国、ラトビア、リトアニア及びメキシコはいずれも、定期的なレビューの対象となる規制の範囲を拡大している。これにより、政府は規制をシステム全体のレビューにまとめることができ、個別の政策分野がうまく機能しているかどうかを確認するのに役立つ。

方法論と定義

iREG サーベイは、OECD 規制政策委員会の代表者及び中央政府職員からの回答を利用している。2021 年には、38 の OECD 諸国及び EU が調査に回答した。iREG の詳細については、oe.cd/ireg を参照。

iREG は、2012 年の規制政策とガバナンスに関する OECD 勧告に記載されている慣行に基づいている。回答国が採用した慣行が多いほど、そのスコアは高くなる。合成指標には、次の 4 つの均等に重み付けされたカテゴリーが含まれている。方法論は、事後評価に含まれる様々な評価に関する情報を収集する。監視及び質のマネジメントは、事後評価の質を監視及び確保するためのメカニズムを記録する。システマティックな採用は、公式の義務及び事後評価が実施される頻度を記録する。透明性は、事後評価プロセスにどの程度公開性があるかを記録する。各カテゴリーの最大スコアは 1 である。合成指標の合計スコアは 0 ～ 4 の範囲である。

主要な法律は、議会によって承認されなければならない規制である。下位の規制は、政府の長、大臣又は内閣によって承認され得る。

事後評価は、規制が施行された後にその有効性と効率性を評価する。規制が当初意図された目標をどの程度達成したかを確認し、国民及び／又はビジネスに不必要な費用を課さず、コミュニティに良い結果を提供し続けるために実施される。

詳細情報

OECD (2021), *OECD Regulatory Policy Outlook 2021*, OECD Publishing, Paris, https://doi.org/10.1787/38b0fdb1-en.

OECD (2020), *Reviewing the Stock of Regulation*, OECD Best Practice Principles for regulatory Policy, OECD Publishing, Paris, https://doi.org/10.1787/1a8f33bc-en.

OECD (2014), *OECD Framework for Regulatory Policy Evaluation*, OECD Publishing, Paris, https://doi.org/10.1787/9789264214453-en.

図注

図 5.6：38 の OECD 諸国及び EU のデータ。データは、主要な法律における目的の見直しを含めるための義務に関するものである。

図 5.7・図 5.8：2014 年のデータは、2014 年に OECD 加盟国であった 34 か国と EU のものである。2017 年と 2021 年のデータには、コロンビア、コスタリカ、ラトビア及びリトアニアが含まれる。

図 5.6 事後評価の部分としての規制の目的を考慮する義務（2021 年）

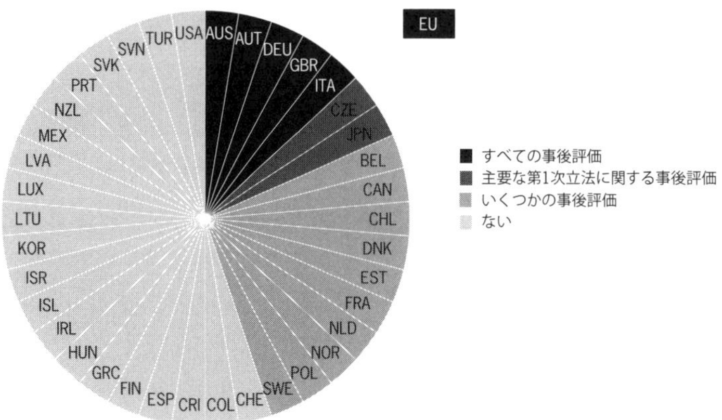

出典：Source: Indicators of Regulatory Policy and Governance Survey 2021, oe.cd/ireg.

StatLink：https://stat.link/dae4gn

図 5.7 第 1 次立法に対する事後評価システムの質（2021 年及び 2015 年と 2018 年の合計スコア）

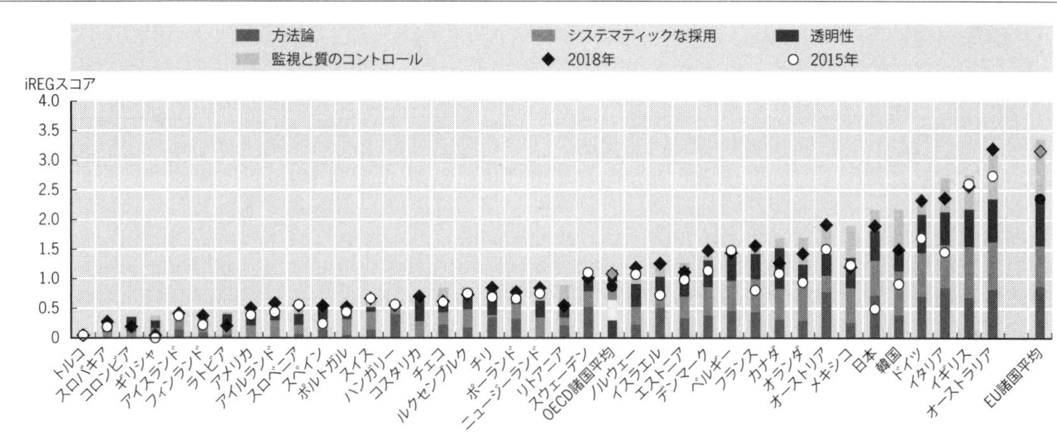

出典：Indicators of Regulatory Policy and Governance Surveys 2014, 2017 and 2021, oe.cd/ireg.

StatLink：https://stat.link/xar4ko

図 5.8 下位規則に対する事後評価システムの質（2021 年及び 2015 年と 2018 年の合計スコア）

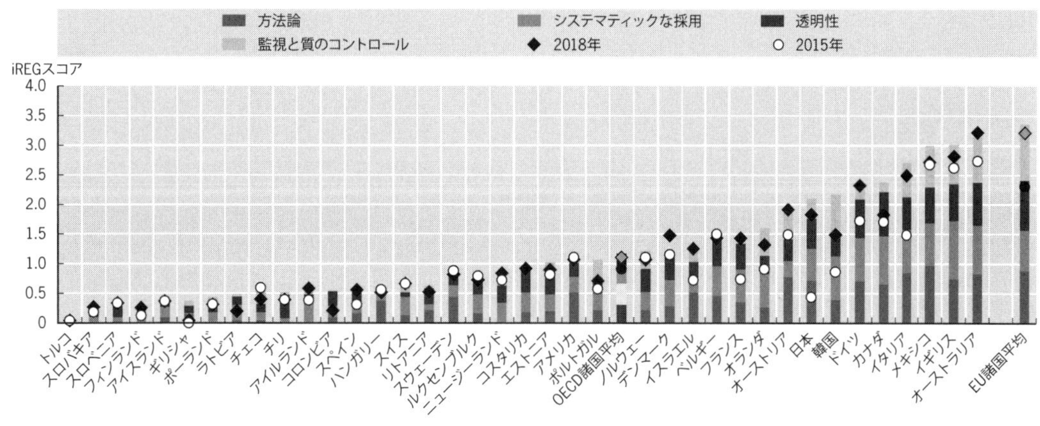

出典：Indicators of Regulatory Policy and Governance Surveys 2014, 2017 and 2021, oe.cd/ireg.

StatLink：https://stat.link/gqlzhs

指標20　国際的な規制協力

政策課題はますます国境を越えつつある。例えば、世界的な健康危機、気候変動、生物多様性への対処から、消費者の安全や個人データの保護に至るまで、これらの課題は各国が一方的に対処することはできない。このため、国際規制協力（international regulatory co-operation: IRC）は、政府が共通の問題について協力し、相互に学ぶことを可能にするため、政策決定や規制政策の中心となっている。2021年6月、OECDは、各国がIRCを効果的に採用する方法に関する勧告を採択した。この勧告は、以下の3つの柱を中心に構築されている。1）IRCに対する政府全体のアプローチをとること、2）国内の規則制定を通じてIRCを認識すること、3）様々なメカニズムを通じて国際的に協力すること。

OECD規制政策・ガバナンス指標（iREG）は、政府が規制のガバナンスとプロセスにおいて勧告を実施する方法を測定するものである。これには、政府全体に存在するIRCに関する役割と責任、各国が規制を策定する際に外国の利害関係者とどのように関与するか、事後評価を実施する際に国際文書を考慮するか、規制インパクト評価において国際的影響を考慮するかが含まれる。究極的には、これは、規制ツールを用いて地球規模の課題に対処するための各国の準備水準のスナップショットを提供する。

OECD諸国38か国のうち5か国（14%）のみが政府全体の政策としてIRCを採用している（図5.9）。38か国のうち23か国（61%）がIRCに対して部分的な政策を有している。これらは非常に野心的であるが、特定の地域や部門に焦点を当てている可能性がある。これは、EU諸国の義務により規制プロセスに高度に統合された規制協力メカニズムを組み込んでいるEU諸国に典型的に当てはまる。これらは地域パートナーに焦点を当てており、EU諸国がIRCに関連する政府全体の政策として構成されることはまれである。38か国のうち9か国（24%）では、国際的な規制協力に関する政策が存在しない。IRCに対する共通の理解を構築するために、省庁間及び省庁と規制当局間の活動のより多くのより良い調整を促進するための余地が存在する。

政府は様々なアプローチでIRCの監視を行っているが、関係省庁がIRCを積極的に実施していることを保証する専門機関を有しているのは38か国のうち4か国（11%）のみである（図5.10）。38か国のうち18か国（47%）では関係省庁間に責任が分散しており、38か国のうち3か国（8%）では地方政府機関と中央政府機関の間に責任が分散している。38か国のうち14か国（37%）はこれらの構造を全く有していない。OECDは、監視機関の参加を含め、IRCに資するガバナンス構造を有することを推奨している。

方法論と定義

IRCに関するデータは、OECD諸国38か国と欧州連合を対象とした2021年OECD規制政策・ガバナンス指標サーベイに対して、OECD規制政策委員会の代表団と中央政府職員から提供された回答に基づいている。データは2021年1月に収集された。

国際規制協力とは、規制の設計、監視、執行又は事後マネジメントにおける何らかの形の協力を促進するための、公式又は非公式の国家間の協定又は組織的取り決めをいう。

詳細情報

OECD (2022), "Recommendation of the Council on International Regulatory Co-operation to Tackle Global Challenges", *OECD Legal Instruments*, OECD, Paris, https://legalinstruments.oecd.org/en/instruments/OECDLEGAL-0475.

OECD (2021), *International Regulatory Co-operation*, OECD Best Practice Principles for Regulatory Policy, OECD Publishing, Paris, https://doi.org/10.1787/5b28b589-en.

OECD (2021), *OECD Regulatory Policy Outlook 2021*, OECD Publishing, Paris, https://doi.org/10.1787/38b0fdb1-en.

図注

図5.9：イギリスは、IRCに対する政府全体のアプローチを有していないと回答している。しかし、2021年1月の最後の測定以後、同国はそのための国家政策を確立している。

図 5.9　政府全体又は部門横断的な国際規制協力（IRC）へのアプローチを有する OECD 諸国（2021 年）

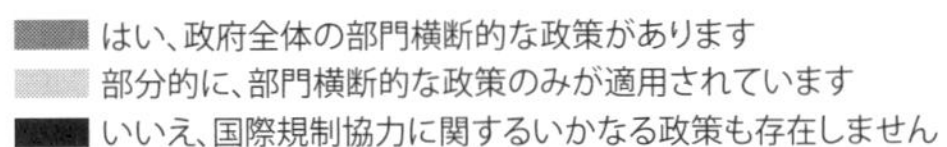

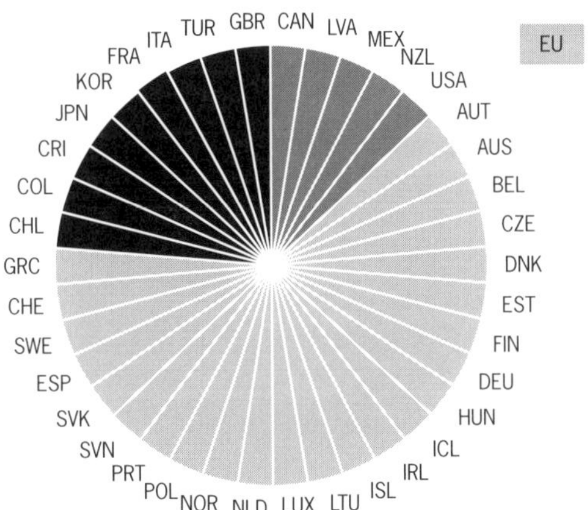

出典：Indicators of Regulatory Policy and Governance（iREG）Survey 2021.

StatLink：https://stat.link/8zspwe

図 5.10　国際規制協力（IRC）活動の監視（2021 年）

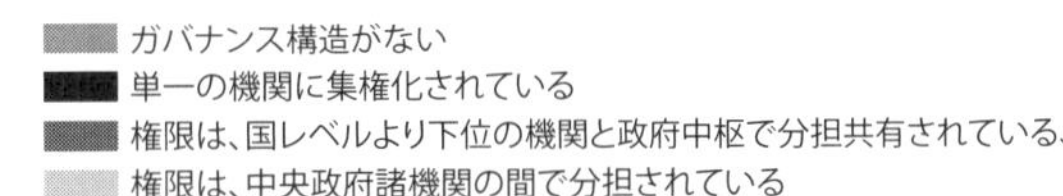

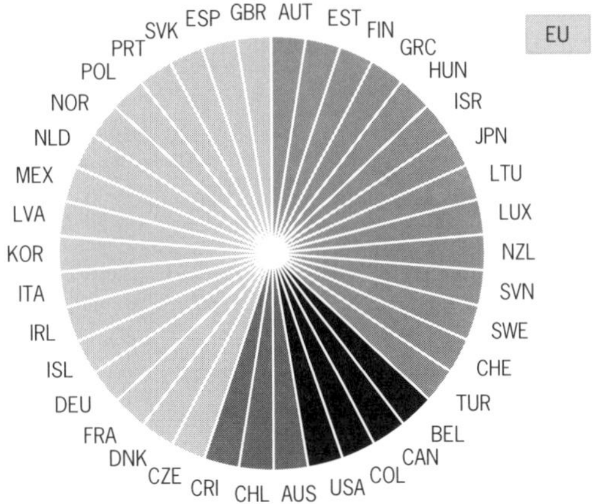

出典：Indicators of Regulatory Policy and Governance（iREG）Survey 2021.

StatLink：https://stat.link/w6sgfl

指標21　経済規制当局の資源調達

経済規制当局は、エネルギー、電子通信、水供給、運輸などの不可欠なサービスを社会に効率的に提供するために存在している。長期的な政策目標へのコミットメントを示すために独立した機関として設立されることが多く、消費者、事業者及び政府の間で独自の立場を占めている。これが、資源を含むガバナンスが重要である理由である。資源調達の取り決めは、その有効性を左右する可能性があり、部門の成果を改善するための規制枠組みの全体的な成功に不可欠である。

適切な人員配置と資金調達の取り決めは、規制当局が自律的に行動し、動的な市場と新たな役割に機敏に対応する権限を与えることができる。規制当局に資金を提供し、職員を配置するための透明で説明責任のあるメカニズムは、規制機関とシステムに対する有効性を強化し、信頼を高めることができる。さらに、規制当局がその機能を効果的に遂行する能力と力量は、十分に資格のある包括的な労働力と十分な資金に依存している。

規制当局は、規制決定の基礎として証拠に基づく分析を提供するために、職員の専門知識と技能に依存している。これは、規制当局が適切な資格を有する十分な職員を採用できることを必要とするが、実際には、規制当局はそうすることへの制約に直面することがある。例えば、OECD諸国の26のエネルギー規制当局のうち6機関（23%）は、職員の採用前に外部機関（例えば、関係省庁）の承認を得る必要がある（図5.11）。この数字は、電子通信規制当局では16機関のうち5機関（31%）、運輸規制当局では17機関のうち4機関（24%）、水供給規制当局では13機関のうち2機関（15%）である（図5.11）。このような要件は、必ずしも規制当局の能力を低下させるものではなく、規制当局の職員数と財源との一致を確保することができる。しかし、適切な保障措置がなければ、雇用が必要とされる職員数以下に制限された場合、規制当局の業務に不当な影響を及ぼす余地を提供する可能性がある。

経済規制当局も、その任務を遂行するために十分な資金に依存している。予算決定は、説明責任と信頼を支えるために透明性があるべきである。実際には、OECD諸国のエネルギー規制当局25機関のうち19機関（76%）について、予算決定は予算配分を担当する機関によって説明されている（表5.12）。この数字は、電子通信規制当局では15機関のうち12機関（80%）、運輸規制当局では17機関のうち14機関（82%）、水供給規制当局では12機関のうち8機関（67%）である。ほとんどの場合、この説明は予算配分プロセスの説明責任を裏付ける公的な書類を通じて行われる（表5.12）。

方法論と定義

経済規制当局のネットワーク（Network of Economic Regulators: NER）による経済規制当局の資源調達に関する2021年OECDサーベイは、エネルギー、電子通信、運輸、水供給の各部門のNER参加者に配布され、資金提供と資源管理に関する詳細な洞察を収集した。この調査では、2021年1月1日現在の資源調達の取り決めを分析している。一般的に、回答者は規制機関及び/又は関係省庁の上級官吏であった。サーベイ結果には、27のOECD加盟国と2つの非加盟国（ブラジルとルーマニア）の52の国及び地方の規制当局が含まれている。

サーベイには、人的資源（職員の特性、契約と給与、採用、研修とキャリア形成、清廉性）と財源（資金源、資金調達手続き、国家予算を通じた資金調達、手数料を通じた資金調達、財務管理、監査）に関する質問が含まれていた。サーベイで職員の取り決めを分析する場合、これらの取り決めは、取締役会及び/又は局長のメンバーとは別に、管理職員、技術職員及びサポート職員に関するものである。

詳細情報

OECD (2022), *Equipping Agile and Autonomous Regulators*, The Governance of Regulators, OECD Publishing, Paris, https://doi.org/10.1787/7dcb34c8-en.

OECD (2014), *The Governance of Regulators*, OECD Best Practice Principles for Regulatory Policy, OECD Publishing, Paris, https://doi.org/10.1787/9789264209015-en.

OECD (n.d.), "The OECD Network of Economic Regulators", OECD, Paris, www.oecd.org/gov/regulatory-policy/ner.htm.

図表注

複数の経済規制当局が国内の特定の部門を規制している場合、回答は各規制当局ごとに特定されている。

ACCC=オーストラリア競争・消費者委員会、AER=オーストラリア・エネルギー規制機関、ESCOSA=南オーストラリア必需サービス委員会、VERT=リトアニア国家エネルギー規制審議会、RRT=リトアニア通信規制機関。

図5.11：承認を必要とする要素には、例えば、機関の総職員数又は採用する新規職員数を含めることができる。ニュージーランドでは、IRCへの考慮が、良好な規制慣行に対する政府の期待及び政府の規制マネジメント戦略を含む中核的な文書に組み込まれている。

表5.12：空のセルは、それぞれの国及び部門のデータセットに応答が含まれていないことを示す。

ポルトガルに関する注：ポルトガルの独立した経済規制当局のための枠組み法は、労働者の雇用を含む人事管理は政府メンバーの意見に左右されないと決定している。機関の年間予算及び複数年の活動計画は（機関の職員数を掲載しているため）それぞれの分野を担当する政府メンバーの承認を必要とするが、承認は限られた一連の状況（規制当局の目的又は公共の利益に対する違法性又は損害など）の下でのみ拒否することができる。

図 5.11　職員の新規採用をする際に外部主体の承認を義務付けられている規制当局（2021 年）

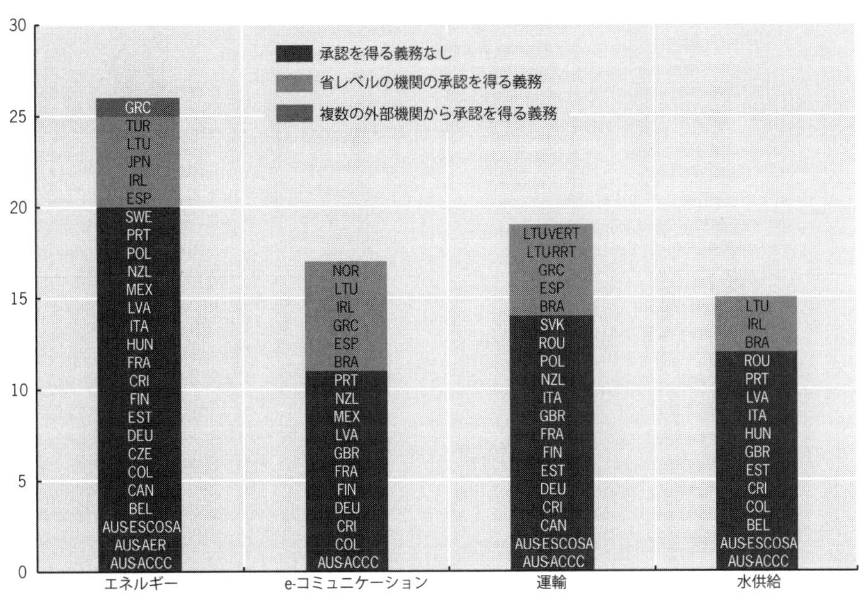

出典：2021 OECD Survey on the Resourcing Arrangements of Economic Regulators.

StatLink：https://stat.link/3serb6

表 5.12　権限ある当局による規制当局の予算に関する意思決定の開示（2021 年）

	規制当局により監視されている部門			
	エネルギー	e-コミュニケーション	運輸	水供給
オーストラリア（ACCC）	■	■	■	■
オーストラリア（AER）	■			
オーストラリア（ESCOSA）	□		□	□
ベルギー	■			
カナダ	▣		▣	
コロンビア	■	□		■
コスタリカ	■	■	■	■
チェコ	□			
エストニア	□		□	□
フィンランド	■	■	■	
フランス	■	□	■	
ドイツ	■	■	■	
ギリシャ	□	□	▣	
ハンガリー	■			■
アイルランド	■			■
イタリア	□		■	□
日本	▣			
ラトビア	▣	▣		▣
リトアニア（RRT）		■	■	
リトアニア（VERT）	■		■	■
メキシコ		■		
ニュージーランド	■	■	■	
ノルウェー		■		
ポーランド	▣		■	
ポルトガル	□	■		□
スロバキア			□	
スペイン	■	■	■	
スウェーデン	■			
トルコ	■			
イギリス		▣	▣	■
OECD 諸国全体				
■公開公的文書に掲載される	15	10	11	7
▣非公開文書に掲載される	4	2	3	1
□予算に関する意思決定の公開はない	6	3	3	4
ブラジル		■	■	■
ルーマニア			□	□

出典：2021 OECD Survey on the Resourcing Arrangements of Economic Regulators.

StatLink：https://stat.link/y1n4ct

第 6 章　予算編成の慣行

指標 22　グリーン予算編成

指標 23　ジェンダー予算編成

指標 24　独立財政機関

指標 25　特集：COVID-19 流行時の医療支出マネジメント

指標 22　グリーン予算編成

グリーン予算編成とは、気候と環境の目標を達成するために予算政策を策定するツールを利用することである。これには、予算と財政政策の気候と環境への影響を統合・評価し、国内及び国際的なコミットメントに向けた道筋を検討することが含まれる。グリーン予算編成は、予算サイクルのすべての段階に関連する 4 つの構成要素によって定義される。すなわち、(1) 制度的取り決め、(2) 方法とツール、(3) 説明責任と透明性、(4) 予算編成を可能にする環境である (OECD, 2020)。2022 年には、サーベイの対象となった OECD 諸国の 3 分の 2 (36 か国中 24 か国) がグリーン予算編成メカニズムを実施していたのに対し、2021 年には 35 か国中 14 か国 (40%) であった。この短期間に、グリーン予算編成を実施した国の数は、ほぼ2倍になった(図6.1)。2021 年以降にグリーン予算編成を導入した OECD 諸国は、チリ、フィンランド、ギリシャ、イスラエル、韓国、リトアニア、ニュージーランド、スロバキア、スペイン、スイス及びトルコの 11 か国であった。

2022 年 OECD グリーン予算編成指数は、OECD 諸国がグリーン予算編成をどの程度採用しているかを示している (図 6.2)。これは、OECD グリーン予算編成フレームワークの 4 つの構成要素に基づいて、グリーン予算編成の実践の採用を反映するように設計されており、政策決定者がグリーン予算編成の設計と開発をする際の支援をする。

指数の構成要素に関して、グリーン予算編成を実施するために使用される方法とツールは、依然として広く採用されている (表 6.3)。この下位の構成要素は、OECD 諸国平均で、スコア 0.12 であり、コロンビアとトルコの 0.05 からイギリスの 0.23 までの範囲である。ほとんどの国は、グリーン予算編成を実施するためのツールとして、カーボン・プライシングメカニズム (24 か国のうち 22 か国、92%)、環境インパクト評価 (24 か国のうち 18 か国、75%)、ソブリン・グリーンボンド (グリーン国債等) (24 か国のうち 18 か国、75%) を有している。新たなツールには、多年度予算におけるグリーンの要素 (24 か国のうち 8 か国、33%)、支出レビューにおけるグリーンの視点 (24 か国のうち 6 か国、25%)、経済の特定セクターに対するカーボン予算の設定 (24 か国のうち 5 か国、21%) が含まれる。

OECD 諸国は制度的取り決めを強化している。指数のこの構成要素は OECD 諸国平均で 0.15 であるが、イスラエルの 0.04 からノルウェーとイギリスの 0.21 まで国によって大きなばらつきがある。先進慣行を有する諸国は、ノルウェーの場合と同様にグリーン予算編成に関する法律を可決している。多くの諸国は、行政慣行を通じて枠組みを開発している (オンラインの図 G.3.1 参照)。説明責任と透明性の取り決めは新たな慣行であり、最も低いスコアを有する構成要素である。市民社会の関与、グリーン予算編成の監視、グリーン予算編成報告書の議会への提出は広く行われている慣行ではなく、現在のところアイルランドと韓国でのみ採用されている (オンラインの図 G.3.2 参照)。グリーン会計基準と監視メカニズムは開発の初期段階にある。グリーン予算編成を可能にする環境の構成要素は、スイスの 0.00 からギリシャとイギリスの 0.25 までの平均スコア 0.14 を示している。比較的うまくいっている国は、フランスとスウェーデンの場合のように、グリーン・イニシアティブに関連するプログラムと業績に基づく予算編成を実施している諸国である。多く諸国が能力構築イニシアティブも実施しており、2022 年には 24 か国のうち 10 か国 (42%) が関係省庁の訓練と技能開発を開始している (オンラインの図 G.3.3 参照)。

方法論と定義

データは、2022 年 OECD グリーン予算編成サーベイから得られたものであり、OECD 諸国 36 か国からの回答を含み、2022 年 6 月末現在の中央／連邦政府の慣行のみを示している。回答者は主に中央予算当局の予算官吏であった。回答は、現在の慣行と手続きに関する回答者自身の国の評価を表している。

2022 年 OECD グリーン予算編成指数は 4 つの次元を持ち、OECD グリーン予算編成フレームワークの 4 つの構成要素に基づいており、それぞれが等しいウエイト (0.25) を有している。指数の範囲は 0 (実施されていない) から 1 (高水準のグリーン予算編成慣行) までである。国別グリーン予算編成慣行スコアは、0 から 1 までの各次元のウエイト付けされたスコアを合計することによって決定された。指数を構成する変数とウエイトは、概念との関連性に基づいて OECD の専門家によって選択され、「グリーン予算編成に関する OECD パリ共同研究」に派遣された各国代表によってレビューされた。

合成指数の詳細は附録 A で利用可能である。

詳細情報

Blazey, A. and M. Lelong (2022), “Green budgeting:a way forward”, *OECD Journal on Budgeting*, Vol. 22/2, https://doi.org/10.1787/dc7ac5a7-en.

OECD (2020), *OECD Green Budgeting Framework*, OECD, Paris, https://www.OECD.org/environment/green-budgeting/OECD-Green-Budgeting-Framework-Highlights.pdf.

OECD (forthcoming), *Green Budgeting in OECD Countries - 2022 OECD Green Budgeting Survey Results.*

図注

2022 年のコスタリカとスロベニアのデータは利用可能ではない。

図 6.1：2022 年については、ハンガリー、ラトビア及びポルトガルは、グリーン予算編成を実施していないが、将来グリーン予算編成を導入する計画を有している。2021 年については、コスタリカ、イスラエル及びアメリカのデータは利用可能ではない。

図 6.2：慣行の変化を反映し、2021 年の OECD グリーン予算編成指数から更新されている。

図 G.3.1「グリーン予算編成の法的根拠 (2021 年及び 2022)」、図 G.3.2「グリーン予算編成の説明責任及び透明性の仕組み (2022 年)」及び図 G.3.3「グリーン予算編成のための環境の整備 (2022 年)」は、附録 G においてオンラインで入手することができる。

図 6.1　グリーン予算編成の存在（2021 年及び 2022 年）

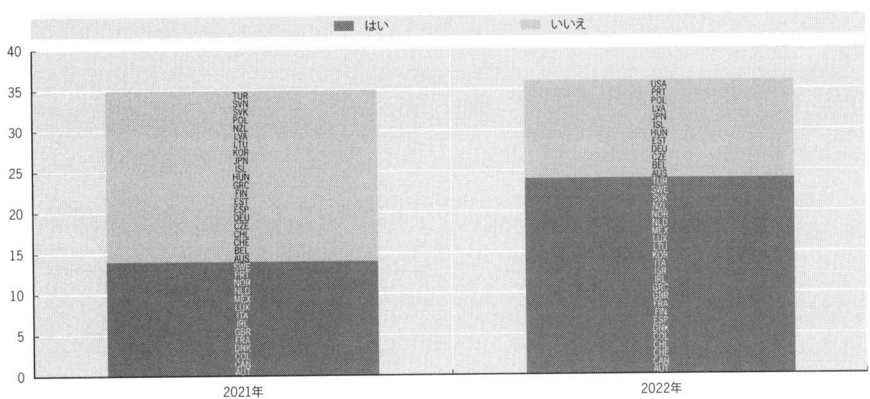

出典：OECD（2022）, OECD Survey on Green Budgeting; and OECD（2021）, OECD Annual Update on Green Budgeting.

StatLink：https://stat.link/ujscqo

図 6.2　OECD グリーン予算編成指数（2022 年）

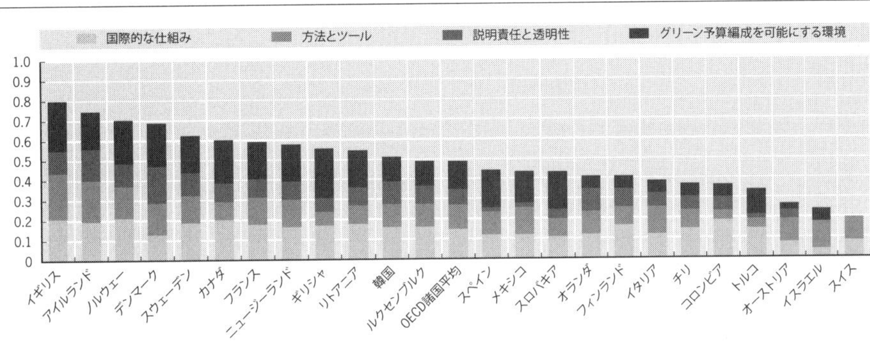

出典：OECD（2022）, OECD Survey on Green Budgeting.

StatLink：https://stat.link/1ak59q

表 6.3　グリーン予算編成の方法とツール（2022 年）

国名	カーボン・プライシング手法	環境インパクト評価	グリーン国債	グリーン予算のタグ付け	有害な租税支出のレビュー	環境に関する費用便益分析	多年度予算編成におけるグリーン	支出レビューにおけるグリーンの視点	カーボン予算
オーストリア	●	●	●					●	
カナダ	●	●	●		●				
チリ	●		●	●		●			
コロンビア			●						
デンマーク	●	●	●			●			
フィンランド	●	●		●	●				
フランス	●	●	●	●	●	●			●
ギリシャ	●			●				●	
アイルランド	●	●	●	●	●	●	●	●	●
イスラエル	●	●	●		●	●			
イタリア	●	●	●	●	●		●		
韓国	●	●	●	●				●	
リトアニア	●	●	●			●			
ルクセンブルク	●	●	●	●			●		
メキシコ	●	●	●	●	●				
オランダ	●	●	●		●	●			
ニュージーランド	●	●				●	●		●
ノルウェー	●	●		●	●	●		●	●
スロバキア	●				●		●		
スペイン	●	●	●	●					
スウェーデン	●	●	●	●	●				
スイス	●		●				●		
トルコ						●	●		
イギリス	●	●	●	●	●	●	●	●	●
OECD諸国全体									
●はい	22	18	18	13	12	11	8	6	5

出典：OECD（2022）, OECD Survey on Green Budgeting.

StatLink：https://stat.link/09jeqr

指標23　ジェンダー予算編成

ジェンダー不平等の克服は、社会と経済に大きな便益をもたらす。ジェンダーの雇用格差を埋めることは、経済成長と回復を強化し得る。ジェンダー予算編成を効果的に実施することで、予算政策が労働力参加の増加、GDPの増加、財政の持続可能性の改善などのジェンダー平等の目標を確実に推進することができる（Nicol, 2022）。2022年ジェンダー予算編成OECDサーベイの結果は、ジェンダー予算編成の実施が着実に増加していることを示しており、OECD諸国では、2018年の17か国（50%）、2016年の12か国(35%)と比較して、2022年には23か国(61%)が措置を導入している（図6.4）。

OECDジェンダー予算編成指数は、OECD諸国全体のジェンダー予算編成の実施状況を評価している。2022年のジェンダー予算編成指数は、2023年のOECDジェンダー予算編成枠組みの5つの構成要素を中心に設計された。すなわち、(1)制度的・戦略的仕組み、(2) 実現可能な環境、(3) 方法とツール、(4) 説明責任と透明性、及び（5）インパクトである（Gatt Rapa and Nicol, 2023b, 2023c, forthcoming）。

図6.5は、2022年のOECDジェンダー予算編成指数を示している。7か国がハイ・スコア（0.6以上）を達成した。2018年以来、予算編成におけるジェンダーと多様性を法制化してきたカナダが全体で最高のスコアを獲得した。オーストリア、アイスランド、韓国、メキシコ、スペイン及びスウェーデンもハイ・スコアを達成した。これらの諸国のジェンダー予算編成へのアプローチは様々であるが、ハイ・スコアを受けた諸国は、それぞれ、構成要素全体にわたって一連の措置を提示する包括的なアプローチを有している。

制度的・戦略的仕組みの構成要素は、OECD諸国平均0.13と最も高いスコアを達成した。指数のこの構成要素で最も高いスコア（0.20）を達成した国は、明確に定義された法的根拠（法律又は憲法）を有し、政策において明確なジェンダー平等の目標を設定し、中央予算当局がジェンダー予算編成の実施を主導している国である。例えば、コロンビア、アイスランド、韓国である（オンライン図G.3.4参照）。

新たに追加された2つの構成要素である説明責任と透明性、及びインパクトは、精査メカニズムのさらなる進歩とジェンダー予算編成を通じて収集された証拠の効果的な利用の余地を反映して、最も低い比較指数スコアを達成した。説明責任と透明性の構成要素の平均スコアは0.09であり、この構成要素で他国より優れている国は、予算文書にジェンダー情報を含み、ジェンダー予算編成に関する議会への定期的な報告や議会委員会の公聴会を含む監視プロセスを有する国である。例えば、オーストリアでは、0.18と最も高いスコアを得ている（図6.6）。インパクトに関する構成要素のスコアもOECD諸国平均0.07と比較的低い。より高いスコアに傾く要素は、予算決定においてジェンダー予算編成の洞察を一貫して利用することと、政策開発と資源配分においてジェンダーの視点を達成することであり、カナダでは0.2と最も高いスコアを得ている（オンライン図G.3.5参照）。

方法論と定義

データは、2022年ジェンダー予算編成に関するOECDサーベイから得られたものであり、OECD諸国の全38か国からの回答を含み、2022年3月1日現在の中央／連邦政府の慣行のみを参照している。回答者は主に中央予算当局の上級予算官吏であった。回答は、現在の慣行と手続きに関する各国自身の評価を表している。

2022年OECDジェンダー予算編成指数の5つの構成要素は、それぞれ同じウエイト（0.20%）を持っている。指数は0から1の範囲であり、各国は、0.6以上のスコアで高度なジェンダー予算編成慣行、0.3から0.6のスコアで中間レベルの慣行、0.3以下のスコアで導入レベルの慣行である。国別ジェンダー予算編成慣行スコアは、0から1まで個別に変化する各構成要素の加重スコアを合計することによって決定された。指数を構成する変数とウエイトは、構成要素との関連性に基づいてOECDの専門家によって選択され、ジェンダー予算編成に関する上級予算官吏ネットワークの国家代表によってレビューされた。指数の詳細は附録A参照。

詳細情報

OECD (2023), “OECD Best Practices for Gender Budgeting”, *OECD Journal on Budgeting*, Vol. 23/1, https://doi.org/10.1787/9574ed6f-en.

Gatt Rapa, K. and S. Nicol (2023b, forthcoming), “Gender Budgeting in OECD Countries 2023”, OECD Publishing, Paris.

Gatt Rapa, K. and S. Nicol, (2023c, forthcoming), “OECD Framework for Gender Budgeting”, OECD Publishing, Paris.

Nicol, S. (2022), “Gender budgeting: The economic and fiscal rationale”, *OECD Journal on Budgeting*, Vol. 22/3, https://doi.org/10.1787/9ca9b221-en.

図注

図6.4：2018年以後にジェンダー予算編成を導入した国＝オーストラリア、コロンビア、フランス、リトアニア、ニュージーランド及びトルコ。ニュージーランドはパイロット・ベースでジェンダー予算編成を導入した。ルクセンブルク、ラトビア及びスロベニアはジェンダー予算編成の実施を積極的に検討している。2018年については、コロンビア、コスタリカ、リトアニア及びアメリカのデータは利用可能ではない。2016年については、コロンビア、コスタリカ、リトアニア及びラトビアのデータは入手できない。

図6.5：慣行の変化を反映し、ジェンダー予算編成に関する指数については、2018年のOECDファースト・パスから更新。

図G.3.4「OECDジェンダー予算編成指数：制度的・戦略的仕組みの構成要素（2022年）」及び図G.3.5「OECDジェンダー予算編成指数：インパクトの構成要素(2022年)」は、附録Gでオンラインで利用可能である。

図 6.4　ジェンダー予算編成の存在（2016 年、2018 年及び 2022 年）

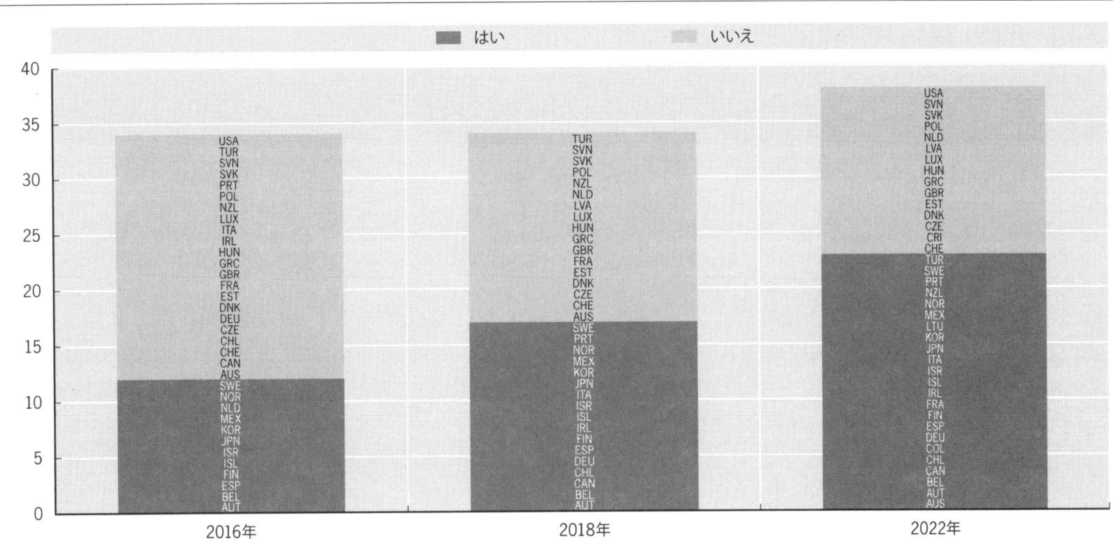

出典：OECD (2022), OECD Survey on Gender Budgeting; OECD (2018), OECD Budget Practices and Procedures Survey; OECD (2016), OECD Survey of Gender Budgeting

StatLink：https://stat.link/zy1w3u

図 6.5　OECD ジェンダー予算編成指数（2022 年）

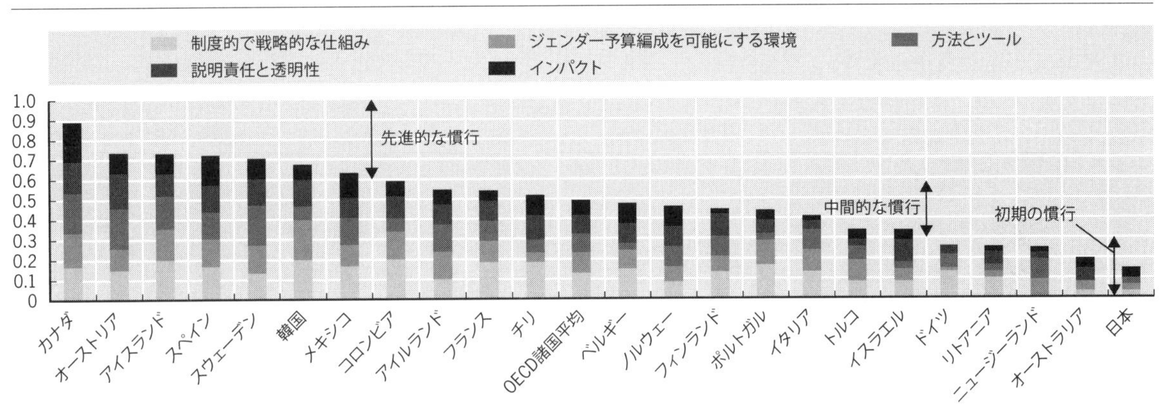

出典：OECD (2022), OECD Survey on Gender Budgeting.

StatLink：https://stat.link/e0ydl6

図 6.6　OECD ジェンダー予算編成指数：説明責任と透明性に関する構成要素（2022 年）

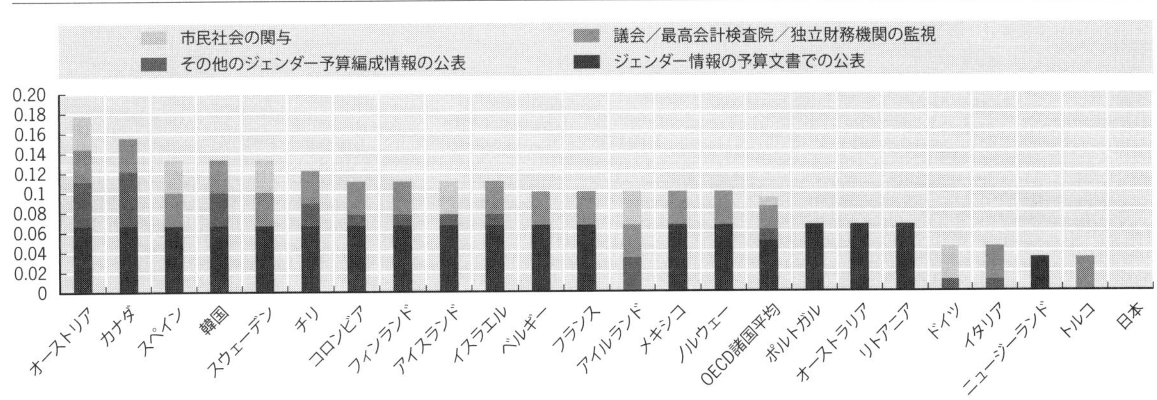

出典：OECD (2022), OECD Survey on Gender Budgeting.

StatLink：https://stat.link/1yl8ct

指標 24　独立財政機関

独立財政機関（independent fiscal institutions: IFI）は、財政に関する政策と業績を批判的に評価し、場合によっては超党派の助言を提供する権限を有する独立した公的機関である。IFI は、より大きな透明性と説明責任を支援することを通じて、健全な財政政策と持続可能な財政を促進することを目的としている。世界的な金融危機以後、IFI の数は急増しており、現在、29 の OECD 諸国に 35 の国家機関が設置されている（6 か国は複数の国家 IFI を有している）（図 6.7）。IFI が十分に機能している場合、その存在は議会における民主的な議論を支援し、財政政策決定に対する信頼を醸成するのに役立つ。

独立財政機関のための OECD 原則は、効果を達成するための鍵であるため、IFI に対し、最初から効果的なコミュニケーションチャンネルを開発することを求めている（OECD, 2014）。財政政策決定における IFI の影響力が（法的制裁その他の懲罰的措置による強制的なものではなく）説得力があることを考えると、彼らの仕事に関するメディア報道は、政府が財政問題において透明で責任ある行動をとることを奨励する可能性のある情報に基づいた支持者を育成するのに役立つ。IFI の独立の信頼性は、その見解が公の議論において影響力を持つための重要な前提条件である。さらに、IFI が安定したメディアの存在を持ち、予算プロセス中、最も重要なときに、重要なメッセージに焦点を当てて提供されるようにすることが重要である。

2021 年の OECD IFI コミュニケーション指数は、国レベルでの OECD 諸国の IFI 全体のコミュニケーション慣行の尺度を提供する。この指数は、研究の普及、研究の促進、影響力の追跡というコミュニケーションの 3 つの異なる側面に関連した制度的取り決めを考慮している（図 6.8）。その結果、OECD 諸国全体の IFI は積極的に研究を普及させる傾向があり、最大スコア 0.52 のうち OECD 諸国平均 0.34 を獲得している。同様に、ほとんどの IFI は研究を促進するために活動しており、最大スコア 0.32 のうち OECD 諸国平均 0.21 を獲得している。しかし、影響力を追跡するための IFI の能力（例えば、メディアや議会での言及の追跡や利害関係者サーベイの実施を通じて）は比較的発達していない。影響力を追跡するための OECD 諸国の IFI 全体の平均スコアは、最大スコア 0.16 のうち 0.09 である。一般的に、オランダ中央計画局、アメリカ議会予算局、カナダ議会予算局など、指数の上位にある機関は、より広範な責任とより多くの職員を有し、より大きな独立性を享受していることが多い。いくつかの IFI、特に限られた人的資源しか持たない IFI は、依然として比較的限られたコミュニケーション慣行しか有していない。

IFI は、良好なコミュニケーションが影響力を支えることを認識し、コミュニケーションの取り組みに投資し、全体的なアプローチを強化するためのツールとプロセスを開発している。例えば、OECD 諸国の国レベルの IFI の 60%（35 機関のうち 21 機関）は、とりわけメディアの要求にどのように対処し、ソーシャルメディアとどのように対話するかを定めたコミュニケーション政策を有している。さらに、ほぼ半数（16 機関、46%）が、IFI がその影響力と範囲をどのように拡大するかを特定するコミュニケーション戦略を有している。現在では、IFI の報告書公表の際に、プレスリリース（29 機関、83%）と記者会見（20 機関、57%）を行うことが一般的である（図 6.9）。これらは、IFI の主要なメッセージに対する国民の意識を高め、その潜在的な影響力を強化するのに役立つ。

方法論と定義

データは、2021 年 OECD 独立財政機関データベースから得られたものであり、OECD 諸国の国家機関のみを対象としている。データは机上調査によって収集され、OECD の議会予算官吏及び独立財政機関の作業部会に参加した上級官吏によって検証された。データセットには、29 の OECD 諸国の 35 の国家レベルの機関が含まれている。6 か国（オーストリア、ベルギー、フィンランド、ギリシャ、アイルランド及びポルトガル）には 2 つの独立財政機関がある。完全なデータセットには、この分析ではカバーされていない地方の IFI も含まれている。

データベースの範囲は 2021 年に拡大され、IFI の機能、コミュニケーション及び透明性をより豊富にカバーしている。コミュニケーションに関する新しいデータは、2021 年の OECD IFI コミュニケーション指数の開発に情報を提供した。この指数は、コミュニケーションの 3 つの異なる側面に関連した制度的取り決めを考慮している。ウエイトは、研究の普及（52%）が最も大きく、次いで研究の促進（32%）、影響力の追跡（16%）に重点が置かれている。制度スコアは、各柱のウエイト・スコアを合計することによって決定された。指数を構成する変数とウエイトは、概念との関連性に基づいて OECD の専門家によって選択され、議会予算官吏及び独立財政機関作業部会職員との国代表によってレビューされている。合成指数の詳細は附録 A に記載されている。

詳細情報

OECD (2014), "Recommendation of the Council on Principles for Independent Fiscal Institutions", *OECD Legal Instruments*, OECD/LEGAL/0401, OECD, Paris, https://www.oecd.org/gov/budgeting/OECD-Recommendation-on-Principles-for-Independent-Fiscal-Institutions.pdf.

図 6.7　OECD 諸国における独立財政機関の存在（2021 年）

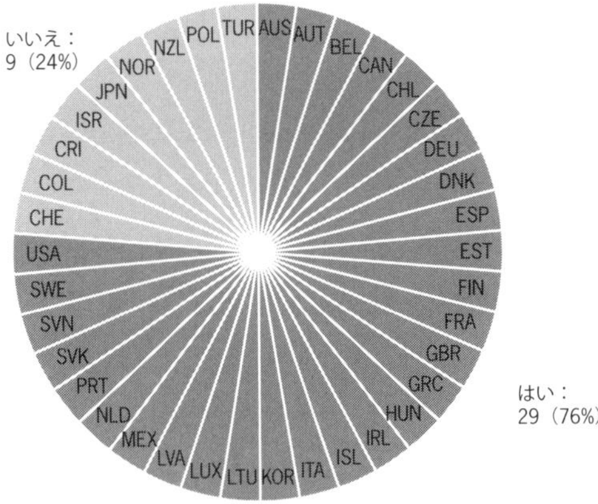

出典：OECD Independent Fiscal Institutions Database（2021）.

StatLink：https://stat.link/domznp

図 6.8　OECD 独立財政機関（IFI）コミュニケーション指数（2021 年）

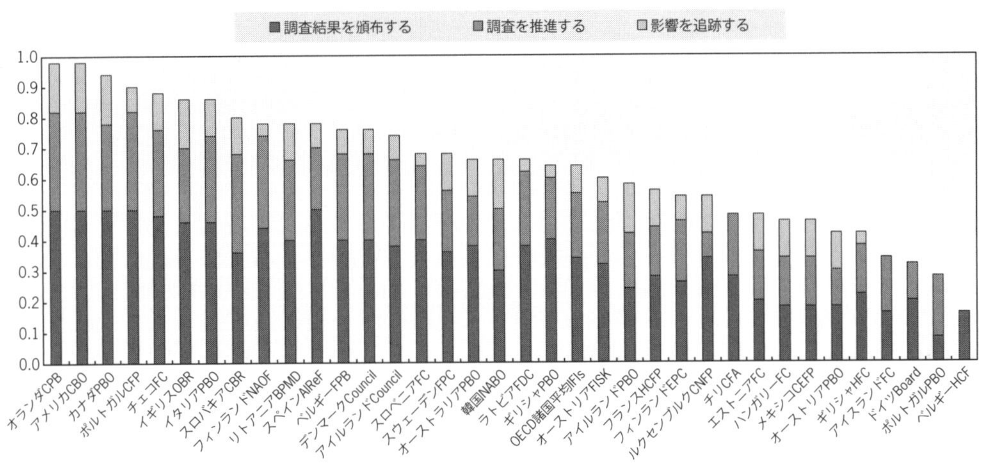

出典：OECD Independent Fiscal Institutions Database（2021）.

StatLink：https://stat.link/nymiz7

図 6.9　調査結果の頒布：独立財政機関（IFI）コミュニケーション・ツールと慣行（2021 年）

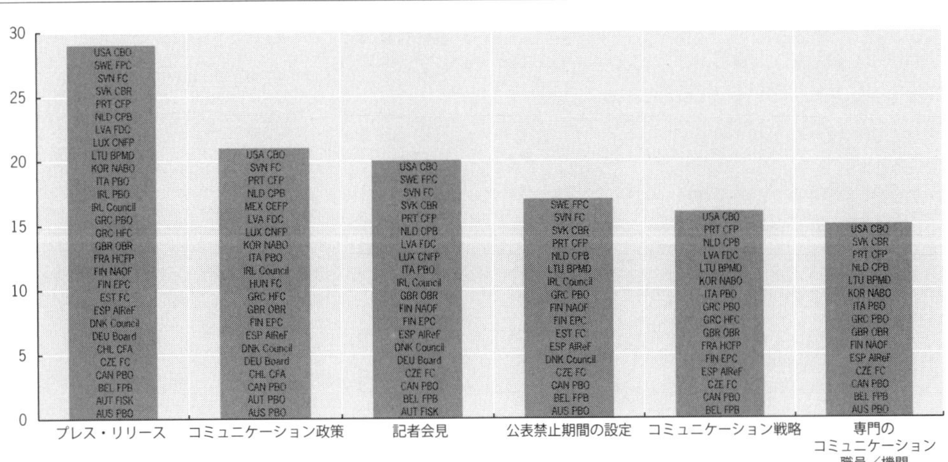

出典：OECD Independent Fiscal Institutions Database（2021）.

StatLink：https://stat.link/wod67i

指標25　特集：COVID-19流行時の医療支出マネジメント

保健医療システムが直面している財政の持続可能性の課題を考えると、保健医療予算を担当する政府機関間の効果的な対話が極めて重要である。重要な側面の1つは、保健医療のための中期財政計画立案である。これには、1年間の年次予算を超えて、戦略的で複数年にわたる予算編成アプローチをとることが含まれる。これには、保健機関が効果的に計画できるように、将来の資源エンベロープの予測可能性を向上させることが含まれる。しかし、課題は、政策に適応する政府の柔軟性を維持しつつ、利用可能な財源の合理的な仮定に基づいて保健機関が計画できるようにする中期枠組みを設計することである。

保健医療部門の中期財政計画立案は、様々なツールを通じて対処することができ、中期予測（2～5年）の作成は、予算年度以後の保健医療システムの将来を見据えた展望を策定するための前提条件である。公式の中期予測は、公的機関によって作成されるか、政府からの要請に応じて独立機関によって作成される。サーベイの対象となったOECD諸国のほとんどは、この前提条件を満たし、将来の保健医療予算を推計している（24か国の回答のうち22か国、92%）（図6.10）。保健システムの中期財政計画立案の結果は、保健医療部門の優先事項に資源をよりよく適合させるために、年次予算プロセスに情報を提供すべきである。出発点として、保健医療支出予測は政府予算文書に統合することができる。これは、保健医療部門の新たな支出義務を議会その他の利害関係者に知らせる。サーベイ対象となったOECD諸国の半数（22か国中11か国、50%）が、将来の保健医療予算の予測を政府予算文書に含めている（図6.11）。ベルギーやフランスのような強制健康保険制度を有する国については、予測は社会保険機関のための別個の予算文書に統合されている。

年次予算プロセスを通じて、保健医療部門の中期予測は複数年の予算配分に変換することができる。しかし、保健医療のための中期財政計画立案の目的はOECD諸国によって異なり、サーベイ対象となったOECD諸国の半数弱（21か国中10か国、48%）が保健医療のための中期財政計画を予算配分の基礎として使用している。4か国（フィンランド、アイスランド、イタリア及びラトビア）では、保健医療のための中期財政計画が拘束力のある予算配分の基礎として使用されている。さらに、ギリシャ、イスラエル及びオランダでは、今年度以降の保健医療支出に拘束力のある上限が設定されており、チリ、コスタリカ及びイギリスでは、保健医療支出の最低保証下限が設定されている。残りの国では、保健医療のための中期財政計画立案では、中期支出予測を作成しているサーベイ象国の半数強（21か国中11か国、52%）で情報目的にのみ使用されている（図6.12）。ここで、中期支出予測は、現在の政策の将来のコストを強調することを意図しているが、政策の将来の決定を拘束するものではない。

方法論と定義

データは、保健医療支出のマクロレベルのマネジメントに関する2021年のOECDサーベイから得られたものである。このサーベイは、保健医療のための複数年の財政計画立案に特に焦点を当てていた。データは主に中央／連邦政府に関するものであり、回答者は、主に中央予算当局、保健担当省及び、該当する場合には、強制健康保険を担当する機関の部内の官吏であった。回答は、現在の慣行及び手続に関するその国自身の評価を表している。

サーベイ・データには、24のOECD諸国からの回答が含まれている。OECD諸国は、保健医療支出の大部分が中央又は地方レベルの政府スキームを通じて行われている11か国（オーストラリア、フィンランド、ギリシャ、アイスランド、イタリア、ラトビア、メキシコ、ニュージーランド、ノルウェー、スウェーデン及びイギリス）と、強制健康保険制度が保健支出の大部分を占めている13か国（オーストリア、ベルギー、チリ、コロンビア、コスタリカ、チェコ、エストニア、フランス、イスラエル、日本、韓国、ルクセンブルク及びオランダ）で構成されている。強制健康保険制度には、社会健康保険制度と強制民間健康保険制度がある。

詳細情報

OECD (2019), *OECD Journal on Budgeting, Volume 2019 Issue 3:Special Issue on Health*, OECD Publishing, Paris, .https://doi. org/10.1787/9789264233386-en.

OECD (2015), *Fiscal Sustainability of Health Systems: Bridging Health and Finance Perspectives*, OECD Publishing, Paris, https://doi. org/10.1787/9789264233386-en.

図注

カナダ、デンマーク、ドイツ、ハンガリー、アイルランド、リトアニア、ポーランド、ポルトガル、スロバキア、スロベニア、スペイン、スイス、トルコ及びアメリカのデータは利用可能ではない。

図6.11：コロンビアとコスタリカのデータは利用可能ではない。ベルギーとフランスの予測は、社会保険機関のための別個の予算文書に統合されている。

図6.12：データは、将来の保健医療支出の見積りを作成している国のみを対象としている。

図6.10 保健医療支出に関する公式の中期予測（2～5年）の作成（2021年）

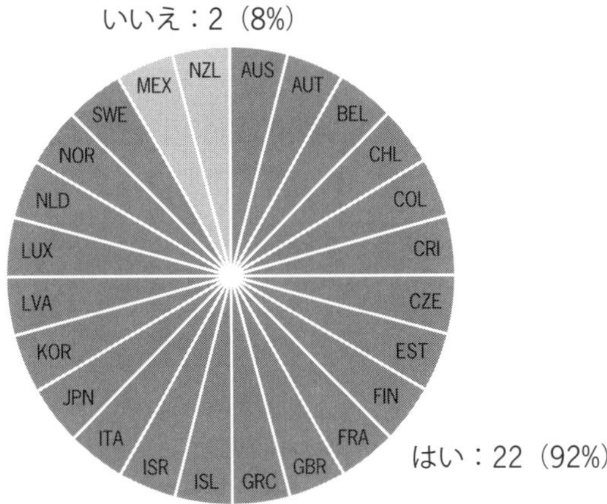

出典：OECD（2021）, Survey on macro-level management of health expenditure, with a special focus on multi-annual financial planning for health.
StatLink：https://stat.link/drn1wf

図6.11 保健医療支出予測の予算文書への掲載（2021年）

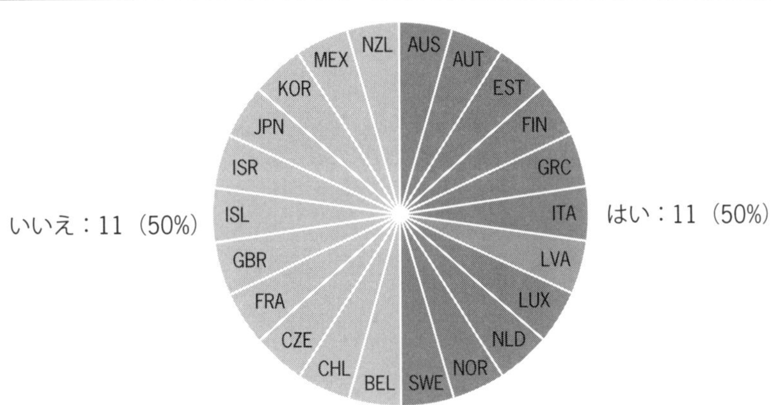

出典：OECD（2021）, Survey on macro-level management of health expenditure, with a special focus on multi-annual financial planning for health.
StatLink：https://stat.link/sbr87l

図6.12 保健医療支出の中期財政計画立案の目的（2021年）

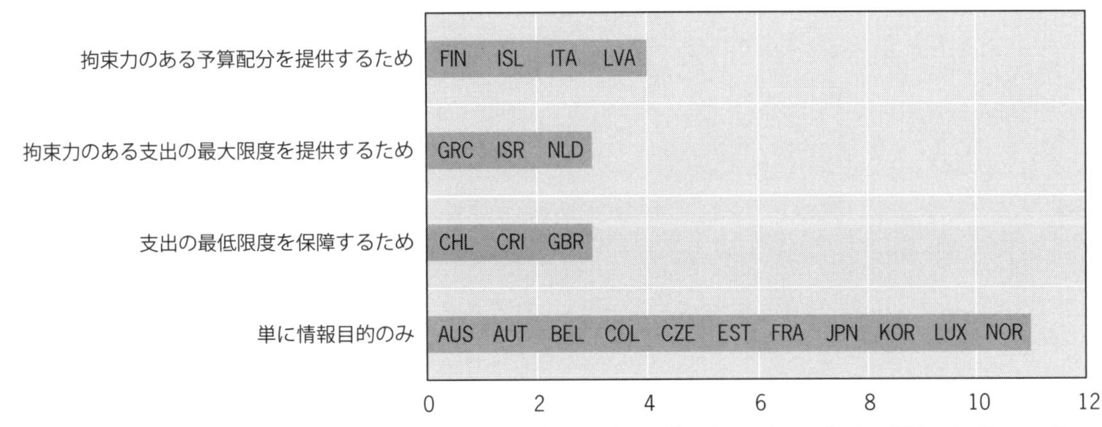

出典：OECD（2021）, Survey on macro-level management of health expenditure, with a special focus on multi-annual financial planning for health.
StatLink：https://stat.link/j5b9ud

第7章　公共調達のマネジメント

指標26　公共調達の規模

指標27　グリーン公共調達戦略

指標28　グリーン公共調達の評価

指標26　公共調達の規模

政府は、政策の実施と公共サービスの提供を支援するために大量の物資やサービスを調達している。COVID-19危機が示したように、公共調達の戦略、慣行、システムは、国民の生活の質と幸福に直接影響を与える。各国が公共調達における最大限の効率性、有効性、金銭に見合う価値を目指すことが重要である。

GDPに占める公共調達支出の割合は、過去10年間にOECD諸国全体で2007年のGDPの11.8%から2021年にはGDPの12.9%へと大幅に増加した。近年、GDPに占める公共調達の割合はさらに増加している。OECD-EU諸国全体では、公共調達は2019年のGDPの13.7%から2021年には14.8%へと増加した。この増加は、主に、欧州の復興計画の中心である復興・強じん性ファシリティ（Recovery and Resilience Facility: RRF）が公共投資を押し上げたことによるものである。GDPに占める公共調達支出の割合も、日本（16.6%から18.1%）とイギリス（13.1%から15.7%）で増加した（図7.1）。

一方、政府支出総額に占める公共調達の割合は、2019年から2021年の間にOECD諸国全体で1.9%ポイント減少した。これは、COVID-19パンデミック時に導入された経済支援措置による支出の全体的な増加によって説明できる。復興・強じん性計画は、公共調達を通じて行われる公共投資に加えて、税制上の優遇措置、助成金、融資保証を組み合わせたものであるため、この傾向をさらに強化する可能性がある。アメリカ政府は、インフレーション削減法（Inflation Reduction Act: IRA）と2021年後半に採択されたインフラストラクチャ投資・雇用法を通じて、479億米ドルの新たな気候・エネルギー支出を約束した。復興・強じん性計画の実施は政府の様々なレベルで行われているが、政府の様々なレベル間の公共調達支出の配分に影響を与えていない。中央政府と地方政府の公共調達支出全体の配分は、2021年のOECD諸国の地方レベルでの調達支出の61.2%とほぼ変わらない（オンライン図G.4.2）。

公共調達は、保健医療から環境保護、治安、経済（インフラストラクチャ、運輸、通信、エネルギー、研究開発）に至るまで、すべての支出機能にわたって使用されている。これまでと同様に、公共調達支出の最大の割合は保健医療であり、2021年のOECD諸国平均は31.9%で、2019年の29.3%から増加した。これに続いて、経済（16.4%）、教育（10.7%）、防衛（9.9%）、社会的保護（9.8%）となっているが、国によって比較的ばらつきがある。保健医療は、COVID-19パンデミックにおける保健医療製品の集中的な調達により、支出が増加した唯一のカテゴリーである（オンライン表G.4.1）。ベルギー、日本、イタリアは公共調達支出の43%以上を保健医療部門に費やしている。例外は、経済関係が政府支出の最大の割合を占めたハンガリーとアメリカ、一般公共サービスと社会的保護が最大の割合を占めたスイスである（表7.2）。

方法論と定義

一般政府調達支出の規模は、国民経済計算（SNA）に基づくOECD国民経済計算（データベース）のデータを用いて推計されている。一般政府調達とは、中間消費（会計や情報技術サービスなど、政府が自らの利用のために購入する財・サービス）、総固定資本形成（道路建設など、固定資産の売却を除く資本の取得）、市場生産者を通じた現物による社会移転（市場生産者が生産し、世帯に供給する財・サービスを一般政府が購入すること）の合計と定義されている。調達支出の推計には、特殊法人は含まれていない。一般政府調達支出のデータは、表7.2の政府機能（COFOG）の分類に従って分類されている。各カテゴリーに含まれる支出の種類に関する詳細な情報は、附録Eに記載されている。

詳細情報

OECD (2019), *Productivity in Public Procurement*, OECD, Paris, http://www.oecd.org/gov/public-procurement/publications/productivity-public-procurement.pdf (accessed on 18 May 2021).

OECD (2015), "Recommendation of the Council on Public Procurement", *OECD Legal Instruments*, OECD, Paris, www.oecd.org/gov/ethics/OECD-Recommendation-on-Public-Procurement.pdf.

図表注

図7.1：チリのデータは利用可能ではない。トルコのデータはOECD諸国平均に含まれていない。オランダの一般政府調達の大部分は、市場生産者、奨学金、義務的な健康保険制度を通じた現物による社会移転に費やされている。トルコ、ブラジル、インドネシアのデータは、2021年ではなく2020年のものである。

表7.2：オーストラリア、カナダ、チリ、コロンビア、メキシコ、ニュージーランド及びトルコのデータは利用可能ではない。コスタリカのデータはOECD諸国平均に含まれていない。コスタリカと韓国のデータは2021年ではなく2020年のものである。

表G.4.1「機能別一般政府調達支出の構造の変化（2019～2021年）」と表G.4.2「政府レベル別一般政府調達支出（2019年及び2021年）」は附録Gでオンラインで利用可能である。

図7.1　GDP比及び政府総支出に占める一般政府調達支出の割合（2007年、2019年及び2021年）

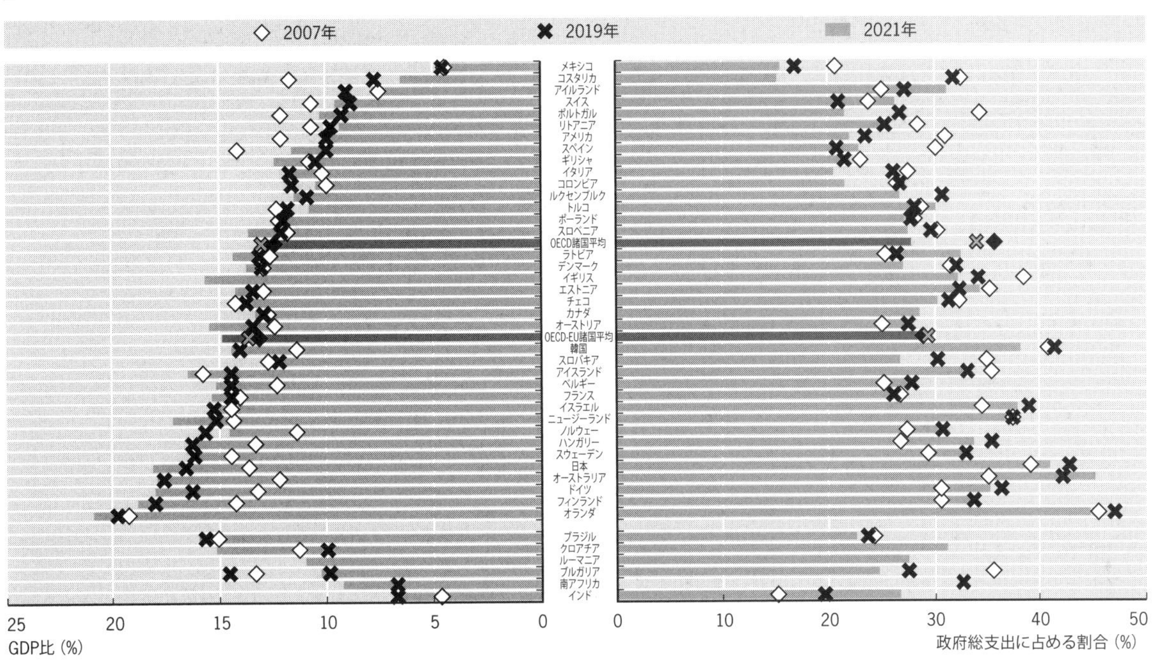

出典：OECD National Accounts Statistics (database).

StatLink：https://stat.link/gq15r6

表7.2　機能別一般政府調達別の政府総調達支出の割合（2021年）

国名	一般公共サービス	防衛	公共の秩序・安全	経済業務	環境保護	住宅・地域アメニティ	保健	レクリエーション、文化及び宗教	教育	社会保護
オーストリア	11.5	1.3	2.6	20.7	1.2	0.6	40.7	3.4	8.1	10.0
ベルギー	11.8	2.1	2.1	12.8	2.9	1.1	47.6	2.6	6.5	10.5
コスタリカ	4.6	0.0	7.6	12.2	3.9	3.6	39.5	1.2	17.0	10.4
チェコ	7.9	3.1	4.1	22.3	5.1	3.0	36.7	4.6	9.0	4.1
デンマーク	14.4	5.1	2.7	9.0	1.2	0.6	36.5	4.7	10.9	14.8
エストニア	8.8	9.7	4.2	18.9	3.0	2.6	27.5	6.3	14.3	4.7
フィンランド	22.2	3.8	2.0	12.2	0.6	1.4	24.7	3.6	11.3	18.2
フランス	7.2	5.9	2.6	12.5	4.1	3.4	41.9	4.1	5.9	12.3
ドイツ	11.2	3.9	3.1	9.1	1.9	1.0	42.9	3.2	6.5	17.1
ギリシャ	15.1	8.7	1.6	15.1	4.4	1.7	38.4	3.3	7.1	4.6
ハンガリー	15.0	4.2	2.8	29.7	3.5	2.3	20.5	8.2	10.5	3.4
アイスランド	10.0	0.5	4.0	18.8	2.6	2.2	27.0	9.0	18.0	7.8
アイルランド	4.6	0.8	4.0	13.4	2.3	5.1	39.1	3.5	8.5	18.6
イスラエル	5.8	18.4	2.9	11.1	2.6	2.0	28.3	4.2	13.7	11.0
イタリア	12.4	4.2	3.5	13.4	6.8	2.6	43.7	3.9	4.3	5.2
日本	6.3	3.4	1.8	15.2	5.2	1.8	45.1	1.4	6.5	13.2
韓国	5.6	11.4	2.9	15.3	4.0	6.3	32.2	2.8	12.9	6.6
ラトビア	6.4	12.2	4.9	20.7	2.4	5.2	26.1	4.5	13.3	4.3
リトアニア	7.0	8.4	3.5	18.3	3.5	4.3	32.1	5.6	11.5	5.9
ルクセンブルク	13.2	1.4	2.9	21.4	4.6	2.2	23.6	5.0	7.8	17.9
オランダ	5.5	3.0	3.5	11.3	4.6	1.4	35.3	3.2	8.3	23.7
ノルウェー	10.0	7.8	2.6	21.9	3.8	3.7	27.4	4.6	9.4	8.9
ポーランド	5.3	5.7	4.6	26.7	2.7	3.6	32.1	5.6	10.0	3.7
ポルトガル	11.9	2.4	3.1	20.2	4.3	4.0	37.0	4.8	8.3	4.0
スロバキア	9.4	4.6	3.9	23.2	4.0	2.7	39.6	3.4	7.1	2.1
スロベニア	10.0	3.2	3.3	23.3	3.1	3.5	33.7	5.0	10.4	4.7
スペイン	9.7	3.5	2.8	16.1	6.4	2.8	33.7	5.1	10.9	9.0
スウェーデン	17.7	5.2	2.9	13.5	2.2	2.7	23.7	3.6	15.3	13.2
スイス	21.4	5.5	5.5	14.8	3.9	1.5	6.7	2.8	18.2	19.7
イギリス	3.1	9.7	6.2	11.8	3.6	2.6	37.9	2.2	9.2	13.8
アメリカ	10.7	20.2	6.4	21.9	0.0	2.4	16.3	1.6	16.4	4.1
OECD諸国平均	9.2	9.9	4.2	16.4	2.7	2.4	31.9	2.7	10.7	9.8
OECD-EU諸国平均	10.2	4.2	3.1	13.7	3.6	2.2	39.0	3.9	7.6	12.5
ブルガリア	7.3	7.2	4.0	13.8	5.7	8.4	37.4	2.8	10.8	2.6
クロアチア	8.9	2.5	5.2	23.5	3.7	4.5	33.5	4.7	9.8	3.7
ルーマニア	9.1	5.3	2.6	29.5	4.3	8.3	27.5	4.0	6.1	3.4

出典：OECD National Accounts Statistics (database)；Eurostat Government Finance Statistics (database).

StatLink：https://stat.link/lptwg7

指標27　グリーン公共調達戦略

公共調達は、経済の効率性を支援することに加えて、グリーン移行のような他の戦略目標の達成を助けることができる。OECD諸国の政府は、持続可能性への焦点をますます強く当て、その購買力を利用して、経済を、環境の選択とアウトカムをより重視する方向に導いている。物品、サービス及び工事の購入に対してライフサイクル全体のアプローチをとることにより、政府は環境の保護及び気候変動への取り組みに重要な貢献をすることができる。

各国は10年以上にわたってグリーン公共調達（green public procurement: GPP）戦略及び政策を策定しており、その採用はアジェンダ2030及び持続可能な開発目標（SDGs）の定義以来大幅に増加している。調査対象となったOECD諸国34か国のうち32か国（94%）には、積極的な国家GPP政策又は枠組みが存在しており、各国が承認した気候行動目標を達成するための強力な手段として、GPPが広く認識されていることを示唆している（図7.3）。

実際、GPP政策又は枠組みを有する32か国のうち28か国（88%）は、気候行動に関する国家コミットメントにおいてGPP又は公共調達に明確に言及しており、この政府機能は環境コミットメントの達成に不可欠であると考えている。日本は地球温暖化対策計画及び国家行動計画においてGPPに関する国家政策に言及しており、カナダは2050年までにネット・ゼロ・エミッションを達成する手段としてGPPを引用している。

気候行動に関する世界的なコミットメントとの整合性を確保するために、OECD諸国は定期的にGPP政策を改訂している。実際、GPP枠組みを有する国のほぼ3分の2（32か国のうち20か国、63%）が、影響の大きい部門を対象とし、よりクリーンな製品に迅速に移行するために過去3年間にGPP政策を更新している（図7.3）。例えば、2021年にイギリスは、主要な政府契約に対して新たな選定基準を導入する調達政策メモを制定した。これは、供給者が炭素削減計画を作成しないまま、2050年までにネット・ゼロ・エミッションを達成することを約束した場合に、当該供給者を調達プロセスから除外するものである。

GPP政策において野心的で一貫性のある目標を定義するために必要な専門知識を考慮すると、すべてのOECD諸国の公共調達当局は他の政府機関に依存している。GPP戦略を有するOECD諸国32か国のうち29か国（90%）では、国家枠組みはGPP政策を設計、実施、改訂するための調整メカニズムを統合している（表7.4）。これらの諸国のうち13か国（45%）では、環境省又は同様の機関が、GPPと、より広範な環境政策を正式に調整し、それによって環境目標の実施におけるGPPの役割を強化している。さらに、16か国（55%）は、代わりに様々な利害関係者を招集する省庁間又は特別作業部会に依存している。アメリカでは、GPPと環境政策との整合性は、政府の最高レベルの1つである大統領府に割り当てられている。フランスでは、持続可能な開発のための省庁間代表団である持続可能な開発総合委員会が、2022-2025年の国家持続可能調達計画（National Sustainable Procurement Plan: PNAD）の運営の権限を有する。

方法論と定義

データは、34のOECD諸国が回答したグリーン公共調達に関するOECDサーベイ（2022年）を通じて収集された。このサーベイは、政策と戦略の枠組み、官民の相互作用、インパクトの評価及び能力構築と支援の4つの柱を対象とした。回答者は、中央政府レベルで調達政策を担当する国の代表と中央購入機関の上級官吏であった。

グリーン公共調達（GPP）とは、ライフサイクル全体を考慮した場合に環境へのダメージが少ない製品やサービスを公的に購入することである。GPPは、公共調達政策と実施を通じて経済的、社会的、環境的懸念に対処する、より広範な持続可能な公共調達アジェンダの一部である。

ライフサイクル全体のアプローチとは、当初の価格を超えて、定期的な交換、部品の更新、資金調達、廃棄を含む設置、運用、保守などの関連費用を考慮することを意味する。

詳細情報

OECD (2022), *Life-Cycle Costing in Public Procurement in Hungary: Stocktaking of Good Practices*, OECD Public Governance reviews, OECD Publishing, Paris, https://doi.org/10.1787/8d90f627-en.

OECD (2019), *Reforming Public Procurement: Progress in Implementing the 2015 OECD Recommendation*, OECD Public Governance reviews, OECD Publishing, Paris, https://doi.org/10.1787/1de41738-en.

図表注

コロンビア、チェコ、ルクセンブルク、トルコのデータは、調査に回答しなかったため含まれていない。

表7.4：メキシコとハンガリーは、調査時（2022年末）に有効なGPPフレームワークを持っていなかったため除外されている。ハンガリーは、このアンケートのデータサイクルが終了した後、2022年12月にGPP戦略（2022-2027）を採用した。

図 7.3　グリーン公共調達（GPP）政策枠組み（2022 年）

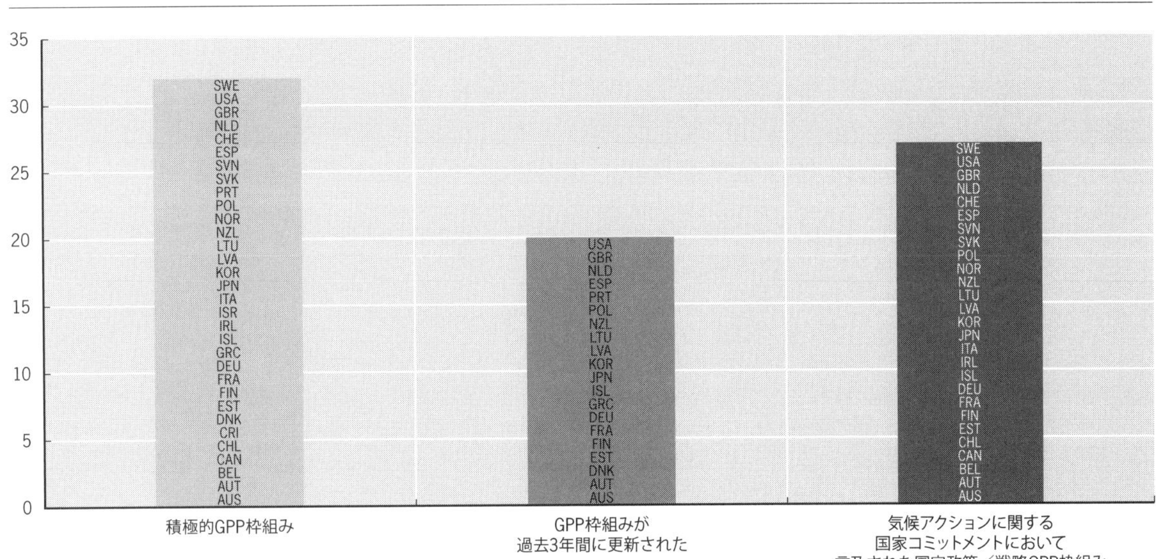

出典：OECD（2022）, Survey on Green Public Procurement.

StatLink：https://stat.link/0zlc37

表 7.4　環境とグリーン公共調達（GPP）政策の間の組織的調整（2022 年）

国名	はい、環境担当省を通じて	はい、省間ワーキンググループを通じて	はい、臨時グループを通じて	いいえ
オーストラリア	●			
オーストリア	●			
ベルギー		●		
カナダ		●		
チリ	●			
コスタリカ				●
デンマーク		●		
エストニア	●			
フィンランド				●
フランス		●		
ドイツ		●		
ギリシャ				●
アイスランド		●		
アイルランド	●			
イスラエル			●	
イタリア	●			
日本	●			
韓国	●			
ラトビア	●			
リトアニア	●			
オランダ	●			
ニュージーランド		●		
ノルウェー		●		
ポーランド	●			
ポルトガル			●	
スロバキア	●			
スロベニア		●		
スペイン		●		
スウェーデン		●		
スイス		●		
イギリス		●		
アメリカ		●		
OECD諸国全体	13	14	2	3

出典：OECD（2022）, Survey on Green Public Procurement.

StatLink：https://stat.link/q6elfr

指標28　グリーン公共調達の評価

時間の経過とともに、OECD諸国はグリーン公共調達（GPP）政策の枠組みを実施し、発展させてきた。報告システムは、環境政策の目的がどのように達成されているかを行政が説明し、そのインパクトを評価するために不可欠である。

GPP政策の広範な目的は、通常、その実施を監視するために公共部門の調達者に割り当てられた、より具体的な義務又は目的に変換される。各国は、公共入札にグリーン要件を導入する義務を確立するか、グリーン戦略の対象となる財・サービスの割合などの、更なる追加的な目標を設定しうる。

実際、調査対象となった34か国のうち14か国（41%）がGPPを使用するための必須要件を設定している（図7.5）。例えば、イタリアは、入札の価値に関係なく、政府のすべてのレベルの契約当局に必須である18の製品カテゴリーに対して最低環境基準（cam）を定義している。さらに、10か国（29%）が目標を設定している。スロバキアでは、GPPの目標を2030年までに契約総額と契約数の70%に設定している。さらに、7か国（オーストリア、フランス、アイスランド、日本、韓国、アメリカ及びドイツ）が義務的要件と目標の両方を採用しているが、3か国（フィンランド、チリ及びハンガリー）は、義務的要件もGPPに関連する目標も持っていない。調査対象となった34か国のうち7か国（21%）は、GPP支出や契約数について公的機関に報告することを要求していない。

整備されたモニタリング・メカニズムにより、報告プロセスが容易になる。現在、34か国のうち14か国（41%）が電子調達システムにリンクされたデジタル・プラットフォームを使用しており、その他の諸国（38%）は、特定の報告メカニズムを持っている（図7.5）。例えば、韓国は、すべての電子調達システムと相互接続されたプラットフォームを使用して、30,000の調達機関におけるGPPの実施状況を監視している。オランダは、専用の自己評価ツールを通じてGPPに関するデータを収集している。

GPP報告システムを有する27か国のうち、16か国（59%）がGPP基準を用いて調達支出の価値に関する情報を収集しているが、9か国（33%）は入札数のみを評価している（表7.6）。しかし、測定される範囲は、価値を測定する国によって大きく異なり、調達支出総額に対するGPP支出の包括的な評価を妨げている。アイルランドのように、特定の値を超える中央レベルのデータしか収集していない国もある。ラトビアや韓国を含む少数の国は、政府のあらゆるレベルでGPP支出に関する包括的な情報を収集している。

ほとんどの国はこれらのデータを定期的に公表しており、OECD諸国27か国のうち24か国（89%）がGPPに関するデータをウェブサイトで公開している。これは、透明性と説明責任の原則に沿って、納税者のお金がどのように使われているかを示すことによって、公的機関への信頼を強化することができる。

OECD諸国は、影響を受けた契約の価値や数など、GPP慣行の直接的なアウトプット以外に、温室効果ガス排出量への影響など、これらの戦略の成果を測定することはほとんどない。GPP政策を実施しているOECD諸国32か国のうち12か国（38%）のみがその影響を報告しており、したがって、持続可能性の目標の達成にどのように貢献しているかを理解することができる。例えば、日本はGPPによって生み出されたCO2削減量を推定するプロセスを開発した。ニュージーランドは、カーボン・ニュートラル政府プログラムの下で、調達活動を通じたものを含め、地球温暖化を1.5℃に制限することに向けた政府機関の進展を測定している。

方法論と定義

データは、34のOECD諸国が回答したOECDグリーン公共調達調査（2022年）を通じて収集された。この調査は、政策と戦略的枠組み、官民の相互作用、影響の評価、能力構築と支援の4つの柱を対象とした。回答者は、中央政府レベルの調達政策を担当する国の代表と中央購入機関の上級職員であった。調査の結果は国内法のみを考慮しており、EU指令によって予見されるGPPを使用するための必須要件は除外されている。

グリーン公共調達（GPP）とは、ライフサイクル全体を考慮した場合に環境へのダメージが少ない製品やサービスの公的購入である。GPPは、経済的、社会的、環境的な懸念に対処する、より広範で持続可能な公共調達アジェンダの一部である。

GPPのモニタリングとは、GPPフレームワークの実施を評価するために設計されたメカニズムを指す。報告システムとは、GPP又はGPP基準を含む入札数を考慮して、支出に関するデータを収集及び収集するために使用されるツールを指す。

詳細情報

OECD (2022), *Life-Cycle Costing in Public Procurement in Hungary: Stocktaking of Good Practices*, OECD Public Governance Reviews, OECD Publishing, Paris, https://doi.org/10.1787/8d90f627-en.

OECD (2019), *Reforming Public Procurement: Progress in Implementing the 2015 OECD Recommendation*, OECD Public Governance Reviews, OECD Publishing, Paris, https://doi.org/10.1787/1de41738-en.

図表注

コロンビア、チェコ、ルクセンブルク及びトルコは、調査に回答していないため、これらの諸国のデータは含まれていない。

図7.5：オーストリアは、このアンケートのデータサイクル終了後（2022年末）にGPPを監視するシステムを確立し、GPPに関するデータが現在収集されている。さらに、いくつかの連邦国家も独自の持続可能性プログラムを監視している。オーストラリアでは、公的機関は、機関の年次報告書を通じて、生態学的に持続可能な開発と環境パフォーマンスについて報告する義務がある。2023年4月現在、韓国は、すべての電子調達システムと相互接続されたプラットフォームを使用して、40,000の調達機関にわたってGPPの実施状況を監視している。

表7.6：メキシコとハンガリーは、サーベイ実施時（2022年末）に有効なGPPの枠組みがないことを示していたため、GPP政策のインパクトの総合評価には含まれていない。ハンガリーは、このアンケートのデータサイクル終了後の2022年12月にGPP戦略（2022-2027）を採用した。

図 7.5　グリーン公共調達（GPP）の報告義務（2022 年）

公共部門の組織が、グリーン公共調達の支出額又はグリーン公共調達の基準を含む入札の数を報告する義務のある国

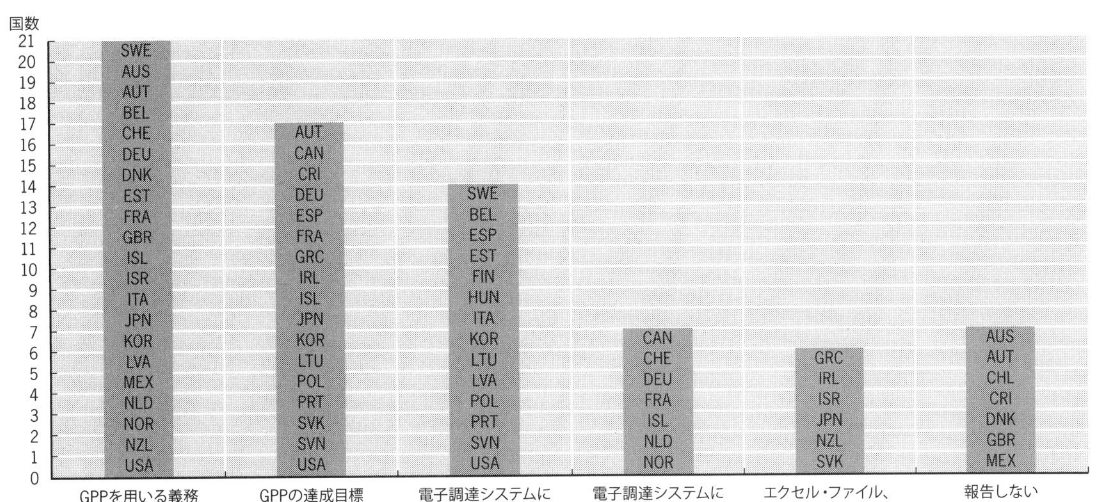

出典：OECD（2022）, Survey on Green Public Procurement.

StatLink：https://stat.link/9p5fbe

表 7.6　グリーン公共調達（GPP）を実施するために取られた措置（2022 年）

	報告システムにおける利用可能なデータ	データがウェブサイトで公開で利用可能である	インパクトの総合的な評価
オーストラリア			
オーストリア			
ベルギー	✧	●	●
カナダ	✧	●	
チリ			
コスタリカ			
デンマーク			●
エストニア	■	●	●
フランス	■		●
フィンランド	✧		
ドイツ	✧	●	
ギリシャ	■	●	
ハンガリー	■	●	
アイスランド	■	●	●
アイルランド	■	●	
イスラエル	✧		
イタリア	■	●	
日本	✧	●	●
韓国	■	●	
ラトビア	■	●	
リトアニア	■	●	
メキシコ			
オランダ	✧	●	●
ニュージーランド	✧	●	●
ノルウェー		●	●
ポーランド	■	●	
ポルトガル	■	●	
スロバキア	■	●	
スロベニア	■	●	●
スペイン	■	●	
スウェーデン		●	●
スイス	✧	●	
イギリス			
アメリカ	■	●	●
OECD 諸国全体			
●はい		24	12
■GPP 基準による調達支出価値情報	16		
✧GPP 基準による入札数の評価	9		

注：オーストリアは、この質問表の回答期限が終了した後（2022 年末）に GPP をモニターするシステムを確立した。

出典：OECD（2022）, Survey on Green Public Procurement.

StatLink：https://stat.link/0kpihm

第 8 章　インフラストラクチャの計画立案及び提供

指標29 インフラストラクチャに関する意思決定への利害関係者の参加

国民と利害関係者の参加は、インフラストラクチャ・プロジェクトの設計と国民の受容を改善することができる。複数の危機が同時発生する時代において、インフラストラクチャの意思決定に国民と利害関係者のインプットを利用することは、各国が気候変動などの長期的な課題に対処し、マイノリティの社会的包摂、ジェンダー平等、そして、生物多様性の保護を促進するのに役立つ。インフラストラクチャのガバナンスに関するOECDの勧告では、インフラストラクチャの計画立案と投資が国民のニーズに基づいて行われることを確保するために、利害関係者に情報を提供し、協議し、関与する必要性が強調されている。

OECDインフラストラクチャ・ガバナンス指標(Infrastructure Governance Indicator: IGI)の利害関係者の参加に関する部分は、国家ガイダンスの策定、効果的な参加の促進、インフラストラクチャ・プロジェクトに対する利害関係者の監視の確保における各国のパフォーマンスの概要を示している。OECD諸国の平均スコアは0.52であり、国別スコアは0.23から0.83までの幅がある(図8.1)。各国はいくつかの優れた実践を示している。この指数がカバーする3つの側面すべてにおいて改善の余地がある。

多くのOECD諸国は、インフラストラクチャのライフサイクルを通じて国民と利害関係者が公共部門の意思決定に影響を与えるためのメカニズムを導入している。OECD 31か国のうち27か国(87%)が、空間計画とそのインフラストラクチャ開発との関係のための参加型メカニズムを開発している。例えば、コロンビアでは、土地利用計画への国民の参加は法律で義務付けられており、計画許可プロセス中の公聴会、請願、議論の形をとっている。OECD諸国の半数以上(33か国のうち20か国、61%)が、協議からのインプットを検討し、対応し、インプットと対応を公表するという公式の義務を有している(表8.2)。

しかし、監視と監督の分野では、更に多くのことが可能である。データが入手可能なOECD諸国の半数強(32か国のうち17か国、53%)が、調達への参加、汚職リスクの評価と軽減などを通じて、利害関係者に監視とモニタリングの役割を与えている(表8.2)。しかし、これらの国のうち11か国では、この役割は公式なものではない(すなわち、法律や規制、又は公式なプロセスの一部として確立されていない)。

参加がシステマティックかつ効果的であることを確保するために、各国はそのようなプロセスの設計、実施及び評価方法に関する中心的なガイダンスを提供し得る。多くのOECD諸国はこのようなガイダンスを採用している(33か国のうち27か国、82%)。インフラストラクチャ又は部門に特化したガイダンスを有しているのはわずか24%(33か国のうち8か国)である。各国は、国民と利害関係者を特定し、対象を絞る方法を改善することによって、より適切で実行可能なインプットを得ることができる。すなわち、プロジェクトの影響を受ける程度に応じて、彼らが役割を果たすことを確保する。各国は、意思決定において、過小評価されている、又は伝統的に疎外されているグループの意見を聞き、彼らの見解を考慮することを確保するための措置も講じるべきである。現在、OECD諸国の27%(33か国のうち9か国)が、マイノリティ、先住民コミュニティ、障がい者などの過小評価されているグループへのアウトリーチを義務付けている(表8.2)。

方法論と定義

データは、2022年5月に実施された2022年OECDインフラストラクチャ・ガバナンス・サーベイから抽出されたものであり、34のOECD諸国からの回答があった(デンマーク、ハンガリー、イスラエル及びオランダは調査に回答しなかった)。このサーベイは、サーベイ実施期間中(2022年5月から10月まで)に国/連邦レベルで実施されている政策と仕組みを監視しており、地方レベルの慣行は対象としていない。スペインとアメリカでは、その後の変化が報告されている。回答者は主に、インフラストラクチャ、公共事業及び財政の中央/連邦省、インフラストラクチャ機関、その他の関係省の上級官吏であった。利害関係者参加に関するIGIは、参加ガイダンス、参加実践及び監督の3つの下位の構成要素で構成されており、それぞれが同じ重み付け(33%)を持っている。全体的な指数は0(最低)から1(最高)の範囲である。

利害関係者の参加とは、利害関係者が政策サイクルやサービスの設計・提供に関与できるあらゆる方法を指す。情報は初期レベルであり、政府が利害関係者に対してオンデマンドかつ積極的に情報を発信する一方向の関係によって特徴付けられる。協議は利害関係者と政府の間の双方向の関係である。これは、意見が求められている問題の事前の定義に基づいており、政府に関連情報と成果に関するフィードバックを提供することを義務付けている。関与とは、利害関係者が政策サイクルのすべての段階やサービスの設計・提供において協力するために必要な機会と資源(情報、データ、デジタルツールなど)を与えられる、より高度なレベルの参加である(OECD, 2017)。

詳細情報

OECD (2022), *OECD Guidelines for Citizen Participation Processes*, OECD Public Governance Reviews, OECD Publishing, Paris, https://doi.org/10.1787/f765caf6-en.

OECD (2020), “Recommendation of the Council on the Governance of Infrastructure”, *OECD Legal Instruments*, OECD, Paris, https://legalinstruments.oecd.org/en/instruments/OECD-LEGAL-0460.

OECD (2017), “Recommendation of the Council on Open Government”, *OECD Legal Instruments*, OECD, Paris, https://legalinstruments.oecd.org/en/instruments/OECD-LEGAL-0438.

図表注

ドイツのデータは利用可能ではない。ベルギーのデータは、フランドル地域からの回答のみに基づいている。

図8.1:日本はこの指標の完全なデータを有していない。オーストラリアとカナダについては、連邦レベルで適用される下位の構成要素のみが提示されている。完全なデータを有する下位の柱のみが含まれている(不完全なデータしか有していない諸国は、OECD諸国平均に含まれていない)。

図 8.1　インフラストラクチャに関する意思決定への利害関係者の参加（2022 年）

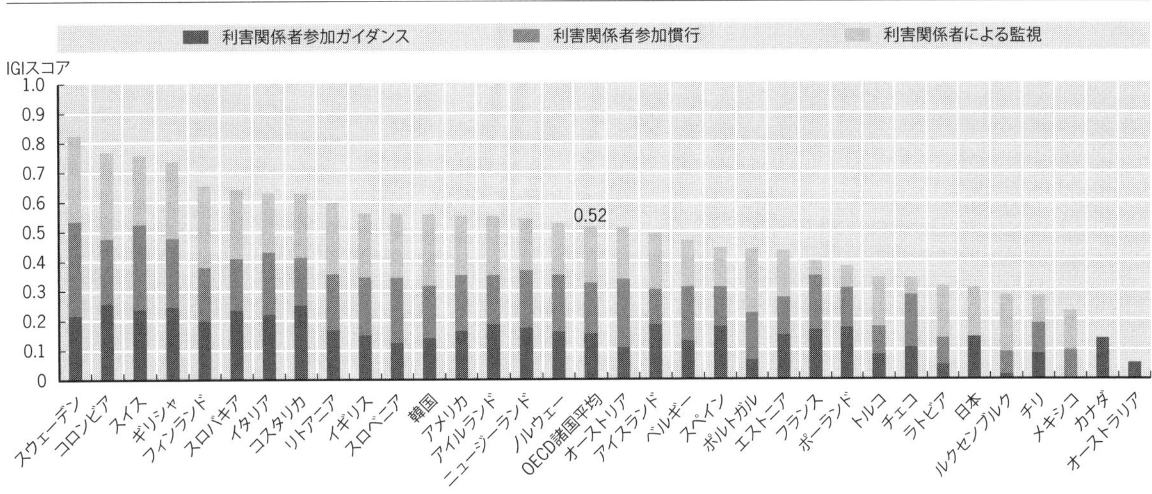

出典：OECD（2022）, Survey on the Governance of Infrastructure - Part I: Ensure transparent, systematic and effective stakeholder participation.

StatLink：https://stat.link/xhe9mb

表 8.2　インフラストラクチャに関する意思決定により良い情報を提供するために利害関係者の参加を促進する（2022 年）

国名	利害関係者の参加に関する国家ガイダンス	空間計画立案に関する利害関係者の参加メカニズム	協議からのインプットの検討と対応	代表性が低い集団への義務的アウトリーチ	公共インフラストラクチャへの利害関係者の監視とモニタリング
オーストラリア	×	—	×	✓	×
オーストリア	○	✓	▲	×	×
ベルギー（フランドル地域）	○	✓	▲	×	×
カナダ	○	—	△	✓	—
チリ	×	×	△	✓	×
コロンビア	●	✓	▲	✓	✓
コスタリカ	○	×	△	✓	✓
チェコ	○	✓	▲	×	×
エストニア	○	✓	▲	×	×
フィンランド	●	✓	▲	✓	✓
フランス	○	✓	▲	×	×
ギリシャ	●	✓	△	×	✓
アイスランド	○	✓	▲	×	×
アイルランド	●	✓	▲	×	×
イタリア	●	✓	▲	×	✓
日本	○	×	△	×	✓
韓国	●	✓	▲	×	✓
ラトビア	×	✓	×	×	✓
リトアニア	○	✓	▲	×	✓
ルクセンブルク	×	✓	×	×	×
メキシコ	×	×	×	×	✓
ニュージーランド	○	✓	▲	✓	×
ノルウェー	○	✓	▲	✓	×
ポーランド	●	✓	▲	×	×
ポルトガル	×	✓	△	×	✓
スロバキア	○	✓	▲	×	✓
スロベニア	○	✓	▲	×	✓
スペイン	○	✓	△	×	×
スウェーデン	○	✓	▲	×	✓
スイス	●	✓	▲	×	✓
トルコ	○	✓	△	×	✓
イギリス	○	✓	△	×	×
アメリカ	○	✓	▲	✓	✓
OECD 諸国全体					
✓ はい		27		9	17
× いいえ	6	4	4	24	15
● インフラストラクチャ／部門特定のガイダンス	8				
○ 一般ガイダンス	19				
▲ 義務的かつ強制的な国民への開示			20		
△ 義務的ではあるが強制されない国民への開示			9		
— 適用なし		2			1

出典：OECD（2022）, Survey on the Governance of Infrastructure - Part I: Ensure transparent, systematic and effective stakeholder participation.

StatLink：https://stat.link/jyp064

指標30　公共インフラストラクチャの規制枠組みと許認可手続き

公共インフラストラクチャ・プロジェクトは、多くの場合、多額の財源と何年もの時間を要する。寿命とコストの最適化に貢献する規制の下で運営し、リスクへの曝露を評価し、強じん性を構築する必要がある。インフラストラクチャのガバナンスに関するOECD勧告は、首尾一貫した、予見可能で効率的な規制枠組みが公共インフラストラクチャへの投資を奨励し、インフラストラクチャ・サービスの質の継続的な改善の提供を確保することを強調している。

公共インフラストラクチャの規制枠組みに関するOECDインフラストラクチャ・ガバナンス指標（IGI）は、効率的な規制枠組みと許認可手続きを促進し、グッド・ガバナンス（すなわち、独立した説明責任のある経済規制当局）を確保する上での各国の業績の概要を提供している。OECD諸国全体では、指標値は0.43から0.81までと幅が広く、その平均は0.64である（図8.3）。OECD諸国平均で、各国は経済規制当局のガバナンス（0.71）と許認可慣行（0.64）のスコアが高い。多くの国にはインフラストラクチャに関連する規制へのアクセスと見直しを促進するための専用のメカニズムがなく、規制機関間及び政府レベル間の調整をさらに改善することができるため、下位の構成要素のうち、規制枠組みの平均スコアは最も低い（0.58）。

多くのOECD諸国がインフラストラクチャ・プロジェクトをグリーン移行を促進するために加速させるにつれて、多くの国が透明で予見可能で一貫性のある効率的な許認可手続きの重要性を認識するようになった。合理化された手続きは、再生可能エネルギーへの移行を加速するための優先事項として特定されている（McKinsey, 2022）。OECD諸国32か国のうち23か国（72%）が許認可慣行に関するデータを体系的に収集しており、31か国のうち27か国（87%）が透明なプロセスを有しており、これにより、国民が運輸インフラストラクチャの許認可発行の進捗状況を追跡することができる。同様に、ほぼすべての国（32か国のうち30か国、94%）が、関連情報を提供し、決定が下される前に国民と利害関係者に許認可申請に関するコメントを求めるメカニズムを構築している。例えば、イギリスでは、ほとんどの地方計画当局の申請には、公告と国民がフィードバックを提供するための十分な時間が必要である。これらの国の多く（32か国のうち27か国、84%）では、利害関係者は、許認可手続きにおいて自らの意見がどのように、なぜ考慮されたかについて知らされている（表8.4）。

多くのOECD諸国は、透明性と利害関係者の参加を促進するためのグッド・プラクティスを採用している。しかし、許認可機関の説明責任を高めるためには、さらに多くのことができる。現在、OECD諸国の43%（30か国のうち13か国）のみが、運輸部門における規制目標（アウトプットではなくアウトカムに基づく）に対する許認可機関の業績を測定・評価するメカニズムを導入している（表8.4）。例えば、アメリカ運輸省は、主要プロジェクトごとに環境レビューと許認可プロセスを追跡するための業績説明責任システムを確立することが求められている。

方法論と定義

データは、「2022年インフラストラクチャのガバナンスに関するOECDサーベイ」と、「部門規制当局のガバナンスに関する2018年OECD指標」から抽出されている。後者は、2018年1月1日現在のエネルギー、電子通信、鉄道輸送、航空輸送、水供給の各部門における経済規制当局のガバナンス体制を捕捉している（詳細は附録Bを参照）。前者は2022年5月に実施され、34のOECD諸国から回答があった（デンマーク、ハンガリー、イスラエル及びオランダは、サーベイに回答しなかった）。サーベイは、その実施期間中（2022年5月から10月まで）に国／連邦レベルで実施されている政策と体制をモニターしており、地方レベルでの特定の慣行は対象としていない。スペインとアメリカはその後の変化を報告している。回答者は主に、インフラストラクチャ、公共事業、財務の中央／連邦省、インフラストラクチャ機関その他の関係省の上級官吏であった。規制枠組みに関するIGIは、規制枠組み、許認可慣行、経済規制当局のガバナンスの3つの下位の構成要素で構成されており、それぞれが同じ重み付け（33%）を持っている。総合指数は0（最低）から1（最高）の範囲にある。

規制枠組みは、特定の部門と市場の「ゲームのルール」を設定する。それらは、インフラストラクチャ投資、開発、保守、更新、廃止措置に大きな影響を与える。

許認可／ライセンス供与とは、インフラストラクチャの建設と運営に対して政府当局による事前の承認を要求する慣行である。承認は、通常は書面による特定の検証済み又は認証済みの情報の提供に基づいている。政府は、環境を保護し、特定の市場配分を保証し、又は利用者を保護するために、様々な程度で様々な目的で許認可を使用する。

詳細情報

McKinsey (2022), *The energy transition: A region-by-region agenda for near-term action*, McKinsey.

OECD (2020), "Recommendation of the Council on the Governance of Infrastructure", *OECD Legal Instruments*, OECD, Paris, https://legalinstruments.oecd.org/en/instruments/OECD-LEGAL-0460.

OECD (2012), "Recommendation of the Council on Regulatory Policy and Governance", *OECD Legal Instruments*, OECD, Paris, https://legalinstruments.oecd.org/en/instruments/OECD-LEGAL-0390.

図表注

ベルギーのデータはフランドル地域からの回答のみに基づいている。

図8.3：日本はこの指標の完全なデータを有していない。規制の枠組みと許可に関する下位の構成要素は、連邦レベルではオーストラリアとカナダには適用されない。完全なデータを持つ下位の構成要素のみが含まれている（不完全なデータしか有しない諸国は、OECD諸国平均に含まれていない）。

図 8.3　公共インフラストラクチャのための規制枠組み（2022 年）

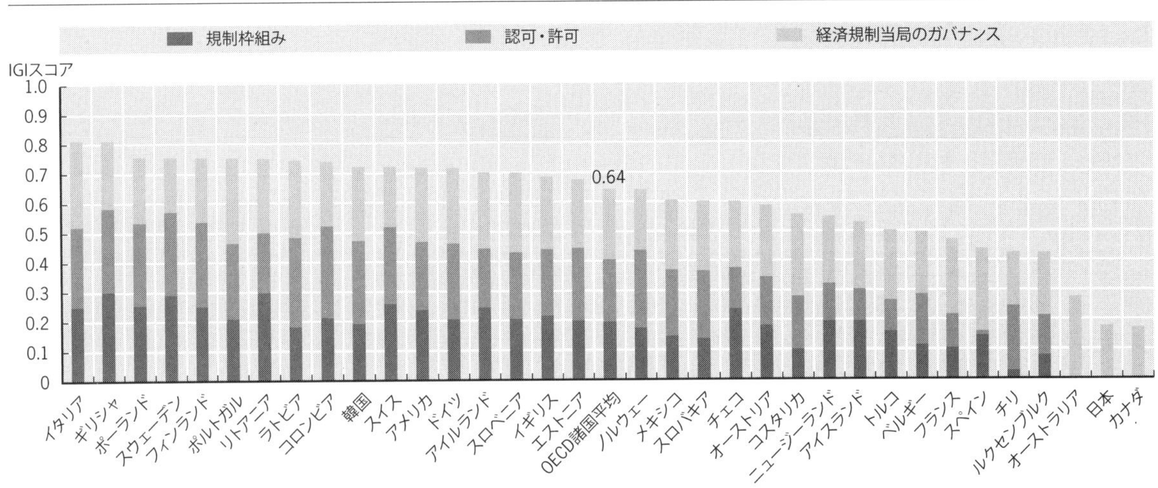

出典：OECD (2022), Survey on the Governance of Infrastructure - Part II: Promote a coherent, predictable, and efficient regulatory framework; OECD (2018), Survey on the Indicators on the Governance of Sector Regulators.

StatLink：https://stat.link/0tm6ey

表 8.4　効率的な認可手続きの促進（2022 年）

国名	認可慣行に情報を与えるための、データのシステマティックな収集	運輸インフラストラクチャに関する透明な認可手続き	認可プロセスにおける利害関係者の参加	認可手続きにおける利害関係者のインプットの検討の情報	運輸院インフラストラクチャに関する認可機関の業績の分析
オーストラリア	—	—	—	—	—
オーストリア	✓	✓	✓	✓	×
ベルギー（フランドル地域）	✓	✓	✓	✓	×
カナダ	—	—	—	—	—
チリ	✓	✓	✓	✓	✓
コロンビア	✓	✓	✓	✓	✓
コスタリカ	✓	✓	✓	✓	..
チェコ	×	✓	✓	✓	×
エストニア	×	✓	✓	✓	×
フィンランド	✓	✓	✓	✓	✓
フランス	×	×	✓	✓	×
ドイツ	✓	✓	✓	✓	×
ギリシャ	✓	✓	✓	✓	✓
アイスランド	✓	×	✓	✓	×
アイルランド	✓	✓	✓	×	✓
イタリア	✓	✓	✓	✓	×
日本	✓	..	✓	×	..
韓国	✓	✓	✓	✓	✓
ラトビア	✓	✓	✓	✓	✓
リトアニア	✓	✓	✓	×	×
ルクセンブルク	×	✓	✓	✓	×
メキシコ	✓	✓	✓	✓	×
ニュージーランド	×	×	✓	✓	×
ノルウェー	✓	✓	✓	✓	✓
ポーランド	✓	✓	✓	✓	×
ポルトガル	×	✓	✓	✓	✓
スロバキア	✓	✓	✓	✓	×
スロベニア	✓	✓	✓	✓	✓
スペイン	×	×	×	×	×
スウェーデン	✓	✓	✓	✓	✓
スイス	✓	✓	✓	✓	✓
トルコ	×	✓	×	×	×
イギリス	✓	✓	✓	✓	×
アメリカ	×	✓	✓	✓	✓
OECD 諸国全体					
✓ はい	23	27	30	27	13
× いいえ	9	4	2	5	17
— 該当なし	2	2	2	2	2
.. 利用可能ではない		1			2

出典：OECD (2022), Survey on the Governance of Infrastructure - Part II: Promote a coherent, predictable, and efficient regulatory framework.

StatLink：https://stat.link/r2g4v3

指標31　インフラストラクチャ・プロジェクトにおける公共部門の清廉性への脅威のマネジメント

清廉性リスクは、インフラストラクチャのライフサイクルのあらゆる段階で発生する可能性があり、その結果、資源の不適切な使用や不適切な行動が発生する。危機の際に、迅速な対応が必要になり、いくつかの保護措置が解除されると、これらのリスクが増大し、適切なFirewallが必要になる場合がある。インフラストラクチャのガバナンスと公共の整合性に関するOECDの勧告（OECD, 2020, 2017）では、インフラストラクチャのライフサイクルの各段階で、不正行為、談合、汚職、不当な影響、その他の非倫理的な慣行などの整合性リスクを特定、軽減、対処し、調整されたマネジメント・メカニズムを開発するためのリスクベースのアプローチの採用が強調されている。

OECDインフラストラクチャガバナンス指標（IGI）の清廉性に関する部分は、インフラストラクチャ・ガバナンスにおける清廉性リスクのマネジメントの5つの下位構成要素（リスクベースのアプローチ、内部及び外部のコントロール、利益相反及び清廉性リスクのマネジメント及び実施メカニズム）において、OECD諸国がどこに位置しているかの概要を提供している。この指標は、これらの要素の実施の有効性や質を測定するものではない。OECD諸国平均スコアは0.69で、各国のスコアは0.29から0.88の範囲である（図8.5）。OECD諸国平均で、リスクベースのアプローチ（0.59）と利益相反マネジメント（0.51）のスコアは、指数の他の下位構成要素サブピラーよりも低くなっている。

インフラストラクチャ・マネジメントは、関連する多額の金額、取引の複雑さ、特に官民パートナーシップやコンセッション、調達方法などの複雑な金融スキームを必要とする取引、及び利害関係者の多様性のために、清廉性の失敗のリスクが高くなる。そのようなリスクを正確に対象とするには、清廉性に対する政府全体のアプローチに合わせて一貫して実施され、調整された政策とツールが必要となる場合がある。現在、利用可能なデータがあるOECD諸国のうち、インフラストラクチャのリスク・マネジメント枠組みで公共部門の清廉性の脅威に明示的に対処している国はわずか59%（27か国中16か国）である。さらに少数の国（26か国中12か国、46%）が、すべての、又は少なくとも主要なインフラストラクチャ・プロジェクトについて、公共部門の清廉性リスクを評価しており、少なくとも関連する清廉性違反の特定のタイプ、関与する可能性のある関係者、及びリスクが顕在化した場合に予想される可能性とインパクトを特定している（表8.6）。

OECD諸国を通じて、インフラストラクチャ・プロジェクトにおける利益相反のマネジメントは、多くの場合、すべての公務員のためのより広範な枠組みの一部となっている。しかし、OECD諸国の64%（28か国中18か国）は、インフラストラクチャ・マネジメント担当者専用の利益相反政策又は制度的枠組みを有している。このような枠組みには、インフラストラクチャ・サイクル全体に関わる活動に規則や政策を適用するための具体的なガイドライン、事例研究、実務マニュアルが含まれており、プロジェクトの評価と選定、入札と落札、契約マネジメント、評価と監査における利益相反の防止とマネジメントを目的としている。リトアニアのみが、贈答品や謝礼を対象としたインフラストラクチャ・マネジメント担当者専用の利益相反の枠組みを有しており、コスタリカ、リトアニア及びスイスのみが、これらの枠組みが公共雇用の前後も対象としている（表8.6）。清廉性リスク評価と利益相反政策がインフラストラクチャのマネジメントにどのように適用されるかについての説明とガイドラインの提供を増やす余地がある。

方法論と定義

データは、2022年5月に実施された2022年OECDインフラストラクチャのガバナンスに関するサーベイから得られたものであり、34のOECD諸国からの回答を得ている（デンマーク、ハンガリー、イスラエル及びオランダはサーベイに回答しなかった）。このサーベイは、実施期間中（2022年5月から10月まで）に国／連邦レベルで実施されている政策と仕組みをモニターしており、地方レベルでの特定の慣行は対象としていない。スペインとアメリカはその後の変化を報告している。回答者は主に、インフラストラクチャ、公共事業及び財政の中央／連邦省庁、インフラストラクチャ機関、その他の関係省の上級官吏であった。清廉性に関するIGIには、リスクに基づくアプローチ、内部及び外部のコントロール、利益相反のマネジメント、執行メカニズムの5つの下位の構成要素があり、それぞれが等しいウェイト（20%）を有している。総合指数は0（最低）から1（最高）の範囲である。

公共の清廉性とは、公共部門における、民間の利益よりも公共の利益を擁護し優先させるための共有された倫理的価値、原則及び規範の一貫した調整及び遵守を指す（OECD, 2017）。

公共部門における利益相反は、公職にある者がその公務及び責任の遂行に不当に影響を及ぼす可能性のある私的能力の利益を有する場合に生じる（OECD, 2003）。

詳細情報

OECD (2020), "Recommendation of the Council on the Governance of Infrastructure", *OECD Legal Instruments*, OECD, Paris, https://legalinstruments.oecd.org/en/instruments/OECD-LEGAL-0460.

OECD (2017), "Recommendation of the Council on Public Integrity", *OECD Legal Instruments*, OECD, Paris, https://legalinstruments.oecd.org/en/instruments/OECD-LEGAL-0435.

OECD (2003), "Recommendation of the Council on Guidelines for Managing Conflict of Interest in the Public Service", *OECD Legal Instruments*, OECD, Paris, https://legalinstruments.oecd.org/en/instruments/OECD-LEGAL-0316.

図表注

オーストラリア、ドイツ、ギリシャ、日本、ルクセンブルク及びトルコのデータは利用可能ではない。ベルギーのデータは、フランドル地域からのサーベイ回答のみに基づいている。

図8.5：ベルギー（フランドル地域）とスロバキアは、この指標の完全なデータを有していない。カナダ政府については、連邦レベルで適用される下位の構成要素のみが提示されている。完全なデータを有する下位の構成要素のみが含まれている（不完全なデータしか有しない諸国はOECD諸国平均に含まれていない）。

表8.6：サーベイの実施以後、スペインの復興、回復、変革及び強じん性計画は、計画に基づくインフラストラクチャ事業の清廉性リスク評価義務を強化している。

図 8.5　インフラストラクチャに関する意思決定における公共部門の清廉性に対する脅威のマネジメント（2022 年）

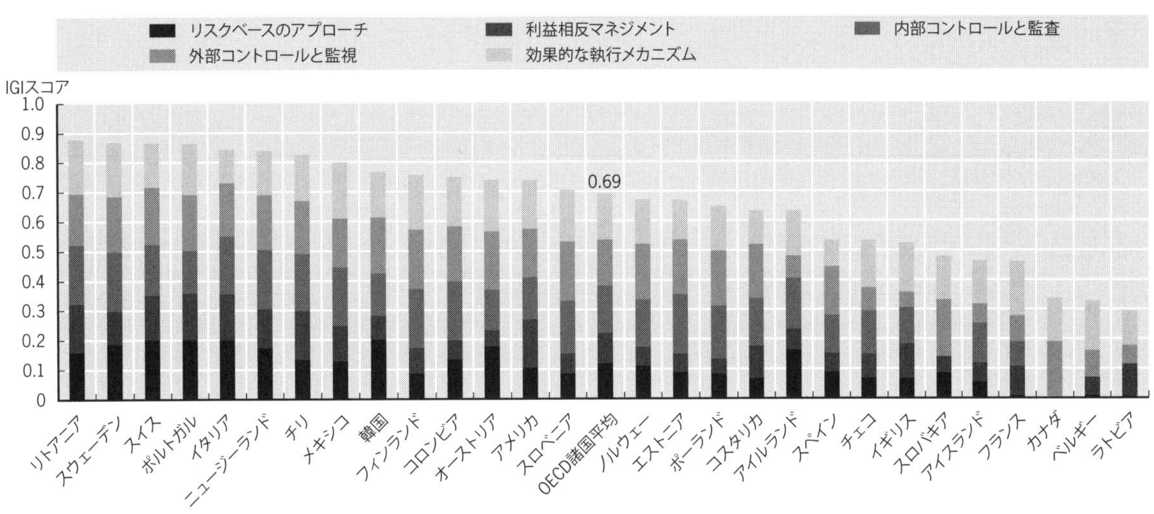

出典：OECD（2022）, Survey on the Governance of Infrastructure - Part III: Implement a whole-of-government approach to manage threats to integrity.
StatLink：https://stat.link/1cfxpg

表 8.6　インフラストラクチャ・マネジメントにおける公共部門の清廉性に関する リスクへの対処をねらいとした政策とツール（2022 年）

国名	インフラストラクチャ・リスク・マネジメント枠組みにおいて、清廉性リスクに対処されている	主要なインフラストラクチャ事業の清廉性リスク・マネジメント	利益相反に対する政策又は組織枠組み	贈与と謝礼に関するルール	事前／事後の公共雇用に関するルール
オーストリア	✓	■	◆	◆	◆
ベルギー（フラマン語圏）	×	△	◆	◆	◆
カナダ	—	—	◆	◆	—
チリ	✓	○	●◆	◆	◆
コロンビア	×	■	◆	◆	◆
コスタリカ	✓	○	◆	◆	●
チェコ	×	△	●◆	◆	◆
エストニア	×	▲	●◆	◆	◆
フィンランド	×	□	●◆	◆	◆
フランス	×	△	●◆	◆	◆
アイスランド	×	○	●◆	◆	×
アイルランド	✓	□	●◆	◆	◆
イタリア	✓	■	●◆	◆	◆
韓国	✓	■	◆	◆	◆
ラトビア	×	○	●◆	◆	◆
リトアニア	✓	□	●◆	●	●
メキシコ	✓	▲	●◆	◆	◆
ニュージーランド	✓	▲	●◆	◆	×
ノルウェー	✓	..	●◆	◆	◆
ポーランド	✓	▲	●◆	◆	×
ポルトガル	✓	■	◆	◆	◆
スロバキア	×	□	◆	◆	◆
スロベニア	×	□	●◆	◆	◆
スペイン	✓	○	●◆	◆	◆
スウェーデン	✓	□	◆	◆	◆
スイス	✓	■	●◆	◆	●
イギリス	✓	○	●◆	◆	◆
アメリカ	×	▲	◆	◆	◆
OECD 諸国全体					
✓ はい	16				
■ 常に		6			
□ 多くの場合		6			
▲ たまに		5			
△ ほとんどない		3			
○ 全くない		6			
● インフラストラクチャ・マネジメント機関にのみ			18	1	3
◆ すべての公共機関に適用可能			28	27	21
× いいえ	11				3
— 該当なし	1	1			1
.. 利用可能ではない		1			

出典：OECD（2022）, Survey on the Governance of Infrastructure - Part III: Implement a whole-of-government approach to manage threats to integrity.
StatLink：https://stat.link/gtosx3

指標32　環境的に持続可能で気候変動に強じんなインフラストラクチャの提供

気候危機の規模と緊急性は、インフラストラクチャの計画と提供に対する新たな総合的アプローチを必要としている。2050年に実質ゼロ排出を達成するためには、エネルギー部門への投資に対する世界の年間投資額を近年の2兆3,000億米ドルから2030年までに5兆米ドルに増加させる必要がある（IEA, 2021）。輸送関連のクリーンエネルギーについては、推定される増加額は2030年までに年間750億米ドルから5,700億米ドル以上に増加させる必要がある（IEA, 2021）。同時に、インフラストラクチャ資産と事業は気候変動の影響にますますさらされるようになり、強じん性を構築するための統合的アプローチが必要となる。これに関連して、インフラストラクチャのガバナンスに関するOECDの勧告は、環境的に持続可能で気候変動に強いインフラストラクチャを提供するための政府のアプローチの質を強化し、気候変動行動目標の達成に向けて共同で取り組むために民間部門や市民社会と協力する必要性を強調している。

OECDインフラストラクチャ・ガバナンス指標（IGI）の環境的に持続可能で気候変動に強いインフラストラクチャに関する部分は、環境的に持続可能で気候変動に強いインフラストラクチャを支える様々なガバナンス要素の概要を提供している。国別指標値は0.19から0.93までにわたり、OECD諸国平均は0.52である（図8.7）。各国はいくつかの優良事例を示しているが、5つの下位構成要素すべてに改善の余地がある。

多くのOECD諸国は、環境的に持続可能で気候変動に強いインフラストラクチャのための健全な計画が重要であることを認識しており、多くの国が同じことを実施するためのガイドラインを策定している。利用可能なデータを有する国の69%（29か国中20か国）が、気候変動への適応を対象としたインフラストラクチャ・ガイドラインを提供しており、66%（19か国）が気候変動の緩和、55%（16か国）が生物多様性への配慮、48%（14か国）が自然に基づく解決策を提供している（表8.8）。このようなガイドラインは、気候変動に強いインフラストラクチャ・システムを開発し、グレー・インフラストラクチャを補完又は代替するためのグリーン・インフラストラクチャの利用を促進するための鍵となる。このガイドラインは、環境と気候への配慮をインフラストラクチャの計画と提供に統合することもできる。例えば、スペインの公共事業実験研究センター（Centro de estudios y experimentacion de obras Publicas）は、気候変動と道路の強じん性に関する横断的作業部会を調整し、気候変動への配慮を道路ライフサイクルのすべての段階に組み込むためのガイドラインを提供している。

各国は、環境と気候への配慮をプロジェクトの評価プロセスに統合するための方法論的ツールの利用を増やすこともできる。データが利用可能なすべてのOECD諸国は、交通インフラストラクチャ・プロジェクトの潜在的影響を評価するために環境インパクト評価を義務付けている、プロジェクトの選択と優先順位付けのために評価結果をシステマティックに利用しているのはわずか68%（28か国中19か国）である。同様に、63%（27か国中17か国）が交通インフラストラクチャ・プロジェクトの潜在的排出量を推定するために環境インパクト評価を要求しているが、プロジェクトの選択又は優先順位付けのために結果をシステマティックに利用しているのはわずか44%（27か国中12か国）である。OECD諸国の回答者の半数未満（26か国中12か国、46%）が、気候変動への適応策を交通インフラストラクチャ・プロジェクトの設計に統合することを義務付けている。プロジェクトの選択と優先順位付けのために気候変動耐性基準をシステマティックに利用しているのはわずか35%（26か国中9か国）しかない（表8.8）。

方法論と定義

データは、2022年インフラストラクチャのガバナンスに関するOECDサーベイと2021年規制政策とガバナンスの指標（iREG）から抽出されている。後者は、規制改革を担当する政府機関から提供された回答に基づいて、2021年1月1日現在の規制政策とガバナンス慣行に関する最新の証拠を提示している。前者は2022年5月に実施され、34のOECD諸国からの回答を得ている（デンマーク、ハンガリー、イスラエル及びオランダはサーベイに回答しなかった）。サーベイは、実施期間中（2022年5月から10月まで）に国／連邦レベルで実施されている政策と仕組みをモニターしており、地方レベルでの特定の慣行は対象としていない。スペインとアメリカはその後の変化を報告している。回答者は主に中央／連邦のインフラストラクチャ、公共事業及び財務を担当する省、インフラストラクチャ機関、その他の関係省の上級官吏であった。IGIの環境的に持続可能で気候変動に強いインフラストラクチャに関する部分には、実現条件、計画、プロジェクト評価、資本予算編成、資金調達とモニタリングの5つの下位構成要素があり、それぞれが同じウエイト（20%）を有する。総合指数は0（最低）から1（最高）の範囲である。

自然に基づく解決策とは、自然又は改変された陸上、淡水、沿岸及び海洋生態系を保護、保全、回復、持続可能な利用及びマネジメントするための行動であり、社会的、経済的及び環境的課題に効果的かつ適応的に対処すると同時に、人間の幸福、生態系サービス、回復力及び生物多様性の利益を提供する（国連環境会合）。

詳細情報

IEA (2021), *World Energy Outlook 2021*, International Energy Agency, www.iea.org/reports/world-energy-outlook-2021.

OECD (2020), "Recommendation of the Council on the Governance of Infrastructure", *OECD Legal Instruments*, OECD, Paris, https://legalinstruments.oecd.org/en/instruments/OECD-LEGAL-0460.

図表注

オーストラリア、ドイツ、ギリシャ、日本、ルクセンブルク及びトルコのデータは利用可能ではない。ベルギーのデータは、フランドル地域からの回答のみに基づいている。

図8.7：ベルギー（フランドル地域）は、この指標の完全なデータを持っていない。完全なデータを持つ下位構成要素のみが含まれている（ベルギー（フランドル地域）のスコアはOECD諸国平均に含まれていない）。ノルウェーのデータは利用可能ではない。

図 8.7　環境的に持続可能で気候変動に強じんなインフラストラクチャの提供（2022 年）

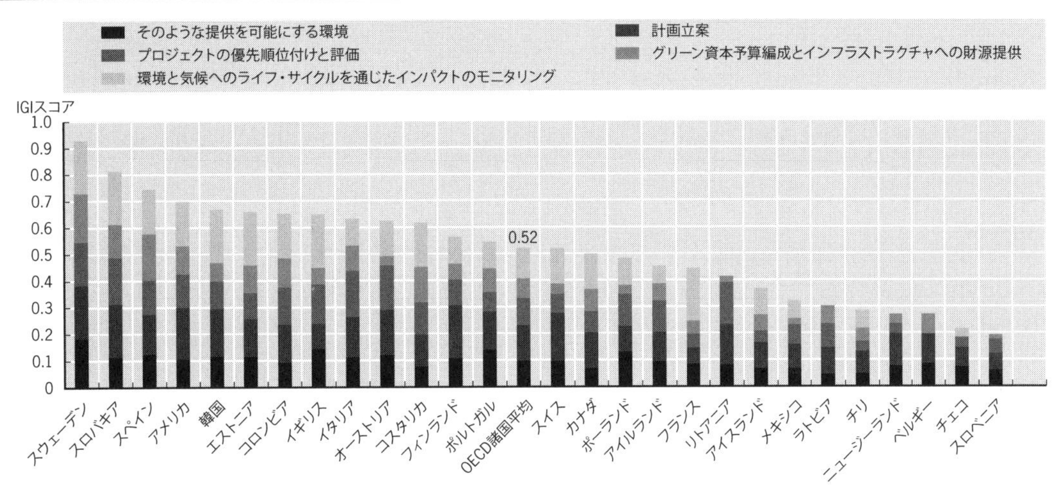

出 典：OECD (2022), Survey on the Governance of Infrastructure - Part V: Deliver environmentally sustainable and climate-resilient infrastructure; OECD (2021), Regulatory Indicators Survey.

StatLink：https://stat.link/uhb5z4

表 8.8　環境と気候への考慮を計画立案とプロジェクト評価に統合する（2022 年）

国名	インフラストラクチャ・ガイドライン	交通インフラストラクチャの環境インパクト分析	交通インフラストラクチャの気候インパクト分析	適応方策の、インパクト分析の設計への統合
オーストリア	■□▲△	●	●	●
ベルギー（フランドル地域）	▲	●	..	..
カナダ	■□▲	○	○	◊
チリ	■	○	◊	◊
コロンビア	■□▲△	●	●	●
コスタリカ	■□▲△	○	○	○
チェコ	■□	○	◊	◊
エストニア	■□	○	○	◊
フィンランド	■□▲△	●	●	◊
フランス	×	●	◊	◊
アイスランド	□▲△	●	◊	◊
アイルランド	■□	●	●	◊
イタリア	■□△	●	●	●
日本	▲	..	..	..
韓国	■▲△	●	●	◊
ラトビア	×	○	◊	○
リトアニア	■□△	●	●	●
メキシコ	×	●	◊	◊
ニュージーランド	■□△	○	◊	◊
ノルウェー	□▲	●	●	..
ポーランド	■△	○	○	○
ポルトガル	■□△	●	◊	●
スロバキア	■□▲△	●	●	●
スロベニア	×	●	◊	◊
スペイン	■□△	○	○	●
スウェーデン	■□▲△	●	●	●
スイス	■□▲△	●	◊	◊
イギリス	×	●	●	●
アメリカ	■□▲△	●	●	◊
OECD諸国全体				
■ 適応	20			
□ 緩和	19			
▲ NbS（自然に根差した解決策）をインフラストラクチャ設計に統合する	14			
△ 生物多様性の考慮をインフラストラクチャ計画立案に統合する	16			
×なし	5			
● プロジェクトの選定及び優先順位付けのために義務付けられ、用いられている		19	12	9
○ プロジェクトの選定及び優先順位付けのために義務付けられているが、用いられていない		9	5	3
◊ 該当なし			10	14
.. 利用可能ではない		1	2	3

出典：OECD (2022), Survey on the Governance of Infrastructure - Part V: Deliver environmentally sustainable and climate-resilient infrastructure.

StatLink：https://stat.link/7of1tk

第９章　デジタル・ガバメントとオープン・ガバメント・データ

指標33　デジタル・バイ・デザイン：公共部門の社会包摂的なデジタル変革の推進

公共部門は、デジタル時代に完全に適応し、それを活用して、国民により良いサービスを提供し、政策決定を改善し、政府の業績を最大化するために、デジタル・バイ・デザインの政府となる必要がある（OECD, 2020a）。政府がデジタル・バイ・デザインとなるためには、1）デジタル・ガバメントの戦略的ビジョンと明確な委任を設定すること、2）デジタル・ガバメントの政策と行動を導くための強固な組織的リーダーシップを確保すること、3）一貫した社会包摂的な方法で政府全体のデジタル変革のための公共部門内外の効果的な調整と協力を確立することが必要である。

OECD諸国は、アクセシビリティの向上とサービスの積極的な提供、公共価値を創出するための重要な戦略的資産としてのデータの扱いなどの共通の優先事項とともに、国家デジタル・ガバメント戦略（national digital government strategies: NDGSs）の策定と実施を通じて、デジタル・ガバメントの明確な戦略的ビジョンを示し続けている。ほぼすべての国（30か国中29か国、97%）が2022年にNDGSを有していた。2019年以降、スウェーデンは専用のNDGSを通じてデジタル・ガバメントの共通の野心的目標を確立した。2019年のサーベイに参加しなかったオーストラリア、メキシコ及びポーランドは、2022年にNDGSを有していたことを確認した（図9.1）。

組織のリーダーシップと政府間の調整は、公共部門全体に一貫したデジタル・ガバメント政策を提供するための基本である。調査結果は、政府がデジタル・ガバメントのリーダーシップと調整を強化し続けていることを強調している。2019年と2022年の両方で、データを利用可能なすべての国には、中央／連邦レベルでデジタル・ガバメントに関する決定を主導し、その実施を調整する責任を負う公共部門の機関があった。さらに注目すべきは、韓国の電子政府推進委員会やルクセンブルクのデジタル化省間協議会など、公共部門におけるデジタル・ガバメントの政策やイニシアティブの運営に責任を負う正式な調整機関やメカニズムの設立において、各国がかなりの進展を遂げていることである。2019年には26か国中18か国（69%）がそのような機関やメカニズムを設置しており、2022年には30か国中29か国（97%）に増加した。これは、7か国がその後1つを設立したことを意味する（図9.2）。

デジタル・ガバメントの成熟したガバナンスには、協力的でユーザー中心の政策決定とサービス提供を構築するために、外部の利害関係者の関与も必要である（OECD, 2021）。OECD諸国は、外部の利害関係者との有意義な調整メカニズムを促進するために、より多くのことができる。2022年には、30か国中11か国（36%）が公共部門のデジタル・プロジェクトのための外部の諮問機関又は協議機関を設置しており、5か国（17%）が非公式の協議機関を設置しており、2か国（7%）では外部の利害関係者が上記の正式な調整メカニズムに参加しているが、30か国中12か国（40%）は、まだそのような機関を設置していない（図9.3）。

方法論と定義

データは、OECDデジタル・ガバメント・サーベイ2.0を通じて収集された。この調査は、デジタル・ガバメント戦略に関する理事会のOECD勧告の実施状況を監視し、公共部門のプロセスとサービスの人間中心的かつ政府全体のデジタル変革を実現するために、各国がより高いレベルのデジタル成熟度に移行していることを評価することを目的としている。調査データは、来るべきOECDデジタル・ガバメント・インデックスの第2版に使用される。

本指標に示されたデータは、2022年11月に開始されたサーベイを通じて収集された情報の最初の分析に対応している。執筆時点では、OECD諸国30か国と3つの加盟申請国（ブラジル、クロアチア及びルーマニア）からの回答が分析されている。2019年には、OECD諸国29か国とOECDパートナー国1か国（ブラジル）がサーベイのパイロットに参加した。サーベイの回答者は、デジタル・ガバメント改革を主導及び／又は実施しており、関連する公共部門の様々な部門からデータを収集した中央／連邦政府の上級官吏であった。

デジタル・バイ・デザインとは、デジタル技術とデータを活用して、公共部門のプロセスとサービスを再考し、再設計し、手続きを簡素化し、公共の利害関係者とのコミュニケーションと関与の新しいチャンネルを創出する原則である（OECD, 2020b）。

詳細情報

OECD (2021), *The E-Leaders Handbook on the Governance of Digital Government*, OECD Digital Government Studies, https://doi.org/10.1787/ac7f2531-en.

OECD (2020a), "The OECD Digital Government Policy Framework: Six dimensions of a digital government", *OECD Public Governance Policy Papers*, No. 02, https://doi.org/10.1787/f64fed2a-en.

OECD (2020b), "Digital Government Index: 2019 results", *OECD Public Governance Policy Papers*, No. 3, https://doi.org/10.1787/4de9f5bb-en.

OECD (2014), "Recommendation of the Council on Digital Government Strategies", *OECD Legal Instruments*, OECD, Paris, https://legalinstruments.oecd.org/en/instruments/OECD-LEGAL-0406.

図注

2022年のデータは、コスタリカ、ドイツ、ギリシャ、ハンガリー、オランダ、スロバキア、スイス及びアメリカについては利用可能ではない。

2019年のデータは、オーストラリア、コスタリカ、ハンガリー、メキシコ、ポーランド、スロバキア、スイス、スロバキア、とアメリカについては利用可能ではない。比較のため、図と分析には、2019年と2022年の両方の調査に参加した27か国しか含まれていない。

図9.1　国家デジタル・ガバメント戦略（2019年及び2022年）

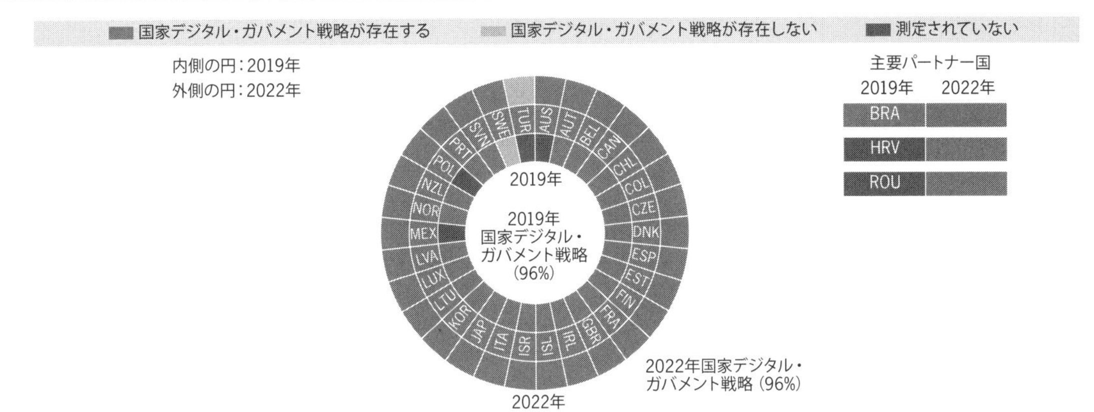

出典：OECD（2022）, Survey on Digital Government 2.0.

StatLink：https://stat.link/di7n4o

図9.2　デジタル・ガバメントのガバナンスのための組織構造（2019年及び2022年）

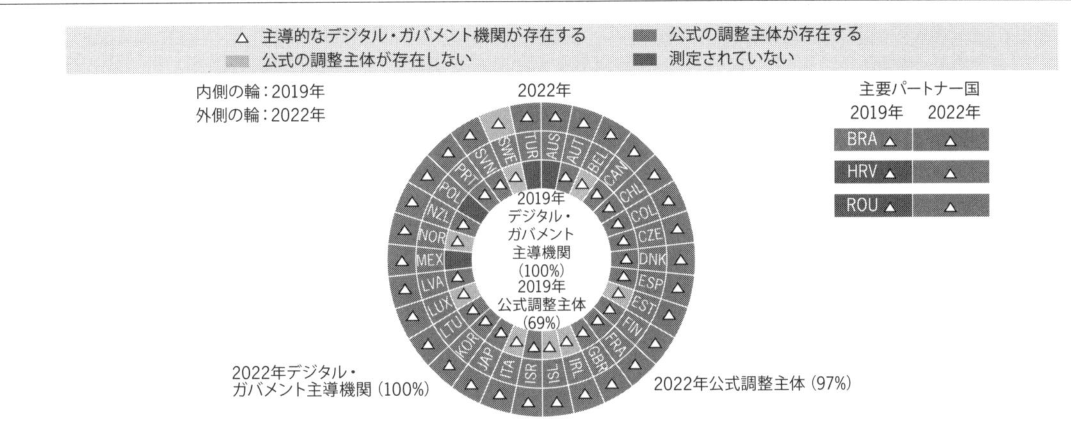

出典：OECD（2022）, Survey on Digital Government 2.0.

StatLink：https://stat.link/r3cqw9

図9.3　公共部門におけるデジタル・プロジェクトのための外部諮問機関（2022年）

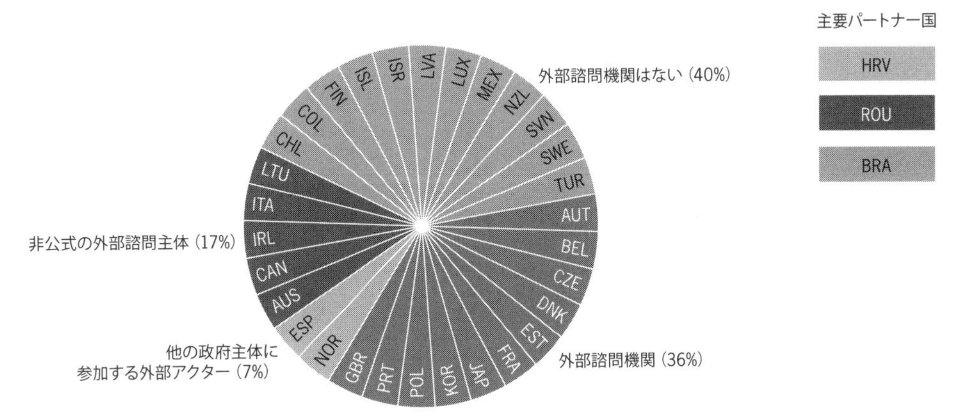

出典：OECD（2022）, Survey on Digital Government 2.0.

StatLink：https://stat.link/67fc0x

指標34　公共政策と公共サービスの積極的な提供のための人工知能の活用

積極的な政府は、人々のニーズを予測し、それに迅速に対応し、公共サービスへのアクセス可能性と満足度を高め、行政の負担を軽減する。OECD AI原則や人工知能に関するOECD理事会勧告によって推進されているような人工知能（AI）の戦略的かつ倫理的な採用は、政府がこのビジョンを達成するのに役立つ。

OECD諸国は、積極的な公共サービス提供を行い、プロセスを改善するために、公共部門におけるAIのガバナンスと利用を改善している。利用可能なデータを有するほとんどの国（30か国中29か国、97%）は、公共部門で利用するための目的や行動を含むAIの戦略、議題、計画を有している（図9.4）。

公共部門でAIを利用する際には、アルゴリズム・マネジメントのための共通の倫理的価値と原則の整合性と遵守が不可欠である。OECD AI原則に基づき、デジタル・ガバメントに関するサーベイでは、公共部門機関によるアルゴリズムの倫理的なマネジメントと利用を確保するために各国が用いたアプローチに、大きな違いがあることが明らかになった。30か国中16か国（53%）がこの目的のために正式な要件（例えば、法律や規制）に依存しているのに対し、12か国（40%）はガイドライン、基準、原則などの政策イニシアティブを用いている。サーベイ対象国のうち2か国（7%）は何の手段も用いていない（図9.5）。

公共部門におけるAIの実施と利用も国によって異なる。調査対象30か国中23か国（77%）が、公共部門の内部プロセス、公共サービスの設計と提供、政策決定という3つの評価カテゴリーのうち少なくとも1つでAIを使用していると報告している。各カテゴリーを具体的に見ると、30か国中22か国（73%）が公共部門の内部プロセスの改善にAIを使用している。例えば、カナダ政府はロボティック・プロセス・オートメーションを使用して内部プロセスを合理化し、職員のワークフローをより効率的にしている。同じ数の国が公共サービスの設計と提供のためのAIプロジェクトを開発している。例えば、フィンランドのAuroraAIは、エンドユーザーの属性に基づいて公共サービスを推奨している。対照的に、エストニアの森林資源の地理参照と環境意思決定能力の向上のための半自動遠隔感知情報システムなど、政策決定の改善にAIを適用している国はごく少数（30か国中11か国、37%）である。3つのカテゴリーすべてでAIを使用している国はわずか10か国（33%）であり、7か国（23%）は3つのカテゴリーのいずれにおいてもAIプロジェクトを開発していない（図9.6）。

方法論と定義

データは、デジタル・ガバメント戦略に関するOECD理事会勧告の実施を監視し、公共プロセスと公共サービスの人間中心的かつ政府全体のデジタル変革を提供するために、各国がより高いレベルの成熟度に移行していることを評価することを目的としたOECDデジタル・ガバメント・サーベイ2.0を通じて収集された。サーベイ・データは、来るべきOECDデジタル・ガバメント・インデックスの第2版に使用される。

このセクションに示されたデータは、2022年11月に開始されたサーベイを通じて収集された情報の最初の分析に対応している。執筆時点では、OECD諸国30か国と3つの加盟申請国（ブラジル、クロアチア、ルーマニア）からの回答が分析されている。調査の回答者は、デジタル・ガバメント改革を主導及び／又は実施しており、関連する公共部門の様々な部門からデータを収集した中央政府及び連邦政府の上級官吏であった。

積極性とは、政府と公務員が人々のニーズを予測し、迅速に対応する能力を代表する原則であり、ユーザーはデータとサービス提供の煩雑なプロセスに関与する必要がない（OECD, 2020）。

人工知能（AI）とは、人間が定義した一連の目標に対して、実環境又は仮想環境に影響を与える予測、推奨、又は決定を行うことができる機械ベースのシステムを指す。AIシステムは、様々なレベルの自律性で動作するように設計されている（OECD, 2022）。

詳細情報

OECD (2022), "OECD AI Principles", https://oecd.ai/en/ai-principles.

OECD/CA F (2022), *The Strategic and Responsible Use of Artificial Intelligence in the Public Sector of Latin America and the Caribbean*, OECD Public Governance Reviews, OECD Publishing, Paris, https://doi.org/10.1787/1f334543-en.

OECD (2020), "The OECD Digital Government Policy Framework: Six dimensions of a digital government", *OECD Public Governance Policy Papers*, No. 02, OECD Publishing, Paris, https://doi.org/10.1787/f64fed2a-en.

OECD (2019), "Recommendation of the Council on Artificial Intelligence", *OECD Legal Instruments*, OECD, Paris, https://legalinstruments.oecd.org/en/instruments/oecd-legal-0449.

Ubaldi, B. et al. (2019), "State of the art in the use of emerging technologies in the public sector", *OECD Working Papers on Public Governance*, No. 31, OECD Publishing, Paris, https://doi.org/10.1787/932780bc-en.

図注

コスタリカ、ドイツ、ギリシャ、ハンガリー、オランダ、スロバキア、スイス及びアメリカのデータは入手できない。

図9.6：ベルギー、チェコ、アイルランド、イスラエル、日本、ノルウェー及びポーランドは、分析されたカテゴリーのAIプロジェクトを提示しなかった。

図 9.4　公共部門における人工知能の国家計画の利用可能性（2022 年）

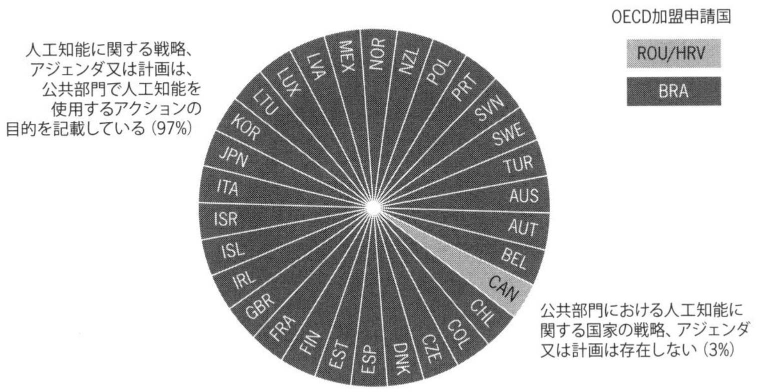

人工知能に関する戦略、アジェンダ又は計画は、公共部門で人工知能を使用するアクションの目的を記載している（97%）

MEX NOR NZL POL PRT SVN SWE TUR AUS AUT BEL CAN CHL COL CZE DNK ESP EST FIN FRA GBR IRL ISL ISR ITA JPN KOR LTU LUX LVA

公共部門における人工知能に関する国家の戦略、アジェンダ又は計画は存在しない（3%）

OECD加盟申請国

ROU/HRV

BRA

出典：OECD（2022）, Survey on Digital Government 2.0.

StatLink：https://stat.link/hnso0x

図 9.5　人工知能の倫理的利用を確保するために用いられる手段（2022 年）

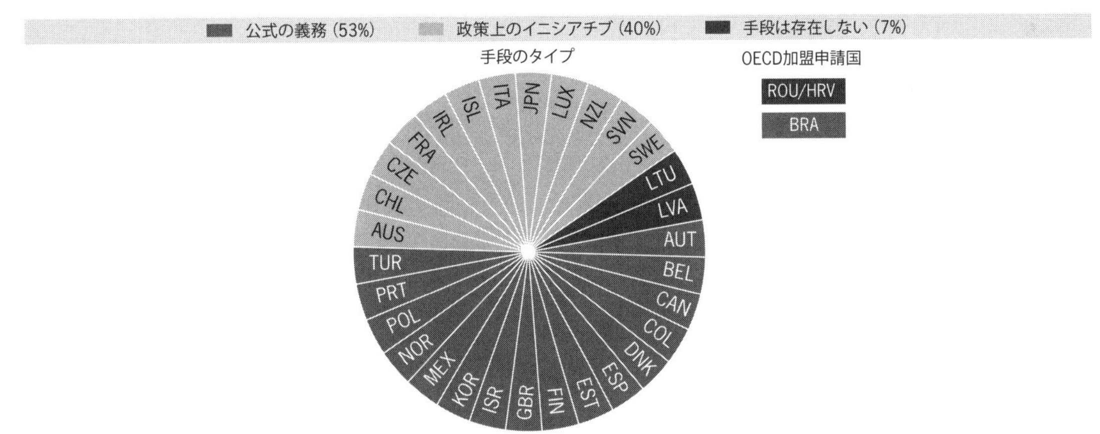

出典：OECD（2022）, Survey on Digital Government 2.0.

StatLink：https://stat.link/7wi1nr

図 9.6　公共部門での人工知能の活用（2022 年）

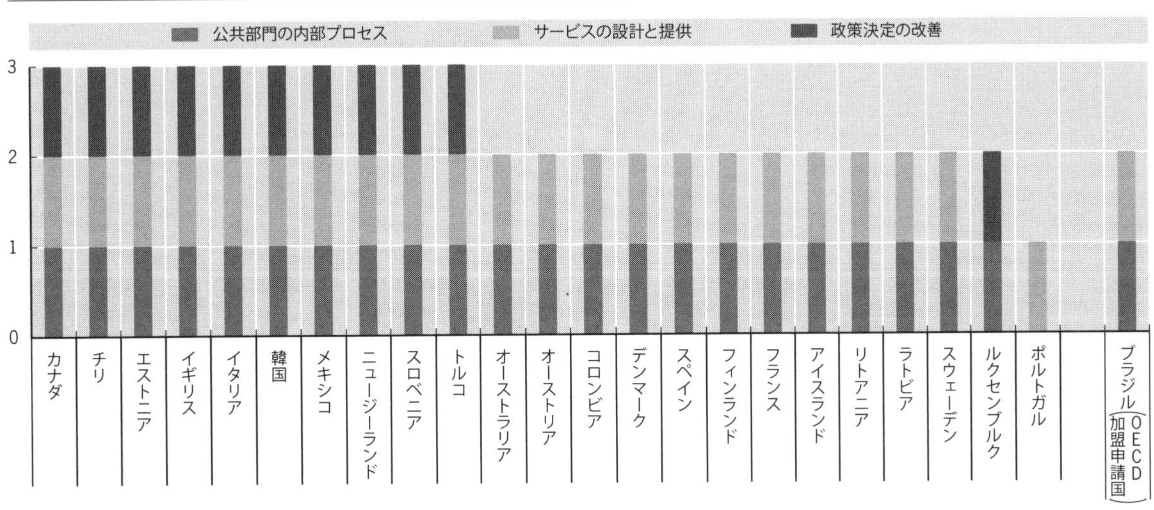

出典：OECD（2022）, Survey on Digital Government 2.0.

StatLink：https://stat.link/imef87

指標35　気候変動対策のためのオープン・ガバメント・データ

政府によって生成されたデータへのアクセスは、データ主導の意思決定、ユーザー中心のサービス設計、及び証拠に基づく政策を促進するための基本である。例えば、COVID-19パンデミック時には、オープン・ガバメント・データが各国の危機対応を支援し、新たなニーズに対処するためのより良いコミュニケーションとサービスを可能にすることによって、ショックや緊急事態に直面した際の回復力の強化に貢献できることを証明した。信頼性が高く、標準化され、タイムリーなオープン・データの公開は、パリ協定の強化された透明性の枠組み（ETF）に沿って、気候政策の策定と気候行動に関する透明性を改善する機会も提供する。これにより、例えば、オープンの地理空間データ、気候学的観測、排出量、汚染レベルから引き出された情報を用いて、公共部門、民間部門、第3セクターの利害関係者が、気候変動に関連する重大な脆弱性を共同で監視し、対応することが可能になる（Grinspan and Worker, 2020; UNFCCC, 2023）。

政府全体のオープン・データ戦略又は行動計画の存在は、オープン・ガバメント・データに関する一般的な作業において公共部門の組織を導くための重要なステップである。同様に、これは最終的に気候変動対策を支援するためのオープン・データの成熟度を高めるのに役立つ。利用可能なデータを有するOECD諸国36か国のうち30か国(83%)がオープン・データ戦略又は行動計画を有している（図9.7）。スウェーデンとフランスは、オープン・データ戦略において気候変動に対処するための規定を明示的に議論している国の例である。

さらに、多くのOECD諸国は、気候変動対策を支援するためのオープン・データとして公表すべき優先データセットを特定しており、OECD諸国35か国のうち34か国（97%）が、気候変動の監視又は対処を目的としてオープン・データとして公表すべきデータセットのリストを特定している(図9.8)。OECD-EU諸国全体では、EUオープンデータ指令(2019/1024）の実施規則（C（2022）9562）が、価値の高いデータセットのリストを定義している。このリストは、社会経済的に最も大きな可能性を持つ公開データが、最小限の法的及び技術的制限で無料で再利用できるようにするものである。このリストには、生息地やビオトープ、温室効果ガス排出量、気候資金、廃棄物プラント、大気の質など、気候変動に関連するデータが含まれている。カナダ、チリ、コロンビア、韓国など、他のOECD非EU諸国も、オープン・データ・リリースのために気候変動に関連する優先データセットを定義している。カナダでは、オープン・ガバメントに関する指令が更新され、連邦政府機関による価値の高いデータや情報のタイムリーな公表を支援できるデータセットが明確に特定されている。環境保護と気候変動は、これらのカテゴリーの1つとして特定されている。韓国では、政府が定期的に「ナショナル・コア・データ」を定義している。これは、オープン・データとして公開する価値と需要が高いデータとして特定されている。これらのデータセットには、現在、大気汚染排出量などの気候変動対策に関連するデータが含まれている。ニュージーランドでは、強じん性と気候変動の主要なデータセットもすでにオープン・データとして利用可能である。これらのデータセットには、人口、河川、土地に関するデータが含まれている。

オーストラリア、コスタリカ、日本、メキシコなどの他の諸国も、気候関連のオープン・データを定期的に公開している。例えば、オーストラリアは、各温室効果ガスの排出量を年別、産業部門別、州・地域別に分類したデータベースを、アプリケーション・プログラミング・インターフェース（API）を通じてオープン・データとして利用できるようにしている。

方法論と定義

データは、2022年年5月から6月にかけて実施されたオープン・ガバメント・データ5.0に関するOECDサーベイを通じて収集された。OECD諸国36か国と3つの加盟申請国（ブラジル、クロアチア及びルーマニア）が参加した。回答者は、OECDデジタル・ガバメント上級官吏作業部会（E-Leaders）の下にあるオープン・ガバメント・データに関する専門家グループの代表であった。

オープン・データの仕組みとは、無差別なデータへのアクセスとデータの共有の仕組みを指す。この仕組みでは、データは機械可読であり、無料で、アクセス及び共有することができ、最大でも、完全性、出所、帰属、開放性を維持するという要件に従うことを条件として、誰もがあらゆる目的で使用することができる。

アプリケーション・プログラミング・インターフェース（API）は、情報システムが相互に通信するために使用されるインターフェースである。これらのインターフェースにより、情報システム運用者が設定した制限内でデータへの自動アクセスとデータ交換が可能になる。

詳細情報

UNFCCC (2023), "Introduction to transparency", *United Nations Framework Convention on Climate Change*, https://unfccc.int/Transparency.

Grinspan, D. and J. Worker (2020), "Implementing open data strategies for climate action: Suggestions and lessons learned for government and civil society stakeholders", *Working Paper*, World Resources Institute, Washington DC, https://doi.org/10.46830/wriwp.19.00093.

European Union (2019), Directive (EU) 2019/1024 of the European Parliament and of the Council of 20 June 2019 on open data and the re-use of public sector information, http://data.europa.eu/eli/dir/2019/1024/oj.

図注

図9.7：アメリカとハンガリーのデータは利用可能ではない。

図9.8：イギリス、アメリカ及びハンガリーのデータは利用可能ではない。

図 9.7　オープン・ガバメント・データの戦略又はアクション・プランの利用可能性（2022 年）

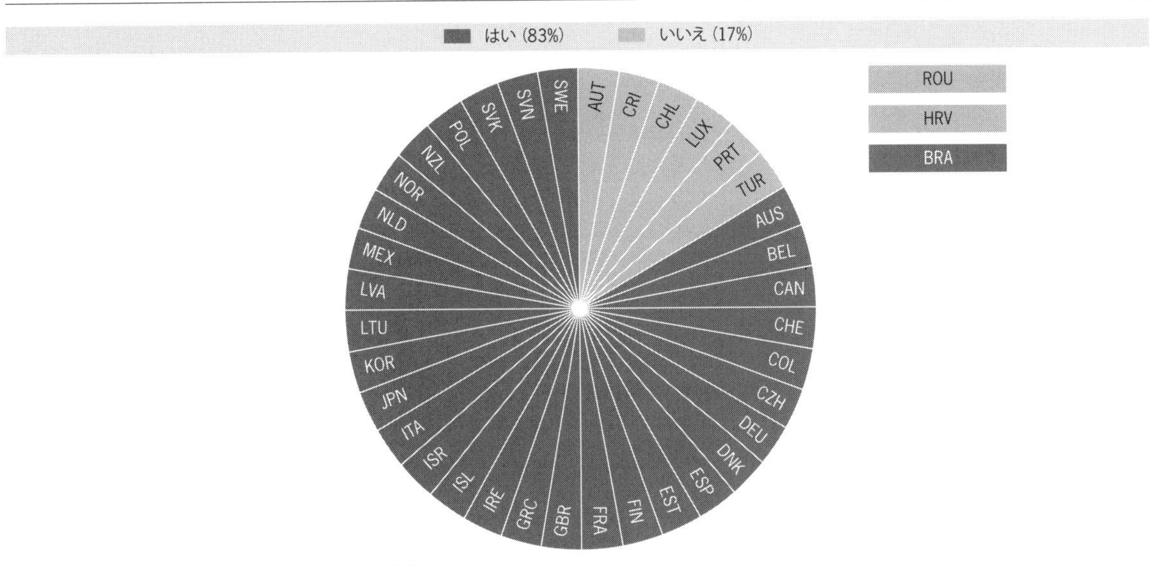

出典：OECD（2022）, Survey on Open Government 5.0.

StatLink：https://stat.link/a27wpx

図 9.8　気候変動対策を支援するためのオープン・データ公開のために特定された優先的データセット（2022 年）

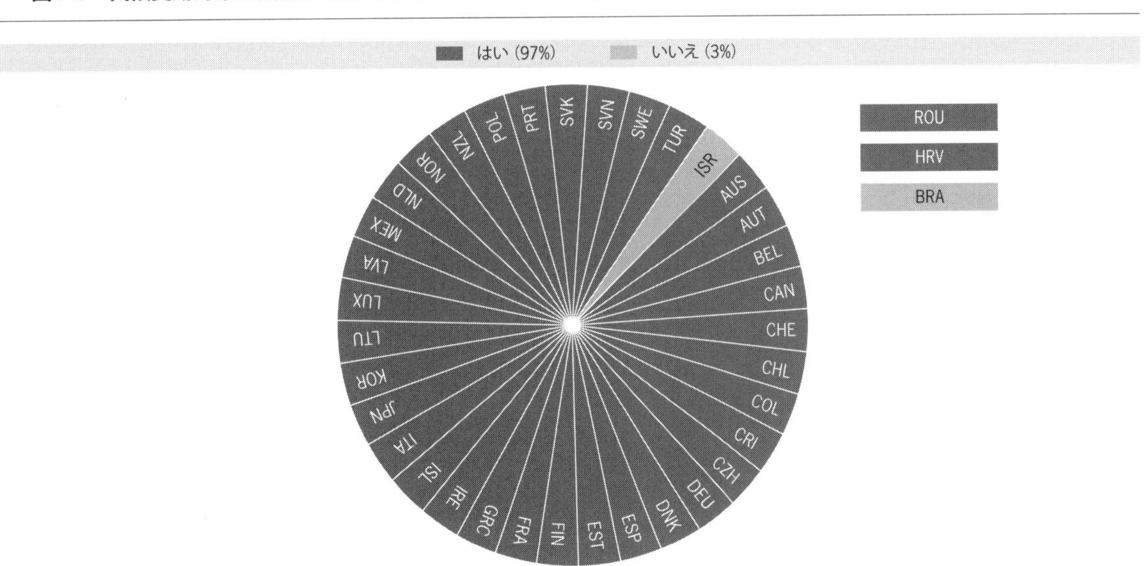

出典：OECD（2022）, Survey on Open Government 5.0.

StatLink：https://stat.link/o9bl76

第 10 章　公共部門の歳入及び生産費用

指標 36　一般政府の歳入

政府歳入は政府の所得である。OECD 諸国の主な歳入源は一般的に税金と社会拠出であり、一部の歳入は国が提供するサービスに対する手数料からのものである。一部の国では、歳入に、国有企業からの所得や天然資源に対する使用料などの税外収入からのかなりの部分が含まれている場合がある。歳入政策は一般的に複数の目的に役立つように設計されている。最も基本的なものは、医療や防衛などの公共財・サービスの提供に支払うための資金を集めることである。歳入政策は、所得の多い者に高い所得税を課すなど、不平等を悪化させないように設計されていることも多い。歳入政策は、社会的に有益な活動（例えば、研究開発に対する減税）を奨励し、有害な活動（例えば、二酸化炭素排出やタバコに対する税）を抑制するためにも利用できる。場合によっては、これらの異なる目的が互いに矛盾することがある。

OECD 諸国平均で、一般政府歳入は 2019 年に GDP の 38.8% であった（図 10.1）。ほとんどの OECD 諸国（38 か国のうち 25 か国）は、2021 年に GDP の 30% から 45% を政府歳入として徴収した。しかし、その範囲は広く、ノルウェーの GDP の 58.9% からメキシコの 23.0% までである。OECD 諸国平均では、GDP に占める歳入の割合は 2007 年から 2019 年の期間に非常に安定しており、常に GDP の 35% から 38% の間にとどまっている（図 10.2）。COVID-19 パンデミックの間に歳入がわずかに増加し、2020 年には GDP の 38.2%、2021 年には 38.8% に増加した。この変化は、パンデミックの間に増税が行われたことを示すものではなく、むしろ GDP が急激に減少したことを示している。実際、パンデミックの間に所得と利益が減少したので、多くの個人や企業が支払うべき税額も減少した。しかし、総計の数字は、2019 年から 2020 年の間に一部の国で GDP に占める歳入の割合の大きな変化を不明瞭にしている。例えば、ギリシャでは大幅な減少があり、メキシコでは大幅な増加があった（OECD, 2022）。

国民 1 人当たりの一般政府歳入は OECD 諸国全体で大きく異なっている（図 10.3）。これは、OECD 諸国の国民 1 人当たり所得の差が一因となっている。国民 1 人当たりの政府歳入が最も低い OECD 諸国 3 か国（チリ、コロンビア及びメキシコ）も国民 1 人当たり所得が最も低い国の 1 つである。1 人当たりの政府歳入が最も高い OECD 諸国 2 か国（ルクセンブルクとノルウェー）は、国民 1 人当たり所得が最も高い国の 1 つである。これらの両極端の間でも、変動は政策選択によってもたらされる。例えば、アメリカは、2021 年に、国民 1 人当たり所得が OECD 諸国の中で 5 位にランクされていたが、国民 1 人当たり歳入は 16 位にランクされていた。これは、部分的には、相対的に低い税率を設定する、及び / 又は多くの OECD 諸国よりも狭い課税標準しか有さないという政策決定を反映している。特筆すべきは、各国が COVID-19 のパンデミックで興奮していたので、国民 1 人当たり歳入は増加した。国民 1 人当たり歳入は、データが利用可能なすべての国で、2021 年から 2022 年にかけて増加した。OECD-EU 諸国平均で、2021 年と 2022 年の間の実質増加は、2.4% であった（オンライン図 G.5.1 参照）。

方法論と定義

歳入データは、国民経済計算（SNA）に基づく OECD 国民経済計算統計（データベース）から抽出される。SNA は、国際的に合意された国民経済計算の概念、分類、定義及び規則のセットを提供している。2008 SNA の枠組みは、すべての OECD 諸国によって実施されている（報告システム及び情報源の詳細については附録 C を参照）。SNA の用語では、一般政府は中央政府、州政府、地方政府及び社会保障基金で構成されている。歳入には、税金、純社会拠出及び補助金、その他の歳入が含まれている。国内総生産（GDP）は、ある期間にその国によって生産された財とサービスの価値の標準的な尺度である。国民 1 人当たりの政府歳入は、GDP の OECD ／ユーロスタット購買力平価（PPP）を使用して総歳入を米ドルに換算し、その国の人口で割ることによって計算された。PPP は、国 A で同じ量の財とサービスを購入するために必要な国 B の通貨の単位数である。

詳細情報

OECD（2022）, *Tax Policy Reforms 2022:.OECD and Selected Partner Economies*, OECD Publishing, Paris, https://doi.org/10.1787/6bee2df9-en.

Akgun, O., D. Bartolini and B. Cournède（2017）, "The capacity of governments to raise taxes", *OECD Economics Department Working Papers*, No. 1407, OECD Publishing, Paris, https://doi.org/10.1787/6bee2df9-en.

図注

チリとトルコのデータは OECD 諸国平均に含まれていない。

図 10.1・図 10.3：トルコ、ブラジル及びインドネシアのデータは 2021 年ではなく 2020 年のものである。

図 G.5.1「国民 1 人当たり実質政府歳入の年間成長率（2019-20 年、2020-21 年及び 2021-22 年）」は附録 G でオンラインで利用可能である。

図 10.1　一般政府歳入（GDP 比）（2019 年、2021 年及び 2022 年）

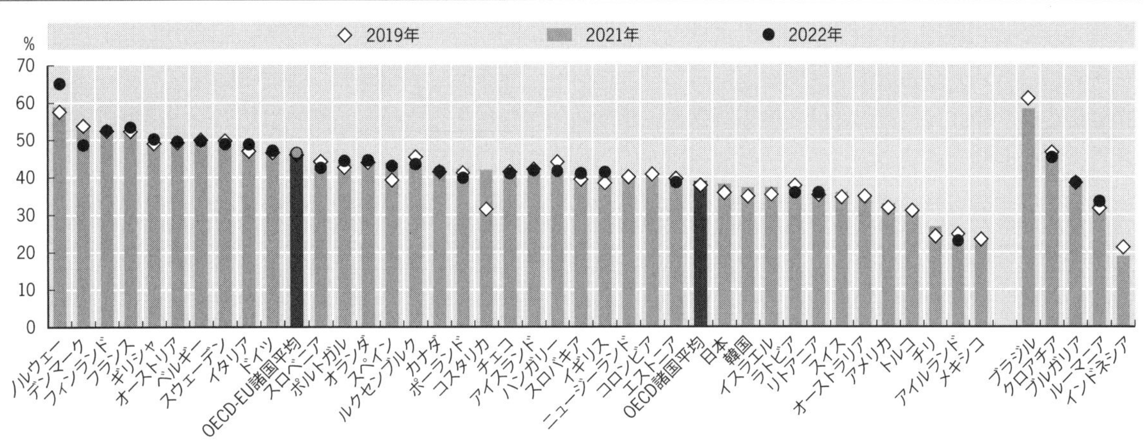

出典：OECD National Accounts Statistics (database).

StatLink：https://stat.link/rg6pm0

図 10.2　一般政府歳入（GDP 比）、OECD 諸国と主要経済大国（2007 ～ 2022 年）

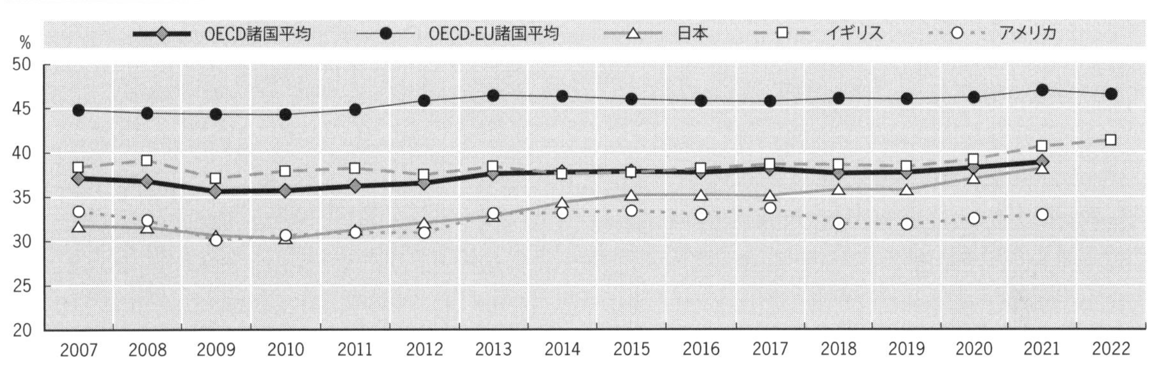

出典：OECD National Accounts Statistics (database).

StatLink：https://stat.link/0873yt

図 10.3　国民 1 人当たり一般政府歳入（2019 年、2021 年及び 2022 年）

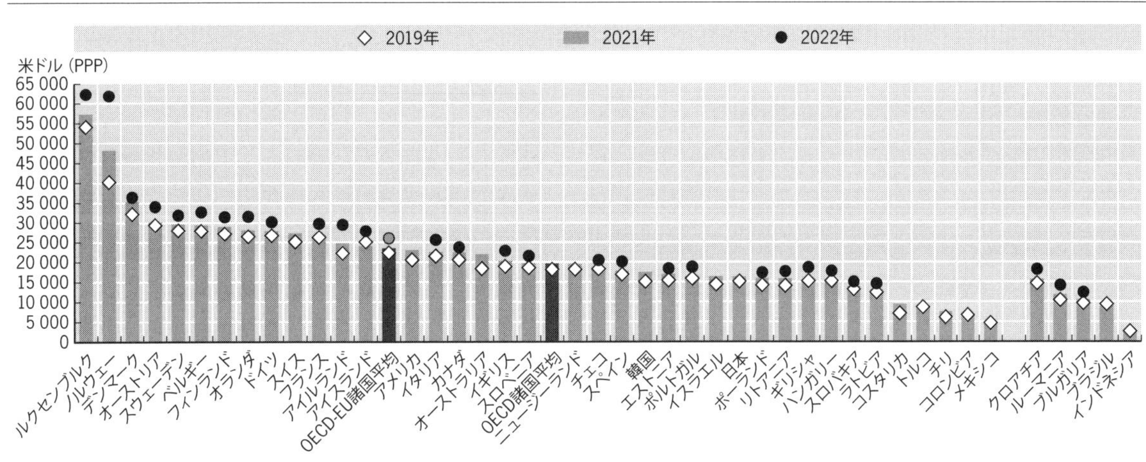

出典：OECD National Accounts Statistics (database).

StatLink：https://stat.link/ytsdip

指標 37　一般政府歳入の構造

政府歳入の構造は、政府が歳入を徴収する財源と、これらが時間の経過とともにどのように変化するかを示している。租税は、すべてのOECD諸国において、最も重要な政府歳入の財源である（図10.4）。すべての国のデータが利用可能な直近の年である2021年には、OECD諸国の歳入の60.6%が租税によって調達された。多くのOECD諸国では、租税が政府歳入全体の50%以上を占めている。しかし、その相対的な重要性には依然として大きなばらつきがあった。2021年に税収の割合が最も高かった国はデンマーク（88.5%）とニュージーランド（82.8%）であり、コスタリカ（40.5%）は最も低い割合であった。OECD諸国にとって2番目に重要な歳入源は社会拠出、すなわち、社会保険制度への支払いである。2021年には、これらがOECD諸国平均で、政府歳入の24.7%を占めていた。税収の割合が比較的低かった多くの国は、代わりに社会拠出から比較的高い割合を徴収していた。例えば、チェコ（社会拠出からの歳入の40.0%）とスロバキア（38.8%）が挙げられる。OECD諸国平均で、歳入のわずかな割合を財・サービスの販売（7.9%）と交付金その他の財源（6.8%）から徴収している。

政府歳入の構造は、COVID-19パンデミック時に著しく変化した（図10.5）。37か国のうち35か国で、財・サービスの販売から徴収された割合が減少した。これは、2019年から2021年の間にOECD諸国平均で0.5%ポイント減少した。これは、多くの国がCOVID-19パンデミック時に一部の公共サービスの手数料を削減又は廃止した可能性があることを示唆している。多くの国では、社会拠出（0.6%ポイント）と交付金その他の財源（0.1%ポイント）からの歳入の割合も減少した。これを除くと、37か国のうち27か国で税収の割合が増加した。OECD諸国平均で、これは2019年から2021年の間に1.2%ポイント増加し、ノルウェー（4.9%ポイント）で最大の増加が見られた。コスタリカはこの一般的なパターンの例外であり、COVID-19パンデミック時には補助金やその他の歳入からの歳入の割合が非常に大きく増加した（20.4%ポイント）。

政府の税収は通常、所得と利益に対する税金（OECD諸国全体の政府歳入の平均33.8%）、財・サービスに対する税金（32.1%）、社会保障拠出金（26.7%）の3つの主要な財源からのものである。これら3つの財源は、特定の組み合わせは異なるが、すべてのOECD諸国の税収の少なくとも80%を占めている。デンマークは所得と利益に対する税金（64.7%）の割合が最も高く、社会保障拠出金（0.1%）の割合が最も低い国の1つである。対照的に、スロベニアは社会保障拠出金（45.2%）の割合が2番目に高く、所得と利益に対する税金（19.4%）の割合が最も低い国の1つである。

方法論と定義

歳入に関するデータは、国民経済計算（SNA）に基づくOECD国民経済計算統計（データベース）から計算されている。2008 SNAの枠組みはすべてのOECD諸国によって実施されている（附録C参照）。歳入には、租税（例えば、消費、所得、富裕、財産及び資本に対するもの）、純社会拠出（すなわち、適用可能な場合には、社会保険制度のサービス料を控除した後の年金、保健及び社会保障に対する拠出）、財・サービスの販売（例えば、政府機関の市場アウトプット、生産、入場料）、交付金その他の財源（例えば、経常及び資本交付金、財産所得、補助金）が含まれる。これらの集計は、下位の勘定科目を使用して作成された（附録D参照）。図10.6のデータはOECD歳入統計からのものである。税収の定義は、SNAとOECD歳入統計の間で、特に強制的な社会保障拠出に関して異なっている。SNAでは、租税は、機関ユニットによって政府に対して行われる現金又は現物による強制的な支払いである。純社会拠出は、支払われるべき社会給付のための準備をするための社会保険制度に対する実際の又は帰属された支払いである。これらは、強制的であることも自発的であることも、資金提供されていることも資金提供されていないこともある。OECD歳入統計は強制的な社会保障拠出を税金として扱っているが、SNAはそれらを純社会拠出とみなしている。なぜなら、社会保障給付の受領は、多くの諸国では、給付の規模が必ずしも拠出金の額と関係していなくても、適切な拠出金が行われたかどうかに依存しているからである。

詳細情報

OECD (2022), *Tax Policy Reforms 2022:.OECD and Selected Partner Economies*, OECD Publishing, Paris, https://doi.org/030/10.1787/067c593d-en.

図注

図10.4・図10.5：チリのデータは利用可能ではない。トルコのデータはOECD諸国平均に含まれていない。オーストラリアは政府の社会保険制度を運営していないため、社会拠出を通じて歳入を徴収していない。トルコ及びブラジルのデータは、2021年ではなく2020年のものである。

図10.6：OECD-EU諸国については、総租税額には、EUに代わって徴収された関税が含まれる。2020年は、すべてのOECD諸国についてデータが利用可能な最新の年である。OECD諸国は、各国間の非加重平均を示す。

図 10.4　一般政府歳入の構造（2021 年及び 2022 年）

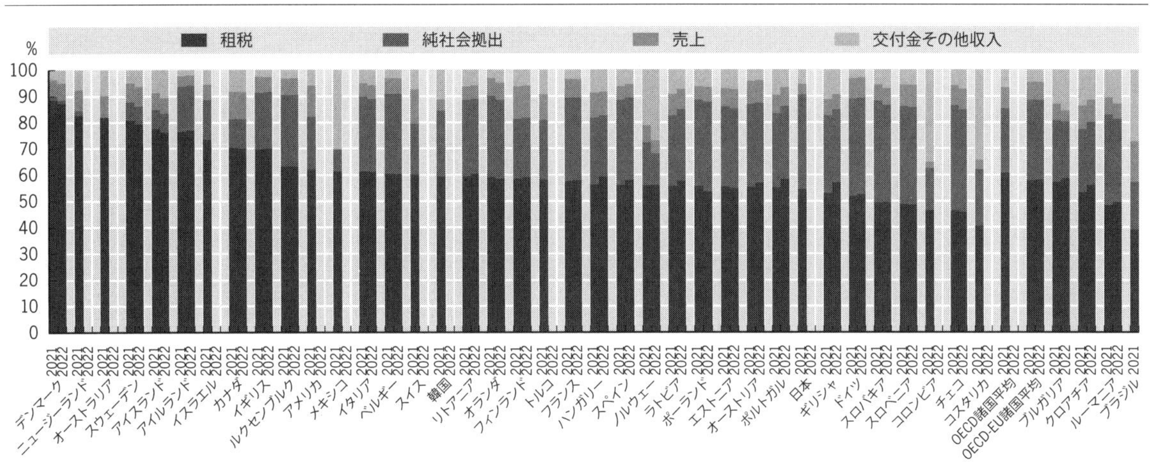

出典：OECD National Accounts Statistics（database）.

StatLink：https://stat.link/85gpqe

図 10.5　一般政府歳入の構造の変化（2019 ～ 2021 年）

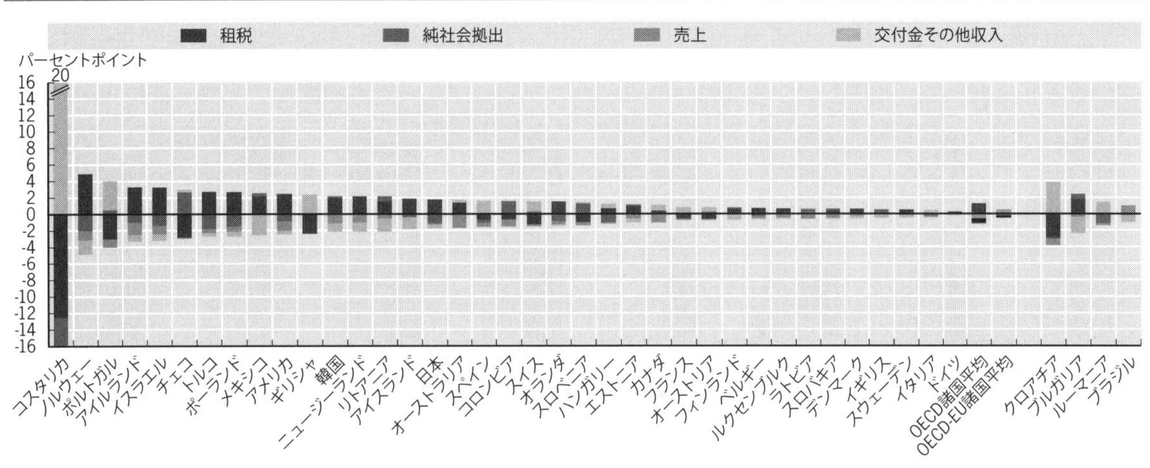

出典：OECD National Accounts Statistics（database）.

StatLink：https://stat.link/xvgdun

図 10.6　総租税額に対する割合としての租税収入の内訳（2019 年及び 2020 年）

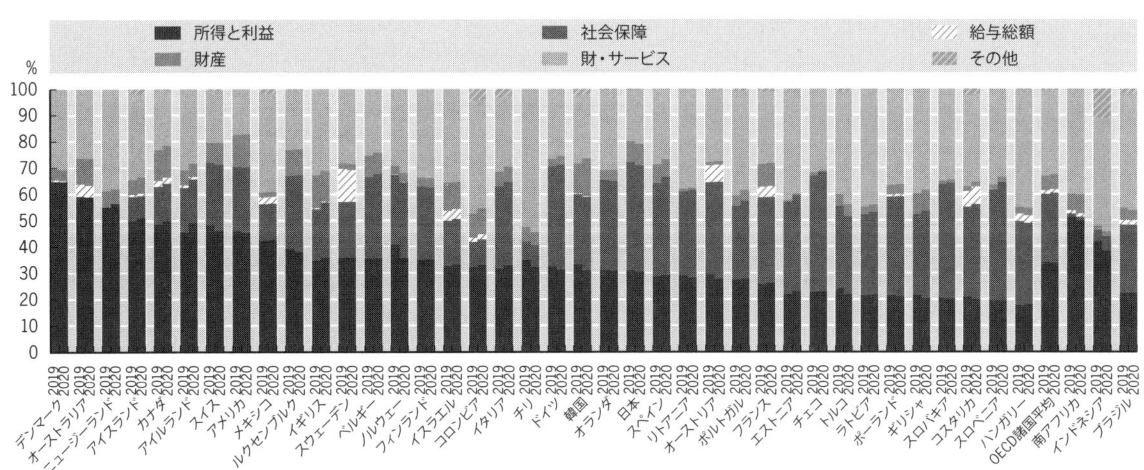

出典：OECD National Accounts Statistics（database）.

StatLink：https://stat.link/mg5o7c

指標 38　政府のレベル別歳入

政府歳入は、国に存在する中央、州、地方の各レベルの政府によって徴収される。2021 年の OECD 諸国平均では、中央政府が一般政府歳入の 52.6%、州政府が 19.5%、地方政府が 10.2%、社会保障基金が 17.6% を徴収している（図 10.7）。しかし、これらの平均には非常に大きなばらつきがあり、国ごと、あるいは政府のレベルごとによって、資金調達構造が大きく異なる。最も重要な違いは、政府が単一政府であるか連邦政府であるかである。単一政府のある国では、中央政府が政府歳入の高い割合を徴収することがよくある。これは、2021 年に中央政府が徴収した税収の割合が最も高かったイギリス（91.2%）や、ニュージーランド（89.2%）、アイルランド（84.6%）などの国でも同様である。対照的に、連邦制諸国では、州政府が歳入のかなりの割合を徴収することがよくある。カナダ（43.6%）とアメリカ（42.4%）は、2021 年に OECD 諸国の中で州政府が徴収した歳入の割合が最も高かった諸国である。地方政府は、通常、中央政府や州政府よりも歳入の割合が低くなっている。しかし、韓国（35.9%）やスウェーデン（35.0%）など、一部の国では地方政府が歳入のかなりの割合を徴収している。これは、地方政府が重要な公共サービスのマネジメントと提供に責任を負っている場合に発生し得る。これはスウェーデンの場合であり、最近まで地方政府が医療と緊急サービスの提供に実質的な責任を負っていたフィンランド（29.1%）でも同様である。

税収は近年、ある程度集中化されている（図 10.8）。OECD 諸国平均で、中央政府が徴収した歳入の割合は 2019 年から 2021 年の間に 1% ポイント増加した。中央政府が徴収した歳入の割合は、データが利用可能な 37 か国のうち 25 か国で増加した。最大の増加はコスタリカ（3.8% ポイント）とポーランド（2.8% ポイント）であった。これを相殺して、社会保障基金が徴収した歳入の割合は 0.6% ポイント減少し、地方政府が徴収した歳入の割合は、0.4% ポイント減少した。地方政府を通じて歳入の割合が減少する傾向が広く見られた。OECD 諸国 37 か国のうち 29 か国で、地方政府が徴収した歳入の割合が減少し、チリ（2.5% ポイント）とラトビア（1.8% ポイント）で最大の減少が見られた。

方法論と定義

データは、国際的に合意された国民経済計算の概念、定義、分類及び規則のセットである国民経済計算体系（SNA）に基づく OECD 国民経済計算統計（データベース）からのものである。2008 SNA の枠組みは、すべての OECD 諸国によって実施されている（附録 C 参照）。SNA の用語では、一般政府は中央政府、州政府、地方政府、及び社会保障基金で構成されている。州政府は、連邦国家である 9 つの OECD 諸国（オーストラリア、オーストリア、ベルギー、カナダ、ドイツ、メキシコ、スペイン（準連邦国家とみなされる）、スイス及びアメリカ）にのみ適用される。データは、オーストラリア、チリ、コスタリカ、韓国、トルコ及びインドネシアを除き、政府のレベル間の移転を除外している。これは、このレベルで統合された一般政府総収入に対する各サブセクターの貢献を見るためである。歳入には、租税（消費、所得、富裕、財産、資本など）、純社会拠出（年金、医療及び社会保障に対する拠出など）、財・サービスの販売（政府機関の市場生産など）、交付金その他の財源（経常及び資本交付金、財産所得及び補助金など）が含まれる。

詳細情報

OECD (2022), *Tax Policy Reforms 2022: OECD and Selected Partner Economies*, OECD Publishing, Paris, https://doi.org/10.1787/067c593d-en.

OECD (2022), *2022 Synthesis Report World Observatory on Subnational Government Finance and Investment*, OECD Publishing, Paris, doi. org/10.1787/b80a8cdb-en.

図注

コロンビアのデータは利用可能ではない。チリとトルコのデータは OECD 諸国平均に含まれていない。日本の一般政府の下位の部門のデータは会計年度で示されている。オーストラリアとアメリカの地方政府は州政府に含まれている。オーストラリアは政府の社会保険制度を運営していない。ニュージーランド、ノルウェー、イギリス及びアメリカの社会保障基金は中央政府に含まれている。

図 10.7：政府レベル間の資金フローは除外されている（オーストラリア、チリ、コスタリカ、韓国、トルコ及びインドネシアを除く）。トルコとインドネシアのデータは、2021 年ではなく 2020 年のものである。

図 10.8：政府レベル間の資金フローは除外されている（オーストラリア、チリ、コスタリカ、韓国及びトルコを除く）。トルコのデータは、2021 年ではなく 2020 年のものである。

図 10.7　一般政府歳入の政府のレベルごとの分配（2021 年及び 2022 年）

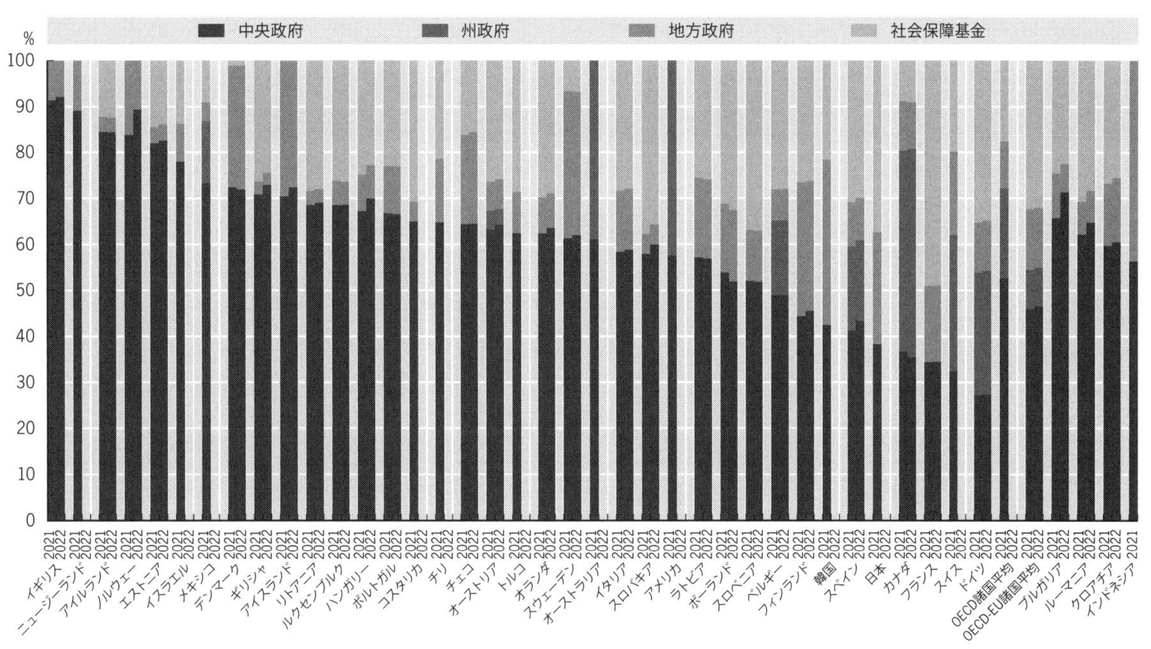

出典：OECD National Accounts Statistics (database).

StatLink：https://stat.link/tbrhfk

図 10.8　一般政府歳入の政府のレベルごとの分配の変化（2019 ～ 2021 年）

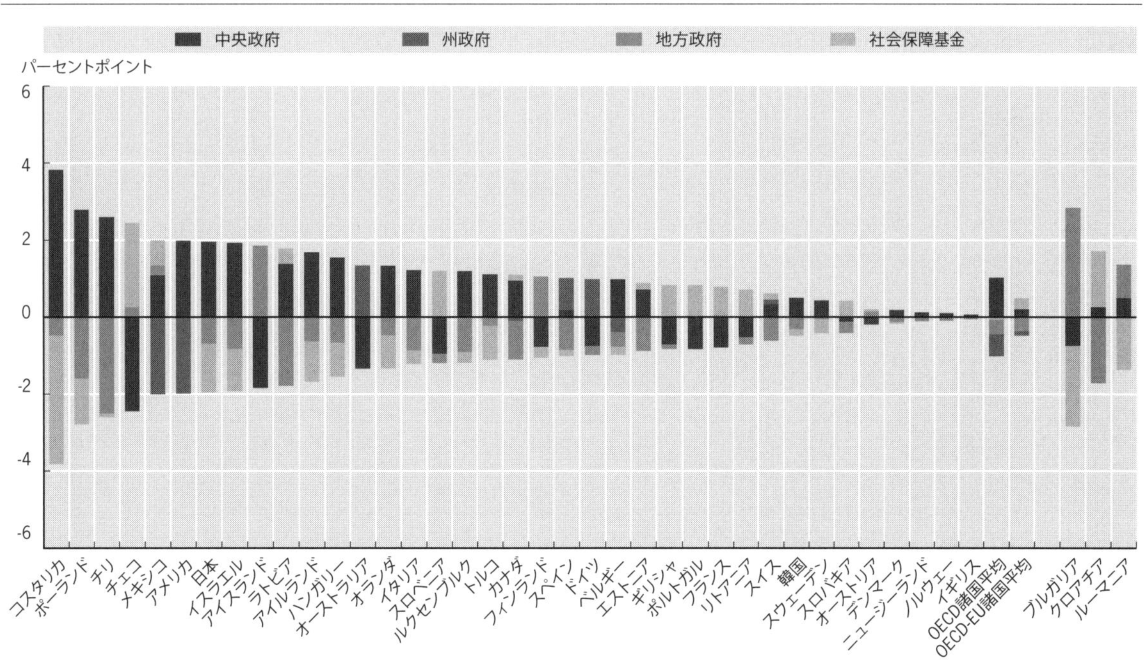

出典：OECD National Accounts Statistics (database).

StatLink：https://stat.link/y03qw2

指標39　一般政府総債務

政府は、歳入を上回る支出を賄うために債務を蓄積している。政府債務は、経常支出を賄うため、又は物的資本に投資するために調達することができるが、利払いという形でコストがかかり、経済的能力格差、インフラ開発のニーズ、セクター別／社会的優先事項の客観的な評価と、コストと便益の慎重な評価に基づくべきである。COVID-19パンデミックの結果、多くのOECD諸国は、家計や企業を支援するための刺激策や介入を通じて支出を増加させ、それによって公的債務を負担した。

2021年の政府債務は、OECD諸国全体でGDPの平均121%に達した（図10.9）。2019年から2021年の間に、GDPに占める平均債務水準は14.1%ポイント上昇した。利用可能な情報があるOECD諸国37か国のうち36か国で債務水準が上昇した。唯一の例外はアイルランドで、公的債務は3.2%ポイント減少した。COVID-19パンデミックの間、アイルランドの財政政策は危機に力強く対応する十分な余地があり、支出は増加したものの、過剰な法人税収入を含む歳入の力強い伸びは、予算残高がOECD諸国の他の地域ほど悪化しなかったことを意味した（OECD, 2022）。

2007年から2021年にかけて、特定の年に若干の調整が行われたが、OECD諸国と経済規模の大きな諸国の平均的な傾向は、公的債務が着実に増加しており、世界的な金融危機後の2009年（2008年比12.3%増）とCOVID-19パンデミック時の2020年（2019年比20%増）に急増した。2021年以降、OECD-EU諸国とアメリカでは債務水準が全般的に低下している（図10.10）。経済見通しはいくつかの前向きな兆候を示しているが、回復は依然として脆弱である（OECD, 2023）。

2021年の国民1人当たり総債務は、OECD諸国平均で64,845米ドルに達した（図10.11）。2021年のOECD諸国の政府総債務のほとんどは債務証券で保有されており、平均して全公的債務の83.8%を占めており、その範囲はアメリカの92%からギリシャの22.8%までに及ぶ。OECD諸国平均では貸付が7.4%を占めているが、ギリシャ（68%）、ノルウェー（54.7%）、エストニア（45.7%）などの国では債務のはるかに大きな部分を占めている（オンライン図G.5.2参照）。

方法論と定義

データは、国民経済計算（SNA）に基づくOECD国民経済計算統計（データベース）及び欧州統計局政府財政統計（データベース）から抽出されている。2008 SNAの枠組みは、すべてのOECD諸国によって実施されている（附録C参照）。債務は、含まれる又は除外される金融商品の種類に従って特定される負債の特定のサブセットとして定義される。一般的に、将来のある日に債務者が債権者に対して利息若しくは元本の1回の支払い、又は複数回の支払いを必要とするすべての負債として定義される。すべての負債商品は負債であるが、株式、株式、金融デリバティブなどの一部の支払い義務は債務ではない。したがって、債務は、一般政府部門の金融貸借対照表において利用可能／適用可能な場合には、通貨及び預金、債務証券、貸付金その他の負債（すなわち、保険、年金及び標準化された保証制度、その他の買掛金、及び場合によっては特別引出権）の合計である。SNAによれば、ほとんどの負債商品は、適切な場合には市場価格で評価される（ただし、一部の国は、特に債務証券に関してはこの評価を適用しない場合がある）。各国の厚生年金基金に関する政府債務の取り扱いは様々であり、国際的な比較可能性を困難にしている。オーストラリア、カナダ、コロンビア、アイスランド、ニュージーランド、スウェーデン、アメリカなどの一部のOECD諸国では、政府債務データに雇用関連の年金債務（積立の有無を問わない）が記録されている。これらの国では、政府債務比率はこれらの積立のない年金債務を除外して調整されている（詳細についてはStatLinkを参照）。ここでの政府債務はグロスベースで記録されており、政府保有資産の価値によって調整されていない。ここで使用されるSNA債務の定義は、EUの財政状況を評価するために使用されるマーストリヒト条約の下で適用される定義とは異なる（附録Gのオンライン図G.5.4）。国民1人当たりの政府債務の計算については、「一般政府歳入」の節を参照。

詳細情報

OECD (2023), *OECD Economic Outlook, Interim Report March 2023: A Fragile Recovery*, OECD Publishing, Paris, https://doi.org/10.1787/d14d49eb-en.

OECD (2022), *OECD Economic Surveys: Ireland 2022*, OECD Publishing, Paris, https://doi.org/10.1787/46a6ea85-en.

図注

オーストラリア、カナダ、コロンビア、アイスランド、ニュージーランド、スウェーデン及びアメリカのデータは調整ベース（賦課年金債務を除く）で報告されている。コロンビアとメキシコのデータはOECD諸国平均に含まれていない。

図10.9・図10.11：コスタリカのデータは利用可能ではない。アイスランドの2019年と2021年のデータはOECDの推定値に基づいている。ブラジルのデータは2021年ではなく2020年のものである。

図G.5.2「金融商品別政府総債務の構造（2021年及び2022年）」と図G.5.3「国民1人当たり実質政府債務の年間成長率（2019-20年、2020-21年及び2021-22年）」は附録Gでオンラインで入手できる。

図 10.9　一般政府総債務（GDP 比）（2019 年、2021 年及び 2022 年）

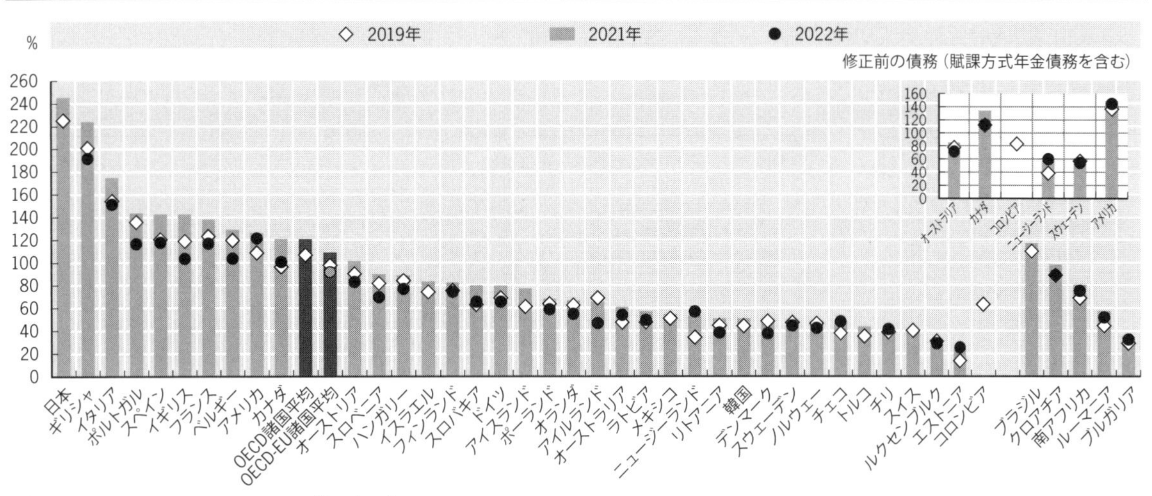

出典：OECD National Accounts Statistics (database).

StatLink：https://stat.link/2tqxfa

図 10.10　一般政府総債務（GDP 比）、OECD 諸国と主要経済大国（2007 ～ 2022 年）

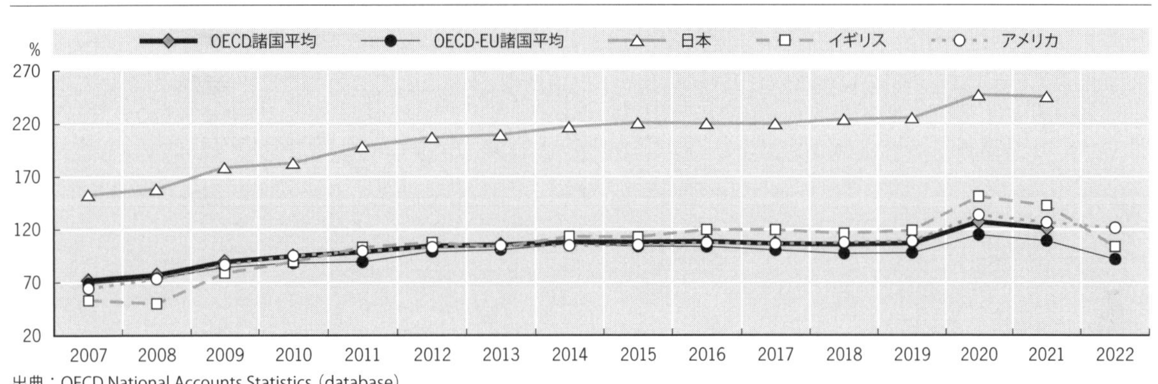

出典：OECD National Accounts Statistics (database).

StatLink:https://stat.link/zu5ic9

図 10.11　国民 1 人当たり一般政府総債務（2019 年、2021 年及び 2022 年）

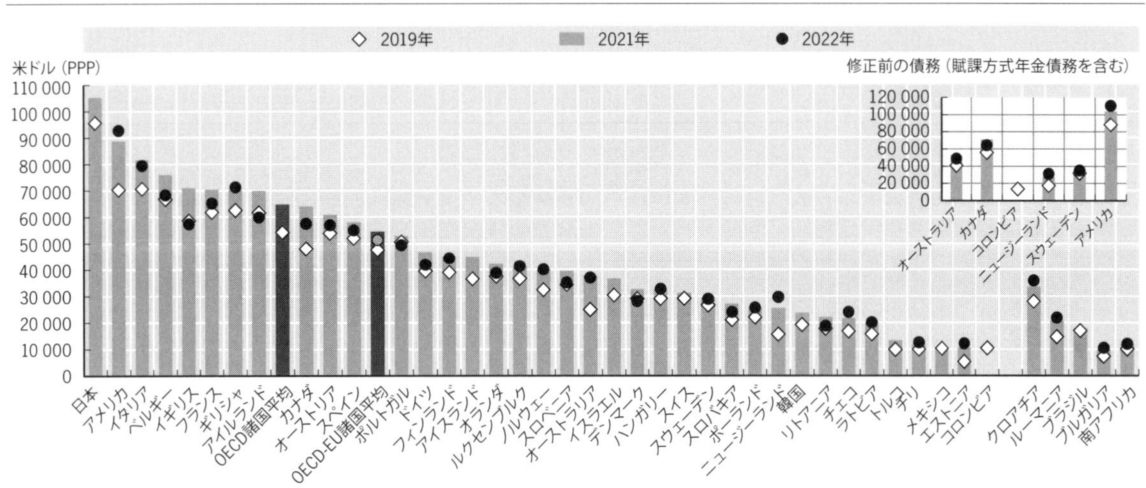

出典：OECD National Accounts Statistics (database).

StatLink：https://stat.link/v5lupm

指標40　生産費用とアウトソーシング

政府の生産費用は、政府が使用する財・サービスに対する公共支出である。これらの費用には、政府職員に対する補償（すなわち賃金）及び財・サービスの購入（例えば学校及び病院のための供給品）が含まれる。これらのコストには、物品又はサービスの購入を伴わない政府支出（例えば社会福祉、失業給付及びその他の移転に対する支出）は含まれない。アウトソーシングとは、政府の生産費用のうち、政府以外の事業体から財・サービスを購入するために使用される部分、すなわち、民間企業及びその他の機関からの政府購入である。

2021年の政府生産費用は、OECD諸国平均で、GDPの21.6%であった（図10.12）。フィンランド（31.1%）、アイスランド（30.3%）、スウェーデン（29.5%）——すべてスカンジナビア諸国——が、OECD諸国の中でGDP比で最大の割合を生産費用に費やした。これは、公的資金によるサービスの広範な提供と比較的高いコストの両方を反映している。メキシコ（11.8%）、コロンビア（16.8%）、チリ（16.8%）が生産費用に費やした割合が最も低かった。政府の生産費用は、2022年のデータが利用可能な27か国のうち25か国の平均で、1.1%減少した。この減少は、COVID-19パンデミックに対応して提供された一部の公共サービスがもはや必要とされなかったか、各国が回復するにつれてGDPが増加したか、あるいは、その両方が原因である可能性がある。生産費用の構造は、OECD諸国によって若干異なる（図10.13）。

政府職員の報酬に対するOECD諸国平均の支出は、総生産費用の43.2%であった。ほとんどのOECD諸国（37か国のうち28か国）は、総生産費用の40%から55%をこの分野に費やした。メキシコ（72.7%）とコスタリカ（70.9%）の2か国は、平均よりも大幅に多くの報酬を費やした。報酬に対する支出の割合が最も低い国は、日本（23.5%）とオランダ（29.4%）であった。賃金支出は、必ずしも政府の構造と関連しているわけではない。例えば、アイルランド（47.1%）とカナダ（48.8%）は、アイルランドには単一の中央集権的な政府があり、カナダには連邦制があるにもかかわらず、報酬に対して非常に類似した割合を費やしている。財・サービスの購入に対する平均支出は、総生産費用の44.1%であった。ほとんどのOECD諸国（37か国のうち24か国）は、総生産費用の30%から45%をこの分野に費やしている。

OECD諸国平均で、各国政府は、2022年にGDPの9.5%をアウトソーシングに費やした（図10.14）。このうち、GDPの6.2%は、政府が直接使用する財・サービスを提供するために、非政府関係者に支払うために費やされた。GDPの3.3%は、非政府の請負業者によって一般に提供されるが、政府によって資金提供される財・サービスに費やされた。これらには、医療、住宅、交通及び教育が含まれ得る。データが利用可能な27か国のうち22か国では、2021年に外部委託コストが顕著に減少し、これらの諸国平均で、GDPの0.3%減少した。異なる支出構造は、財・サービスが政府によって直接提供されるか、代わりに外部委託されるかについての国の決定の違いを反映している可能性がある。例えば、次の2か国の政府のGDPに占めるアウトソーシングの割合は同程度であるが、オランダ（GDPの10.5%）は、デンマーク（GDPの1.2%）よりも、アウトソーシングされた請負業者によって一般市民に提供される財・サービスの資金調達にはるかに多く支出しており（図10.14）、これを反映して、デンマーク（53.7%）は、オランダ（29.4%）よりも、公務員の報酬に生産コストのはるかに大きな割合を費やしている（図10.13）。

方法論と定義

生産費用の概念と方法論は、国民経済計算（SNA）における政府支出の分類に基づいている。2008 SNAの枠組みは、すべてのOECD諸国によって実施されている（詳細については附録Cを参照）。政府の生産費用には、現金及び現物報酬を含む政府職員の報酬コストに加えて、社会保険に対するすべての義務的な雇用者（及び帰属された）拠出金及び職員に代わって支払われる任意拠出金が含まれる。政府が使用する財・サービスは、政府のアウトソーシングの第1の構成要素である。SNAの用語では、これには中間消費（政府生産に必要な中間製品の調達）が含まれる。政府が資金を提供する財・サービスは、政府アウトソーシングの第2の構成要素である。SNAの用語では、これには政府が支払う市場生産者を通じた現物による社会的移転が含まれる。その他の生産費用には、固定資本の消費（資本の減価償却）の残りの構成要素及び生産に対するその他の税金から生産に対するその他の補助金を差し引いたものが含まれる。データには、政府雇用と政府が自らの使用のために生産した生産に対する中間消費が含まれる。ここで提示されている生産費用は、SNAの生産額と等しくない。

詳細情報

OECD (2023), *OECD Economic Outlook, Interim Report March 2023: A Fragile Recovery*, OECD Publishing, Paris, https://doi.org/10.1787/d14d49eb-en.

OECD (2022), *OECD Economic Surveys: Ireland 2022*, OECD Publishing, Paris, https://doi.org/10.1787/46a6ea85-en.

図注

トルコのデータはOECD諸国平均に含まれていない。

図10.12：チリのデータはOECD諸国平均に含まれていない。トルコ、ブラジル及びインドネシアのデータは2021年ではなく2020年のものである。

図10.13：チリのデータは利用可能ではない。トルコとインドネシアのデータは2021年ではなく2020年のものである。

図10.14：チリのデータは利用可能ではない。メキシコ、アメリカ、インドネシア及び南アフリカは、一般政府が資金を提供する財とサービスを国民経済計算に個別に計上していない。トルコ、ブラジル及びインドネシアのデータは2021年ではなく2020年のものである。

図G.5.5「一般政府のアウトソーシング支出の構造（2021年）」は附録Gでオンラインで利用可能である。

図 10.12　生産費用（GDP 比）（2021 年及び 2022 年）

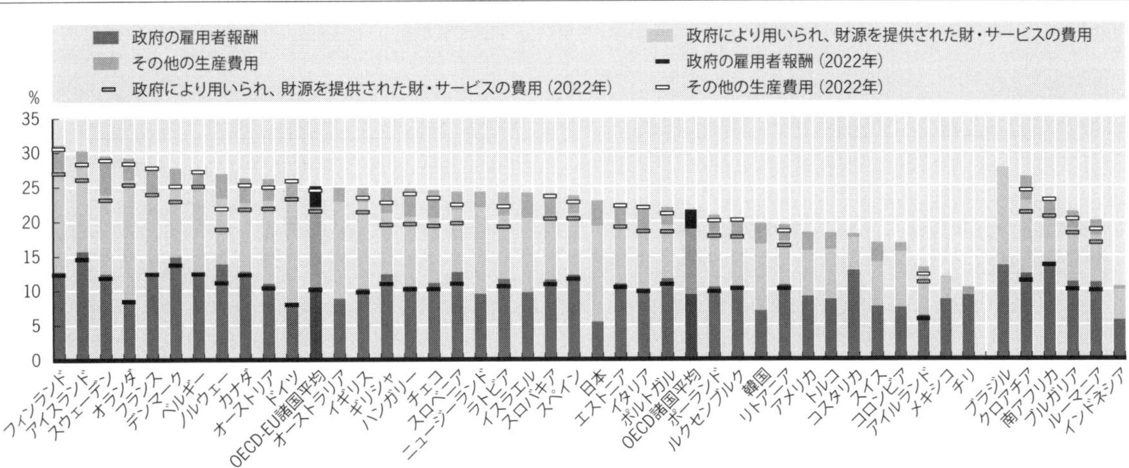

出典：OECD National Accounts Statistics (database). Data for Australia are based on a combination of national accounts and government finance statistics data provided by the Australian Bureau of Statistics.

StatLink：https://stat.link/hunlod

図 10.13　生産費用の構造（2021 年）

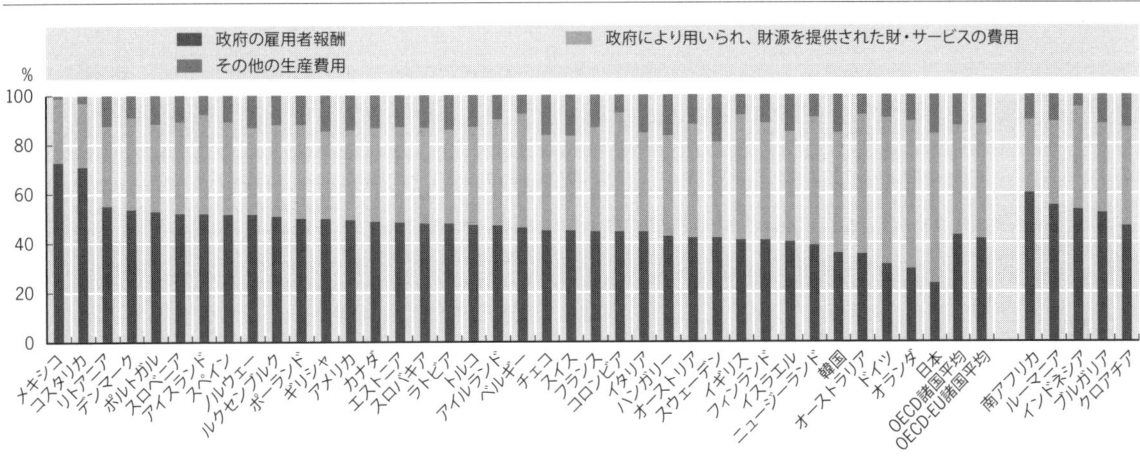

出典：OECD National Accounts Statistics (database). Data for Australia are based on a combination of national accounts and government finance statistics data provided by the Australian Bureau of Statistics.

StatLink：https://stat.link/tszwq0

図 10.14　一般政府のアウトソーシング支出（GDP 比）（2021 年及び 2022 年）

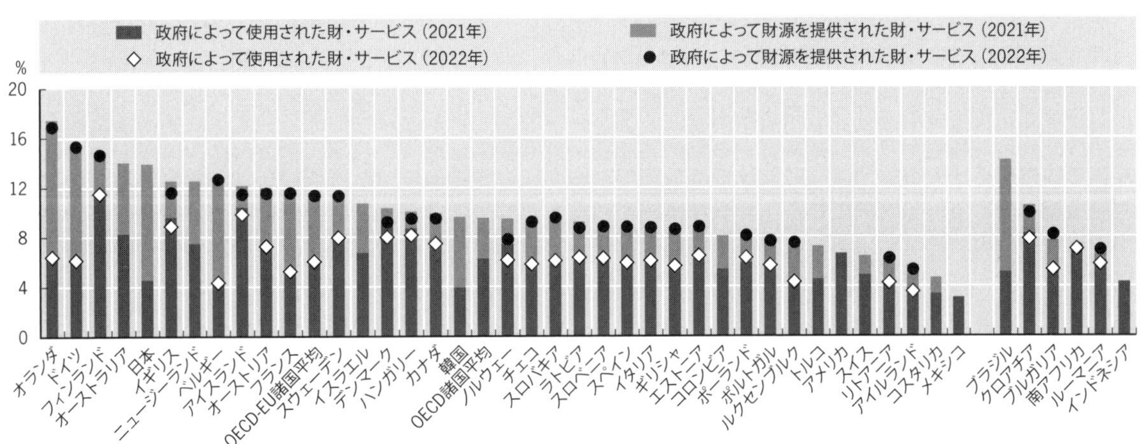

出典：OECD National Accounts Statistics (database). Data for Australia are based on a combination of national accounts and government finance statistics data provided by the Australian Bureau of Statistics.

StatLink：https://stat.link/p5jxof

第 11 章　公共支出

指標 41　一般政府の支出

政府は、国民に対して様々な財・サービスを提供する責任を負っている。その中には、司法制度のように排他的な管轄下にあるものもあれば、医療のように政府と民間の両方の主体によって提供されるものもある。政府は、サービスの提供に加えて、社会的便益や補助金を通じて社会全体に所得を再配分するよう努力している。財・サービスの公的提供の水準は、国の政策選択、現在の優先事項、政治制度や伝統によって国によって大きく異なる。OECD 諸国では、政府支出は主に公共サービスの提供と所得移転に配分されている。政府支出は、景気循環に大きく依存している政府歳入よりも、長期的に安定している傾向がある。政府支出は、公共支出を通じて国民に信頼できるセーフティーネットを提供し、国民に一定の権利を保障し、経済変動から国民を保護している。

一般政府支出の対 GDP 比は、2021 年には OECD 諸国平均で 46.3% に達した。フランス（59.1%）、ギリシャ（57.7%）及びイタリア（57.3%）で、対 GDP 比で最も大きな割合を占めている。2019 年から 2021 年にかけて、一般政府支出の対 GDP 比は、2019 年の 40.9% から 5.4% ポイント上昇した（図 11.1）。この増加は、大きな経済的混乱を引き起こした COVID-19 パンデミックによって主に説明されている。これは、医療、社会福祉プログラム、及びパンデミックの影響を受けた企業や個人への支援への支出の増加を含む大規模な財政刺激策を促したが、同時に GDP は減少した。

政府支出は、COVID-19 のパンデミックにより、OECD 諸国及び同諸国の中で最大の経済力を有する諸国では、2020 年にピークに達し（OECD 諸国平均で GDP の 48.4%）、2021 年及び 2022 年に減少した。しかし、その水準は依然として COVID-19 以前よりもはるかに高い（図 11.2）。OECD 諸国 38 か国のうち 35 か国で、GDP に占める政府支出の割合は 2019 年から 2021 年の間に増加し、ギリシャ（9.6% ポイント）とイタリア（8.8% ポイント）が最大の増加を報告した。2021 年から 2022 年までの間に、利用可能なデータがある 27 か国のうち 26 か国で公共支出が GDP に占める割合が減少したが、ルクセンブルクは例外で、0.4% ポイント増加した（図 11.1）。

2021 年、OECD 諸国平均で、1 人当たりの一般政府支出は 23,432 米ドル（PPP）で、メキシコの 5,637 米ドル（PPP）からルクセンブルクの 56,357 米ドル（PPP）までに及んだ。2019 年から 2021 年の国民 1 人当たりの支出は平均 3,695 米ドル（PPP）増加した。最大の増加はアメリカ（6,663 米ドル（PPP））とルクセンブルク（4,925 米ドル（PPP））であった（図 11.3）。

1 人当たりの実質政府支出の年間成長率は、2020 年の OECD 諸国平均で 12.5% であった。2021 年の成長率は OECD 諸国 0.64% に減速し、2020 年よりもはるかに小さかった。入手可能なデータがある国では、1 人当たりの支出は 2022 年に減少し始め、27 か国のうち 21 か国がマイナス成長を報告し、ノルウェーが最大の落ち込み（-17.0%）を記録した（オンライン図 G.6.1）。

方法論と定義

一般政府の支出データは、国際的に合意された国民経済計算の概念、定義、分類及び規則のセットである国民経済計算システム（SNA）に基づく OECD 国民経済計算統計（データベース）からのものである。2008 SNA の枠組みは、すべての OECD 諸国によって実施されている（報告システム及び情報源の詳細については附録 C を参照）。SNA の用語では、一般政府は中央政府、州政府、地方政府及び社会保障基金で構成されている。支出には、中間消費、従業員の報酬、補助金、不動産所得（利子支出を含む）、社会給付、その他の経常支出（主に経常移転）及び資本支出（資本移転及び投資）が含まれる。国内総生産（GDP）は、ある期間に、ある国によって生産された財・サービスの価値の標準的な尺度である。1 人当たりの政府支出は、GDP の OECD ／ユーロスタット購買力平価(PPP)を使用して政府支出総額を米ドルに換算し、その国の人口で割ることによって計算された。PPP は、国 A で同じ量の財・サービスを購入するために必要な国 B の通貨の単位数である。

詳細情報

OECD (2023), *OECD Economic Outlook, Interim Report March 2023: A Fragile Recovery*, OECD Publishing, Paris,https://doi.org/10.1787/d14d49eb-en.

図注

チリとトルコのデータは OECD 諸国平均に含まれていない。

図 11.1・図 11.3：トルコ、ブラジル及びインドネシアのデータは、2021 年ではなく 2020 年のものである。

図 G.6.1「1 人当たり実質政府支出の年間成長率（2019-20 年、2020-21 年及び 2021-22 年）」は附録 G でオンラインで利用可能である。

図 11.1　一般政府支出（GDP 比）（2019 年、2021 年及び 2022 年）

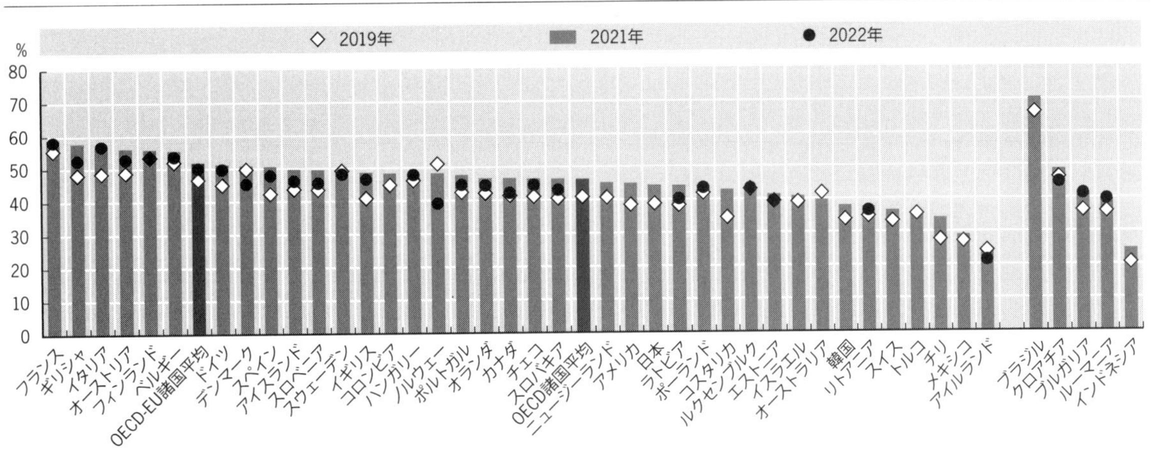

出典：OECD National Accounts Statistics (database).

StatLink：https://stat.link/97wuhj

図 11.2　一般政府支出（GDP 比）、OECD 諸国平均と主要経済大国（2007 ～ 2022 年）

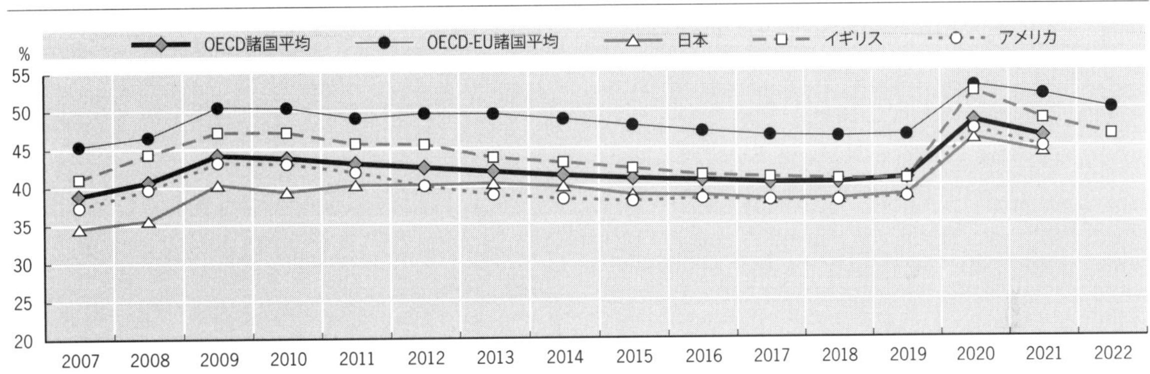

出典：OECD National Accounts Statistics (database).

StatLink：https://stat.link/03hn97

図 11.3　国民 1 人当たり一般政府支出（2019 年、2021 年及び 2022 年）

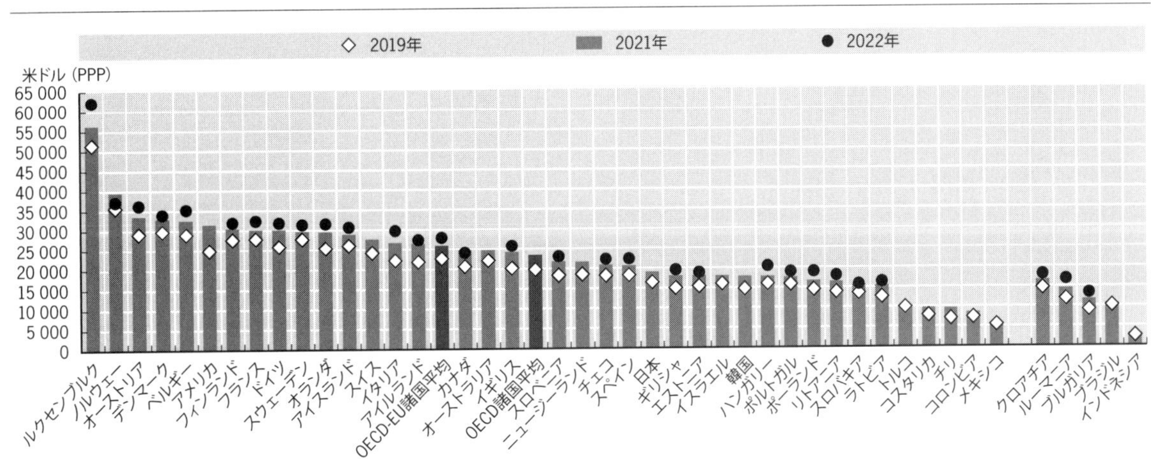

出典：OECD National Accounts Statistics (database).

StatLink：https://stat.link/p7zkb6

指標 42　政府の機能別支出（政府の目的別分類別）

政府は、医療、教育、司法などの幅広いサービスや活動に資金を提供したり、サービスを直接提供したりする行動責任がある。公共の秩序と民間人の安全を保証し、国際的に国を代表する行動責任がある。政府の機能別支出は、主要分野における公共資源の利用の概要を提供し、提供方法（すなわち、完全公共又は公共と民間の組み合わせ）に対する政府の優先事項と好みを明らかにする。公共支出の構造の変化は、政策の選択だけでなく、人口動態の変化、景気循環、COVID-19 パンデミックのようなショックなどの社会経済的傾向によっても引き起こされる。

2021 年の OECD 諸国平均では、公共支出の最大の割合（GDP の 15.8%）を社会保護が占めている（表 11.4）。アイルランドの GDP の 8.7% からフランスの GDP の 24.8% までに及ぶ。社会保護には、年金、疾病、障害及び失業給付が含まれる。EU の OECD 諸国平均では、OECD 諸国平均よりも社会保護に多く支出している（GDP の 20.6%）。

公共支出の 2 番目に大きな割合を占めるのは保健である。一般的に、病院と患者のサービス、器具、設備、医療製品で構成されている。2019 年から 2021 年にかけて、OECD 諸国の平均保健費は GDP の 8.0% から 9.0% に増加した。特に COVID-19 パンデミックの影響が顕著である。2021 年には、OECD 諸国の中でアメリカ（10.3%）とオーストリア（10.1%）がこのカテゴリーで最も多く支出した。スイス（2.8%）とルクセンブルク（5.4%）の支出が最も少なかった（表 11.4）。スイスでは、この比較的低い割合は民間の医療制度が優勢であるためである。

経済業務は、2021 年に OECD 諸国の中で 3 番目に大きな支出カテゴリーを形成した。これには、生産活動を支援するために行政が行った商業、農業、エネルギー及び運輸の各支出が含まれている。OECD 諸国平均で、GDP の 5.7% を経済問題に支出しており、その範囲はギリシャの GDP の 10.7% からチリの 2.3% までに及ぶ。2021 年の 4 番目と 5 番目に大きな支出カテゴリーは一般公共サービスと教育であった。一般公共サービス（例えば、公的債務取引、中央行政機関と立法機関の機能、政府レベル間の移転）は GDP の 5.4% を占め、教育は 5.1% を占めた（表 11.4）。

2019 年から 2021 年の間に、GDP に占める社会保護のための公共支出の割合は、OECD 諸国全体で平均 2.4% ポイント増加した。チリ（8.5% ポイント）とアメリカ（4.5% ポイント）で最も増加した。

社会保護支出の最大の減少はノルウェー（0.9% ポイントの減少）で発生した。同時期に、公共支出の 2 番目に増加したカテゴリーは経済業務で、OECD 諸国平均で 1.7% ポイント増加した。最大の増加はギリシャ（6.9% ポイント）で発生した（表 11.5）。

方法論と定義

歳出データは、国際的に合意された国民経済計算の概念、定義、分類及び規則のセットである国民経済計算体系（SNA）に基づく OECD 国民経済計算統計（データベース）及び欧州統計局政府財政統計（データベース）から導出される。2008 SNA の枠組みは、すべての OECD 諸国によって実施されている（附録 C 参照）。歳出データは、歳出を一般公共サービス、防衛、公の秩序及び安全、経済問題、環境保護、住宅及び地域アメニティ、健康、レクリエーション、文化及び宗教、教育、並びに社会保護の 10 の機能（I レベル）に分類する政府の目的別分類（COFOG）に従って分類される。含まれる歳出の種類に関する詳細については、附録 E を参照。

詳細情報

OECD (2023), *OECD Economic Outlook, Interim Report March 2023: A Fragile Recovery*, OECD Publishing, Paris, https://doi.org/10.1787/d14d49eb-en.

Allen, R. (2022), "How budgeting systems can prepare better for national emergencies: Six lessons from the COVID-19 crisis", *OECD Journal on Budgeting*, Vol. 22/1, https://doi.org/10.1787/bdfca328-en.

表注

チリ、コロンビア及びコスタリカのデータは OECD 諸国平均に含まれていない。カナダ、メキシコ、ニュージーランド、トルコのデータは利用可能ではない。コスタリカと韓国のデータは 2021 年ではなく 2020 年のものである。

表 G.6.2 と表 G.6.3「2021 年の機能別一般政府支出の構造と、2019 年以後の変化」は附録 G でオンラインで利用可能である。

表 11.4　機能別一般政府支出（GDP 比）（2021 年）

	一般公共サービス	防衛	公共の秩序・安全	経済業務	環境保護	住宅・地域アメニティ	保健	娯楽・文化・宗教	教育	社会保護
オーストラリア	3.8	2.4	2.1	5.9	0.9	0.7	8.2	0.9	5.8	10.8
オーストリア	5.8	0.6	1.4	9.3	0.4	0.3	10.1	1.2	4.9	21.9
ベルギー	7.0	0.9	1.8	7.1	1.3	0.4	8.6	1.2	6.3	21.0
チリ	2.4	0.8	1.6	2.3	0.2	0.8	5.8	0.3	4.0	16.0
コロンビア	5.5	1.1	2.1	3.7	0.5	0.6	6.1	0.6	3.9	9.8
コスタリカ	5.4	0.0	2.6	2.8	0.4	0.7	7.5	0.2	7.4	9.9
チェコ	4.6	1.0	2.0	7.5	0.9	0.6	9.8	1.3	5.1	13.6
デンマーク	6.0	1.2	1.0	4.1	0.4	0.1	9.2	1.6	6.0	21.1
エストニア	3.8	2.0	1.8	4.8	0.6	0.5	6.5	2.1	5.9	13.5
フィンランド	8.1	1.2	1.2	5.1	0.2	0.4	7.7	1.5	5.7	24.7
フランス	5.8	1.8	1.7	6.9	1.0	1.3	9.2	1.4	5.2	24.8
ドイツ	6.2	1.1	1.7	6.0	0.6	0.5	8.6	1.1	4.5	20.9
ギリシャ	7.9	2.8	2.2	10.7	1.2	0.3	6.7	1.1	4.1	20.6
ハンガリー	8.0	1.1	1.8	9.2	0.7	0.8	5.6	3.0	5.0	13.1
アイスランド	7.0	0.1	1.7	6.0	0.7	0.6	9.0	3.3	7.7	13.3
アイルランド	2.3	0.2	0.8	3.1	0.3	0.6	5.3	0.5	3.0	8.7
イスラエル	4.6	5.1	1.5	4.9	0.5	-0.8	5.8	1.3	7.4	10.6
イタリア	8.1	1.4	1.9	6.5	0.9	0.5	7.6	0.8	4.1	23.3
日本	3.8	1.0	1.2	5.6	1.2	0.6	9.2	0.5	3.5	17.9
韓国	4.7	2.8	1.4	5.8	1.1	1.2	5.6	1.1	5.2	9.3
ラトビア	3.7	2.3	2.2	7.2	0.6	1.0	6.3	1.4	5.6	13.8
リトアニア	3.1	1.8	1.3	4.0	0.5	0.6	5.9	1.2	4.8	14.3
ルクセンブルク	4.7	0.4	1.2	5.4	0.9	0.6	5.4	1.2	4.7	18.3
オランダ	3.9	1.3	2.0	5.9	1.4	0.4	8.7	1.3	5.1	16.7
ノルウェー	4.2	1.7	1.1	5.9	0.9	0.7	8.6	1.7	5.0	18.6
ポーランド	4.1	1.6	2.2	6.0	0.6	0.5	5.8	1.2	4.9	17.3
ポルトガル	6.8	0.8	1.8	5.5	0.8	0.6	7.6	1.0	4.6	18.3
スロバキア	5.9	1.3	2.3	6.8	0.9	0.5	7.0	1.0	4.3	16.2
スロベニア	5.2	1.2	1.8	6.8	0.7	0.5	8.1	1.4	5.7	17.9
スペイン	5.9	1.0	2.0	6.5	1.0	0.5	7.3	1.2	4.6	20.6
スウェーデン	6.6	1.3	1.3	4.8	0.6	0.7	7.5	1.4	6.7	18.6
スイス	4.3	0.8	1.7	4.9	0.6	0.2	2.8	1.1	5.7	14.4
イギリス	4.7	2.2	2.1	5.8	0.7	0.8	9.9	0.6	5.4	16.1
アメリカ	5.5	3.3	2.0	5.1	0.0	0.8	10.3	0.3	5.6	12.1
OECD 諸国平均	5.4	2.2	1.8	5.7	0.5	0.7	9.0	0.7	5.1	15.8
OECD-EU 諸国平均	6.0	1.3	1.8	6.4	0.8	0.6	8.1	1.2	4.8	20.6
ブルガリア	3.5	1.6	2.7	6.7	0.8	1.0	5.8	0.9	4.3	13.4
クロアチア	4.8	1.0	2.4	8.5	1.5	1.3	8.3	1.6	5.2	14.1
ルーマニア	5.0	1.9	2.3	5.8	0.7	1.1	5.5	0.9	3.2	13.4

出典：OECD National Accounts Statistics (database) ; Eurostat Government Finance Statistics (database).

StatLink：https://stat.link/nlij94

表 11.5　機能別一般政府支出（GDP 比）の変化（2019 ～ 2021 年）

	一般公共サービス	防衛	公共の秩序・安全	経済業務	環境保護	住宅・地域アメニティ	保健	娯楽・文化・宗教	教育	社会保護
オーストラリア	-0.2	-0.1	-0.1	-1.6	-0.1	0.1	0.4	-0.1	-0.6	-0.3
オーストリア	0.0	0.0	0.1	3.5	0.0	0.0	1.8	0.0	0.1	1.7
ベルギー	0.1	0.1	0.1	0.4	0.0	0.0	1.0	-0.1	0.2	1.8
チリ	-0.5	-0.1	-0.3	-0.4	0.0	-0.1	0.6	-0.1	-1.0	8.5
コロンビア	0.2	0.0	0.0	0.3	-0.1	0.0	0.2	-0.2	-0.2	0.1
コスタリカ	0.7	0.0	0.2	-0.2	0.0	0.0	1.4	0.0	-0.2	0.8
チェコ	0.3	0.1	0.1	1.5	0.1	0.0	2.3	-0.1	0.2	1.1
デンマーク	0.1	0.1	0.0	1.0	0.0	-0.1	0.9	0.0	-0.3	-0.5
エストニア	0.3	-0.1	0.0	0.9	-0.1	0.1	0.8	0.0	-0.2	0.4
フィンランド	0.1	0.0	0.0	0.8	0.0	0.1	0.6	0.0	0.1	0.7
フランス	0.2	0.0	0.1	1.0	0.0	0.2	1.3	0.0	0.0	0.9
ドイツ	0.4	0.0	0.1	2.8	0.0	0.0	1.4	0.1	0.2	1.3
ギリシャ	0.0	0.8	0.1	6.9	-0.2	0.1	0.9	0.2	0.1	0.8
ハンガリー	-0.1	0.1	-0.3	0.7	0.0	0.0	1.1	0.0	0.3	0.4
アイスランド	-0.3	0.0	0.2	1.1	0.1	0.0	1.2	0.2	0.7	2.6
アイルランド	-0.5	0.0	-0.1	1.0	0.0	0.0	0.5	-0.1	-0.2	0.1
イスラエル	0.5	-0.1	-0.1	2.1	0.0	-1.0	0.5	-0.3	0.4	-0.2
イタリア	0.8	0.1	0.1	2.4	0.1	0.0	0.8	0.0	0.2	2.3
日本	0.0	0.1	0.0	1.9	0.0	0.0	1.5	0.0	0.1	1.8
韓国	0.5	0.2	0.1	0.9	0.2	0.1	0.4	0.0	0.1	1.7
ラトビア	-0.1	0.4	0.0	2.0	0.0	0.0	2.0	0.0	-0.1	1.8
リトアニア	-0.4	0.2	-0.1	1.0	0.0	0.1	0.8	0.0	0.2	0.9
ルクセンブルク	-0.5	0.1	0.0	0.2	0.0	0.0	0.2	-0.1	-0.1	0.0
オランダ	-0.1	0.1	0.1	2.0	0.0	0.0	1.3	0.0	0.2	0.8
ノルウェー	-0.6	-0.2	-0.1	-0.1	0.0	-0.1	0.0	0.0	-0.6	-0.9
ポーランド	-0.1	-0.1	0.1	1.2	0.0	-0.1	0.9	-0.2	-0.1	0.6
ポルトガル	0.2	0.0	0.2	1.8	0.2	0.1	1.1	0.1	0.2	1.4
スロバキア	0.7	0.2	0.0	1.6	0.1	0.0	1.3	-0.1	0.1	1.9
スロベニア	0.0	0.2	0.2	2.3	0.1	0.1	1.5	0.0	0.2	1.5
スペイン	0.4	0.1	0.2	2.3	0.1	0.1	1.2	0.0	0.6	3.2
スウェーデン	-0.2	0.1	0.0	0.4	0.1	0.0	0.5	0.1	-0.2	-0.4
スイス	0.0	0.0	0.0	1.0	0.0	0.0	0.6	0.1	0.2	1.3
イギリス	0.4	0.2	0.3	2.4	0.1	0.1	2.3	0.0	0.5	1.3
アメリカ	-0.3	-0.1	0.0	1.6	0.0	0.3	0.7	0.0	-0.3	4.5
OECD 諸国平均	0.0	0.0	0.0	1.7	0.0	0.1	1.0	0.0	0.0	2.4
OECD-EU 諸国平均	0.3	0.1	0.1	1.9	0.0	0.1	1.1	0.0	0.1	1.3
ブルガリア	-0.1	0.4	0.0	0.2	0.1	-0.3	1.2	0.2	0.5	1.9
クロアチア	-0.5	-0.1	0.2	0.7	0.4	0.0	1.2	0.2	0.1	0.2
ルーマニア	0.9	0.3	0.1	1.0	0.0	0.1	0.5	-0.1	-0.4	1.6

出典：OECD National Accounts Statistics (database) ; Eurostat Government Finance Statistics (database).

StatLink：https://stat.link/g8e7p2

指標 43　社会保護と保健の政府の目的別分類別内訳

国民の生命を守り、生活条件を維持することによって危機を乗り切るためには、頑健で機敏な健康と社会保護システムが重要であることが、COVID-19 のパンデミックにより示された。社会保護と医療は、OECD 諸国平均で最大の政府支出カテゴリーであり、パンデミック中にその重要性が増した。一方、平均寿命の延長や出生率の低下などの人口動態の傾向は、健康と社会保護システムにさらなる財政的圧力を加え、より多くのより良い医療、年金、その他の種類の社会的援助と支援に対する需要を高めている（OECD, 2021）。

社会保護の中で最大の支出カテゴリーは老齢年金であり、2021 年の OECD-EU 諸国の GDP の 10.9% を占めている。イタリア（14.3%）とフィンランド（13.9%）では、老齢年金が GDP の最大の割合を占めている（表 11.6）。2019 年から 2021 年の間に、社会保護支出全体に占める老齢年金の支出は、OECD-EU 諸国で 1.6% ポイント減少した。これは、失業給付などの他のカテゴリーの相対的な増加によるものであり（オンライン表 G.6.6）、これらは、この期間に同程度に増加した。OECD-EU 諸国以外では、利用可能なデータがあるすべての国で社会保護支出全体に占める老齢年金の支出が減少しており、コロンビア（6.8% ポイント）とアイスランド（5.5% ポイント）で相対的な減少が最も大きかった。

社会保護の中で 2 番目に大きな支出カテゴリーは疾病・障害給付であり、2021 年の OECD-EU 諸国全体の平均で GDP の 2.9% を占めている。家族と子どもは社会支出の中で 3 番目に大きなカテゴリーであり、OECD-EU 諸国の平均で GDP の 1.9% を占め、2021 年にはデンマーク（GDP の 4.2%）で最も高い割合を占めている（表 11.6）。

保健の中では、最大の公共支出カテゴリーは依然として病院サービスであり、2021 年の OECD-EU 諸国平均で GDP の 3.4% に相当する。これには、固定医療機器と施設が含まれる。利用可能なデータがある諸国の中で、イギリスが病院サービスに最も多く支出している（7.6%）（表 11.7）。総保健支出に占める病院サービスへの公共支出の割合は、2019 年から 2021 年の間に OECD-EU 諸国で平均 1.6% ポイント減少し、2009 年に始まった減少傾向が続いているが、これはおそらく過去 10 年間の入院期間の短縮によって説明される（OECD, 2021）。保健の中で 2 番目に大きな支出カテゴリーは外来サービスであり、GDP の平均 2.5% を占めている。このカテゴリーには自宅又はコンサルティング施設で提供されるサービスが含まれており、2019 年から 2021 年にかけて総保健支出の 2.1% ポイント減少した。2021 年に最も多く外来サービスに支出したのはフィンランド（3.4%）である。

公衆衛生サービスカテゴリーには、研究、情報発信、国民のためのワクチンとマスクの購入が含まれる。比較的小さな支出カテゴリー（2021 年の GDP の 0.6%）であるが、COVID-19 パンデミックのため、2019 年から 2021 年の間に保健支出全体に占める割合は 4.6% ポイントと大幅に増加した。最大の増加はスイス（18.5% ポイント）、オーストリア（11% ポイント）及びハンガリー（10% ポイント）で観察された（表 11.7 及びオンライン表 G.6.7）。

方法論と定義

支出データは、国際的に合意された国民経済計算の概念、定義、分類及び規則のセットである国民経済計算システム（SNA）に基づく OECD 国民経済計算統計（データベース）及び欧州統計局政府財政統計（データベース）から抽出されている。2008 SNA の枠組みは、すべての OECD 諸国によって実施されている（附録 C 参照）。支出データは、政府の目的別分類（Classification of the Functions of Government: COFOG）に従って 10 の主要機能に分類される。これらの機能の中で、保健支出はさらに 6 つの下位の機能に分けられる。すなわち、医療用品、医療機器・器具、外来サービス、病院サービス、公衆衛生サービス、R&D（保健）、及びその他の保健（他に分類されない）である。社会保護支出は、さらに 9 つの下位の機能に分けられる。すなわち、傷病・障害、老齢（年金など）、遺族；家族・児童、失業、住宅、その他の社会的脱落、R&D（社会保護）、及びその他社会保護である。

詳細情報

de Bienassis, K. et al. (2023), "Advancing patient safety governance in the COVID-19 response", *OECD Health Working Papers*, No. 150, OECD Publishing, Paris, https://doi.org/10.1787/9b4a9484-en.

OECD/European Union (2022), *Health at a Glance: Europe 2022: State of Health in the EU Cycle*, OECD Publishing, Paris, https://doi.org/10.1787/507433b0-en.

OECD (2021), *Health at a Glance 2021: OECD Indicators*, OECD Publishing, Paris, https://doi.org/10.1787/ae3016b9-en.

表注

いくつかの OECD 諸国で非欧州の諸国のデータは利用可能ではない。コロンビアとコスタリカのデータは 2021 年ではなく 2020 年のものである。

表 G.6.4 ～表 G.6.7「2021 年の社会保護と健康の機能別政府支出の構造と 2019 年以後の変化」は附録 G でオンラインで入手できる。

表 11.6　機能別一般政府歳出（社会保護）（GDP 比）（2021 年）

	傷病・障害	老齢	遺族	家族・児童	失業	住宅	その他の社会的脱落	R&D（社会保護）	その他の社会保護
オーストラリア	2.67	3.81	0.01	2.00	0.69	0.23	0.87	0.00	0.47
オーストリア	1.77	13.57	1.38	2.09	1.75	0.09	1.06	0.01	0.18
ベルギー	3.69	9.61	1.52	2.24	2.05	0.25	1.16	0.01	0.49
コロンビア	0.04	6.90	..	0.87	..	0.23	1.43	..	2.39
コスタリカ	0.45	5.12	0.45	0.34	0.29	0.40	0.00	0.00	2.88
チェコ	2.46	7.93	0.55	1.75	0.18	0.14	0.43	0.00	0.19
デンマーク	4.62	7.99	0.01	4.21	1.88	0.62	1.33	0.01	0.46
エストニア	2.12	7.42	0.06	2.53	0.94	0.03	0.16	0.02	0.19
フィンランド	3.22	13.94	0.62	3.04	2.04	0.63	0.91	0.02	0.31
フランス	3.08	13.21	1.44	2.18	2.33	0.86	1.48	0.00	0.17
ドイツ	3.34	10.00	1.95	1.91	1.97	0.33	0.65	0.00	0.75
ギリシャ	1.63	13.89	2.39	1.10	0.66	0.35	0.57	0.00	0.02
ハンガリー	2.08	6.54	0.74	2.32	0.26	0.09	0.88	0.00	0.16
アイスランド	3.47	3.29	0.03	2.53	2.46	0.37	0.65	0.00	0.47
アイルランド	1.11	3.48	0.41	0.96	1.66	0.81	0.12	0.00	0.18
イスラエル	2.86	4.77	0.46	1.27	0.41	0.12	0.42	0.00	0.33
イタリア	1.95	14.28	2.62	1.05	1.54	0.04	1.69	0.01	0.12
日本	0.97	11.27	1.45	2.36	0.80	0.00	0.56	0.00	0.52
ラトビア	2.64	7.51	0.21	1.75	0.95	0.07	0.37	0.00	0.31
リトアニア	4.11	6.44	0.30	1.88	0.89	0.08	0.41	0.00	0.23
ルクセンブルク	3.18	9.41	0.00	3.35	1.32	0.12	0.74	0.00	0.19
オランダ	4.27	6.56	0.05	2.08	0.77	0.47	2.45	0.01	0.00
ノルウェー	6.51	6.89	0.16	3.06	0.70	0.11	0.72	0.05	0.40
ポーランド	2.07	9.90	1.67	2.93	0.26	0.02	0.31	0.00	0.11
ポルトガル	1.47	11.86	1.75	1.54	0.81	0.17	0.29	0.00	0.36
スロバキア	4.06	8.41	0.80	1.22	0.34	0.00	0.19	0.00	1.18
スロベニア	2.61	10.39	1.28	2.03	0.45	0.02	0.96	0.00	0.15
スペイン	2.93	10.73	2.47	1.02	2.65	0.02	0.61	0.00	0.14
スウェーデン	3.42	10.23	0.17	2.35	1.27	0.29	0.82	0.00	0.01
スイス	3.02	6.72	0.30	0.64	2.14	0.03	1.50	0.00	0.01
イギリス	2.43	8.67	0.05	1.26	0.05	0.78	2.52	0.00	0.35
OECD-EU 諸国平均	2.87	10.86	1.61	1.89	1.67	0.33	1.02	0.00	0.31
ブルガリア	0.62	10.00	0.00	1.80	0.47	0.07	0.08	0.00	0.31
クロアチア	1.65	8.42	1.21	2.10	0.37	0.07	0.05	0.00	0.19
ルーマニア	1.15	9.72	0.14	1.53	0.07	0.01	0.29	0.00	0.45

出典：OECD National Accounts Statistics（database）; Eurostat Government Finance Statistics（database）.

StatLink：https://stat.link/olv7fa

表 11.7　機能別一般政府歳出（保健）（GDP 比）（2021 年）

	医療用品、医療機器・器具	外来サービス	病院サービス	公衆衛生サービス	R&D（保健）	その他の保健
オーストラリア	0.80	0.77	2.88	0.65	0.23	2.89
オーストリア	1.23	1.64	5.08	1.33	0.48	0.32
ベルギー	0.80	3.02	4.16	0.37	0.05	0.21
コロンビア	3.29	..	..	0.20	0.03	3.25
コスタリカ	0.12	2.79	3.47	0.42	0.12	0.56
チェコ	0.93	1.94	4.51	2.14	0.07	0.24
デンマーク	0.53	1.20	6.42	0.35	0.23	0.51
エストニア	0.71	0.60	4.65	0.28	0.16	0.09
フィンランド	0.70	3.40	3.29	0.20	0.10	0.04
フランス	1.50	3.21	3.73	0.52	0.09	0.16
ドイツ	1.86	2.36	2.90	0.70	0.09	0.74
ギリシャ	1.55	0.67	3.90	0.36	0.14	0.05
ハンガリー	0.74	1.41	2.22	0.74	0.07	0.44
アイスランド	0.64	2.06	5.93	0.03	0.00	0.29
アイルランド	0.62	1.84	2.08	0.38	0.01	0.34
イスラエル	1.10	1.54	2.95	0.10	0.00	0.09
イタリア	0.95	2.72	3.10	0.53	0.13	0.15
日本	1.29	3.08	2.95	1.14	0.01	0.73
ラトビア	0.61	1.85	3.12	0.54	0.00	0.15
リトアニア	0.89	1.89	2.74	0.19	0.00	0.18
ルクセンブルク	1.67	1.09	2.17	0.25	0.16	0.09
オランダ	0.73	2.43	3.94	0.90	0.40	0.30
ノルウェー	0.47	2.03	4.90	0.48	0.38	0.32
ポーランド	0.06	1.71	3.53	0.22	0.10	0.14
ポルトガル	0.67	1.90	4.25	0.12	0.24	0.43
スロバキア	0.93	1.56	3.52	0.62	0.02	0.36
スロベニア	1.00	2.29	3.80	0.61	0.09	0.35
スペイン	1.10	2.72	3.08	0.12	0.29	0.03
スウェーデン	0.74	3.29	2.62	0.47	0.17	0.19
スイス	0.00	0.22	1.81	0.66	0.09	0.05
イギリス	0.52	1.13	7.55	0.24	0.14	0.34
OECD-EU 諸国平均	1.17	2.47	3.40	0.56	0.14	0.32
ブルガリア	0.67	0.69	3.86	0.24	0.00	0.37
クロアチア	1.25	1.30	4.64	0.70	0.06	0.31
ルーマニア	0.86	0.14	3.07	0.21	0.02	1.18

出典：OECD National Accounts Statistics（database）; Eurostat Government Finance Statistics（database）.

StatLink：https://stat.link/o809uc

指標 44　費用対効果

経済的な観点から見ると、有効性は、活動がその目標を達成する程度を測定するものである。費用対効果、すなわち、中間又は最終成果に対するインプットの比率は、費やされた資源と達成された成果との関係を反映しており、政府の政策の成功を評価する上で極めて重要である。教育及び医療部門は、その費用対効果を有意義に比較することを可能にするために、インプット及び成果の、十分に開発され、国際的に標準化された尺度を有している。

医療

医療費は公共支出全体のかなりの部分を占めている。今後、高齢化などの人口動態の傾向に対応してさらに増加すると予想されている（OECD, 2021）。医療費の有効性は、各国の出生時平均余命（アウトカム）の改善を 1 人当たりの総医療費（インプット）と比較することによって評価される。現在の医療費は公的医療費と民間医療費の両方で構成されている。後者は、アメリカのような包括的な公衆衛生スキームがない国で特に高い可能性がある。平均余命は、生活習慣、身体的環境及び行動要因を含む医療活動及び支出以外の要因によっても影響を受ける可能性があるため、医療費の有効性の広範な尺度である。それにもかかわらず、医療費と出生時平均余命との間には正の関係があり、医療費のリターンは減少している（図 11.8）。

日本、韓国、イスラエルなどの国では、医療費の水準を考慮すると平均余命は比較的高い。一方、メキシコ、ラトビア、リトアニアなどの国は、健康に同程度の額を費やしている他の国と比較して平均余命が比較的短い。メキシコでの説明因子は比較的高い肥満率である可能性があるが、薬物乱用と自傷行為はバルト諸国の両方で平均余命が短いことに大きく寄与している（Stumbrys et al., 2022）。アメリカは、OECD 諸国の中で 1 人当たりの医療費が群を抜いて高いにもかかわらず、平均余命が最も短い国の 1 つ（77 歳）である。医療費の手頃さ以外にも、薬物の過剰摂取、銃器関連の死亡、精神障害などの他の因子が、この比較的低いアウトカムを説明するのに役立つ可能性がある（Ho, 2022）。

教育

OECD 生徒の学習到達度調査（PISA）は、3 年ごとに、15 歳の生徒の読解力、数学的リテラシー、科学的リテラシーの成績を評価している。PISA のスコアに基づいて生徒の学習成果を比較し、生徒 1 人当たりの教育への累積支出を比較することで、教育システムの費用対効果の総合的な尺度が得られる。

OECD 諸国平均で、教育への累積支出は、初等教育と中等教育の両方で生徒 1 人当たり 93,800 米ドル（PPP）である（図 11.9・図 11.10）。全体として、支出と PISA の結果との間には正の関係がある。一部の国（エストニア、日本、ポーランドなど）では、生徒 1 人当たりの支出水準を考慮すると、数学的リテラシーのスコアが相対的に高い。対照的に、チリやルクセンブルクなどの国では、生徒 1 人当たりの支出額を考慮すると、数学的リテラシーと読解力の両方で PISA のスコアが相対的に低い。PISA のスコアは、生徒が通常の授業以外の学習（宿題、補足的な個人学習への参加）に費やす時間などの追加的な要因にも影響される。さらに、子どもが成長する家族や社会環境も、子どもの教育とその成果に影響を及ぼす（OECD, 2022）。

方法論と定義

保健支出は、個人及び集団の医療を含むが、投資への支出を除く医療用品及びサービスの最終消費（すなわち、現在の保健支出）を測定する。平均余命は、現在の死亡率が変化しない場合に、新生児が平均してどれだけ長く生きることが期待できるかを測定する。それは、生きている人々の健康関連の生活の質ではなく、寿命の測定に焦点を当てている。PISA の読解力は、15 歳の生徒が書かれたテキストを理解し、使用し、熟考する能力を測定する。数学的業績は、彼らの数学的リテラシーを測定する。

詳細情報

Ho, J.Y. (2022), "Causes of America's lagging life expectancy: An international comparative perspective", *The Journals of Gerontology: Series B*, Vol. 77/Supplement_2, pp. S117-S126, https://doi.org/10.1093/geronb/gbab129.

OECD (2022), *Education at a Glance 2022: OECD Indicators*, OECD Publishing, Paris, https://doi.org/10.1787/3197152b-en.

Stumbrys, D., D. Jasilionis and D. Pūras (2022), "The burden of mental health-related mortality in the Baltic States in 2007-2018", *BMC Public Health*, Vol. 22/1, https://doi.org/10.1186/s12889-022-14175-9.

OECD (2021), *Health at a Glance 2021: OECD Indicators*, OECD Publishing, Paris, https://doi.org/10.1787/ae3016b9-en.

図注

図 11.8：支出データは、イスラエル、日本、リトアニア及びスウェーデンについては暫定的なものである。ニュージーランドの値は推定値。イギリスと日本の平均余命は推定値。トルコの平均余命は 2019 年のものである。

図 11.9・図 11.10：コスタリカについてはすべてのデータが利用可能ではない。カナダ、イスラエル及びスイスについては支出データが欠損している。スロベニアについては PISA の読解力スコアが欠損している。

図11.8　平均寿命と国民1人当たり保健に対する総経常支出（2020年）

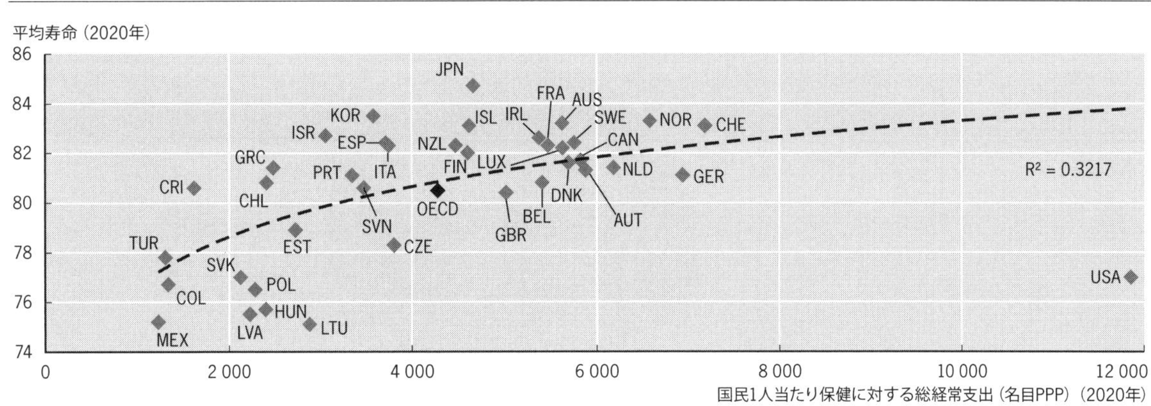

出典：OECD Health Statistics（database）

StatLink：https://stat.link/ivmgt9

図11.9　15歳のPISA数学的リテラシーの平均得点（2018年）と生徒1人当たり6～15歳の累積支出（2019年）

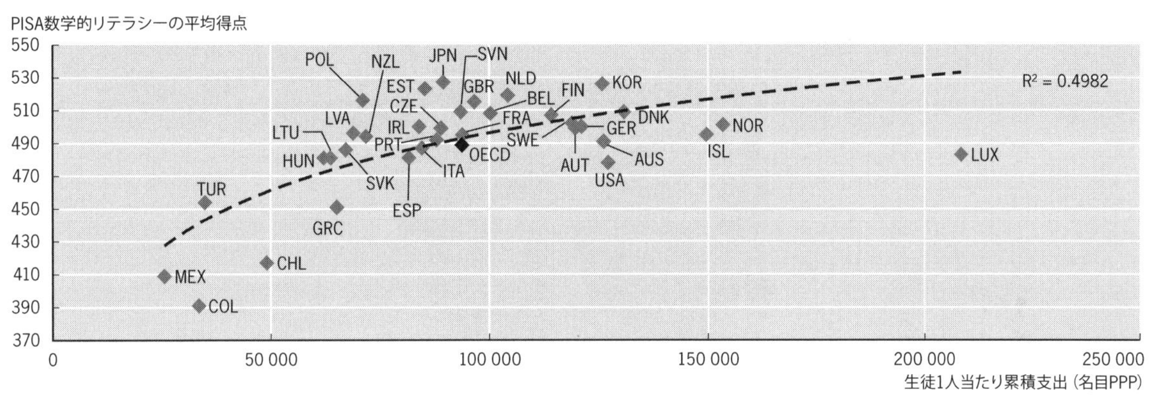

出典：OECD Education at a Glance（database）.

StatLink：https://stat.link/h87wiz

図11.10　15歳のPISA読解力の平均得点（2018年）と生徒1人当たり6～15歳までの累積支出（2019年）

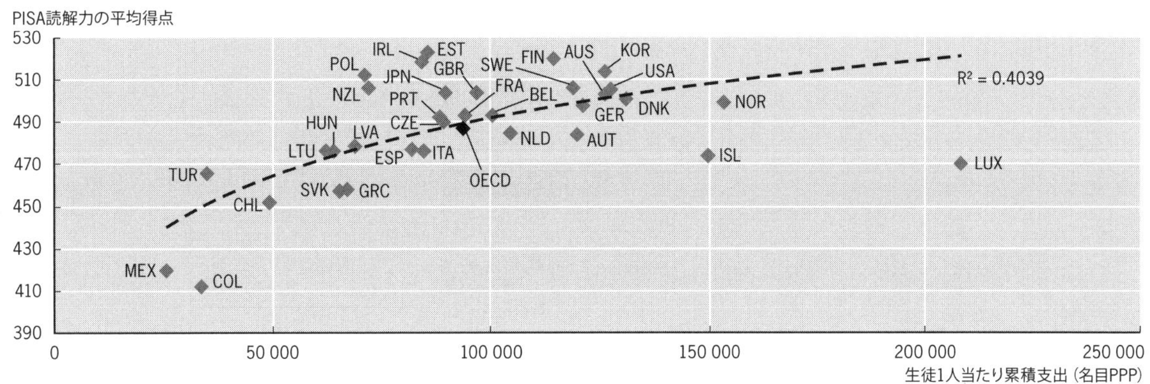

出典：OECD Education at a Glance（database）.

StatLink：https://stat.link/patd08

指標 45　経済取引別政府支出の構造

公共支出を分類するもう 1 つの方法は、経済取引、例えば、雇用者報酬、融資補助金、社会給付や失業給付などの現金移転、中間消費（すなわち、政府生産に使用される民間部門からの財やサービスの調達）によって分類することである。この分類は、政府の生産機能のより広範なカテゴリーを区別するため、テーマ別カテゴリー（例えば、保健、教育、防衛など）によって支出をグループ化する機能別政府支出とは異なる。両方のタイプの分類を考慮することによって、政府支出パターンとその経済への影響をより包括的に理解することができる。

OECD 諸国平均で、政府支出の最大のカテゴリーは社会給付である。2021 年には、政府支出の平均 41.5% が社会給付に対するものであり、この割合は 2019 年から 0.9% ポイント上昇した。2021 年には、ドイツと日本で、社会給付に対する支出が総支出の最も高い割合を占めた（支出総額のそれぞれ 51.0% と 50.1%）。2022 年には、利用可能な情報がある国の中で、社会給付に対する支出が総支出の最も高い割合を占めた国には、ドイツ（50.7%）、ベルギー（48.0%）、オランダ（46.3%）などがあった。国によっては、2019 年から 2021 年の間に社会給付に対する支出の割合に大きな変化が見られたものもある。その割合は、アメリカ（5.8% ポイント）で最も増加したが、同時期に最大の減少が見られたのは、ギリシャ（5.7% ポイントの減少）、日本（4.6% ポイント）、イタリア（3.2% ポイント）、オランダ（3.1% ポイント）及びドイツ（3.1% ポイント）であった（表 11.11）。

政府支出の 2 番目に大きなカテゴリーは雇用者報酬であり、2021 年には OECD 諸国全体の支出総額の 20.1% に達し、2019 年から 2.3% ポイント減少した。2022 年の雇用者報酬に対する支出は、アイスランド（支出総額の 31.7%）とデンマーク（30.3%）で最も高かった。これらの国のデータが利用可能な年である 2021 年には、コスタリカ（30.0%）とメキシコ（29.7%）でも高い割合であった。2019 年から 2021 年の間に、38 か国のうち 37 か国が雇用者報酬に対する支出を支出総額に占める割合で削減した。最大の減少はチリ（8.7% ポイント）とコスタリカ（8.6% ポイント）であった。ルクセンブルクはわずかに増加した唯一の国であった（0.2% ポイント）。

最大の増加を示した政府支出のカテゴリーは補助金であり、2019 年から 2021 年の間に 2.3% ポイント増加し、OECD 諸国全体の支出総額の平均割合 4.6% に達した。この増加は、多くの国が企業への補助金を増加させた COVID-19 パンデミックの影響が一因である可能性が高い。資本支出（0.1% ポイント）とその他の経常支出（0.6% ポイント）も、この期間に緩やかな増加を記録した（表 11.11）。

方法論と定義

支出データは、国際的に合意された国民経済計算の概念、定義、分類及び規則のセットである国民経済計算体系（SNA）に基づく OECD 国民経済計算統計（データベース）から抽出されている。2008 SNA の枠組みは、すべての OECD 諸国によって実施されている（附録 C 参照）。支出には、次の経済取引が含まれる。中間消費（すなわち、経済領域内及び会計期間中の生産過程において消費される財・サービス）、雇用者の報酬、補助金、財産所得（主に利子支出を含む）、社会給付（現物による社会移転及び市場生産者を通じて世帯に提供される現物による社会移転以外の社会給付から成る）、その他の経常支出（主に経常移転であるが、生産に対するその他の租税、所得及び富に対する経常税等及び年金受給資格の変更に対する調整としてのその他の軽微な支出も含む）、資本支出（すなわち、資本移転及び投資）。一般政府レベルでのこれらの取引はすべて連結ベースで記録される（すなわち、政府レベル間の取引は相殺される）。

詳細情報

OECD (2017), *OECD Budget Transparency Toolkit: Practical Steps for Supporting Openness, Integrity and Accountability in Public Financial Management*, OECD Publishing, Paris, https://doi.org/10.1787/9789264282070-en.

表注

チリとトルコのデータは OECD 諸国平均に含まれていない。トルコ、ブラジル及びインドネシアのデータは 2021 年ではなく 2020 年のものである。

表 11.11　一般政府歳出の経済取引別構造（2021 年並びに 2022 年及び 2019 年から 2021 年までの変化）

総支出に占める割合（%）	中間消費			雇用者報酬			補助金			財産収入（利子収入を含む）			社会給付			その他の経常支出			資本支出		
	2021 年	2022 年	2019 年から 2021 年までの変化（%ポイント）	2021 年	2022 年	2019 年から 2021 年までの変化（%ポイント）	2021 年	2022 年	2019 年から 2021 年までの変化（%ポイント）	2021 年	2022 年	2019 年から 2021 年までの変化（%ポイント）	2021 年	2022 年	2019 年から 2021 年までの変化（%ポイント）	2021 年	2022 年	2019 年から 2021 年までの変化（%ポイント）	2021 年	2022 年	2019 年から 2021 年までの変化（%ポイント）
オーストラリア	20.9	..	0.9	22.2	..	-0.1	5.7	..	-3.6	3.3	..	0.6	31.6	..	1.2	4.8	..	0.6	11.5	..	0.4
オーストリア	13.3	13.7	0.5	19.7	19.6	-2.0	8.3	4.6	5.2	2.0	1.8	-0.9	42.8	42.7	-2.3	6.3	8.1	-0.3	7.6	9.4	-0.2
ベルギー	7.7	8.1	-0.2	22.5	23.2	-1.1	7.8	6.9	0.6	3.0	2.8	-0.8	47.4	48.0	0.2	4.7	4.4	0.9	6.9	6.6	0.4
カナダ	16.5	17.6	-0.9	27.5	29.1	-2.5	6.5	3.4	3.8	5.7	6.5	-1.4	31.4	29.2	1.9	3.6	4.0	0.1	8.8	10.3	-1.0
チリ	..	..	..	27.1	..	-8.7	1.3	..	-0.7	2.6	..	-0.8	..	..	..	..	..	..	6.4	..	-2.3
コロンビア	11.1	..	-1.8	15.5	..	-1.4	0.3	..	0.2	7.6	..	1.1	27.0	..	-1.1	31.7	..	5.4	6.8	..	-2.4
コスタリカ	7.9	..	-2.7	30.0	..	-8.6	0.0	..	0.0	11.2	..	-0.5	13.8	..	-0.7	29.7	..	14.6	7.5	..	-2.0
チェコ	12.5	12.9	-1.8	23.8	22.8	-0.4	7.1	5.1	1.7	1.6	2.6	-0.1	38.0	38.5	0.7	5.2	5.5	0.4	11.9	12.5	-0.5
デンマーク	17.8	17.6	0.5	29.3	30.3	-1.0	5.0	3.1	1.7	1.1	1.6	-0.4	33.1	33.2	-1.5	6.6	6.3	0.3	7.1	7.8	0.5
エストニア	15.0	16.3	-1.7	26.4	26.3	-1.4	2.4	1.9	1.1	0.1	0.2	0.0	35.9	35.1	-0.3	5.6	4.6	1.0	14.8	15.6	1.3
フィンランド	20.7	21.5	0.6	22.9	23.1	-0.5	2.8	2.1	0.8	0.9	1.0	-0.7	39.2	39.0	-0.5	5.1	4.9	0.4	8.4	8.3	-0.2
フランス	8.8	9.0	-0.1	21.3	21.3	-0.8	5.6	5.4	0.6	2.4	3.3	-0.3	45.6	44.3	-0.1	7.7	7.5	0.6	8.8	9.2	0.1
ドイツ	12.3	12.3	0.3	15.9	16.0	-1.5	6.0	3.8	4.2	1.1	1.4	-0.6	51.0	50.7	-3.1	4.9	5.9	0.1	8.7	10.0	0.6
ギリシャ	10.0	10.7	0.1	21.5	20.8	-3.3	8.3	10.3	5.5	4.3	4.6	-1.9	39.2	39.7	-5.7	3.5	2.8	0.2	13.2	11.1	5.1
ハンガリー	18.0	17.0	-1.0	21.8	21.2	-0.9	2.6	3.8	0.1	4.7	5.8	-0.2	25.1	24.4	-1.1	8.1	8.0	1.1	19.7	19.9	1.9
アイスランド	20.9	21.3	-0.4	31.6	31.7	-1.2	3.2	3.2	0.5	7.6	10.0	-2.3	22.5	19.9	2.1	4.3	3.9	0.4	9.9	9.9	0.8
アイルランド	15.4	16.6	0.8	25.2	26.9	-2.3	6.8	3.1	4.6	3.1	3.0	-2.2	35.3	34.6	-0.3	4.5	4.8	0.7	9.8	11.1	-1.3
イスラエル	16.4	..	-0.8	23.8	..	-2.2	7.5	..	5.1	6.8	..	1.5	23.8	..	0.2	11.3	..	-0.8	10.4	..	-3.1
イタリア	10.8	10.6	-0.9	17.3	17.3	-2.6	3.4	4.6	0.2	6.2	7.7	-0.7	43.5	42.2	-3.2	4.6	4.2	0.0	14.3	13.4	7.2
日本	10.3	..	0.6	12.2	..	-1.6	1.5	..	0.1	3.4	..	-0.6	50.1	..	-4.6	10.5	..	6.6	12.0	..	-0.6
韓国	10.4	..	-0.6	18.4	..	-1.9	2.0	..	0.1	2.9	..	-0.5	32.1	..	-0.5	16.8	..	5.6	17.4	..	-2.2
ラトビア	13.7	15.7	-2.8	26.2	26.2	-2.0	6.1	3.9	3.7	1.1	1.2	-0.7	34.3	31.4	2.3	6.2	7.7	0.2	12.4	14.0	-0.7
リトアニア	11.5	11.7	-1.1	28.6	27.8	-0.6	4.2	4.8	3.1	1.2	1.0	-1.3	40.0	38.8	0.1	4.8	5.6	0.1	9.8	10.3	-0.2
ルクセンブルク	9.8	10.0	-0.1	23.7	23.5	0.2	2.3	2.8	-0.2	0.4	0.4	-0.4	42.6	42.9	-0.2	8.1	8.4	-0.2	13.0	12.0	0.9
メキシコ	10.7	..	-0.9	29.7	..	-0.6	1.2	..	-0.2	8.3	..	-2.0	11.4	..	0.7	24.0	..	-1.9	14.8	..	4.9
オランダ	13.9	14.4	-0.3	18.4	19.0	-1.2	7.8	4.2	5.0	1.2	1.2	-0.6	46.3	46.3	-3.1	3.9	6.0	0.1	8.5	8.9	0.1
ニュージーランド	16.5	..	1.0	20.9	..	-1.6	7.1	..	3.3	3.0	..	-0.2	33.8	..	-1.4	5.3	..	-0.2	13.3	..	-0.9
ノルウェー	15.3	15.6	0.5	28.8	28.4	-0.9	4.3	5.3	0.7	0.5	1.1	-0.5	33.4	32.3	0.7	6.3	5.9	0.4	11.3	11.5	-0.9
ポーランド	13.4	14.4	-0.2	23.6	22.4	-1.0	2.7	2.0	1.4	2.5	3.6	-0.8	40.8	39.2	-0.4	5.3	5.4	0.5	11.6	13.0	0.4
ポルトガル	12.1	12.6	0.0	24.4	24.1	-1.1	4.2	2.4	3.2	5.0	4.4	-1.9	40.6	41.7	-2.1	5.7	5.9	0.6	8.0	8.9	1.3
スロバキア	12.5	14.1	-0.8	24.8	25.1	-0.5	3.0	2.6	0.6	2.4	2.4	-0.6	40.2	42.4	-0.9	9.1	4.7	4.3	7.9	8.7	-2.1
スロベニア	13.1	13.7	-0.8	25.6	24.0	-0.4	4.9	2.8	2.7	2.5	2.4	-1.4	37.2	39.4	-2.7	6.3	4.9	2.1	10.4	12.8	0.4
スペイン	11.7	12.3	-0.6	24.2	24.3	-1.4	3.0	4.2	0.7	4.3	5.0	-1.1	43.1	42.1	-0.5	4.0	3.9	0.2	9.8	8.3	2.7
スウェーデン	16.0	16.5	0.1	25.2	24.6	-0.4	4.3	3.3	1.0	0.8	1.4	-0.4	31.4	30.8	-0.7	12.1	12.3	0.7	10.2	11.1	-0.2
スイス	13.5	..	-0.9	20.8	..	-1.3	10.9	..	1.4	0.7	..	-0.2	35.0	..	1.7	7.2	..	-0.1	11.9	..	-0.5
トルコ	12.7	..	-1.1	24.1	..	-0.5	6.3	..	1.5	8.6	..	1.4	34.9	..	-0.2	2.4	..	-0.7	10.9	..	-0.5
イギリス	19.8	19.0	0.6	21.1	20.9	-1.1	6.6	3.4	4.1	5.8	9.3	0.5	33.9	33.8	-2.6	3.3	4.1	-1.3	9.5	9.4	-0.2
アメリカ	14.7	..	-2.1	20.2	..	-3.9	4.6	..	3.7	8.1	..	-2.5	43.7	..	5.8	0.6	..	0.0	8.1	..	-1.0
OECD 諸国平均	13.5	..	-0.7	20.1	..	-2.3	4.6	..	2.3	5.2	..	-1.1	41.5	..	0.9	5.3	..	0.6	9.8	..	0.1
OECD-EU 諸国平均	11.8	12.0	-0.2	20.3	20.2	-1.5	5.1	4.3	2.0	2.8	3.4	-0.7	44.3	43.7	-1.6	5.7	5.9	0.3	10.1	10.4	1.6
ブラジル	7.3	..	-0.7	19.2	..	-1.1	0.3	..	-0.1	8.3	..	-3.2	45.6	..	4.8	16.3	..	0.1	3.0	..	0.1
ブルガリア	12.4	12.9	-0.1	26.7	24.2	-0.8	9.0	12.2	2.4	1.2	1.1	-0.4	34.0	36.1	-1.1	9.3	4.8	5.1	7.4	8.6	-5.1
クロアチア	16.9	17.3	-0.5	25.4	25.1	0.3	5.4	5.0	2.2	3.2	3.1	-1.6	31.3	31.5	-1.2	4.9	4.5	0.7	13.0	13.4	0.2
インドネシア	17.6	..	-1.8	22.7	..	-2.4	3.9	..	9.7	8.2	..	-0.2	4.2	..	2.8	23.8	..	-1.3	19.6	..	-6.7
ルーマニア	15.2	14.5	-0.3	27.8	24.9	-3.5	1.3	3.0	0.3	2.8	3.0	0.1	33.1	33.7	0.3	5.7	4.9	1.7	14.0	16.0	1.3

出典：OECD National Accounts Statistics (database). Data for Australia are based on a combination of national accounts and government finance statistics data provided by the Australian Bureau of Statistics.

StatLink：https://stat.link/ozemi3

指標 46　政府のレベル別支出構造

中央政府、州政府、地方政府が、異なる機能に権限を有し、異なる支出権限を負っているのは、行政構造であり、大きくは、連邦政府として行政組織されているか単一国家として行政組織されているかに依存する。政府のレベル間の調整と共有された資金を必要とするいくつかの政府機能がある。政府支出の質と効率性を向上させる必要性から、中央政府より下位レベルの政府が公共政策の実施において重要な役割を果たしていることが確認されている。実際、下位レベルの政府は、中央政府よりも地域のニーズに関する情報を入手する能力が高く、公共サービスの提供を調整するのに適していると考えられる（OECD, 2022）。

2021 年には、OECD 諸国平均で、中央政府が公共支出全体の 45.5% を占め、州政府（21.5%）、地方政府（14.3%）、社会保障基金が残りを占めている。しかし、国によって顕著な違いがある。中央政府による支出の割合は、2021 年のスイスの 16.4% からニュージーランドの 89.3% までに及んだ。2022 年には、利用可能なデータがある 26 の OECD 諸国のうち 17 か国が 2021 年と比較して中央政府支出の割合が増加しており、OECD 諸国全体で支出が集中化する傾向があることを示している。これは、医療の集中化が進んでいること（OECD, 2021b）、又は COVID-19 パンデミックの結果として中央政府と比較して地方政府の歳入が減少していること（OECD, 2021a）によるものと考えられる（図 11.12）。

この一般的な傾向にもかかわらず、国ごとに差がある。2019 年から 2021 年の間に、37 か国のうち 29 か国で中央政府支出が相対的に増加した。OECD 諸国平均で、中央政府支出は OECD 諸国の総支出の 4.3% ポイント増加した。アメリカ（7.6% ポイント）とコスタリカ（7.9% ポイント）は中央政府支出の相対的な増加が最も大きい。チリは中央政府支出の相対的な減少が最も大きく、10% ポイント減少した（図 11.13）。

方法論と定義

データは、国際的に合意された国民経済計算の概念、定義、分類及び規則のセットである国民経済計算体系（SNA）に基づく OECD 国民経済計算統計（データベース）からのものである。2008 SNA の枠組みは、すべての OECD 諸国によって実施されている（附録 C 参照）。SNA の用語では、一般政府は中央政府、州政府、地方政府、及び社会保障基金で構成されている。州政府は、連邦国家である 9 つの OECD 諸国（オーストラリア、オーストリア、ベルギー、カナダ、ドイツ、メキシコ、スペイン（準連邦国家とみなされる）、スイス及びアメリカ）にのみ適用される。データは、オーストラリア、チリ、コスタリカ、韓国、トルコ及びインドネシアを除き、政府レベル間の移転を除外している。これは、このレベルで統合された一般政府総支出に対する各下位部門の寄与を見るためである。支出には、中間消費、雇用者報酬、補助金、財産所得（主に利子支出）、社会給付、その他の経常支出（主に経常移転）及び資本支出（すなわち資本移転及び投資）が含まれる。

詳細情報

OECD (2022), *OECD Regions and Cities at a Glance 2022*, OECD Publishing, Paris, https://doi.org/10.1787/14108660-en.

OECD (2021a), *Fiscal Federalism 2022: Making Decentralisation Work*, OECD Publishing, Paris, https://doi.org/10.1787/201c75b6-en.

OECD (2021b), "The territorial impact of COVID-19:managing the crisis and recovery across levels of government", *OECD Policy Responses to Coronavirus (COVID-19)*, OECD Publishing, Paris, https://doi.org/10.1787/a2c6abaf-en.

図注

コロンビアのデータは利用可能ではない。チリとトルコのデータは OECD 諸国平均に含まれていない。政府レベル間のフローは除外されている（オーストラリア、チリ、コスタリカ、韓国、トルコ及びインドネシアを除く）。日本の一般政府のうち、下位の部門は会計年度を用いている。オーストラリアとアメリカの地方政府は州政府に含まれている。オーストラリアは政府の社会保険制度を運営していない。ニュージーランド、ノルウェー、イギリス及びアメリカの社会保障基金は中央政府に含まれている。トルコとインドネシアのデータは 2021 年ではなく 2020 年のものである。

図11.12　政府のレベル別一般政府の歳出の分配（2021年及び2022年）

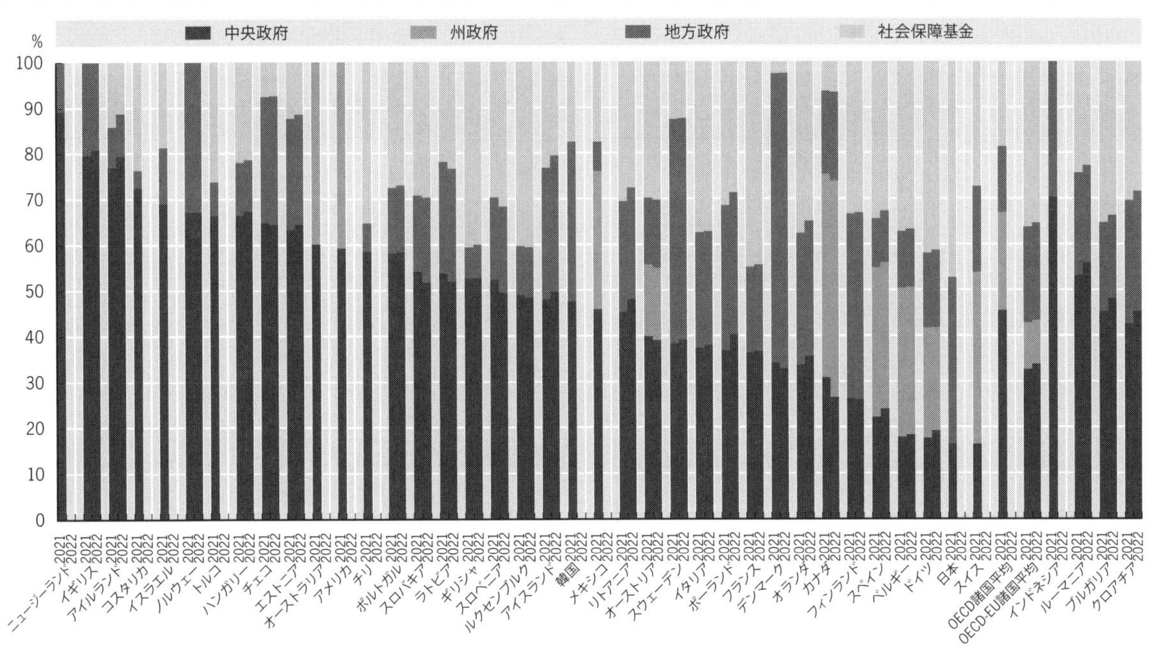

出典：OECD National Accounts Statistics (database).

StatLink：https://stat.link/tvxolc

図11.13　政府のレベル別一般政府の歳出の分配の変化（2019～2021年）

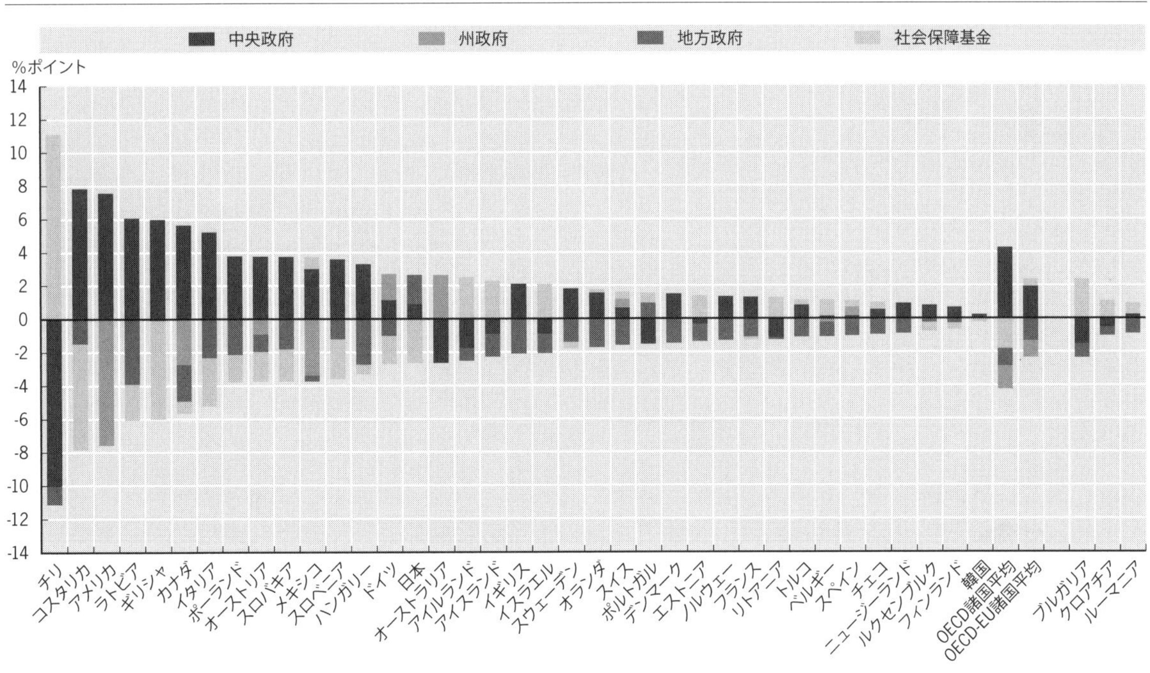

出典：OECD National Accounts Statistics (database).

StatLink：https://stat.link/7duth6

指標 47　政府投資支出

公共投資は、生産性を向上させ、経済成長を促進し、社会福祉を促進し、長期的な政策を支援することができる。政府支出は、運輸やエネルギーのインフラストラクチャ、医療・教育施設、IT システム、防衛システム、研究開発などの無形資産などの耐久性のある資産に向けられている場合、投資とみなすことができる。政府投資には、グリーンエネルギー・インフラストラクチャへの投資による持続可能な開発の促進などの長期的な政策を実施するために必要な購入が含まれることが多い。

OECD 諸国全体では、2021 年の政府投資支出は GDP の平均 3.4% であり、ハンガリーの GDP の 6.6%(2022 年は 6.9%) からメキシコの 1.7% までに及んだ。投資は 2019 年から 2021 年の間に 38 か国のうち 22 か国で増加し、OECD 諸国平均で、増加は GDP の 0.1% ポイントであった。最大の増加はギリシャ（1.2% ポイント）、ポルトガル（0.9% ポイント）、スロベニア（0.8% ポイント）及びアイスランド（0.7% ポイント）であった。2022 年には、OECD-EU 諸国全体の投資は GDP の 3.3% に達した。これらの諸国のうち 9 か国とカナダでは、公共投資は 2021 年から 2022 年の間に増加した。GDP に対する最大の増加はスロベニア（0.7% ポイント）であった（図 11.14）。政府投資は、2021 年に、OECD 諸国平均で、投資総額の 15% を占めた（オンライン図 G.6.8）。

政府支出全体に占める投資支出の割合は、支出全体における資本形成の相対的な重要性を示す指標である。2021 年の総支出に占める投資の割合は平均 7.4% で、2019 年の 8.1% から低下した。イスラエルとコロンビアは、この期間に総支出に占める投資の割合が最も大きく減少した（それぞれ 3.5% ポイントと 2.8% ポイント）。しかし、この割合は 2021 年から 2022 年の間に、両年のデータがある 26 か国のうち 22 か国で増加した。最大の増加はスロベニア（2.4% ポイント）、カナダ（1.5% ポイント）、オーストリア（1.4% ポイント）、アイルランド及びスロバキア（ともに 1.0% ポイント）であった（図 11.15）。

政府のレベル間の投資支出の分布は、特に連邦国と単一国の間で大きく異なる。2021 年には、OECD 諸国平均で、政府投資の 42.6% が中央政府によって行われ、28.5% が州政府によって、28.3% が地方政府によって行われた。OECD 諸国 37 か国のうち 23 か国では、中央政府が政府投資の半分以上を占めている。典型的には、チリ（88.6%）、トルコ（86.9%）、ハンガリー（79.8%）、イギリス（71.2%）のように、非連邦国での政府投資は主に中央政府によって行われている。高度に分権化された国や連邦国では、主に州政府によって行われており、程度は低いが地方政府によっても行われている。例えば、カナダでは中央政府が 4.9%、州政府が 54.1%、地方政府が 41.0%、ベルギーでは 23.5%、51.8%、24.1%、メキシコでは 29.4%、39.4%、28.2% である。2021 年から 2022 年の間に、利用可能なデータがある OECD 諸国 26 か国のうち 17 か国で中央政府の投資支出の割合が増加した（図 11.16）。

方法論と定義

データは、国際的に合意された国民経済計算の概念、定義、分類及び規則のセットである国民経済計算体系（SNA）に基づく OECD 国民経済計算統計（データベース）からのものである。2008 SNA の枠組みは、すべての OECD 諸国によって実施されている（附録 C 参照）。一般政府投資には、総資本形成と買収が含まれ、生産されたものではない非金融資産の処分を除く。総固定資本形成（固定投資とも呼ばれる）は投資の主要な構成要素である。政府については、主に交通インフラストラクチャで構成されているが、オフィスビル、住宅、学校、病院などのインフラストラクチャも含まれている。SNA 2008 の枠組みでは、研究開発への支出も固定投資に含まれている。政府投資と資本移転は政府資本支出のカテゴリーを構成している。政府は中央、州、地方政府と社会保障基金で構成されている。州政府は、オーストラリア、オーストリア、ベルギー、カナダ、ドイツ、メキシコ、スペイン（準連邦国家とみなされる）、スイス、及びアメリカの連邦国家である 9 つの OECD 諸国にのみ適用される。

詳細情報

OECD (2022), "Policy guidance on market practices to strengthen ESG investing and finance a climate transition", *OECD Business and Finance Policy Papers*, No. 13, OECD Publishing, Paris, https://doi.org/10.1787/2c5b535c-en.

OECD (2019), *Effective Multi-level Public Investment: OECD Principles in Action*, OECD, Paris, www.oecd.org/effectivepublic-investment-toolkit/Full_report_Effective_Public_Investment.pdf.

図注

図 11.14・図 11.15：チリとトルコのデータは OECD 諸国平均に含まれていない。トルコ、ブラジル及びインドネシアのデータは 2021 年ではなく 2020 年のものである。

図 11.16：コロンビアのデータは利用可能ではない。チリとトルコのデータは OECD 諸国平均に含まれていない。オーストラリアとアメリカの地方政府は州政府に含まれている。オーストラリアは政府の社会保険制度を運営していない。ニュージーランド、ノルウェー、イギリス及びアメリカの社会保障基金は中央政府に含まれている。トルコとインドネシアのデータは 2021 年ではなく 2020 年のものである。

図 G.6.8「総投資に占める政府投資の割合（2019 年及び 2021 年）」と図 G.6.9「機能別の一般政府投資の構造（2021 年）」は付属書 G でオンラインで入手できる。

図 11.14　政府投資支出（GDP 比）（2019 年、2011 年及び 2022 年）

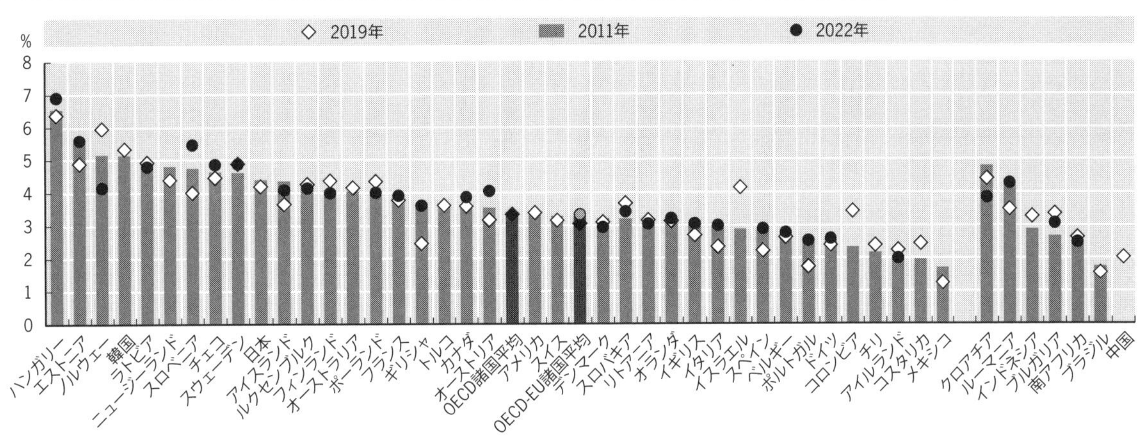

出典：OECD National Accounts Statistics (database).

StatLink：https://stat.link/1h85ot

図 11.15　政府投資支出（政府総支出比）（2019 年、2011 年及び 2022 年）

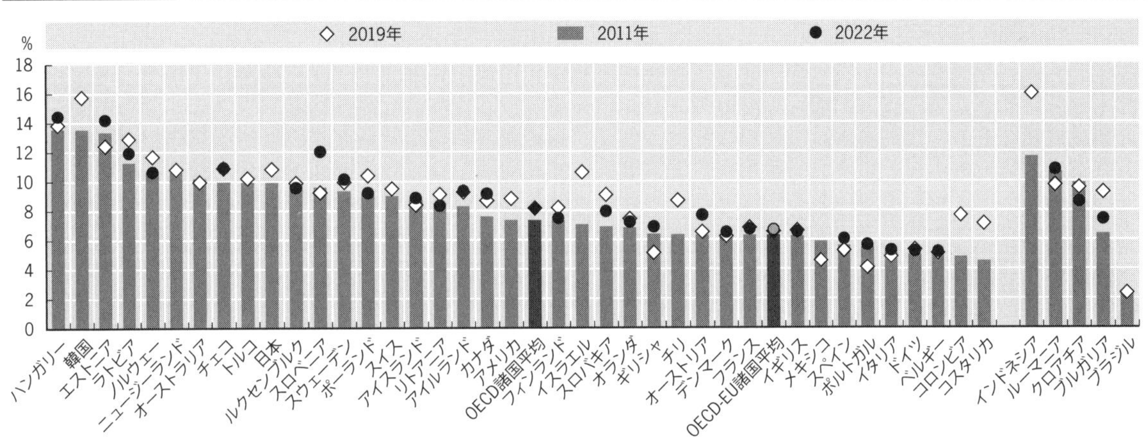

出典：OECD National Accounts Statistics (database).

StatLink：https://stat.link/lf2axe

図 11.16　政府のレベル別投資支出の分配（2021 年及び 2022 年）

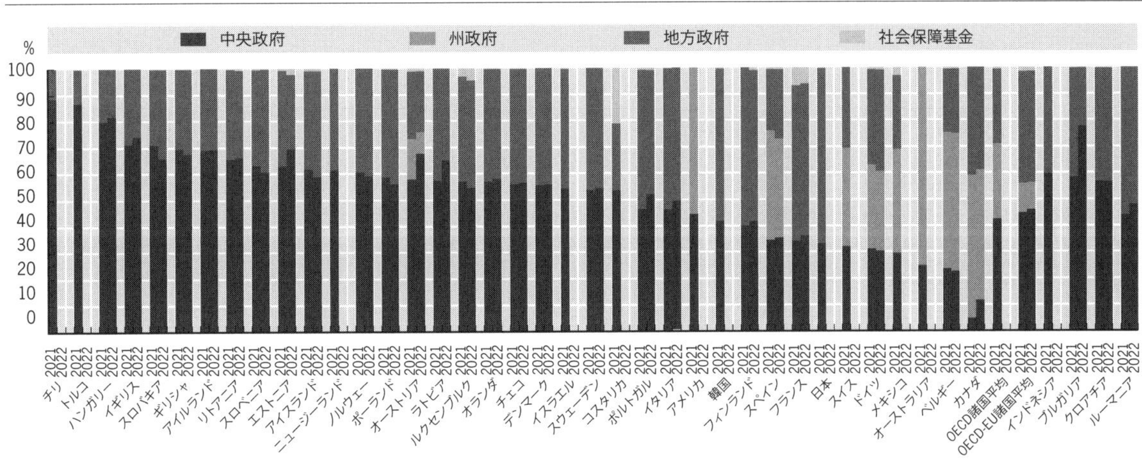

出典：OECD National Accounts Statistics (database).

StatLink：https://stat.link/anwz95

指標 48　一般政府の財政バランス

財政収支は、政府の歳入と歳出の差である。それは、公会計が均衡しているか、黒字又は赤字があるかを示す。長期的に繰り返される赤字は、公的債務の蓄積を意味し、消費者や投資家に公会計の持続可能性について懸念すべきシグナルを送る可能性があり、その結果、消費や投資の決定が抑止される可能性がある。しかし、債務が持続可能な水準に維持されれば、赤字は必要な公的投資の資金調達に役立ち、予期せぬ外的ショック（例えば、パンデミック、戦争、自然災害）のような例外的な状況では、赤字は生活条件の維持と社会の安定の維持に貢献することができる。

2021 年、OECD 諸国の一般政府財政収支の平均は GDP の -7.5% であった（図 11.17）。黒字を報告したのはノルウェー（GDP の 10.6%）、デンマーク（3.6%）、ルクセンブルク（0.7%）のみであり、スウェーデンでは収支が均衡していた。これら 4 か国は、2022 年に報告した 27 か国の中で黒字を報告した、唯 4 つの国でもあった。2022 年のデータが利用可能な OECD 諸国全体とその主要経済国の一般政府財政収支は、2007 年から 2022 年の期間に同様の傾向を示した（図 11.18）。2 つの主要な世界的ショックの最も深刻な影響は、2009 年の世界金融危機時（OECD の平均赤字が GDP の 8.5% に達した時）と 2020 年の COVID-19 パンデミック時（平均赤字が GDP の 10.2%）に記録された。2009 年以降、OECD 諸国全体と主要経済国の双方が、様々な程度の強さで統合努力を行った（図 11.18）。2020 年の深刻な低水準の後、2021 年と 2022 年に赤字が縮小した回復は、予想よりも速かった（OECD, 2023）。

一般政府の基礎的財政収支は、利払いを除いた歳入と歳出の差である。これは、追加的な債務を負うことなく財政的コミットメントを履行する政府の能力を明らかにする。これは、一般財政収支よりも国の財政の全体的な状態をより正確に示す指標である。2021 年の OECD 諸国平均で、基礎的財政収支は GDP の -5.6% であった（図 11.19）。これは、政府がその年に市民や企業に提供していた商品やサービスの一部を支払うためにお金を借りていたことを示している。ノルウェー（GDP の 9.1%）、デンマーク（3.4%）、コスタリカ（1.7%）及びルクセンブルク（0.4%）のみが、OECD 諸国の中で基礎的財政収支が黒字であった。OECD-EU 諸国のうち、基礎的財政収支は 2021 年の GDP の平均赤字 3.6% から 2022 年には GDP の平均赤字 2.1% へと 2022 年に改善した。

債務返済のための純利払いは、公共予算の柔軟性のない部分であり、国際金融市場や多国間基金へのアクセスを保証するために尊重されなければならない。2021 年の OECD 諸国の純利払いは、平均して GDP の 1.9% に達した（図 11.19）。GDP 比で最も高い利払いを行った国は、イタリア（GDP 比 3.4%）、アメリカ（3.2%）及びコロンビア（3.0%）であった。利用可能な情報がある OECD 諸国では、2021 年から 2022 年の間に純利払いが最も増加したのは、イギリス（1.4% ポイント）、イタリア（0.8% ポイント）及びフランス（0.5% ポイント）であった。この期間の純利払いの減少が最も大きかったのはポルトガルで、0.5% ポイント減少した。

方法論と定義

財政収支データは、国際的に合意された国民経済計算の概念、定義、分類及び規則のセットである国民経済計算システム（SNA）に基づく OECD 国民経済計算統計（データベース）から導き出される。2008 SNA の枠組みは、すべての OECD 諸国によって実施されている（報告システム及び情報源の詳細については附録 C を参照）。SNA の用語を使用すると、一般政府は中央政府、州政府、地方政府及び社会保障基金で構成されている。

一般政府の純貸付（+）又は純借入（-）とも呼ばれる財政収支は、政府歳入総額から政府歳出総額を引いて計算される。歳入には、租税、純社会拠出、交付金その他の歳入が含まれる。歳出には、中間消費、雇用者報酬、補助金、財産所得（利子支出を含む）、社会給付、その他の経常支出（主に経常移転）及び資本支出（すなわち資本移転及び投資）が含まれる。

基礎的財政収支は、一般政府債務の純利払い（すなわち利払いから利子収入を引いたもの）を除いた財政収支である。国内総生産（GDP）は、ある期間にその国が生産した財とサービスの価値の標準的な尺度である。

詳細情報

OECD (2023), *OECD Economic Outlook, Interim Report March 2023: A Fragile Recovery*, OECD Publishing, Paris, .https://doi.org/10.1787/d14d49eb-en.

OECD (2022), *OECD Economic Outlook, Volume 2022 Issue 2*, No. 112, OECD Publishing, Paris, https://doi.org/10.1787/f6da2159-en.

Robinson, M. (2022), "Public financials after the COVID-19 pandemic", *OECD Journal on Budgeting*, Vol. 22/3, https://doi.org/10.1787/f26b2a3b-en.

図注

トルコのデータは OECD 諸国平均に含まれていない。

図 11.17・図 11.18：チリのデータは OECD 諸国平均に含まれていない。

図 11.17・図 11.19：トルコ、ブラジル及びインドネシアのデータは 2021 年ではなく 2020 年のものである。

図 11.19：チリのデータは利用可能ではない。

図 11.17　一般政府の財政バランス（GDP 比）（2019 年、2021 年及び 2022 年）

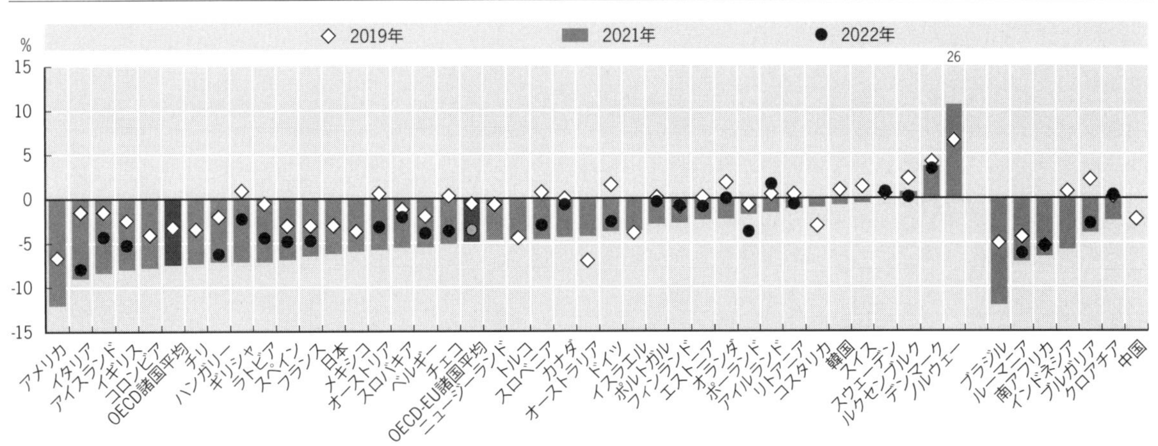

出典：OECD National Accounts Statistics (database).

StatLink：https://stat.link/cutsya

図 11.18　一般政府の財政バランス（GDP 比）OECD 諸国平均と主要経済大国（2007 ～ 2022 年）

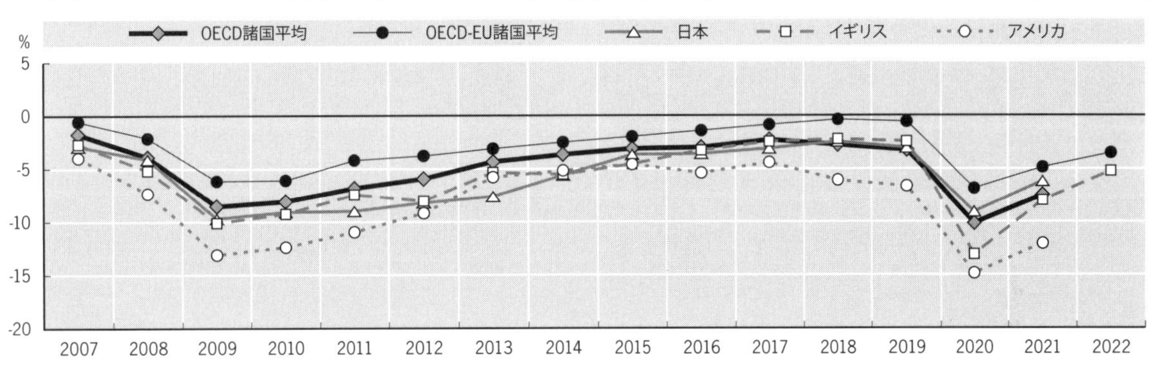

出典：OECD National Accounts Statistics (database).

StatLink：https://stat.link/aw6ubi

図 11.19　一般政府の基礎的財政収支と純利払い（GDP 比）（2021 年及び 2022 年）

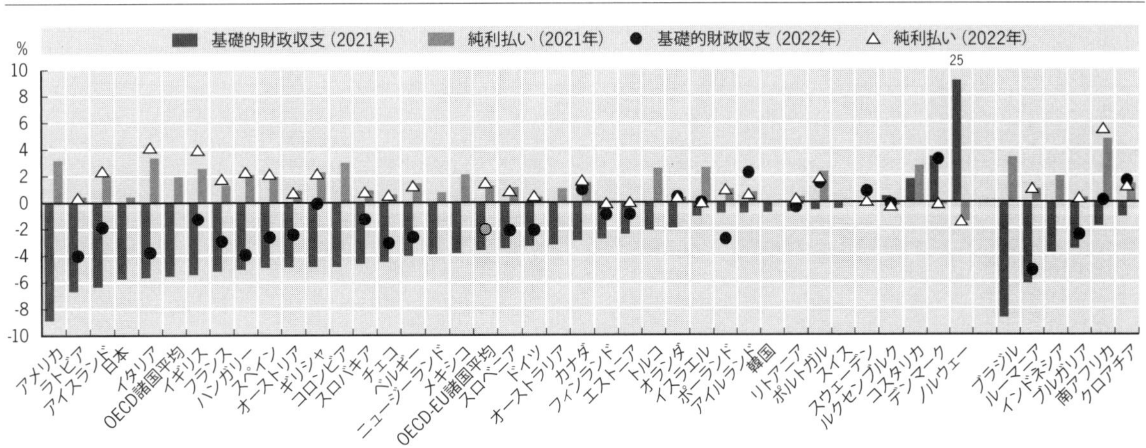

出典：OECD National Accounts Statistics (database).

StatLink：https://stat.link/7k86tp

指標 49　一般政府の構造的な財政バランス

構造的又は基底にある財政収支は、景気循環及び一時的な事象に起因する可能性のある影響を補正した政府の歳入と歳出の差である。数値から経済変動の影響を除去することにより、政策立案者は経済集計の基礎となる傾向を特定し、長期的な財政の持続可能性をよりよく評価することができる。政府歳入は、景気後退期に、所得が減少するにつれて減少する傾向がある。同時に、より多くの人々が社会扶助や失業手当を請求するにつれて公共支出が増加する傾向がある。政府はまた、経済を刺激するために公共支出を増加させる可能性がある。これらの影響はすべて、COVID-19 パンデミック時に明らかであった。構造的な財政収支は、経済がその潜在能力を最大限に発揮している場合に、政府が現在の政策で有するであろう財政収支（「潜在 GDP」）の尺度である。

2022 年、OECD 諸国平均で、一般政府の構造収支は、潜在 GDP の -3.5% であり、2019 年と同じ値であった（図 11.20）。デンマーク（2.1%）、フィンランド（0.1%）、アイルランド（1.2%）、ルクセンブルク（0.4%）、ノルウェー（0.1%）及びスイス（0.8%）が、2022 年に構造的な財政黒字を報告した。2021 年から 2022 年の間に、一般政府の構造赤字は、OECD 諸国平均で、2021 年の潜在 GDP の 6.8% の赤字から 3.3% ポイント減少した。この間、一般政府の構造的な財政赤字は、アメリカ（7.7% ポイント）、エストニア（4.7% ポイント）、スロバキア（3.4% ポイント）で最も減少した。

一般政府の構造的な基礎的財政収支（プライマリー・バランス）は、一般政府債務に対する純利払いの影響（すなわち、利払いから受け取り利子収入を引いたもの）を調整した構造的な基礎的財政収支である。2021 年、OECD 諸国平均で、構造的な基礎的財政収支は、潜在 GDP の -5.2% に達し、2022 年には -1.6% に改善した（図 11.21）。2007 年から 22 年にかけて、OECD 諸国平均で、構造的な基礎的財政収支の水準は、2020 年に潜在 GDP の 5.7% でピークに達した（オンラインの図 G.6.10 参照）。2020 年の値は、支出の増加やサプライチェーンの混乱などの経済変化を引き起こした COVID-19 パンデミックに起因する経済状況の構造的悪化を記録している（OECD, 2021）。

2024 年までに、OECD 諸国平均で、構造的な基礎的財政収支は潜在 GDP の -0.5% で均衡に近づくと予測されている（図 11.22）。2022 年から 2024 年までの間の構造的な基礎的財政収支の最大の改善は、ハンガリー（5.0% ポイント）、オーストリア（2.5% ポイント）、ラトビア（2.4% ポイント）及びドイツ（2.2% ポイント）で最も高くなると予測されている。経済見通しは依然として脆弱であるが、この前向きな傾向は、企業と消費者の前向きな期待、弱いが前向きな経済成長、食料とエネルギー価格が下落し始めたこと、そしてインフレ傾向の全体的な緩和（OECD, 2023）によって推進されている。

方法論と定義

データは *OECD Economic Outlook*, No.113（データベース）から得られた。構造的財政収支又は基礎的財政収支は、国民経済計算（SNA）の枠組みで報告された財政収支を、景気循環の状態（産出量ギャップで測定）と一時的な財政操作の 2 つの要因で調整したものである。潜在的な GDP は直接観測することができず、推定値にはかなりの誤差が生じやすい。一時的な要因には、例外的及び不規則な財政取引の両方、並びに純資本移転の傾向からの偏差が含まれる。詳細については、OECD Economic Outlook 情報源と方法を参照（www.OECD.org/eco/outlook/sources-and-methods.htm）。

詳細情報

OECD (2023), *OECD Economic Outlook, Interim Report March 2023: A Fragile Recovery*, OECD Publishing, Paris, https://doi.org/10.1787/d14d49eb-en.

OECD (2021), "Global value chains: Efficiency and risks in the context of COVID-19", *OECD Policy Responses to Coronavirus (COVID-19)*, OECD Publishing, Paris, https://doi.org/10.1787/67c75fdc-en.

Guillemette, Y. and D. Turner (2021), "The long game: Fiscal outlooks to 2060 underline need for structural reform", *OECD Economic Policy Papers*, No. 29, OECD Publishing, Paris, https://doi.org/10.1787/a112307e-en.

図注

チリ、コロンビア、コスタリカ、メキシコ及びトルコのデータは利用可能ではない。

図 G.6.10「潜在 GDP 比の一般政府の構造的基礎的財政収支、OECD 諸国平均及び OECD 諸国の最大の経済力の諸国（2007 ～ 2024 年）」は、附録 G でオンラインで利用可能である。

図 11.20　一般政府の構造的な財政バランス（潜在 GDP 比）（2019 年、2021 年及び 2022 年）

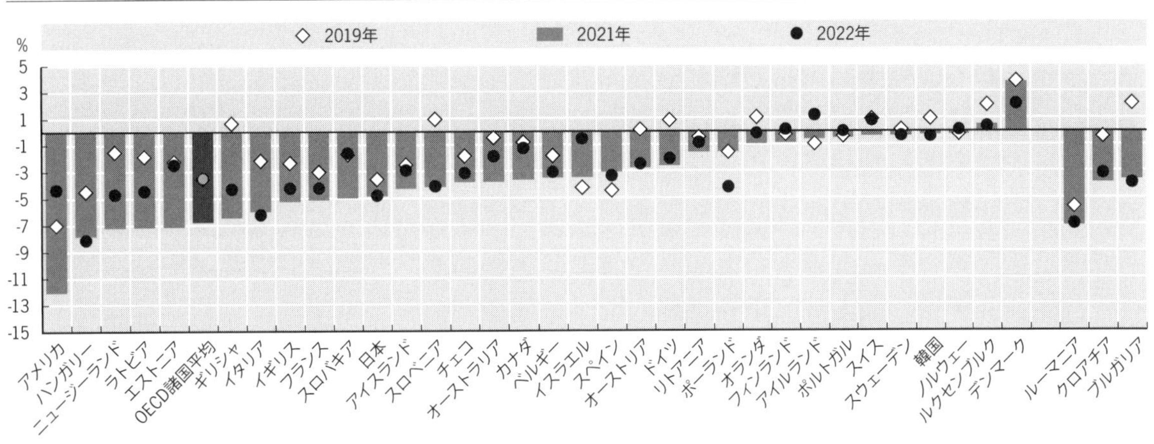

出典：*OECD Economic Outlook*, No 113, June 2023.

StatLink：https://stat.link/2sa813

図 11.21　一般政府の構造的な基礎的財政収支（潜在 GDP 比）（2019 年、2021 年及び 2022 年）

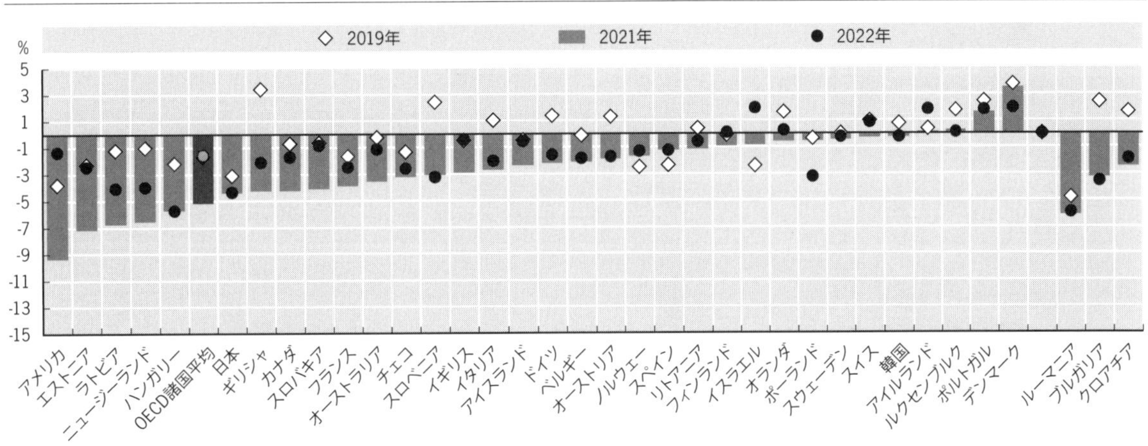

出典：*OECD Economic Outlook*, No 113, June 2023.

StatLink：https://stat.link/ceu76n

図 11.22　一般政府の構造的な基礎的財政収支予測（潜在 GDP 比）（2023 年及び 2024 年、並びに 2022～2024 年の変化予測）

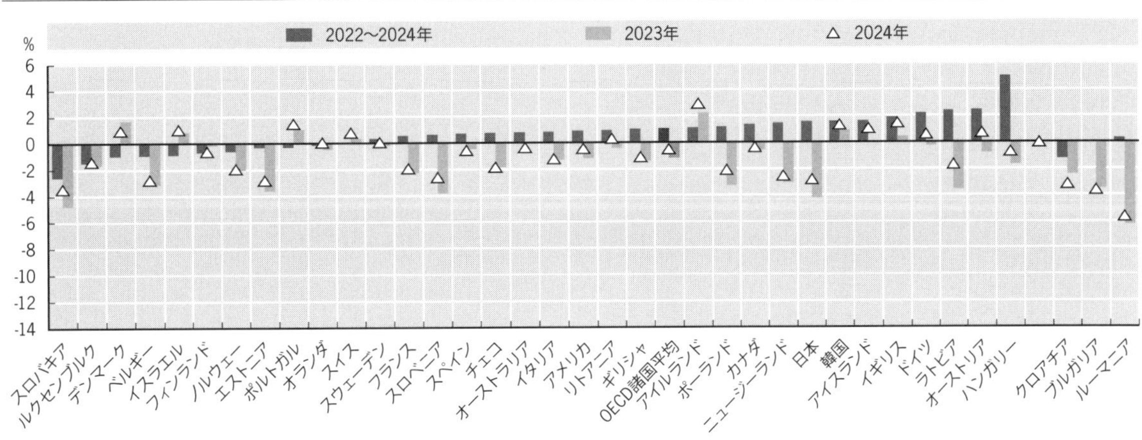

出典：*OECD Economic Outlook*, No 113, June 2023.

StatLink：https://stat.link/pu4dex

指標 50　不平等の削減と貧困

所得格差の拡大は、政治的二極化の悪化と政治システムへの幻滅と関連している（Winkler, 2019）。COVID-19 パンデミックとウクライナに対するロシアの侵略戦争に続く世界経済状況は、高いインフレとエネルギーと食料価格の急激な上昇をもたらし、低所得で脆弱な世帯に不均衡に影響を及ぼし、人々の幸福と生活水準に長期的な影響を及ぼす可能性がある。OECD 諸国は、物価上昇に対処し、より豊かな世帯とより貧しい世帯の間で所得を再分配するための様々な政策を実施している。例えば、対象を絞った現金給付と対象を絞っていない現金給付、世帯と企業へのバウチャーと補助金、価格統制措置、減税などである（OECD, 2022）。所得格差の変化を監視することは、そのような措置の有効性を評価するための鍵となる。

現在の危機以前でさえ、所得格差の縮小は OECD 諸国の長年の目標であった。2019 年の所得格差の平均ジニ係数は、税・移転前で 0.41（市場所得）、税・移転後で 0.31（可処分所得）であり、0 は完全平等、1 は完全不平等を表している。市場所得格差と可処分所得格差の差が大きいことは、政府の再分配が大きいことを意味する。再分配による格差減少が最も大きい国には、フィンランド（0.26 ポイント）、アイルランド（0.17）、ベルギー（0.15）が含まれる。チリ（0.025）、韓国（0.04）、スイス（0.05）は、格差減少が最も小さい国の 1 つである（図 11.23）。

所得格差が大きい社会は、しばしば相対的貧困の水準も高い。所得再分配と不平等削減措置も貧困を削減する可能性がある。2019 年には、OECD 諸国全体で、税・移転後の相対的貧困率は人口の約 12% であったが、国によって大きなばらつきがあった。コスタリカでは、2019 年に人口の 20% が貧困ラインを下回っていたのに対し、アイスランドではわずか 5% であった。2012 年から 2019 年の間に、OECD 諸国の 70% で課税・移転後の相対的貧困率は安定していたか、低下していた。リトアニアとドイツは約 3% ポイントの最大の増加を報告した（図 11.24）。

公正な待遇に対する認識は、不平等削減に対する人々の要求に影響を与え、再分配政策に対する政府の行動に影響を与える可能性がある（Ciani, Frégat and Manfredi, 2021）。OECD 諸国平均で、国民のうち、公務員が富裕層と貧困層を平等に扱うことに懐疑的であり、その平等取り扱いがなされる可能性が高いと考えているのはわずか 40% である。デンマークとオランダはこの指標で最も優れており、両国の回答者の 52% がこれが実現すると確信している（図 11.25）。

方法論と定義

データは、OECD 所得分配データベース（oe.cd/idd）から抽出された。ジニ係数は、特定の国における不平等の標準的な尺度である。所得再分配は、労働年齢人口（18 ～ 65 歳）の世帯の市場所得（すなわち、市場源泉からの総所得）と可処分所得（すなわち、市場源泉からの総所得に、現在の政府移転と所得税、富裕税、社会保障拠出金に対する直接税を加えたもの）のジニ係数を比較することによって測定される。課税と移転後の相対的貧困率は、所得が貧困ライン（全人口の名目等価可処分所得の中央値の 50%）を下回っている人々の割合である。傾向は、新しい所得の定義が実施された最初の年である 2012 年と比較して計算される。

OECD は、22 か国で実施された OECD 信頼調査の、当該国を代表するサーベイ・データを用いて、公共ガバナンスに対する認知のサーベイを実施している。多くの国のサーベイは、2021 年 11 月から 12 月に実施され、2020 年と 2022 年 1 月から 3 月に実施された諸国もあった。

詳細情報

OECD (2022), *Tax Policy Reforms 2022:.OECD and Selected Partner Economies*, OECD Publishing, Paris, https://doi.org/10.1787/8876d-en.

Ciani, E., l. Fréget and T. Manfredi (2021), “learning about inequality and demand for redistribution: A meta-analysis of in-survey informational experiments”, *OECD Papers on Well-being and Inequality*, No. 02, OECD Publishing, Paris, https://doi. org/10.1787/8876ec48-en.

Winkler, H. (2019), “The effect of income inequality on polarization polarization:evidence from EUropean regions, 2002.2014”, *Economics&Politics*, Vol.31/2, pp. 137-162, https://doi.org/10.1111/ecpo.12129.10.1787067593

図注

図 11.23・図 11.24：最新のデータは、コスタリカ及びアメリカ（2021 年）、オーストラリア、カナダ、ラトビア、韓国、メキシコ、オランダ、ニュージーランド、ノルウェー、スウェーデン及びイギリス（2020 年）、アイルランド、イタリア、日本及びポーランド（2018 年）、チリ、アイスランド及び南アフリカ（2017 年）を除くすべての国については 2019 年である。ベルギー及び日本については 2018 年以前、ルクセンブルク及び南アフリカについては 2015 年以前のデータは利用可能ではない。ブラジル、チリ、エストニア、スウェーデン及びアメリカの以前のデータは 2013 年のものである。

図 11.23：メキシコの税引前及び移転前のデータは、税引後であるが移転前である。

図 11.25：示される質問は、「公務員があなたが住んでいる地域の一般市民と接触した場合、彼らが裕福な人々と貧しい人々の両方を平等に扱う可能性はどの程度あるか？」である。「可能性がある」という回答は、0 ～ 10 の尺度で 6 ～ 10 である。「中立」が 5、「可能性がない」は 0 ～ 4 の回答に相当する。OECD 諸国平均は各国の非加重平均を示している。フィンランドのデータは利用可能ではない。

図 11.23　世帯所得の不平等、課税と政府移転の前後の差（2019 年）

労働力人口（18 ～ 25 歳）の世帯所得格差

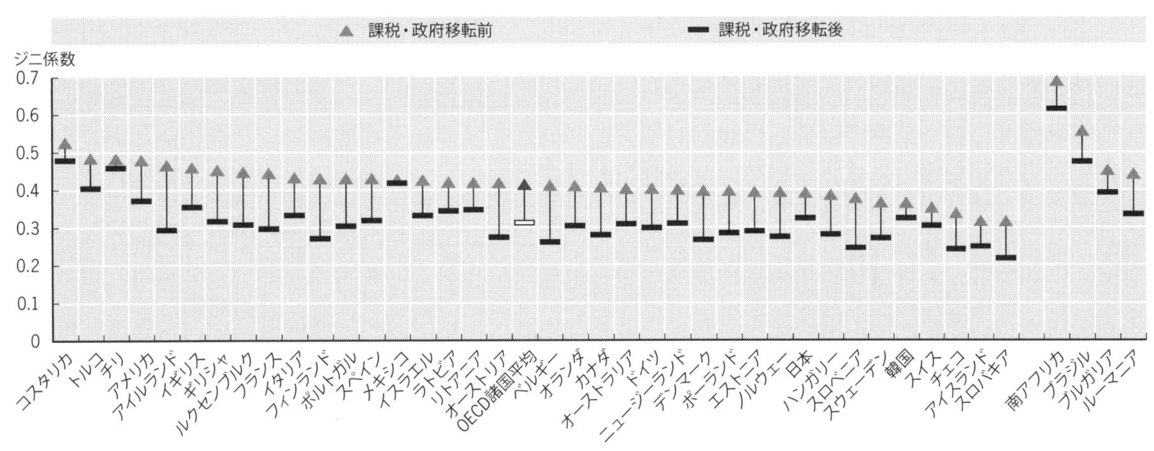

出典：OECD Income Distribution (database).

StatLink：https://stat.link/v14sn3

図 11.24　課税と政府移転後の相対的貧困率（2019 年及び 2012 年）

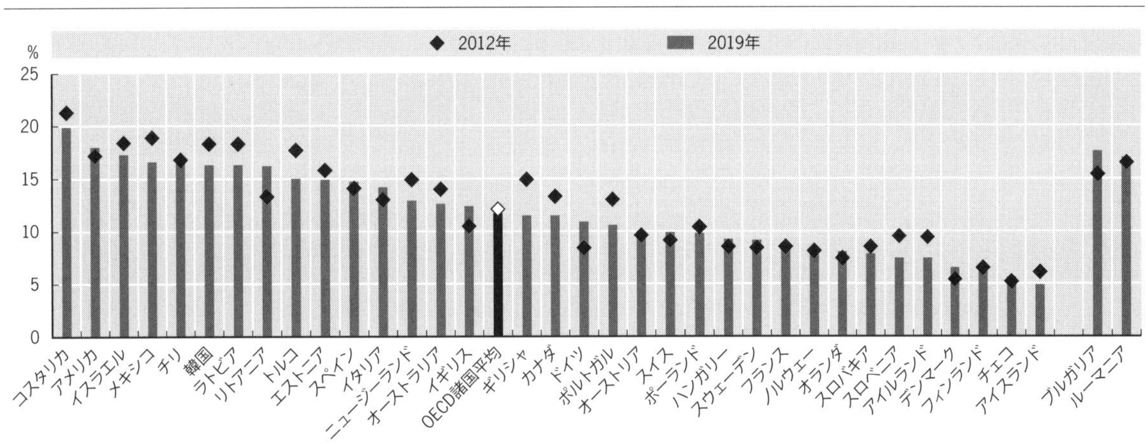

出典：OECD Income Distribution (database).

StatLink：https://stat.link/p5zjwo

図 11.25　富裕者と貧困者の平等取り扱いの認知（2021 年）

公共部門の雇用者が豊かな人々と貧しい人々を平等に取り扱うとの認知された確率の様々な水準を報告した割合（0-10 の尺度）

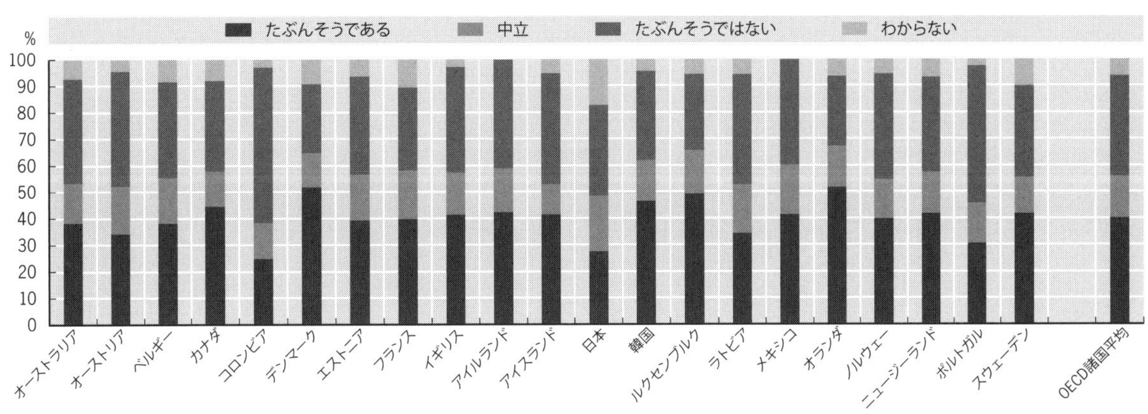

出典：OECD Trust Survey (http://oe.cd/trust).

StatLink：https://stat.link/ei7og6

第12章　公共の雇用及び代表性

指標51　一般政府における雇用

OECD諸国の政府は幅広い機能を果たしており、そのすべてが専門的で熟練した公共部門の労働力に依存している。政府は、どのサービスを公的機関を通じて直接提供すべきか、またどのサービスを民間又は非営利部門との様々な形態のパートナーシップを通じて提供すべきかを決定する。そのため、他の部門と比較した公共部門の役割と機能はOECD諸国間で異なり、公共雇用の相対的な規模に影響を及ぼしている。例えば、一部の国では、医療提供者、教師及び救急隊員の大多数が政府によって直接雇用されている。他の国では、これらの労働者は主に民間又は非営利組織によって雇用されている。

一般政府雇用の規模はOECD諸国間で大きく異なる（図12.1）。ノルウェー、スウェーデン、デンマークなどの北欧諸国は、一般政府雇用の水準が最も高く、2021年の全雇用の30%近くを報告している。対照的に、日本と韓国は、一般政府雇用が全雇用の10%未満であり、OECD諸国の中で最も低い水準を報告している。

全体として、一般政府雇用の割合は時間が経過しても比較的安定しており、COVID-19パンデミック時の2019年から2021年の間にわずかに増加した。2019年のOECD諸国平均は2007年の値に近い18.1%であったが、2021年にはわずかに増加して18.6%となり、0.5%ポイント上昇した。最大の増加はラトビアであり、2019年から2021年の間に一般政府雇用の割合が1.5%ポイント上昇した。次いで、コスタリカとエストニアでは、1.4%ポイント上昇したが、同時期にポーランド（-0.4%ポイント）とフランス（-0.2%ポイント）では一般政府雇用の割合が減少した。

2019年から2021年の間に一般政府雇用の割合が増加したのは、一般政府雇用の増加（年平均1.5%）と総雇用のわずか-0.1%の減少の組み合わせによるものであった（図12.2）。一般政府雇用は、OECD諸国3か国（コスタリカ、イタリア及びアメリカ）を除くすべての国で増加したが、総雇用はOECD諸国14か国のみで増加した。総雇用が増加した国でも、一般政府雇用よりも緩やかに増加する傾向があった。例えば、韓国では一般政府雇用が年率4.6%で増加したのに対し、総雇用は0.4%しか増加しなかった。メキシコでは一般政府雇用が1.2%増加し、総雇用は-3.2%減少した。コスタリカ、イタリア及びアメリカでは総雇用と政府雇用がともに減少したが、総雇用はより急速に減少した。フランスとポーランドのみが一般政府雇用よりも総雇用の増加が速く、その結果、政府労働者の割合が減少した。フランスでは一般政府雇用が年率0.5%増加したのに対し、総雇用は0.9%増加した。ポーランドでは一般政府雇用が0.1%しか増加しなかったのに対し、総雇用は1.3%増加した。

方法論と定義

データは、国際的に合意された国民経済計算の概念、定義、分類及び規則のセットである国民経済計算体系（System of National Accounts: SNA）に基づくOECD国民経済計算統計（データベース）から抽出されている。一般政府雇用は、政府のすべてのレベル（中央、州、地方及び社会保障基金）の雇用を対象とし、公的機関によって管理されている中核省、機関、部局及び非営利機関を含む。データは、これらの機関によって直接雇用されている人の総数を表す。総雇用者数は、国民経済計算の生産境界内にある生産活動に従事しているすべての人を対象とする。雇用者は、特定の短期間に有給雇用又は営業のいずれかに従事していたすべての個人を含む。

詳細情報

OECD (2023), *Public Employment and Management 2023: Towards a More Flexible Public Service*, OECD Publishing, Paris, https://doi.org/10.1787/5b038f0d65-en.

OECD (2021), *Public Employment and Management 2021:The. Future of the Public Service*, OECD Publishing, Paris, https://doi.org/10.1787/938f0d65-en.

図注

総雇用者数は国内雇用者数を指す。コスタリカ、アイスランド、日本及び韓国のデータはOECD諸国平均に含まれていない。チリ、コロンビア及びニュージーランドのデータは利用可能ではない。オーストラリアの比較可能なデータは利用可能ではない。日本のデータは社会保障基金を含まない。

図12.1：コスタリカ、スイス及びルーマニアのデータは2021年ではなく2020年のものである。

図12.2：アイスランドのデータは利用可能ではない。コスタリカ、スイス及びルーマニアのデータは、2019-20年のものである。

図 12.1　一般政府の雇用者数（総雇用者数比）（2019 年及び 2021 年）

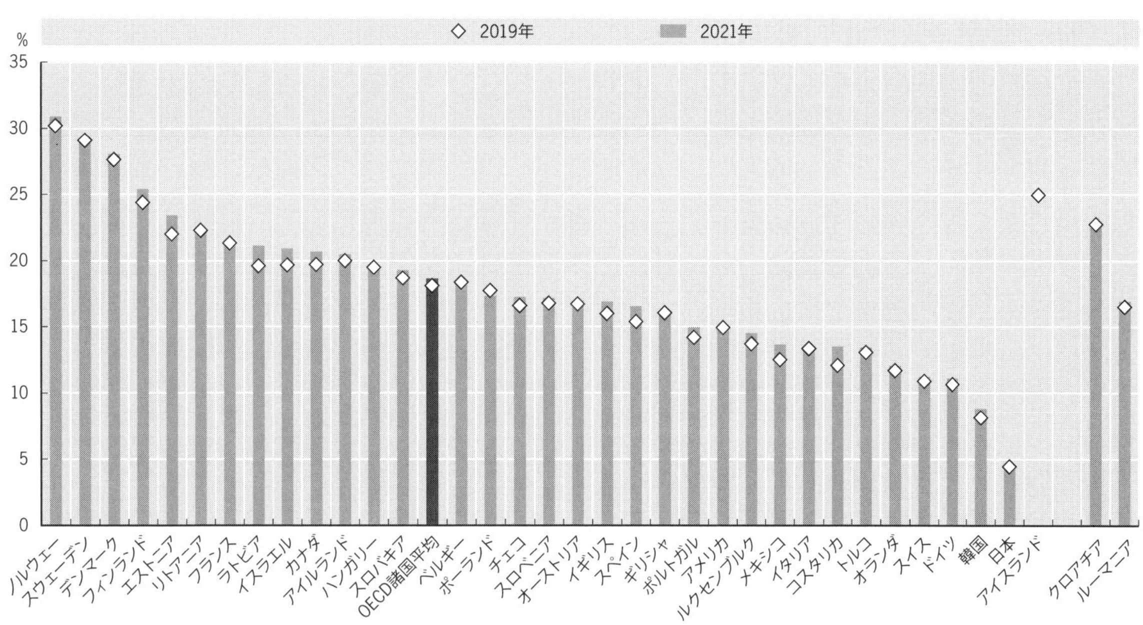

出典：OECD National Accounts Statistics (database). アイスランド、日本、メキシコ、トルコ及びアメリカのデータ：International Labour Organization (ILO), ILOSTAT (database), Public employment by sectors and sub-sectors of national accounts.

StatLink：https://stat.link/u0zaox

図 12.2　一般政府の雇用者数と総雇用者数の年平均増加（2019 ～ 2021 年）

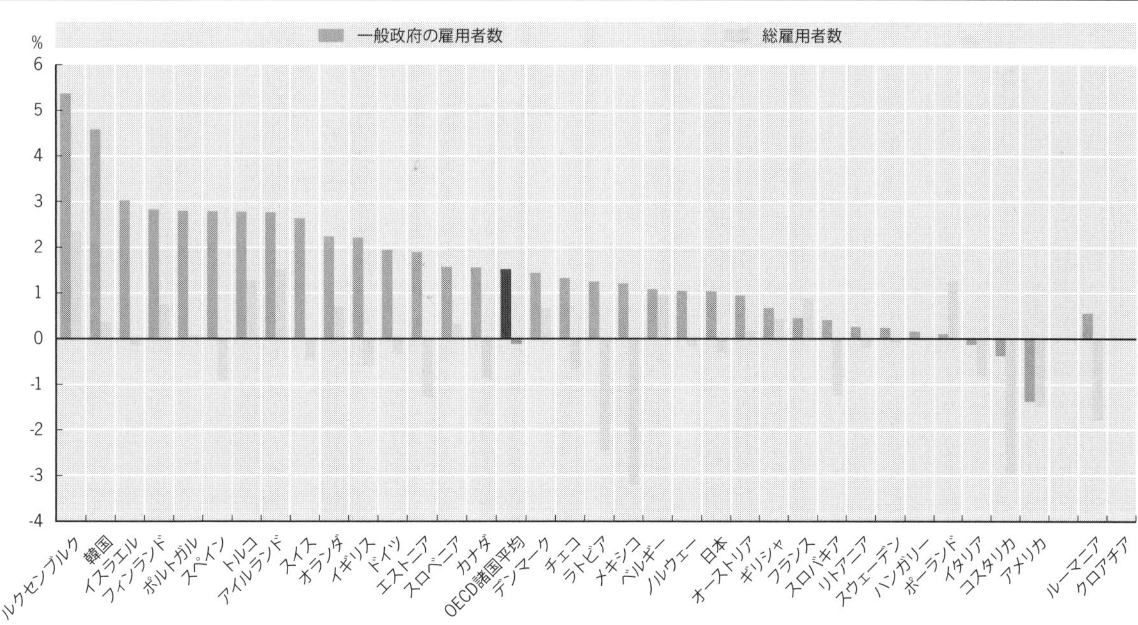

出典：OECD National Accounts Statistics (database). アイスランド、日本、メキシコ、トルコ及びアメリカのデータ：International Labour Organization (ILO), ILOSTAT (database), Public employment by sectors and sub-sectors of national accounts.

StatLink：https://stat.link/oanwtm

指標52　公共部門の雇用における男女平等

公共サービスのリーダーシップと能力及び公共生活におけるジェンダーの平等に関するOECDの勧告は、多様な労働力を構築し、十分に代表されていないグループに平等な機会を確保する必要性を強調している。公共部門における女性と男性の平等な代表は、多様性とジェンダーの平等に向けた進展の重要な指標であり、公共政策とサービスが社会のすべてのメンバーの利益を十分に反映するために必要である。

2020年には、OECD諸国の公共部門職員に占める女性の割合の平均（58.9%）が総雇用に占める女性の割合の平均（45.4%）よりも大きく、これはオーストリアとルクセンブルクを除くすべてのOECD諸国でそうであった。その差はスウェーデン、フィンランド、ノルウェー及びデンマークでは20%ポイント以上である（図12.3）。この現象の理由の1つは、教師や看護師などの公共部門の職業の一部が、伝統的に「女性の仕事」と考えられているため、女性が支配的割合を占めていることである。公共部門の労働力に占める女性の割合は、2011年から2020年の間にOECD諸国全体で1.8%ポイント増加したが、多くの国がこの職業的差別を撤廃し、ジェンダーの固定観念に取り組むための措置を講じている（OECD, 2019）。

OECD-EU諸国の26か国のうち、2021年に中央行政機関の上級マネジャーにおいてジェンダー平等を達成したのはわずか8か国であった（図12.4）。OECD-EU諸国全体では、2021年に上級マネジャーの40.8%が女性によって占められていた。2011年以降、上級マネジャーに占める女性の割合は、ハンガリーとスロバキアを除くほとんどの国で増加したが、ハンガリーとスロバキアではわずかに減少した。増加が最も大きかったのはフインランドで、2011年から2021年の間に上級マネジャーに占める女性の割合は24.4%から56.3%へと2倍以上に増加した。しかし、ほとんどすべてのOECD-EU諸国では、上級マネジャーに占める女性の割合は公共部門の雇用全体よりも低く、公共部門のリーダーシップの梯子を登ることが困難であることを示している可能性がある。行政の最も上級レベルにおけるジェンダーバランスの達成に貢献できる政策には、多様性戦略の策定や女性の採用・昇進目標の設定などがある。

方法論と定義

公共部門の雇用に関するデータは、国際労働機関（ILO）ILOSTAT（データベース）からのものである。データは、特に他の明記がなされていない限り、労働力調査に基づいている。公共部門の雇用は、一般政府の雇用と公営の居住企業・会社の雇用を対象としている。データは、特定の雇用形態及び労働時間に関係なく、これらの機関によって直接雇用された人々の総数を表している。

各国の行政機関における男女別の上級マネジメント職に関するデータは、欧州ジェンダー平等研究所（European Institute for Gender Equality: EIGE）ジェンダー統計（データベース）からのものである。各国の行政機関は、大臣が率いる国の政府の省及び／又は部局とも呼ばれる中央行政機関を対象としている。意思決定における女性と男性（women and men in decision-making: WMID）当局に関するデータは、上級職をレベル1とレベル2の合計と呼んでいる。レベル1のマネジャーは、省の長から、局が省内の主要な部門である場合には局の長又は同様のレベルまでのすべての行政（非政治的）職を含む。レベル2のマネジャーは、局の長の下のすべての職から、局の下の第1レベルの組織（すなわち、機能的組織の第2レベル）である部門の長のレベルまでのすべての職を含む。この分類は、附属書Fに記載されている職業の分類及び定義とは異なる。

詳細情報

OECD (2023), *Public Employment and Management 2023: Towards a More Flexible Public Service*, OECD Publishing, Paris, https://doi.org/10.1787/5b378e11-en.

OECD (2021), *Public Employment and Management 2021: The Future of the Public Service*, OECD Publishing, Paris, https://doi.org/10.1787/938f0d65-en.

OECD (2019), "Recommendation of the council on Public Service leadership and capability", *OECD Legal Instruments*, OECD, Paris, https://legalinstruments.OECD.org/en/instruments/OECD-LEGAL-0445.

Nolan-Flecha, N. (2019), "Next generation diversity and inclusion policies in the public service:.ensuring public services reflect the societies they serve", *OECD Working Papers on Public Governance*, No.34, OECD Publishing, Paris, https://doi.org/10.1787/51691451-en.

図記

図12.3：チェコ、アイルランド、ニュージーランド及びスロベニアのデータは、利用可能ではない。ドイツとブラジルのデータは、行政記録又は継続的な全国世帯調査に基づいている。アイスランド、イスラエル、韓国、ルクセンブルク及びオランダのデータは、OECD諸国平均に含まれていない。ベルギー、ドイツ、韓国、日本、ポーランド、スペイン及びインドネシアのデータは、2020年ではなく2019年のものである。ハンガリーとルクセンブルクのデータは、2020年ではなく2018年のものである。

図12.4：データは、OECD-EU諸国にアイスランド、ノルウェー、イギリス及びトルコを加えたものである。

図 12.3　公共部門の雇用者数と総雇用者数におけるジェンダー平等（2011 年及び 2020 年）

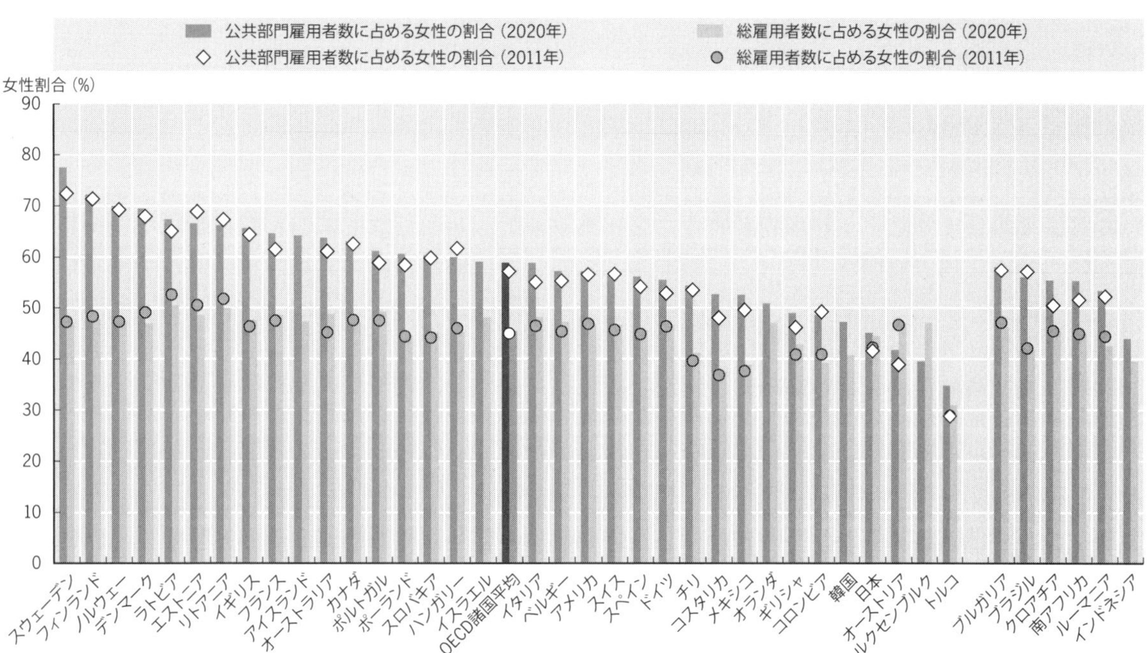

出典：International Labour Organization (ILO), ILOSTAT (database), Employment by sex and institutional sector. イタリア、アイスランド及びポルトガルのデータ：政府当局提供。

StatLink：https://stat.link/xb0mk9

図 12.4　国家行政における上級マネジメント職におけるジェンダー平等（2011 年及び 2021 年）

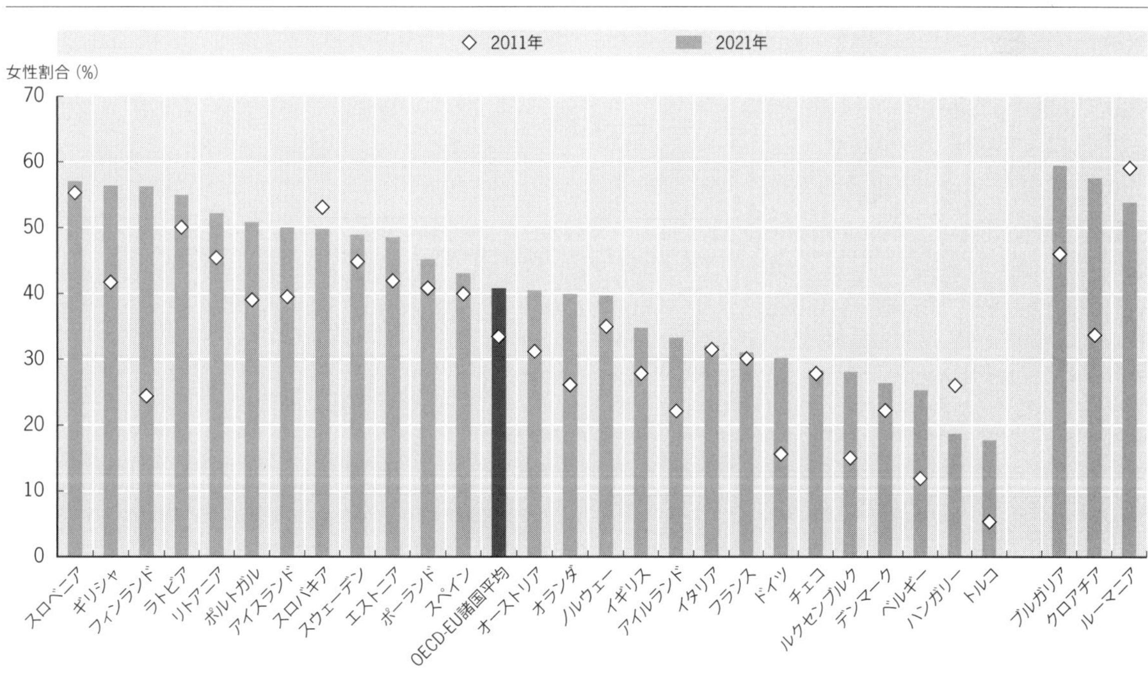

出典：European Institute for Gender Equality (EIGE) Gender Statistics (database); Women and men in decision-making (WMID) authorities.

StatLink：https://stat.link/98kdun

指標 53　政治における男女平等

社会のすべてのグループが公共の意思決定に参加し、代表されることを確保することは、様々な視点を含めることを可能にし、公共の政策とサービスが多様な背景を持つ女性と男性の明確なニーズと現実を反映することを確保するのに役立つ（OECD, 2020）。政治における男女平等を達成することは、議会や閣僚の地位にある女性の数を数えることだけでなく、多様な状況や条件において女性が政策に積極的に影響を与える機会を確保することでもある（OECD, forthcoming）。しかし、ジェンダーバランスのとれた代表は単なる数の問題ではないが、ジェンダー別のデータを収集し公表することは、ジェンダーの不均衡と格差を認識し、積極的に社会包摂性を促進する政策を策定するための重要なステップである。

過去 10 年間で、議会の女性議員の割合は OECD 諸国平均 7.5% ポイント増加した（図 12.5）。2023 年現在、OECD 地域の下院又は一院の議会に占める女性の割合は平均 33.8% であり、議会におけるジェンダーバランスのとれた代表が達成されていないことを示している。2023 年現在、OECD 諸国のうち議会でジェンダー平等を達成しているのはメキシコとニュージーランドの 2 か国のみである。過去 10 年間で、女性議員の割合が最も増加しているのはチリ（21.3% ポイント）であり、ニュージーランド（17.8% ポイント）、コロンビア（16.8% ポイント）、オーストラリア（13.7% ポイント）がこれに続いている。

OECD 諸国は、議会における女性議員の割合を改善するために、義務的な割当と自主的な目標の導入、メンターシップ、女性のためのネットワーキングと能力構築活動、議会をより女性に優しい職場にするための措置などの措置を講じていると報告している（OECD, 2022）。多くの OECD 諸国は選挙クォータを導入しており、これは依然として議会における男女平等を促進するために広く用いられている措置である（図 12.5）。しかし、選挙割当が導入されている国の場合には、選挙割当を他のメカニズムと組み合わせて、より広範に男女平等を支援することが重要である。

ジェンダーバランスのとれた内閣は、男女平等に対する政府のコミットメントを示す強力な指標であり、重要な政府の決定にジェンダーの視点が適用されることを確保している。2023 年現在、OECD 諸国全体で女性が閣僚の 35.7% を占めているが、国によってかなりのばらつきがある（図 12.6）。2023 年には、OECD 諸国 38 か国のうち 8 か国（ベルギー、チリ、コロンビア、フィンランド、ドイツ、オランダ、ノルウェー及びスペイン）で女性が 50% 以上を占めているのに対し、チェコ、ハンガリー、日本及びトルコでは女性閣僚が 10% にも満たない。女性は主に社会・文化政策に関連するポートフォリオを保有し続けている。最も一般的には、女性とジェンダーの平等、家族と子どもの問題、社会的包摂と開発、社会的保護と社会保障、そして、先住民と少数民族の問題に関するポートフォリオである。男性が支配するエネルギー、防衛及び内政に関するポートフォリオではない（IPU/Un Women, 2023）。したがって、内閣における男女平等の達成は、ポートフォリオの配分にも関係する。

方法論と定義

女性国会議員のデータは、議会の下院のものであり、列国議会同盟のデータベースから入手した。データは、2023 年 1 月 1 日及び 2012 年 10 月 31 日現在で記録された女性国会議員の割合を参照している。ジェンダー・クォータには 3 つの主要なタイプがある。すなわち、法制化された候補者クォータ（候補者リストのジェンダー構成を規制し、選挙におけるすべての政党を法的に拘束する）、法制化された「指定席」（特別な選挙手続きを通じて実施される、女性メンバーのために一定数の議席を確保することによって、選出された機関のジェンダー構成を法律によって規制する）、及び政党クォータ（任意政党クォータとも呼ばれ、個々の政党が独自の候補者リストのために採用し、通常は政党が決める規定や規則に規定されている）。クォータに関するデータは、列国議会同盟の Parline データベースから入手した。

中央政府の女性閣僚に関するデータは、列国議会同盟の政治における女性データベースから入手した。データは、2023 年 1 月 1 日現在、省庁を率いる閣僚の割合として女性を示している（ポートフォリオのない大臣を除く）。閣僚ポートフォリオを保有している政府の長も含まれていた。

詳細情報

IPU/UN Women (2023), *Women in Politics: 2023*, https://www.unwomen.org/en/digital-library/publications/2023/03/women-in-politics-map-2023 (accessed on March 2023).

OECD (2022), *Report on the Implementation of the OECD Gender Recommendations*, OECD, Paris, C/MIN (2022) 7.

OECD (2020), *Governance for Youth, Trust and Intergenerational Justice: Fit for All Generations?*, OECD Public Governance Reviews, OECD Publishing, Paris, https://doi.org/10.1787/c3e5cb8a-en.

OECD (forthcoming), *Toolkit on Mainstreaming and Implementing Gender Equality 2023*.

図注

図 12.5：濃色のグラフは、2023 年 3 月現在、下院又は一院の議会に選挙クォータがない国を示す。

図12.5 議会におけるジェンダー平等と選挙のジェンダー・クォータ（2012年及び2023年）

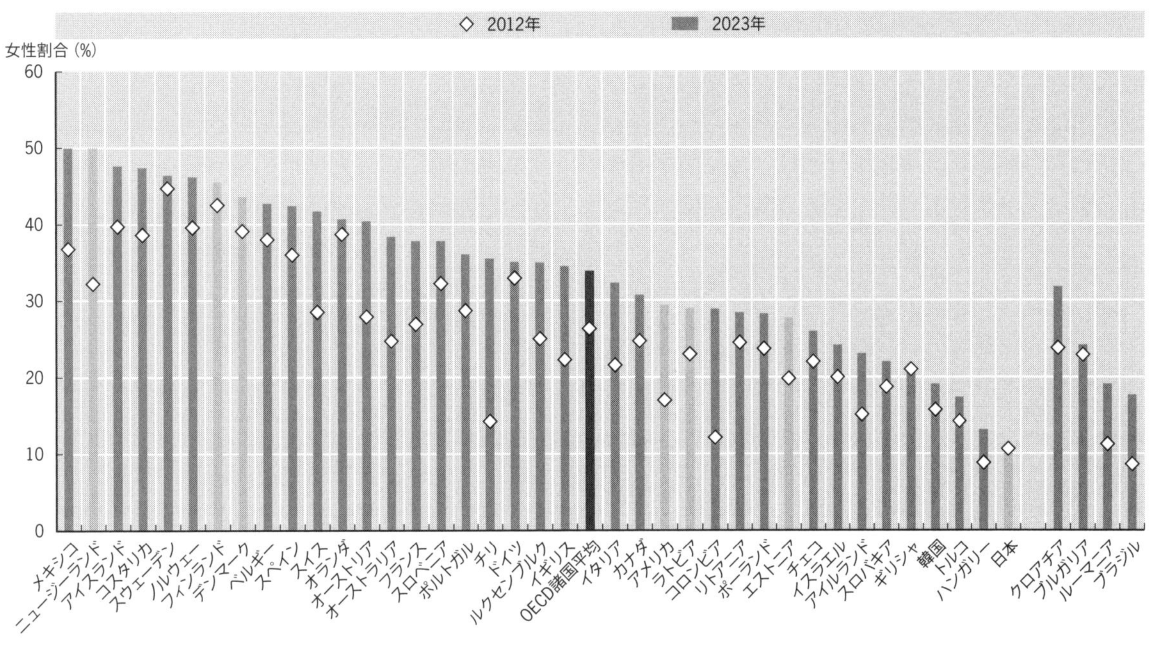

出典：Inter-Parliamentary Union (IPU), PARLINE (database).

StatLink：https://stat.link/6qkbhi

図12.6 内閣の大臣の地位におけるジェンダー平等（2023年）

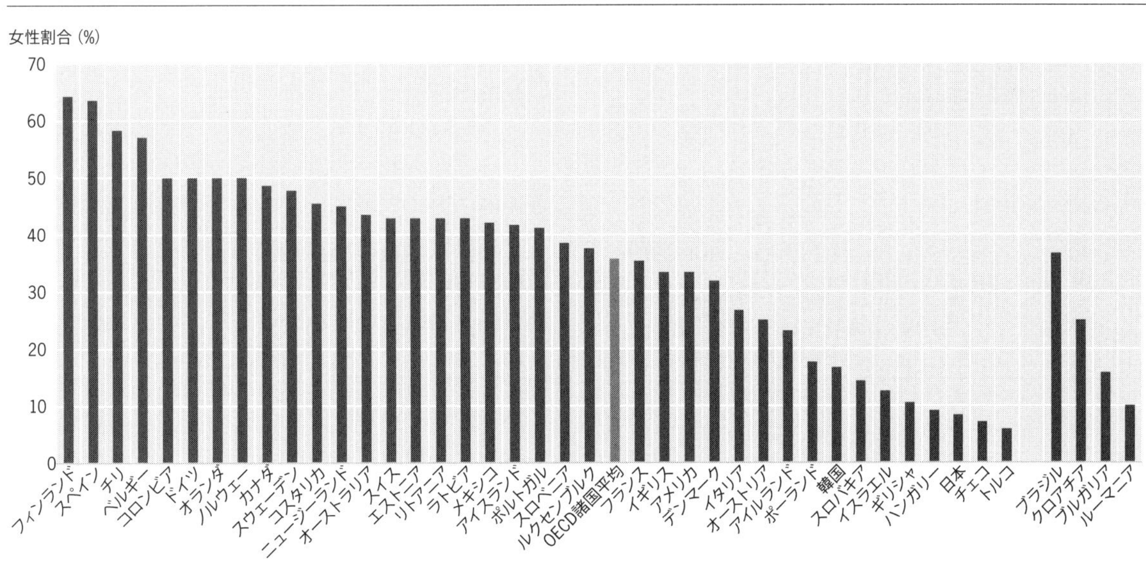

出典：Inter-Parliamentary Union (IPU), Women in Politics (2023).

StatLink：https://stat.link/m0adnx

指標54　司法における男女平等

上級レベルを含む司法の地位における多様性とジェンダーの平等を確保することは、女性が司法にアクセスする際に直面する障壁を減らし、法制度にアプローチする意欲を高めることができる。司法の代表性と多様性を向上させることは、司法の質、独立性、公平性、清廉性を支援することもできる（OECD, 2022）。全体として、ジェンダーバランスのとれた司法のリーダーシップを確保することは、公平性、透明性及び法の支配の有効性に関連するため、OECD諸国において依然として重要なガバナンスの問題である（OECD, 2019）。

司法全体に占める女性の割合は、2020年にOECD諸国で平均57.2%であり、2014年と比較して3.9%ポイントのわずかな増加を示している（図12.7）。女性は、ラトビアの81%からイギリスの31%までの大きな差があるものの、すべてのOECD諸国で司法の職位の少なくとも30%を占めていた。入手可能なデータがある23のOECD諸国のうち8か国では、その割合は2014年以後、5%ポイント以上増加しており、トルコで最大の増加が見られた（13%ポイント）。女性裁判官の割合は、オーストリア、ハンガリー、スロバキアでは同じままであり、チェコではわずかに減少した（-1%ポイント）。しかし、裁判官におけるジェンダーバランスは、国の法制度と女性の職業能力開発パターンの固有の特徴との関連においても考慮されるべきである。例えば、異なる法制度の間には違いがある。実定法中心の制度の諸国では、女性はキャリアの混乱に直面する前に法科大学院から直接採用されることができる一方、コモンロー制度の諸国では、女性は司法のポストに法的に資格を得る前に、資格取得後少なくとも5年又は7年の経験を有するという法的要件に直面している。

近年、OECD諸国では、最高裁判所レベルでの女性の代表において、2014年から2020年の間に、7%ポイントの大幅な女性増加という進展が見られる（図12.9）。しかし、上級裁判所における女性の割合は依然として小さく、最高裁判所レベルでは大きな違いがある。女性は、第1審裁判所では平均61.8%、第二審裁判所では54.3%を占めているが、2020年現在、最高裁判所における職位において、女性は40%しか占めていない（図12.8）。OECD諸国の間で司法の採用制度には大きなばらつきがあるが、上級裁判所における女性が占める司法の地位の割合が小さいのは、司法職員や当局によって具体化された行動や態度に表現されるジェンダーのステレオタイプ、法曹界における女性の職業能力開発の機会の制限、ワーク・ライフ・バランスの課題、移動と移転の障壁などの課題によって部分的に説明できる（OECD, 2019）。

方法論と定義

職業裁判官の男女平等に関するデータは、2014年と2020年にすべての裁判所で裁判官の地位を占めた女性全体の割合を指している。データは、欧州評議会欧州司法効率化委員会（CEPEJ）の欧州司法制度の動的データベースであるCEPEJ-Statから取得された。

裁判所のレベル別職業裁判官の男女平等に関するデータは、2020年現在、第一審、第二審、最高裁判所の3つのレベルの裁判所で裁判官の地位を占めている女性の割合を指している。データはCEPEJ-Statから取得された。

第1審裁判所は、法的手続きが開始される場所であり、第2審裁判所は、下級裁判所によって出された決定を再審理する裁判所であり、最高裁判所は、多くの法的管轄区域のハイラーキー内部の最高裁判所であり、主に上訴裁判所として機能し、下級及び中級レベルの裁判所の決定を再審理する。

職業裁判官とは、主要な職業として裁判官の職務を遂行するために採用され、訓練され、報酬を受ける者である。このカテゴリーには、第一審、第二審及び最高裁判所の職業裁判官が含まれる。

詳細情報

OECD (2022), *Report on the Implementation of the OECD Gender Recommendations*, OECD, Paris, C/MIN (2022) 7.

OECD (2019), *Fast Forward to Gender Equality: Mainstreaming, Implementation and Leadership*, OECD Publishing, Paris, https://doi.org/10.1787/g2g9faa5-en.

OECD (2016), *2015 OECD Recommendation of the Council on Gender Equality in Public Life*, OECD Publishing, Paris, https://doi.org/10.1787/9789264252820-en.

OECD (forthcoming), *OECD Toolkit for Mainstreaming and Implementing Gender Equality 2023.*

図注

示されたデータとOECD諸国平均は、欧州評議会のメンバーでもあるOECD諸国（OECDコア諸国）を参照している。デンマーク、ドイツ、ギリシャ及びポーランドのデータは利用可能ではない。イギリスのデータは、北アイルランドとスコットランドのみの女性裁判官の割合の単純平均として計算されている。

図12.7：アイスランドのデータは、2014年ではなく2012年のものである。

図12.8：アイスランド、オランダ及びイギリスのデータは、OECD諸国平均に含まれていない。

図12.9：アイスランド、オランダ及びイギリスのデータは利用可能ではない。

図 12.7　職業裁判官のジェンダー平等（2014 年及び 2020 年）

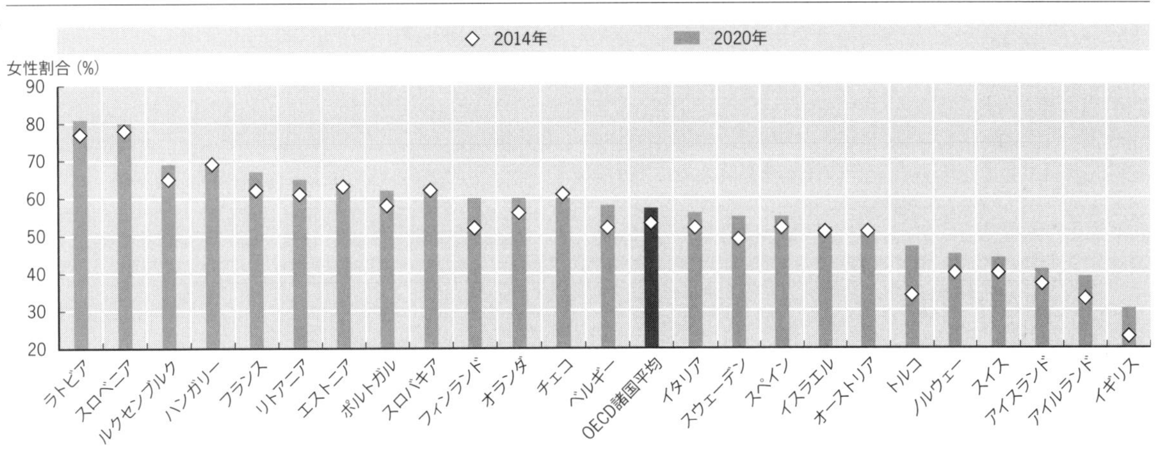

出典：Council of Europe, European Commission for the Efficiency of Justice（CEPEJ）, CEPEJ-STAT（database）.

StatLink：https://stat.link/3ujl0m

図 12.8　裁判所のレベル別職業裁判官のジェンダー平等（2020 年）

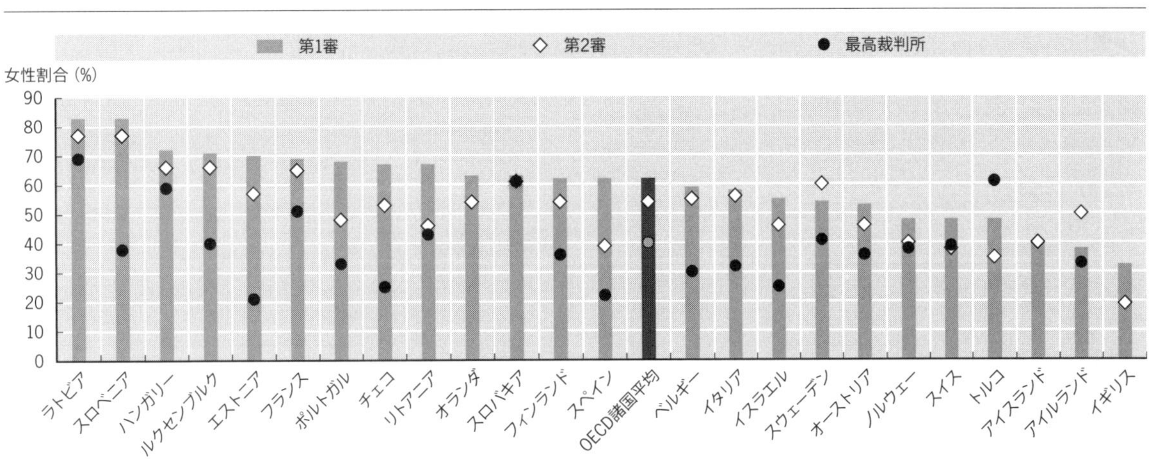

出典：Council of Europe, European Commission for the Efficiency of Justice（CEPEJ）, CEPEJ-STAT（database）.

StatLink：https://stat.link/zr830n

図 12.9　最高裁判所における職業裁判官のジェンダー平等（2014 年及び 2020 年）

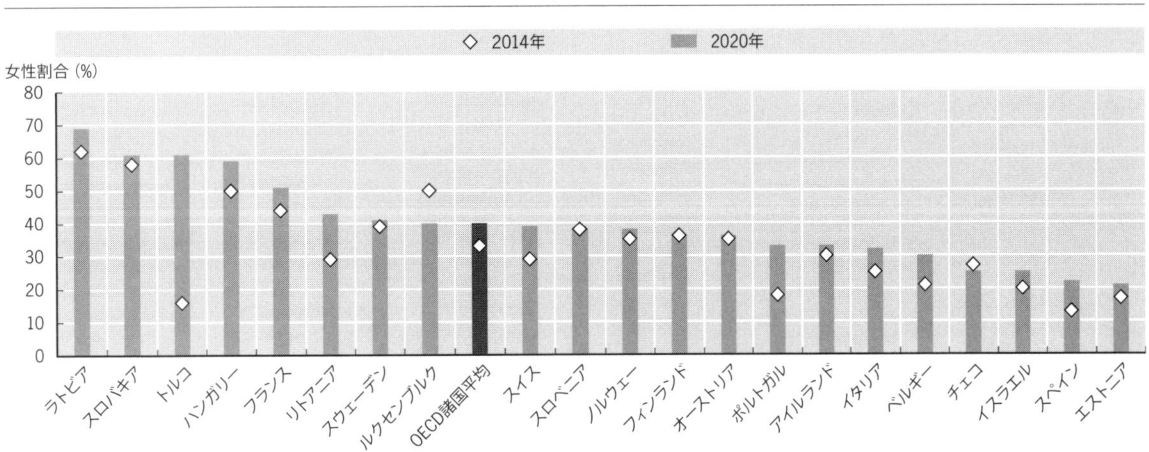

出典：Council of Europe, European Commission for the Efficiency of Justice（CEPEJ）, CEPEJ-STAT（database）.

StatLink：https://stat.link/n4q6f1

指標 55　政治における若年者の代表

政治における若年者の代表は、彼らの民主的関与を強化し、共通の課題に取り組むための社会全体の賛同を奨励するための鍵である。若年者に配慮した政策を提供するために、政府は技術的・行政的能力を強化するとともに、決定に対してより良い情報を提供し、より公正な結果を提供するために、若年者が政治に代表されることを確保する必要がある（OECD, 2022）。政治における若年者の代表には大きなギャップが依然として存在しており、政府への信頼と民主主義への関与に生涯にわたって影響を及ぼす可能性があるため、若年者の代表に対処することが不可欠である（OECD, 2020）。

20 ～ 39 歳は OECD 諸国平均で投票年齢人口の 34% を占めているが、2022 年には、OECD 諸国平均で、議会議員（members of parliament: MP）の 23% しか 40 歳未満ではなかった（代表差は 11% ポイント）。国によってばらつきがあり、メキシコの議会議員の 39% が 40 歳未満であるのに対し、ポルトガルでは 4% である。代表差が最も大きいのはイスラエル、トルコ及びアメリカである（いずれも 29% ポイント）。対照的に、議会における若年者の割合は、ドイツとラトビア（-1% ポイント）、デンマークとフィンランド（-2% ポイント）で、実際の人口割合に近づいている（図 12.10）。

各国の行政府においても代表差は依然として大きい。2022 年には、OECD 諸国全体で閣僚 756 人のうち 40 歳未満はわずか 56 人（7%）、35 歳以下はわずか 16 人（2%）であった。OECD 諸国の閣僚の平均年齢は 2018 年から 53 歳で安定しており、2022 年には日本の 65 歳からデンマークの 45 歳までの範囲であった。最も若い 5 つの内閣は、デンマーク（平均年齢 45 歳）、エストニア（47 歳）、リトアニア（48 歳）、スウェーデン（48 歳）、ノルウェー（49 歳）、フィンランド（49 歳）であった。2018 年と比較して平均年齢が最も大きく低下した国は、チリ（-8 歳）、ドイツ（-7 歳）、スロベニア（-5 歳）、フランス（-5 歳）、ギリシャ（-5 歳）であった。一方、最も顕著な平均年齢の上昇を経験した国は、メキシコ（+6 歳）、アイスランド（+6 歳）、オーストラリア（+6 歳）、カナダ（+5 歳）、イタリア（+5 歳）であった（図 12.11）。

このような代表の格差は、若年者が政治に関与する可能性に影響を及ぼす可能性がある。OECD 諸国平均で、若年者（18 ～ 29 歳）は他の年齢層よりも制度化された形態の政治活動に関与する可能性が低い。最も顕著な格差は、若年者と 50 歳以上の者との間で認められた。例えば、若年者は国政選挙（50 歳以上と比較して 27% ポイント）や地方選挙（18% ポイント）に投票する可能性が低く、選出された政策立案者や政府職員（7% ポイント）に連絡する可能性も低かった。一方、若年者は、オンライン又は紙の請願書への署名（50 歳以上と比較して 7% ポイント）、公開デモへの参加（5% ポイント）、ソーシャルメディアへの政治コンテンツの投稿（4% ポイント）など、制度化されていない形態の政治活動に関与する可能性が高かった（図 12.12）。

方法論と定義

政治的関与に関連する指標に関するデータは、「若年者」を 18 歳から 29 歳に分類した 2021 年の OECD 信頼サーベイから入手した。OECD は、22 か国で実施された OECD 信頼サーベイの全国的に代表的な調査データを用いて、公共ガバナンスの認識を調査している。ほとんどの国は 2021 年 11 月から 12 月に調査され、いくつかの調査は 2020 年と 2022 年 1 月から 3 月に実施された。

若い国会議員の割合に関するデータは、列国議会同盟のパーラインデータベースから得られた 40 歳以下の国会議員の割合を指す。投票年齢人口（20 歳以上の人々）に占める 20 歳から 39 歳の人々の割合に関するデータは、OECD 人口統計と人口データベースから得られた。

閣僚の平均年齢に関するデータは、政府の公式ウェブサイトとメンバーの経歴から OECD 諸国の閣僚メンバーの机上調査を通じて収集された。データは 2022 年 12 月 20 日現在の閣僚メンバーを反映している。

詳細情報

OECD (2022), *Delivering for youth: How governments can put young people at the centre of the recovery*, OECD Publishing, Paris, https://doi.org/10.1787/5b0fd8cd-en.

OECD (2022)," Recommendation of the Council on Creating Better Opportunities for Young People", *OECD Legal Instruments*, OECD, Paris, https://legalinstruments.OECD.org/en/instruments/OECD-LEGAL-0474.

OECD (2021)," Youth representation in politics", in *Government at a Glance 2021*, OECD Publishing, Paris, https://doi.org/10.1787/c3488416-en.

OECD (2020), *Governance for Youth, Trust and Generational Justice: Fit for All Generations?*, OECD Public Governance Reviews, OECD Publishing, Paris, https://dx.doi.org/10.1787/c3e5cb8a-en.

図注

図 12.10：2021 年からの投票年齢人口に占める若年者の割合。国家の議会の平均年齢は、2021 年からのオーストラリア及びコロンビアを除き、2022 年からのものである。

図 12.11：カナダ（1 名）、ブルガリア（1 名）、ギリシャ（1 名）及びメキシコ（1 名）の閣僚のデータは見つからなかった。代表者は、政府の公式ウェブサイトに掲載された閣僚に基づいて選出された。ブラジルの 2022 年のデータは利用可能ではない。ブラジル、ブルガリア、コロンビア、コスタリカ、クロアチア、リトアニア及びルーマニアの 2018 年のデータは利用可能ではなかった。

図 12.12：「過去 12 か月間に、次のいずれかの活動を行いましたか？ 該当するものすべてにチェックを入れてください」というサーベイの質問に対する回答を反映している。選択肢「キャンペーンバッジを着用又は表示した」及び「労働組合又は政党の会合に出席した」は、回答率が低いため表示していない。

図 12.10　40 歳以下の議会議員の割合と、有権者年齢の人口に占める 20 ～ 39 歳の国民の数の割合（2022 年）

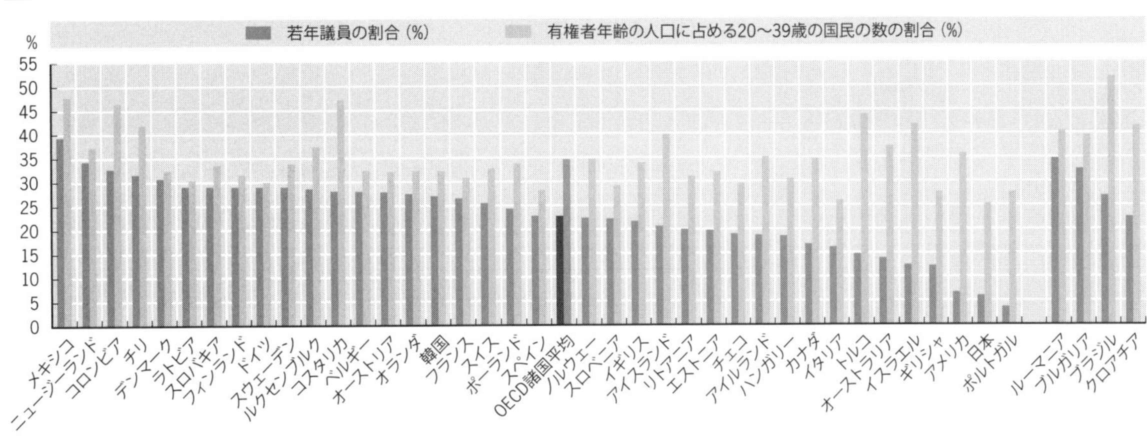

出典：OECD calculations based on OECD Demography and Population database（2021）; Inter-Parliamentary Union（IPU）, Parline database on national parliaments（2022）.

StatLink：https://stat.link/cusqnp

図 12.11　国別閣僚の平均年齢（2018 年及び 2022 年）

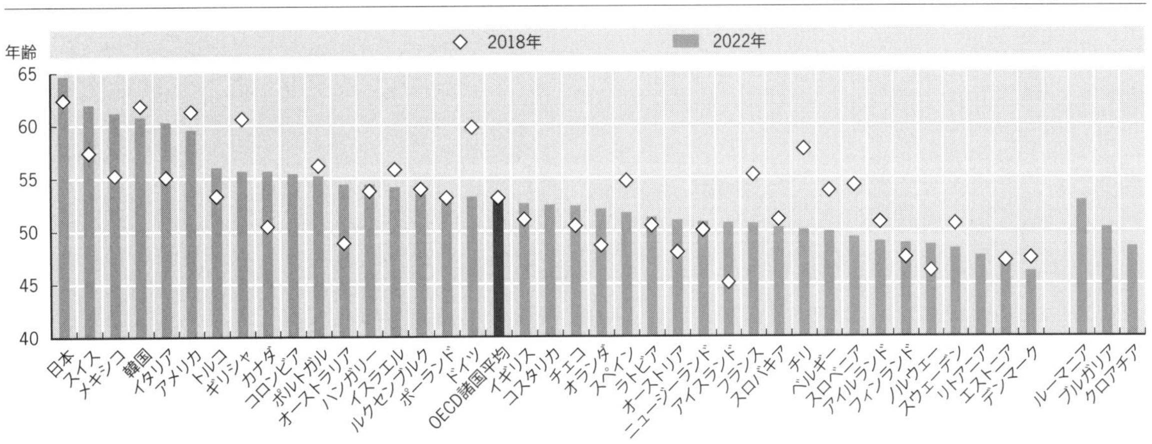

出典：OECD calculations based on publicly available data on official government websites as of 20 December 2022

StatLink：https://stat.link/0blwcn

図 12.12　年齢集団別政治活動への参加率、OECD 諸国平均（2021 年）

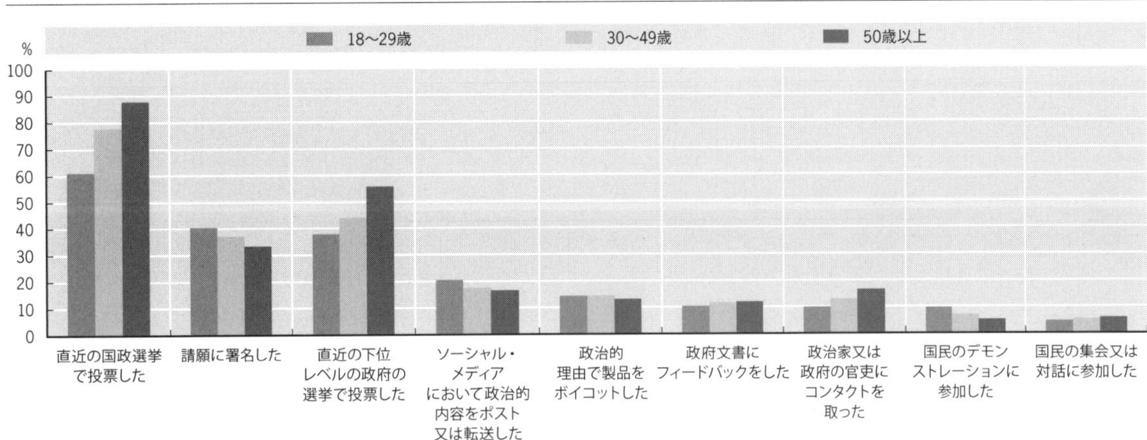

出典：OECD Trust Survey（http://oe.cd/trust）.

StatLink：https://stat.link/mfa1bp

第 13 章　人材マネジメント

指標 56　モビリティ

指標 57　学習と能力開発

指標 58　柔軟な働き方

指標 59　職員のエンゲージメントの測定

指標 56　モビリティ

モビリティは、公共サービスが、適切なスキルを持つ適切な人々を適切な役割に異動させ、現在の需要を満たし、将来の需要に対してより良い準備をすることを可能にする。COVID-19 のパンデミックは、危機の際にこのような柔軟性が必要であることを浮き彫りにした。モビリティは、複雑な問題に対処するための学際的なアプローチを促進し、政府全体から乏しい資源とスキルをプールすることを可能にする。モビリティは、公務員を惹き付け、維持するのにも役立つ。なぜなら、単一の組織、分野、又は職業内での直線的なキャリアパスの従来のモデルは、多くの現在及び潜在的な公務員の間で、以前と同様に一般的であり、望まれていないからである。モビリティはまた、公務員がより多様で柔軟なキャリアパスを持つことを可能にすることによって、行政が組織内でスキルセットを開発することを可能にし、公共部門のイノベーションを促進するのに役立つ多様なチームの開発に貢献し得る。

内部の横方向のモビリティ（同じ階層レベルで人をある仕事から別の仕事に移動させること）は、すべての OECD 諸国の多くの公務員にとって可能である。しかし、それは OECD 諸国 35 か国のうち 3 か国（オーストリア、コスタリカ及び日本）（9%）でのみ必須又は期待されており、約 3 分の 1（35 か国のうち 11 か国、31%）で推奨又は奨励されている。上級レベルの公務員にとって可能な国の数はわずかに多く、OECD 諸国 35 か国のうち 14 か国（40%）でモビリティが推奨又は奨励されている（図 13.1）。例えば、オランダでは、トップマネジメントは 5 ～ 7 年ごとにポジションを変えることが期待されている。

内部の横方向のモビリティは様々な形態をとることができ、様々なツールを導入する必要がある。最も一般的なのは、OECD 諸国 35 か国のうち 34 か国（97%）で使用されている短期の任務割り当てと、OECD 諸国 35 か国のうち 32 か国（91%）で使用されている長期の出向である。公共サービス内の他の事業体への短期の任務割り当ては、OECD 諸国 35 か国のうち 31 か国（89%）で可能であり、OECD 諸国 35 か国のうち 28 か国(80%)で同じ事業体内で可能である。公共サービス内の他の事業体への長期の出向では、OECD 諸国 35 か国のうち 25 か国（71%）で可能であり、国際的な長期の出向では、OECD 諸国35か国のうち23か国(66%)で可能である(表 13.2)。国際モビリティは、多国間の課題に対処し、国際協力を促進するためのスキルを開発するための重要なメカニズムである。イギリスでは、公共サービス内の小規模な任務割り当て、短期の任務割り当て、長期の出向を、政府の地方レベル及び国際的に使用している。

データは、ほとんどの OECD 諸国が公務員に一時的なモビリティの可能性を提供していることを示しているが、実際の採用状況や、モビリティが職員の能力開発やスキル不足への対処などの戦略的目標を達成するために使用されているかどうかは示されていない。職員の異動は常にある程度の短期的なコストを伴うが、リスクを軽減するための適切な監視とマネジメント・プロセスとともに適切にマネジメントされていれば、戦略的な職員のマネジメントを達成する効果的な方法である（OECD, 2023）。

方法論と定義

データは、2022 年公共サービスのリーダーシップと能力に関するサーベイのモビリティ・モジュールを通じて収集された。回答者は中央政府の人的資源マネジメント（human resource management: HRM）部門の上級官吏であり、データは中央政府における HRM の実践を示している。サーベイは、アメリカを除くすべての OECD 諸国と、ブラジル、ブルガリア、クロアチア及びルーマニアの OECD 加盟申請諸国によって提出された。

公務員の定義と中央政府レベルの組織にはかなりのばらつきがある。公務員とは、公共サービスで働くすべての公務員であり、様々な契約メカニズム（例えば、公務員法、労働協約又は労働法契約）を通じて、期限の定めのない又は有期雇用契約に基づいて雇用されるが、通常は代替的な雇用枠組み（例えば、ほとんどの医師、教師、警察、軍、司法、又は選挙で選出された職員）の下で通常規制されているより広範な公共部門の職員を含まない。

詳細情報

OOECD (2023), *Public Employment and Management 2023: Towards a More Flexible Public Service*, OECD Publishing, Paris, https://doi.org/10.1787/5b05e11-en.

OECD (2021), *Public Employment and Management 2021: The Future of the Public Service*, OECD Publishing, Paris, https://doi.org/10.1787/938f0d65-en.

OECD (2019), "Recommendation of the Council on Public Service Leadership and Capability", *OECD Legal Instruments*, OECD, Paris, https://legalinstruments.OECD.org/en/instruments/OECD-LEGAL-0445.

図表注

図 13.1：デンマークとドイツのデータは利用可能ではない。データは「公共サービスにおける国内の横方向の移動は必須／予想されるか？ 推奨 / 奨励されるか／可能であるが推奨／奨励されないか？ 不可能か？」という質問に対する回答に基づいている。

表 13.2：ドイツとリトアニアのデータは利用可能ではない。

図 13.1　中央政府における内部の横方向のモビリティ（2022 年）

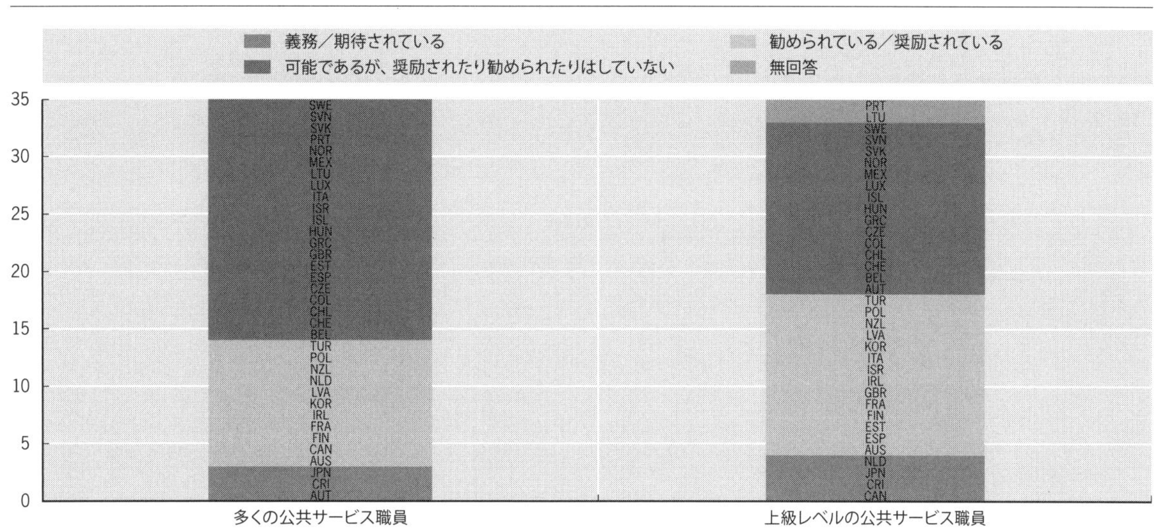

出典：OECD（2022）, Public Service Leadership and Capability Survey.

StatLink：https://stat.link/lzwd4i

表 13.2　中央行政におけるモビリティの形態の利用（2022 年）

国名	マイクロ・アサインメント（別のチーム／ユニットにパートタイムで働く）	短期アサインメント（1 年未満、フルタイム）	より長期の出向（元の職位に戻る権利あり）	交換プログラム	ローテーション・プログラム
オーストラリア	■◆	■◆❖◉	■◆❖◉		■
オーストリア	■	■◆❖◉	◉	❖◉	■◆❖◉
ベルギー	■◆	■◆	◆❖◉	■◆❖	
カナダ	■◆	■◆❖	■◆❖◉		■◆
チリ	■	◆	◆		
コロンビア			◆		
コスタリカ	■◆❖	■◆	■◆❖		
チェコ		■◆◉	◉		
デンマーク	■	■	■	■	■
エストニア	■◆	■◆	■◆◉		
フランス	■	◉	◆❖◉	◉	
フィンランド	■◆	■◆	■	◉	◉
ギリシャ	■	◆❖	◆❖◉		
ハンガリー		■◆			
アイスランド	■◆	■◆◉	■◆◉	■◆◉	
アイルランド	■	■◆◉	■◆❖◉		
イスラエル	■	■◆			
イタリア	■	◆❖◉	◆❖◉		
日本		■◆	■◆❖◉	◆❖	
韓国	■◆	◆❖◉	◆❖◉	■◆❖	
ラトビア	■◆	■◆◉	■◆◉		
ルクセンブルク	■◆◉	■◆◉	◆❖◉		
メキシコ	■	■	■	■◆❖	■
オランダ	■◆	■◆❖◉	◉		
ニュージーランド	■◆❖	■◆❖	■◆❖		■◆
ノルウェー	■◆	■◆◉	◉		■
ポーランド	■	■◆	■◆❖◉	◉	
ポルトガル	■	■◆❖	■◆❖	◉	
スロバキア	■◆	■◆	■◆◉		
スロベニア	■◆	■◆◉	■◆◉		
スペイン		◆◉	◆◉	◉	
スウェーデン	■◆	■◆	■◆	◉	
スイス	■◆	■◆		◆	
トルコ	■◆	■◆◉	■◆◉		■
イギリス	■◆❖◉	■◆❖◉	■◆❖◉		◆◉
OECD 諸国全体					
■1 つの主体の内部	30	28	19	5	8
◆公務内部の他の主体	19	31	25	6	4
❖政府の下位レベル	3	10	15	5	1
◉国際（EU、他国又は国際機関など）	2	16	23	8	3
いかなる形態にしろ、モビリティを用いている国の総数	30	34	32	14	10
ブラジル	■◆		■◆❖◉		
ブルガリア		■◆❖◉	■◆❖◉		
クロアチア	■◆❖	■◆❖	◆❖◉	◉	
ルーマニア		■	■	■	

出典：OECD（2022）, Public Service Leadership and Capability Survey.

StatLink：https://stat.link/7asptn

指標 57　学習と能力開発

学習と能力開発は、将来に備えた現代の公共サービス職員集団に不可欠な要素である。緊急の政策課題、予測不能な危機、進化する技術が相まって、公共サービス職員の間で新しい技能と能力に対する絶え間ない需要が生み出されている。それに対応するために、政府は必要な能力を調達する方法を見つけなければならず、これはしばしば既存の職員を育成することを意味する。そのため、政府にとっては、キャリアを通じて職員を継続的に育成し、時間の経過とともに技能の必要性を特定し、対処するために、適切に設計された広範な学習システムが不可欠である。

学習戦略とは、その労働力の中で技能と能力を継続的に開発するための行政の包括的な計画である。学習・開発戦略を有する OECD 諸国は、様々な方法で学習・開発戦略を組織し、実施している。これらの戦略は、様々な制度的仕組みを通じて実施し得る。すなわち、中央で組織され、各省に分配され、個々のマネジャーに委ねられ、外部委託され、政府の学校その他の手段を通じて運営され、あるいは選択肢の組み合わせを通じて実施され得る。OECD 諸国の過半数である 37 か国中 25 か国（68%）は、中央レベルで学習・開発戦略又は計画を有している（図 13.3）。これらの多くは、省庁内に追加的な戦略があると報告しており、37 か国中 24 か国（65%）は、中央レベルにもあるかどうかにかかわらず、省庁レベルの計画を有している。

適切に設計されたインセンティブ構造が重要である。従業員に学習機会を利用し、学習・開発システムを利用する理由を与える。これらのインセンティブは必ずしも金銭的なものではない。業績評価、キャリアアップ、フィードバック・サイクルの利用は、より効果的であり、学習文化全体に、より大きな貢献をすることができる。学習を奨励する最も一般的な慣行は、従業員に学習内容の選択肢を与え（OECD 諸国 36 か国中 35 か国、97%）、従業員に学習機会に意図的に関与する時間を与える（36 か国中 25 か国、69%）である（表 13.4）。しかし、ますます多くの OECD 諸国が、キャリアパスの他の人的資源プロセスに学習を組み込むことによって学習を奨励している。36 か国中 15 か国（42%）が昇任決定において学習を考慮し、36 か国中 25 か国（69%）が業績評価において学習を考慮しており、36 か国中 12 か国（33%）が正式な評価以外のフィードバックに学習を組み込んでいる。36 か国中 4 か国（11%）のみが最低限の訓練を義務付けている。

政府が前例のない世界的・社会的問題に直面し続ける中で、公共サービスにおいて求められる深さと幅のある技能を持つことがより差し迫ったものとなっている。学習と能力開発は現代のガバナンスにおいて主導的役割を果たしている。例えば、韓国では、職員がマイクロコンテンツのクリエイターになることを可能にし、交流を通じてより多くの学習を奨励する近代的な e ラーニング・プラットフォームを構築した。イギリスでは、政府は省庁間で提供される訓練を 1 つの傘下に収め、50 万人近くの職員がより広く利用できるようにするために取り組んでいる。リーダーシップ開発は、特に新たな焦点である。例えば、イスラエルは危機と変化のマネジメントのためにトップマネージャーを訓練するための「シミュレータ」を開発しており、カナダはリーダーシップ開発プログラムとトップレベルにわたる詳細なコンピテンシー・フレームワークを開発している。

方法論と定義

データは、2022 年公共サービス職員集団のリーダーシップと能力開発に関するサーベイの学習と能力開発モジュールを通じて収集された。回答者は中央政府の人的資源マネジメント（HRM）部門の上級官吏であり、データは中央政府における HRM の実践を示している。サーベイは、アメリカを除くすべての OECD 諸国と、ブラジル、ブルガリア、クロアチア及びルーマニアの OECD 加盟申請諸国によって提出された。公務員と中央レベルの政府の組織の定義にはかなりのばらつきがある。公務員とは、公共サービスで働くすべての公務員であり、様々な契約メカニズム（例えば、公務員法、労働協約又は労働法契約）を通じて、期限の定めのない又は有期雇用契約に基づいて雇用されることもあるが、通常は代替的な雇用枠組み（例えば、ほとんどの医師、教師、警察、軍、司法又は選挙で選出された職員）の下で規制されているより広範な公共部門の職員は通常含まれない。この場合の政府の学校とは、主に行政機関内の中央集権的な学校を指すが、場合によっては外部機関やパートナー機関を指すこともある。

詳細情報

OECD (2023), *Public Employment and Management 2023: Towards a More Flexible Public Service*, OECD Publishing, Paris, https://doi.org/10.1787/5b378e11-en.

OECD (2021), *Public Employment and Management 2021: The Future of the Public Service*, OECD Publishing, Paris, https://doi.org/10.1787/938f0d65-en.

OECD (2019), "Recommendation of the Council on Public Service Leadership and Capability", *OECD Legal Instruments*, OECD, Paris, https://legalinstruments.oecd.org/en/instruments/OECD-LEGAL-0445.

表注

表 13.4：リトアニアのデータは利用可能ではない。

図 13.3　中央政府の労働力の学習と能力開発戦略（2022 年）

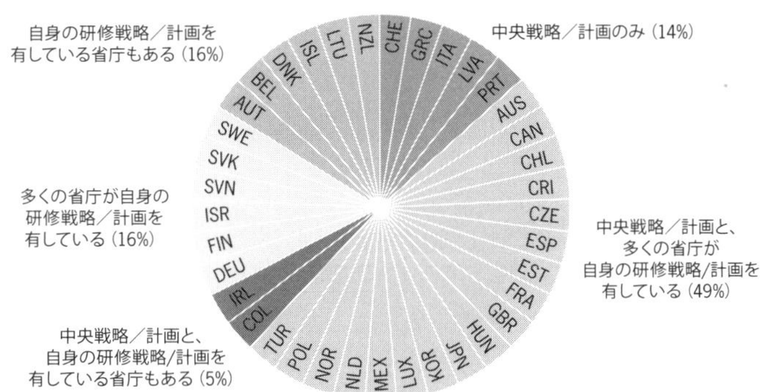

出典：OECD（2022）, Public Service Leadership and Capability Survey.

StatLink：https://stat.link/t4cg69

表 13.4　中央政府の職員が学習し、能力開発をするインセンティブ（2022 年）

国名	職員は、ただ特定の義務コースを受講するのではなく、興味のあるいくつかの研修プログラムの中から選択できる	職員は、能力開発に従事することに対し、休暇時間の追加を得られる	業績評価の考慮に入れられる	個別学習計画がすべて／多くの職員について開発されている	昇任の意思決定の考慮に入れられる	学習は、公式評価の外で、フィードバックサイクルに組み込まれている	研修参加に対するポイント制	公式研修又は能力開発に費やされる最低量の時間
オーストラリア	○	●	●	●	○	●	○	○
オーストリア	●	○	○	○	○	○	○	○
ベルギー	●	●	●	○	○	○	○	○
カナダ	●	○	●	●	○	○	○	○
チリ	●	●	●	○	●	○	○	○
コロンビア	●	●	●	●	●	●	○	○
コスタリカ	●	○	●	●	●	○	●	○
チェコ	●	○	●	●	○	○	○	○
デンマーク	●	●	●	●	○	●	○	○
エストニア	●	●	●	●	○	○	○	○
フィンランド	●	○	●	●	○	●	○	○
フランス	●	●	○	●	○	●	○	○
ドイツ	●	●	●	○	●	○	○	○
ギリシャ	●	●	●	○	●	●	●	○
ハンガリー	●	●	●	●	●	○	●	○
アイスランド	●	●	●	○	●	○	○	○
アイルランド	●	●	●	○	○	○	○	○
イスラエル	●	●	●	○	○	○	○	○
イタリア	●	●	●	○	●	○	○	○
日本	●	●	○	○	○	○	○	○
韓国	○	○	●	●	●	●	●	●
ラトビア	●	○	●	○	●	○	○	●
ルクセンブルク	●	●	○	●	○	●	○	○
メキシコ	●	○	●	○	●	○	○	●
オランダ	●	●	●	○	○	○	○	○
ニュージーランド	●	●	○	●	●	○	○	○
ノルウェー	●	●	○	●	○	○	○	○
ポーランド	●	○	●	●	○	○	○	○
ポルトガル	●	●	●	○	●	○	●	○
スロバキア	●	●	○	●	●	○	○	○
スロベニア	●	○	○	○	○	○	○	○
スペイン	●	●	●	○	●	●	●	○
スウェーデン	●	○	○	○	○	●	○	○
スイス	●	●	●	○	○	○	○	○
トルコ	●	●	○	●	○	●	○	○
イギリス	●	●	○	●	○	●	○	●
OECD 諸国全体								
はい	35	25	25	18	15	12	6	4
いいえ	1	11	11	18	21	24	30	32
ブラジル	●	○	●	○	○	○	○	○
ブルガリア	●	●	○	●	○	○	○	○
クロアチア	●	○	○	○	○	○	○	○
ルーマニア	●	○	○	○	○	○	○	○

出典：OECD（2022）, Public Service and Leadership Capability Survey.

StatLink：https://stat.link/hv0pz7

指標58　柔軟な働き方

柔軟な勤務形態は新しいものではない。しかし、行政はここ数年でその利用を拡大してきた。これは特に、COVID-19に伴う隔離期間がより頻繁に利用されることを意味したCOVID-19パンデミック以後に起こった。多くの公共サービス職員は、勤務時間の適応と、通常は自宅で働くことによる勤務場所の適応という2つの方法で柔軟性を経験した。緊急事態以外では、行政は、生産性を向上させ、職員の関与を強化し、ますます多様化する公共部門の労働力を引き付け、維持するためのツールとして、これらの仕組みの利用を強化している。

多くのOECD諸国では、柔軟な勤務形態は多く又はすべての公共サービス職員が利用できる（図13.5）。これは、パートタイム労働とフレックスタイム（いずれも36か国中23か国、64％で利用可能）、及びリモートワーク・パートタイム（36か国中22か国、61％）の場合である。ポーランドでは、6つの可能な柔軟な勤務形態のうち5つがすべての公共サービス職員に利用可能である。しかし、そのような仕組みの実際の利用は、仕事の種類やマネジャーと従業員の間の合意などのいくつかの要因に依存している。多くの柔軟な仕組みは、OECD諸国のごく一部の従業員に対してのみ強制力のある権利である。例えば、週労働時間の短縮は韓国でのみ権利である。イタリア、韓国及びスロベニアではリモートワークのパートタイムが権利である。オーストリアと韓国では信頼に基づく労働時間が権利である（図13.6）。パートタイム労働の状況は異なる。数十年にわたって実施されてきた柔軟な勤務形態であり、従業員が個人的なコミットメントと労働時間のバランスをとることを可能にする重要な社会的役割を果たしている。パートタイム労働の取り決めの利用は、4か国に1か国（OECD諸国36か国中9か国、25％）で強制力のある従業員の権利である。柔軟な勤務形態が法的に存在するからといって、従業員が自発的に利用できるわけではない。この文脈において、高いレベルの自主性は、柔軟な労働文化の促進者として重要な役割を果たしており、マネジャーとの明確なコミュニケーション・チャンネルと公共サービス職員における国民との定期的な社会対話も必要としている。

柔軟な勤務形態は、必ずしも同じレベルで定義されているわけではなく、国レベルで規制や政策を設定している国もあれば、省レベルや部門レベルで規制や政策を設定している国もある。全体として、OECD諸国は、柔軟な勤務形態を中央で規制することと、より分権的なアプローチをとることとの間で、かなり均等にバランスがとれている（図13.7）。フィンランド、日本、ニュージーランド、ポルトガルでは、柔軟な勤務形態の6つの形態すべてが国レベルで定義されている。すなわち、公共サービス全体のための1つの共通政策である。この種の政策は通常、ユニット・レベルでの適用にある程度の柔軟性を与えるが、公共サービス職員全体に共通の包括的な政策を提供する。スウェーデンやオランダのように高度に分権化された勤務形態を持つ国では、柔軟な勤務形態の多くの態様がユニット・レベルで直接決定されている。柔軟な勤務形態を組み込むことには多くの肯定的な側面があるが、限界もある。そのため、職員、マネジャー、組織の生産性、幸福、及び職場への影響について、継続的で詳細かつ長期的な分析が必要である。

方法論と定義

データは、2022年の公共サービスのリーダーシップと能力に関するサーベイのモビリティモジュールを通じて収集された。回答者は中央政府の人事管理（HRM）部門の上級職員であり、データは中央政府におけるHRMの実践を参照している。調査は、アメリカを除くすべてのOECD諸国と、ブラジル、ブルガリア、クロアチア及びルーマニアのOECD加盟準備国によって完了した。公務員の定義と中央レベルの政府の組織にはかなりのばらつきがある。公務員とは、公共サービスで働くすべての公務員であり、様々な契約メカニズム（例えば、公務員法、労働協約又は労働法契約）を通じて、不確定又は有期雇用契約に基づいて雇用されるが、通常は代替的な雇用枠組み（例えば、ほとんどの医師、教師、警察、軍、司法、又は選出された職員）の下で通常規制されているより広範な公共部門の職員を含まない。

詳細情報

OECD (2023), *Public Employment and Management 2023: Towards a More Flexible Public Service*, OECD Publishing, Paris, https://doi.org/10.1787/5b038e11-en.

OECD (2021), *Public Employment and Management 2021: The Future of the Public Service*, OECD Publishing, Paris, https://doi.org/10.1787/938f0d65-en.

OECD (2019), "Recommendation of the Council on Public Service Leadership and Capability", *OECD Legal Instruments*, OECD, Paris, https://legalinstruments.OECD.org/en/instruments/OECD-LEGAL-0445.

図注

アイルランドのデータは利用可能ではない。

図 13.5　中央政府における柔軟な労働の仕組み（2022 年）

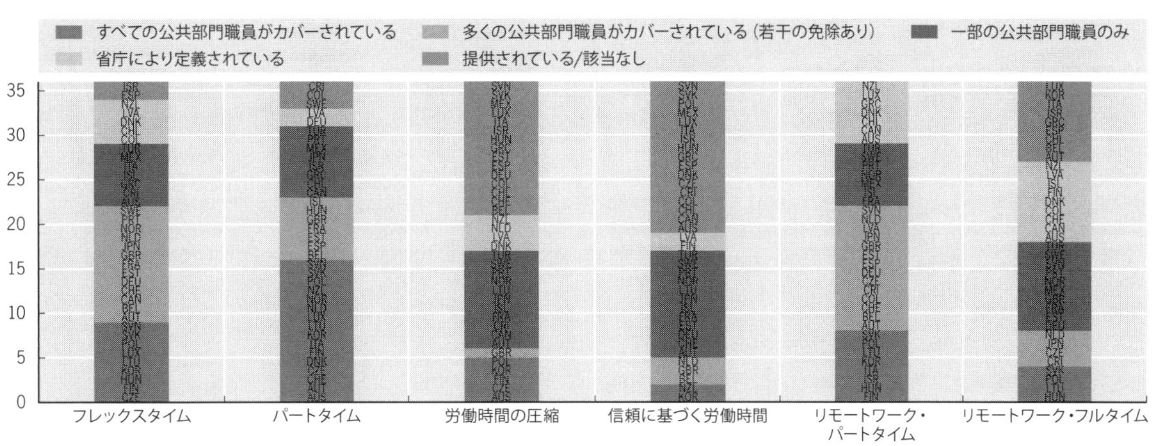

出典：OECD (2022), Public Service and Leadership Capability Survey.

StatLink：https://stat.link/pi93r7

図 13.6　中央政府における柔軟な労働の仕組みの立法上の位置付け（2022 年）

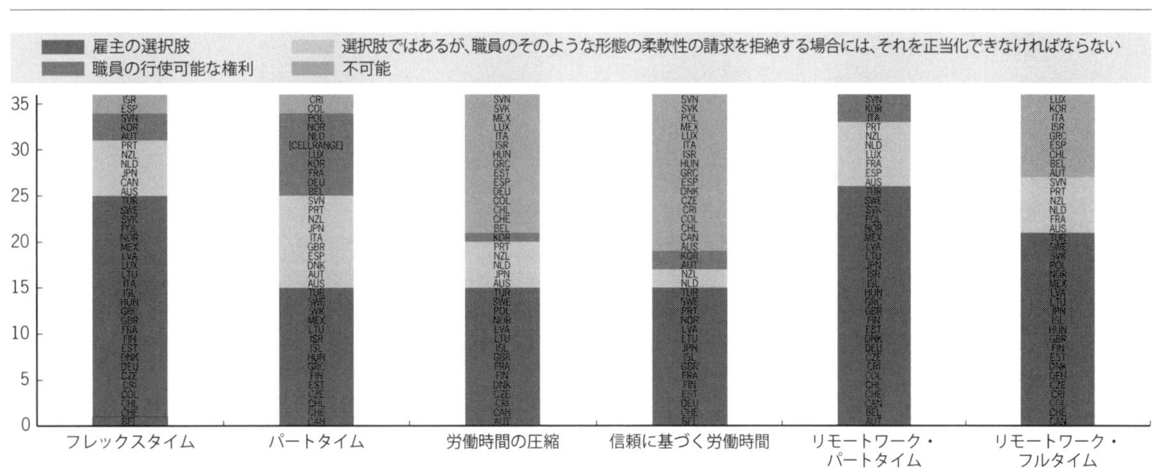

出典：OECD (2022), Public Service and Leadership Capability Survey.

StatLink：https://stat.link/zdg648

図 13.7　柔軟な労働政策が決定されるレベル（2022 年）

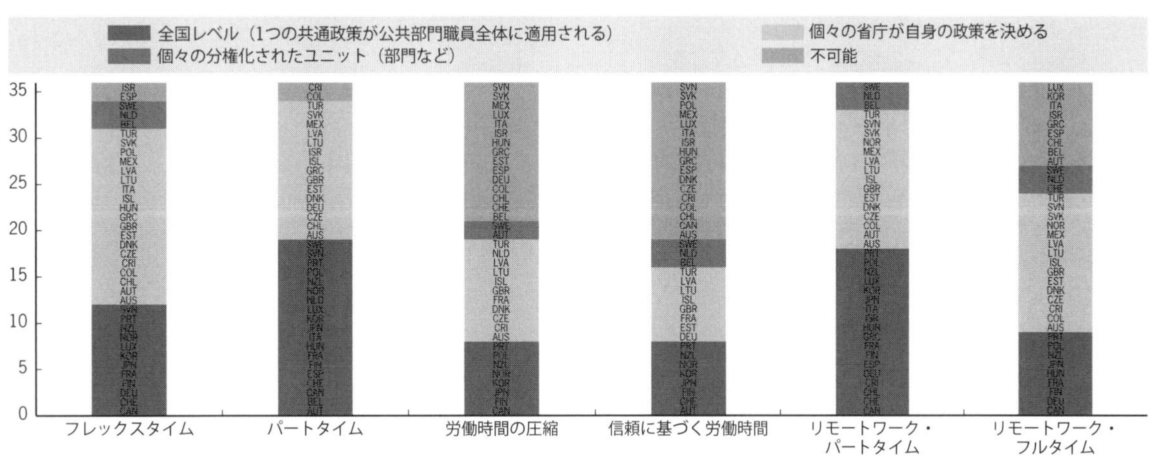

出典：OECD (2022), Public Service and Leadership Capability Survey..

StatLink：https://stat.link/2noavc

指標 59　職員のエンゲージメントの測定

仕事や組織に強く関与している職員は、強い関与はしていない職員よりも業績が高く、より積極的でイノベーション的である可能性がある。強いエンゲージメントをしている職員が多い組織では、病気休暇が少なく、定着率も高くなる。職員のエンゲージメントの一般的な要因には、リーダーシップとマネジメントの質の認識、労働条件、キャリアアップの機会などがある（OECD, 2016）。したがって、職員のエンゲージメントは、公的機関の人事マネジメントの政策と慣行の業績指標と考えることができる。

ワーク・エンゲージメントは、職員と特定の仕事との関係を測定する。公務員を対象としたサーベイに参加した 7 か国すべてにおいて、回答者の平均 70% が自分の仕事に満足しており、自分の仕事が達成感を与えていると考えている（平均 63%）。自分の仕事に触発されている人はわずかに少ない（図 13.8）。イスラエルはこれらの国の中で最も高いワーク・エンゲージメント率を示しており、2020 年のパターンと一致している。

結果は、サンプル全体に共通の傾向として、年功序列のレベルに応じて関与のレベルに差があることを示している。例えば、上級マネジャーは中間マネジャーよりも自分の仕事に満足しており、報告された平均満足度は、最高値 5 に対し、前者が 4.4 であったのに対し、後者は 4.0 であった。次に、これらのグループは両方とも、平均 3.9 と報告された上級及び下級の専門家よりも満足していた。この傾向は、職員が自分の仕事が達成感を与えたと感じているかどうかにも関連しており、上級公務員の平均は 4.4、中間管理職の平均は 4.1、上級及び下級の専門家の平均はそれぞれ 4.0 及び 3.9 であった（図 13.9）。職務別のエンゲージメントの水準の違いは、職員サーベイで明らかにすることが重要である。なぜなら、労働条件、キャリア開発の機会などの重要な要素に関する多様な認識を指摘し得るからである。

組織のエンゲージメントは、職員と、彼らが働く組織の関係を測定している（図 13.10 パネル A）。ここでのデータは、多くの公務員（平均 71%）が組織の使命に強く共感しているが、組織自体への愛着はあまり感じていない（平均 58%）ことを示唆している。しかし、公共サービス職員の平均 63% が、彼らの組織を、働くのに良い場所として推薦すると言っている。社会に奉仕するために貢献したいという願望は、多くの場合、公務員で働く人々を惹き付ける重要な要素の 1 つである。公共サービスの動機は、すべての国のすべての質問の中で最も高い平均スコアであった。この数字は、ラトビアの 64% からイスラエルの 97% までに及んだ（図 13.10 パネル B）。

方法論と定義

職員エンゲージメントに関するモジュールは、公務員サーベイ・グループを通じて OECD によって設計された。ここで報告された諸国は、このモジュールを既存の公共雇用調査に含めた。このモジュールには、ワーク・エンゲージメントに関し、3 つの質問を有している。すなわち、1）全体的に、私は自分の仕事に満足している、2）私の仕事は私にインスピレーションを与える、そして、3）私が行っている仕事は私に達成感を与える、である。組織のエンゲージメントに関し、3 つの質問がある。すなわち、1）私は自分の組織に強い個人的な愛着を感じている、2）私は自分の組織の使命に共感している、そして、3）私の組織を働くのに良い場所として推薦する、である。公共サービスの動機に関し、1 つの質問がある。すなわち、私の仕事が共通の利益に貢献することが私にとって重要である、である。参加者は、1 =「強く反対」、5 =「強く同意」の 1 ～ 5 段階で回答した。同意することは、4 又は 5 の回答に強く対応している。回答した職員の数と種類は国によって異なる。詳細については、StatLink を参照。サーベイは、オーストラリアでは 2022 年 5 月 9 日から 6 月 10 日まで、イスラエルでは 2022 年 6 月 8 日から 8 月 14 日まで、ルクセンブルクでは 2021 年 1 月から 2022 年 10 月まで、ラトビアでは 2022 年 9 月 28 日から 10 月 19 日まで、ノルウェーでは 2021 年 10 月 15 日から 11 月 3 日まで、イギリス（グレートブリテン）では 2022 年 9 月 22 日から 10 月 31 日まで、アメリカでは 2022 年 5 月 31 日から 7 月 22 日まで実施された。調査で使用された職業レベルの定義については、附録 F 参照。

詳細情報

OECD (2019), "Recommendation of the Council on Public Service Leadership and Capability", *OECD Legal Instruments*, OECD, Paris, https://legalinstruments.oecd.org/en/instruments/OECD-LEGAL-0445.

OECD (2016), *Engaging Public Employees for a High-Performing Civil Service*, OECD Public Governance Reviews, OECD Publishing, Paris, https://doi.org/10.1787/9789264267190-en

図注

イギリスはグレートブリテンとして表示されている。データがグレートブリテンのみを対象としているためである。オーストラリアのデータは、「私は自分の組織の使命に共感している」及び「私の仕事が共通の利益に貢献することが私にとって重要である」についてのものが利用可能ではない。ラトビア、ノルウェー及びイギリスのデータは、「私は私の組織を働くのに良い場所として推薦する」についてのものが利用可能ではない。

図 13.9：オーストラリア及びイギリスのデータは、上級及び下級の専門職については利用可能ではない。ノルウェーのデータは、下級の専門職については利用可能ではない。ノルウェーのデータは、2021 年のものである。

図 13.8　公務員の自身の職務への関与（2020 年及び 2022 年）

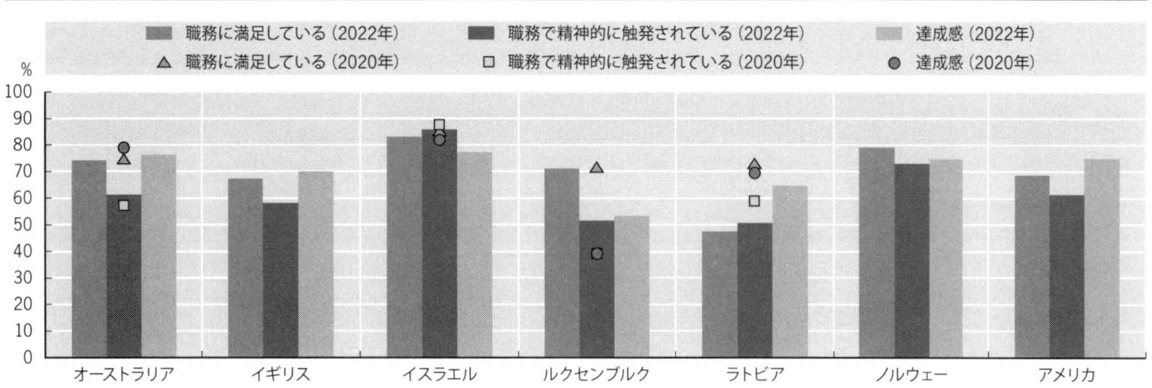

出典：Central government civil service surveys using OECD standard module on employee engagement.

StatLink：https://stat.link/oxks6p

図 13.9　公務員の職位別職務への関与度（2022 年）

1 ～ 5 の尺度の平均

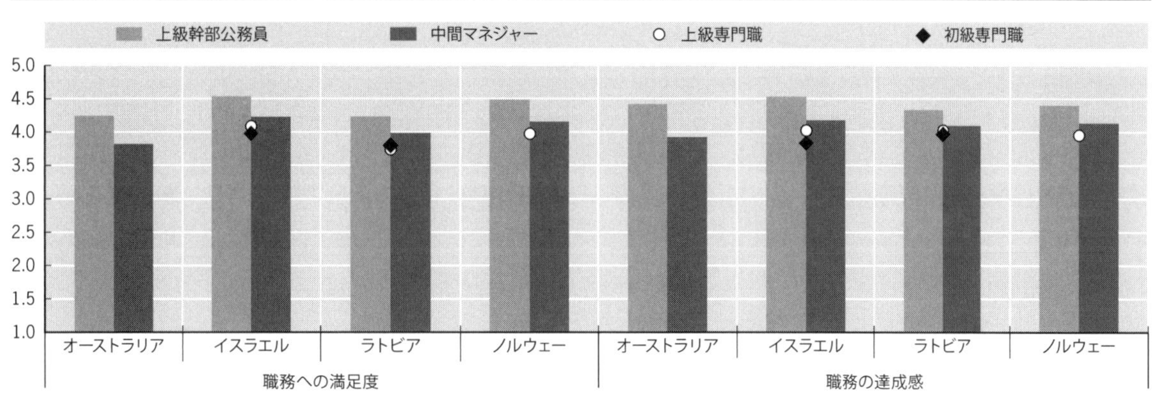

出典：Central government civil service surveys using OECD standard module on employee engagement.

StatLink：https://stat.link/v924i6

図 13.10　公務員の組織への関与と公共サービスのモチベーション（2022 年）

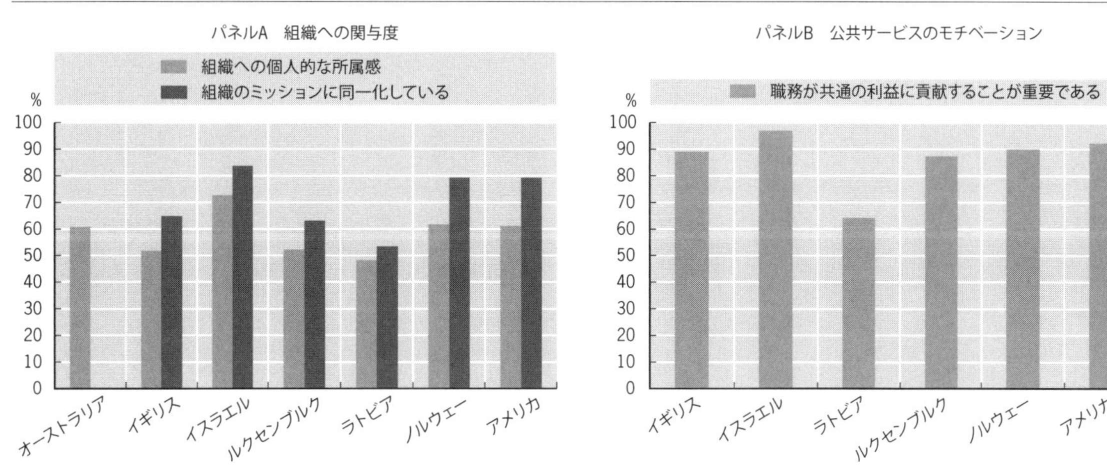

出典：Central government civil service surveys using OECD standard module on employee engagement.

StatLink：https://stat.link/xvkg7m

構成と指標

『図表でみる世界の行政改革（2023年版）』で示されるデータを正確に解釈するために、読者は、多くの指標を通じた、以下の方法論上の問題をよく理解する必要がある。第2版以後、掲載指標の標準フォーマットは、見開き2ページである。第1ページには当該トピックの重要性を説明するテキストが掲載されており、OECD諸国を通じて観察されるいくつかの主要な違いを強調している。その次に「方法論と定義」の項目が置かれ、ここでデータ源が記述され、データを解釈するために必要となる重要な情報が提供されている。第1ページの末尾には「詳細情報」の項目が置かれ、ここで、呈示されたデータに対する文脈を提供する、有用な背景文書が列挙されている。第2ページでは、データを図表で示している。これらの図表は、現在の水準と、可能な場合には、経時的な傾向を示している。

政府の定義

財政データは、国民経済計算（SNA）における「一般政府」部門の定義に基づいている。したがって、一般政府は、中央、州並びに地方レベルの省庁並びに特定の非営利組織、及び社会保障基金から成る。歳入及び歳出データは、中央及び下位（州及び地方）の両方の政府レベルと（該当する場合には）社会保障基金について提示されている。雇用データも一般政府についてのものである。ただし、ジェンダー別雇用データは公共部門についてのものであり、これには、一般政府と、公的に所有された国内に所在する企業・会社の両方が含まれる。最後に、公共マネジメントの慣行とプロセスに関するデータは、中央レベルの政府の慣行とプロセスのみに関するものである。

国民経済計算データの暦年／会計年度

特に指定がない限り、OECD国民経済計算（OECD National Accounts）からのデータは暦年ベースである。

オーストラリア及びニュージーランドのデータは、会計年度による。オーストラリアの会計年度は7月1日から翌年の6月30日まで、ニュージーランドの会計年度は4月1日から翌年の3月31日までである。日本の一般政府の特定の下位部門及び政府の目的別分類（COFOG）別の歳出に関するデータは、会計年度による。

財政及び経済に関するデータは、国民経済計算（System of National Accounts: SNA）に基づいており、OECD国民経済計算統計（データベース）及び欧州統計局政府財政統計（データベース）から2023年5月5日に抽出されたものである。公共雇用に関するデータは、OECD国民経済計算（データベース）とILOSTAT（データベース）から2023年4月17日に抽出されたものである。

対象国

『図表でみる世界の行政改革（2023年版）』は、利用可能な情報に基づき、OECD加盟全38か国のデータを掲載している。イスラエルの統計データは、イスラエル政府関係当局により、その責任の下で提供されている。OECDにおける当該データの使用は、ゴラン高原、東エルサレム、及びヨルダン川西岸地区のイスラエル入植地の国際法上の地位を害するものではない。

OECD加盟申請国（ブラジル、ブルガリア、クロアチア、ルーマニアなど）、その他の世界の主要パートナー諸国の中にも、いくつかの指標のためにデータを提供した非加盟国もある。非加盟国のデータは、図表の末尾に、OECD諸国とは区別して呈示されている。

国名短縮コード

OECD加盟国

オーストラリア	AUS
オーストリア	AUT
ベルギー	BEL
カナダ	CAN
チリ	CHL
コロンビア	COL
コスタリカ	CRI
チェコ	CZE
デンマーク	DNK
エストニア	EST
フィンランド	FIN
フランス	FRA
ドイツ	DEU
ギリシャ	GRC
ハンガリー	HUN
アイスランド	ISL
アイルランド	IRL
イスラエル	ISR
イタリア	ITA
日本	JPN
韓国	KOR
ラトビア	LVA
ルクセンブルク	LUX
メキシコ	MEX
オランダ	NLD
ニュージーランド	NZL
ノルウェー	NOR
ポーランド	POL
ポルトガル	PRT
スロバキア	SVK
スロベニア	SVN
スペイン	ESP
スウェーデン	SWE
スイス	CHE
トルコ	TUR
イギリス	GBR
アメリカ	USA

OECD加盟申請国

ブラジル	BRA
ブルガリア	BGR
クロアチア	HRV
ルーマニア	ROU

OECD主要パートナー国

中国（中華人民共和国）	CHN
インドネシア	IDN
南アフリカ	ZAF

OECD諸国の平均及び合計

OECD諸国平均

図表において、OECD諸国平均は、データが利用可能なOECD諸国の非加重算術平均又は加重平均を示す。これには、OECD非加盟国のデータは含まれない。図注では、データが利用可能ではないOECD諸国が列挙されている。

1年以上の期間について図に表示されている場合には、OECD諸国平均は、データが利用可能であるすべてのOECD諸国を含む。例えば、今回の版に掲載されている2007年のOECD諸国平均には、たとえある国が同年にOECDに加盟していなくても、現在は加盟国であれば、そのような国を含む、同年の情報が利用可能なすべてのOECD諸国が含まれている。もしあるOECD加盟国が特定の指標のOECD諸国平均に含まれていなければ、これは、一般的に、過去の時系列データが欠損しているか、及び／又はある分野において、不完全で一貫性がないためである。

国民経済計算のデータの場合は、OECD諸国平均は、特記がない限り加重平均である。OECD諸国平均は、2023年までしか計算されていない。すべてのOECD諸国において、2020年のデータが利用可能であるわけではないためである。しかし、この版には、OECD諸国平均とともに、OECD-EU諸国平均も掲載されている。OECD-EUグループは、OECDとEUの両方の加盟国である諸国から成り立っている（すなわち、オーストリア、ベルギー、チェコ、デンマーク、エストニア、フィンランド、フランス、ドイツ、ギリシャ、ハンガリー、アイルランド、イタリア、ラトビア、リトアニア、ルクセンブルク、オランダ、ポーランド、ポルトガル、スロバキア、スロヴェニア、スペイン及びスウェーデン。イギリスは、すでにEU加盟国ではないため、このグループの構成要素でもない）。これらのOECD諸国平均とOECD-EU諸国平均については、比率で表現される指標の計算のための集計手法（GDP比政府歳出など）では、分母をウエイトとして使用している（この事例では、購買力平価を用いた市場価格のGDPが用いられている）。

OECD諸国合計

OECD諸国合計は、ほぼすべての表に掲載されており、データが利用可能であるOECD諸国について、対応する列のデータの合計を示している。合計には非加盟国のデータは含まれない。図注では、データが利用可能ではないOECD諸国が示されている。

オンライン・データによる補足

いくつかの指標については、オンライン上に、各国の個別データを提示する追加の図表や、指標の方法論に関する補足的な情報に関する附録が掲載されている。これらの図表等は、利用可能である場合に、当該指標の「方法論と定義」の項目に注記されている。『図表でみる世界の行政改革（2023年版）』は、StatLink（読者が、本書で取り上げられているデータに対応するエクセル・ファイルをダウンロードできるサービス）へのアクセスも提供している。StatLinkは、図表の下部右側に示されており、ウェブ・ブラウザにURLをタイプできるし、本書の電子版では、直接クリックできる。

さらに、以下の補足資料が、インターネットサイト（www.oecd.org/publication/goverment-at-a-glance.2023/）でオンラインで利用可能である。

- 量的データ（OECD.Stat経由）及びOECD公共ガバナンス局によって収集されたサーベイの質的データ（専用ウェブ・プラットホーム経由）から選ばれた、定期的に更新されるデータを掲載している『図表でみる世界の行政改革』統計データベース
- 国別の主要データをOECD諸国平均と比較して提示しているカントリー・ファクト・シート
- OECD諸国の政治・行政構造の、いくつかの主要な特徴を記述する文脈情報を呈示している国別文脈ノート

1人当たり指標

指標の中には、1人当たりベースで示されているものもある（歳出、歳入、政府債務など）。基礎となる人口推計は、国民経済計算における居住の定義に基づいている。これには、その国籍にかかわらず、1年以上当該国に居住している人々を含み、たとえ1年を超えて外国に滞在しているとしても、在外勤務の外交官及び国防職員（並びにこれら職員の家族）、外国で在学中の学生、外国で治療を受けている患者も含む。「1年ルール」は、1年未満の期間外国に滞在している通常の居住者が人口に含まれていることを意味し、1年未満の期間当該国に滞在している外国からの訪問者（旅行滞在者など）が除かれる。この文脈において注意すべき重要な点は、個人がある国の雇用者としての側面を有する（生産を通じて当該国のGDPに貢献する）が、別の国の居住者としての側面を有する（彼らの賃金・俸給が彼らの居住国の国民総所得に反映される）こともありうるということである。

購買力平価

購買力平価（Purchasing Power Parities: PPP）は、各国間の財・サービスの価格差の影響を取り除くことによって、異なった国の購買力を均等化する通貨の換算レートである。購買力平価によって変換されると、事実上、あらゆる国の支出が同じ価格セットで示され（すなわち、財・サービスの同等の束が両国において同一の費用となり）、購入された財・サービスの量の違いだけを反映する国家間比較が可能となる。

購買力平価の現在及び過去のシリーズは、OECDによって特定の手続で作成され、更新されている。所与の年Tについての購買力平価は、以下の5段階で公表されている。

1. T年末の2か月後：第1次購買力平価推計（GDPでの使用のみ）
2. T年末の6か月後：第2次購買力平価推計（詳細な外挿に基づき、GDP、家計の実質個人消費（actual individual consumption: AIC）及び個人家計消費（individual household consumption: IHCで使用）

3. T年末の12か月後：第3次購買力平価推計（T年のすべての価格及び支出データを算入する）

4. T年末の24か月後：第4次購買力平価推計（更新された支出データを算入する）

5. T年末の36か月後：T年に関する最終購買力平価推計

2012年までの過去のPPPデータは、国民経済計算のデフレーターの改定に組み込むために、毎年12月に改定される。2016年12月に、ヨーロッパ諸国すべての2012年までの過去のPPPデータが例外的に改定された。

詳細情報は、OECD購買力平価（PPP）インターネット・サイト（www.oecd.org/std/prices-ppp）でも利用可能である。

合成指標

本書には、デジタル・ガバメント、人的資源マネジメント、業績に基づく予算編成及び部門別規制の主要な特徴（独立性と説明責任など）に関する、狭く定義された諸分野におけるいくつかの記述的合成指数が掲載されている。これらの合成指数は、離散的で、定性的な情報を要約する実用的な方法である。本書に掲載されている合成指標は、*Handbook on Constructing Composite Indicators*（Nardo et al., 2008）において特定されたステップに従って作成された。

グリーン予算、ジェンダー平等編成、独立財政機関によるコミュニケーション及びインフラストラクチャ・ガバナンスの合成指標を構築するために使用されている方法論の詳細は、附録A及びBで利用可能である。合成指標は、OECD諸国との協力で開発され、理論及び／又はベスト・プラクティスに基づいている。一方、指数に含まれる変数及びそれらの変数の相対的なウェイトは、専門家の判断に基づいており、その結果、時間の経過とともに変化しうる。部門別規制主体の合成指標の詳細は、Casullo, Durand and Carassini（2019）参照。

記号と略語

..	欠損値（Missing values）
–	（他に特記ない限り）該当なし（Not applicable（unless otherwise stated））
ADR	代替的紛争解決（Alternative dispute resolutions）
CBA	中央予算部局（Central budget authority）
COFOG	政府の目的別分類（Classification of the functions of government）
CIO	首席情報官（Chief information officer）
CPA	中央行政（Central public administration）

GDP	国内総生産（Gross domestic product）
GFS	政府財政統計（Government Financial Statistics）
GFSM	政府財政統計マニュアル（Government Finance Statistics Manual）
HR	人的資源（Human resources）
HRM	人的資源マネジメント（Human resources management）
ICT	情報通信技術（Information and communication technology）
ILO	国際労働機関（International Labour Organization）
IMF	国際通貨基金（International Monetary Fund）
IODC	国際オープン・データ憲章（International Open Data Charter）
ISO	国際標準化機構（International Organisation for Standardisation）
IT	情報技術（Information technology）
OCSC	人事委員会事務局（Office of the Civil Service Commission）
OGD	オープン・ガバメント・データ（Open government data）
PBO	議会予算部局（Parliamentary budget offices）
PISA	国際学習到達度調査（Programme for International Student Assessment）
p.p.	%ポイント（Percentage points）
PPPs	購買力平価（Purchasing power parities）／官民パートナーシップ（Private-public partnerships）
PR	比例代表制（Proportional representation）
PRP	業績給（Performance-related pay）
R&D	研究開発（Research and development）
SCS	上級幹部公務員（Senior Civil Service）
SDGs	持続可能な開発目標（Sustainable Development Goals）
SDRs	特別引出権（Special drawing rights）
SHRM	戦略的人的資源マネジメント（Strategic human resources management）
SMEs	中小企業（Small and medium-sized enterprises）

SNA　　国民経済計算（System of National Accounts）

VAT　　付加価値税（Value-added tax）

WEO　　世界経済見通し（World Economic Outlook）

WJP　　世界司法プロジェクト（World Justice Project）

本書の枠組み

本書の今回の版の「特集章」は、「複数の危機の時代における民主主義の強じん性」である。同省は、民主化への取組を強調し、各国政府が、複数の、同時発生した危機や、民主主義に対する新たな脅威からのリスクに対処するため、民主主義の強じん性に対し、更に投資しなければならないと主張している。OECD公共ガバナンス委員会によって収集された証拠とデータを基に、「特集章」は、政府に対し、民主的ガバナンスを強化し、公的機関への信頼を構築するために、より高度な慣行を採用するよう求めている。政府の行動のための3つの具体的な分野が特定されている。これには、i）国民と利害関係者の参加と代表、社会的包摂性、イノベーション、協力などの民主的な強みを強化すること、ii）複数の危機の状況における提供を支援するための主要なガバナンス能力を強化すること、iii）公共の清廉性の欠如と誤情報や偽情報から生じる国民からの信頼に対する積極的な脅威から保護することが含まれる。

逆に、2023年版の『図表でみる世界の行政改革』では、1）公共サービスに対する信頼と満足、2）グッド・ガバナンス慣行による成果の達成、3）公的機関が使用する資源とそのマネジメント、という3つの大きなカテゴリーを中心とした新しい構造が提示されている。図1は、『図表でみる世界の行政改革』の概念枠組みを示している。

図1　『図表でみる世界の行政改革』の概念枠組み

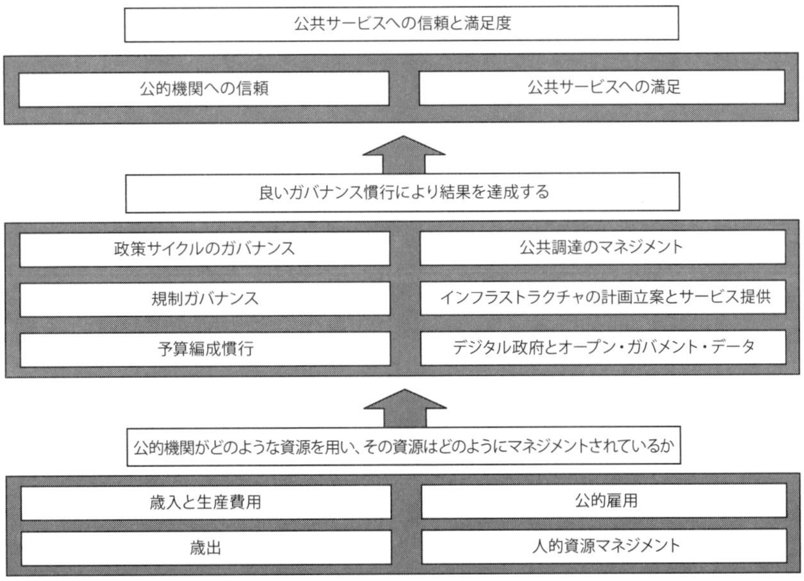

公的機関への信頼と公共サービスへの満足

本節では、人々によって認識されている公共ガバナンスのアウトカム成果（すなわち、公的機関への信頼と公共サービスへの満足）に関する証拠と、これらの各指標の高水準又は低水準につながるいくつかの要因が含まれている。「公的機関への信頼の推進力に関するOECDサーベイ」に基づき、『図表でみる世界の行政改革』のこの版が、初めて、様々な機関への信頼水準及び公務員集団への信頼の推進力並びに信頼水準に影響を及ぼす社会経済的特性に関する主要な証拠が初めて含まれている（第2章）。

公共サービスへの満足度の章は、「国民に奉仕する」枠組みに基づいている。この枠組みは、医療、教育、司法の3つの部門にわたる、サービスへのアクセス、応答性及び質に関する指標を包含している。通常通り、指標の選択はOECDの保健・教育の専門家と合意されている。「サービスの業績に関するOECDサーベイ」に続いて、本版では、より少数ではあるがより対象を絞った指標を含む指標の選択を、提示し、合理化した（Baredes, 2022）。相対的な業績と時間の経過に伴う変化を監視するスコアカードも維持されている。さらに、本版では、第4の部門として行政サービスに関する指標が初めて含まれているが、利用可能な情報の量ゆえに、いまだスコアカードに掲載することができない（第3章）。

グッド・ガバナンス慣行による成果の達成

公共政策を立案・実施し、公共サービスを提供するために、公的機関は、政府が人々にサービス提供を行うために実施する公共ガバナンスのプロセスと慣行を通じて活動している。これらの慣行は、行政がその義務を果たし、その目標を達成するために使用する手段に対処する。その結果、これらの慣行は、法の支配、説明責任、公平性、グリーン移行の進展、そして、政府活動の開放性を確保するために不可欠であることが、よくある。公共部門の改革は、これらのプロセスを対象とすることが多く、したがって、一般の人々の注目を集める。本節に含まれるデータは、様々な公共ガバナンス・コミュニティによって生成され、かなりの程度、『図表でみる世界の行政改革』の特異性である。本版には、政策サイクルのガバナンス（第4章）、予算編成の慣行（第5章）、規制のガバナンス（第6章）、公共調達のマネジメント（第7章）、インフラストラクチャの計画立案とサービス提供提供（第8章）、デジタル政府とオープン・ガバメント・データ（第9章）に関する章が含まれている。

公的機関がどのような資源を使用し、それらの資源はどのようにマネジメントされているか

本書の本節は、政府によるサービス提供のために使用される資源と、その混合方法に対応している。例えば、これらの資源は、労働及び資源に対応している、インプットと公共マネジメントの慣行を記述している章には、例えば歳入と生産費用（第10章）、歳出（第11章）、公共雇用（第12章）、そして、人的資源のマネジメント（第13章）が含まれている。

参考文献・資料

Baredes, B. (2022), "Serving citizens: Measuring the performance of services for a better user experience", *OECD Working Papers on Public Governance*, No. 52, OECD Publishing, Paris, https://doi.org/10.1787/65223af7-en.

Casullo, L., A. Durand and F. Cavassini (2019), "The 2018 Indicators on the Governance of Sector Regulators - Part of the Product Market Regulation (PMR) Survey", *OECD Economics Department Working Papers*, No. 1564, OECD Publishing, Paris, https://doi.org/10.1787/a0a28908-en.

Nardo, M. et al. (2008), *Handbook on Constructing Composite Indicators: Methodology and User Guide*, OECD, Paris, https://www.oecd.org/sdd/42495745.pdf.

附録 A
グリーン予算編成、ジェンダー予算編成及び独立財政機関によるコミュニケーションに関する合成指数のための方法論

共通の背景

ここで記述されている、狭義の合成指数は、離散的で定性的な情報を要約する最善の方法を表している。「合成指数は、多くの個別の指標の間に共通の傾向を見つけようとするよりも、はるかに解釈しやすい」(Nardo et al., 2005)。しかし、それらの開発と使用は議論の俎上にある。これらの指標は、それらが生成される方法についての透明性の欠如のために、ユーザーによって、容易に、しばしば誤解され、実際に測定しているものを真に解明することを困難にしている。

OECDは、合成指数に関連する共通の問題を回避し、又はこれに対処するために、いくつかの措置を講じてきた。本書に記載されている合成指数は、合成指数又は合成指標の重要な構築に必要な『合成指数の構築に関するハンドブック』(OECD/EU/EC-JRC, 2008)に記載されているステップを使用して開発された。

すべての合成指数は、その指数がカバーする分野で合意された概念を表す理論的枠組みに基づいている。。指標を構成する変数は、概念との関連性に基づいて選択される。各指標は、合成指数に使用する変数とウエイト付けスキームについて助言した、当該指標に強く関連するOECD専門家グループと緊密に協力して構築されている。

合成指数の妥当性(validity)と信頼性(reliability)を確保するため、多くの統計分析も実施された。指標を作成するために使用されるサーベイの質問は、各国で同じであり、指標が比較可能であることを保証している。規模の効果を排除するために、すべての指標と変数は比較可能となるよう、「0」と「1」の間で正規化された。合成指数を構築するため、すべての指標は線形法を使用して集計された。指標の得点は、ウエイト付けされた各指標の得点スコアを合計することによって決定された。

統計ツール(クロンバックのアルファ係数)も使用して、各指標に含まれる一連の変数間の相関の程度を決定し、それら指標間の内部信頼性をチェックした。これは、各指標に含まれるすべての変数が相互に関連しており、同じ基礎概念を捉えていることを意味している。最後に、モンテカルロ・シミュレーションを使用した感度分析を実行して、様々なウエイト付けの選択肢に対する指標の得点の頑健性を確立した。

2022年OECDグリーン予算編成指数

グリーン予算編成とは、気候と環境への配慮を予算編成プロセスに統合することを指す。これには、気候と環境の目標とコミットメントの達成に役立つ政策と投資を促進することを目的とした特別なイニシアティブ、プロセス及び分析ツールの使用が含まれる。2022年グリーン予算編成指数は、合成指数のOECDグリーン予算編成枠組みの4つの構成要素を中心にして設計されている。すなわち、1）制度上の仕組み、2）手法とツール、3）説明責任と透明性、及び4）予算編成におけるグリーン予算編成を可能にする環境である（OECD, 2020）。個々の構成要素は均等にウエイト付けされている（25%）。

2022年OECDグリーン予算編成指数の作成に使用されたデータは、2022年OECDグリーン予算編成に関するサーベイから得られている。サーベイの回答者は、主にOECD諸国の中央予算編成当局の予算編成担当者であった。指数に含まれる変数とそのウエイトは、OECD事務局内の専門家グループによって、また、「OECDグリーン予算変数に関するパリ共同作業」への各国代表の国にとっての重要性に基づき概念との関連性に基づき選択された。2022年OECDグリーン予算編成指数は、国際比較を可能にしている。しかしこれは、ある特定の文脈に特化したものではなく、また、グリーン予算編成アプローチの質、使用及びインパクトの複雑な現実を完全に把握することもできない。したがって、この比較は、質の測定やランキングとみなすべきではない。これは、各国が4つの構成要素（OECD, forthcoming）のそれぞれを使用して、個々の構成要素に与えられたグリーン予算編成にマルチ・イニシアティブ・アプローチを採用していることを示している。

変数とそのウエイト

この指数の作成に使用された構成要素と、それぞれに与えられたウエイトは、図A.1に示されている。

時間の経過に伴う進化

2022年グリーン予算編成指数は、2021年OECDグリーン予算編成指数を更新したものである。各国の要望に応じて、変化する慣行や新たな項目を反映している。更新の目的は、4つの構成要素による構成を強化することであった。新たに追加された項目には、気候と環境への配慮が政府予算編成に統合される方法に影響を与えている開発が含まれる。例として、、排出ガス純ゼロ・エミッション戦略、中期予算編成のツール、監視メカニズム、政府レベル間の調整などが挙げられる。したがって、指数の2つのバージョンを比較することはできない。合成指数はOECD諸国との協力の中で開発され、ベスト・プラクティス及び／又は理論（変数とウエイトの両方が指数を成り立たせている）は、包括的なグリーン予算枠組みを支えている。変化している慣行と要素を指数が引き続き捕捉することを保証するようにするために、時間の経過とともに更に洗練されていく可能性がある。

統計分析

モンテカルロ・シミュレーションを通じて、様々なウエイト付けオプションに対する指標の頑健性を確立するために、感度分析が実施された。2022年OECDグリーン予算編成指数の構成要素レベルでの感度分析の結果は、分析対象となった多くの国で、合計点があるカテゴリーに与えられた値の選択にあまり敏感でないことを示している。クロンバックのアルファ係数は0.75に等しく、このことは、構成要素が同じ基礎となる構成要素を測定していることを示している（OECD, forthcoming）。

図A.1　2022年OECDグリーン予算編成指数：変数とそれに与えられたウエイト

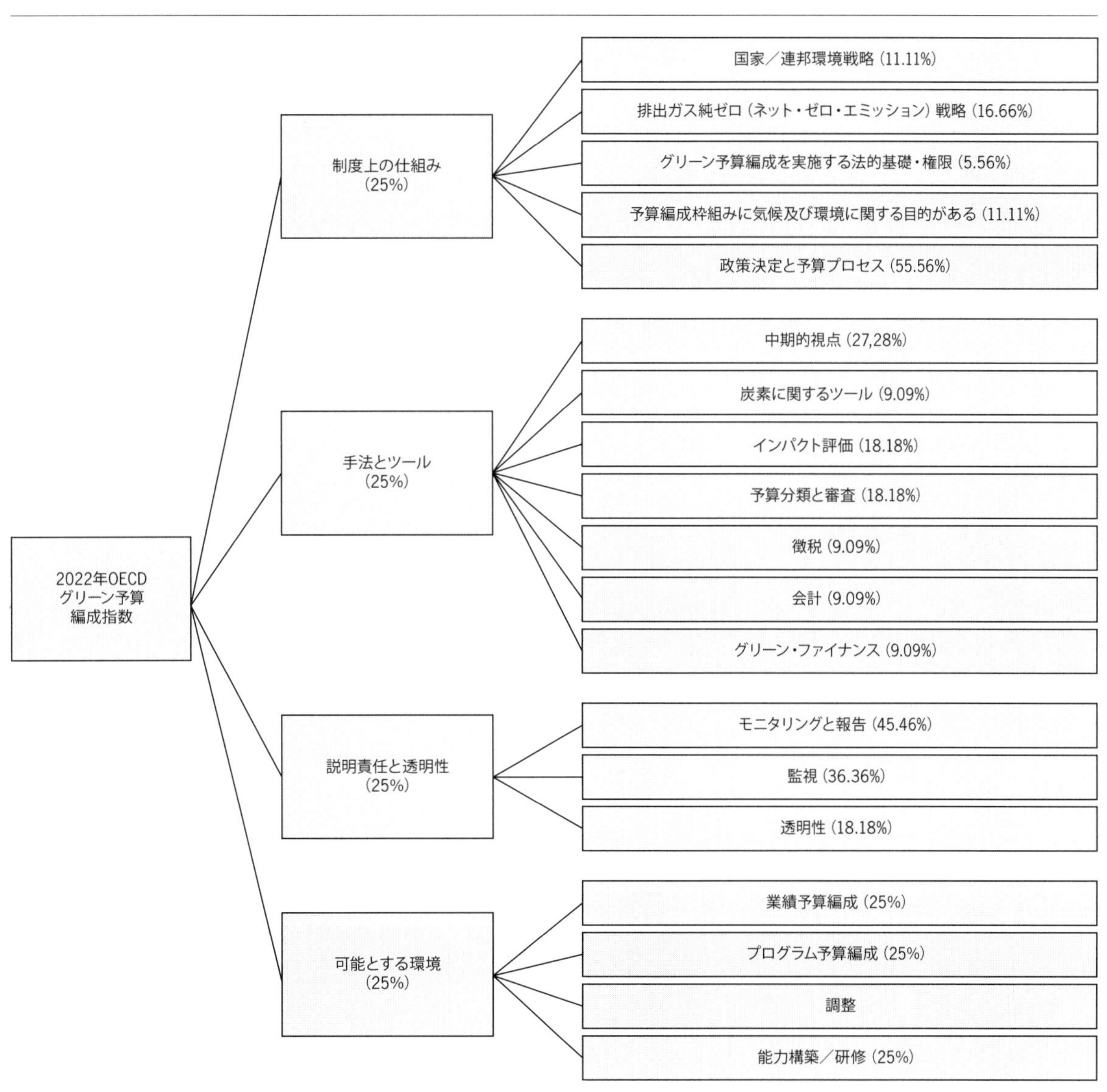

2022年OECDジェンダー予算編成指数

ジェンダー予算編成とは、予算編成プロセスの全体的な文脈の中に、明確なジェンダーの視点を統合することを指す。これには、ジェンダー平等の目標の達成に役立つ政策と投資を促進するという視点からの、特別なプロセスと分析ツールの使用が含まれている。ジェンダー予算編成の実施を強化するため、OECDは、近年、「ジェンダー予算枠組み」を更新してきた。この枠組みは、現在、5つの構成要素を捕捉している。すなわち、1）制度的・戦略的な仕組み、2）ジェンダー予算編成を可能とする環境、3）手法とツール、4）説明責任と透明性、及び5）インパクトである（Gatt Rapa and Nicol, 2023, forthcoming）。2022年OECDジェンダー予算編成指数は、これら5つの構成要素を中心に設計されている。各構成要素は均等にウエイト付けされている（20%）。

2022年のOECDジェンダー予算編成指数の作成に使用されたデータは、2022年のOECDジェンダー予算に関するサーベイから得られたものである。サーベイの調査の回答者は、主にOECD諸国の中央予算当局の上級予算官吏であった。指数に含まれる変数とウエイトは、OECD内の専門家グループによって、また、上級予算官吏会合（SBO）のジェンダー予算編成に関するネットワークの各国代表と協議して、構成要素における重要性に基づいて選択された。2022年のOECDジェンダー予算編成指数は、国家間比較を可能としており、したがって、比較は質的な測定やランキングと見るべきではない。それは、各国が5つの構成要素のそれぞれを用いて、ジェンダー予算編成に対して複数のイニシアティブのアプローチを採用していることを示している（Gatt Rapa and Nicol, 2023, forthcoming）。

変数とウエイト

このインデックスの構築に使用された構成要素と、そのそれぞれに与えられたウエイトは、図A.2に示されている。

時間の経過に伴う進化

2022年ジェンダー予算編成指数は、2018年に初めて決定されたジェンダー予算編成指数の更新である（OECD, 2019）。各国の要望に応じて、変化する慣行や新たな項目を反映している。例えば、2つの新たな柱が指数に加えられている。すなわち、1）説明責任と透明性、及び2）インパクトである。

合成指数はOECD諸国との協力の中で開発され、ベスト・プラクティス及び／又は理論に基づいているものの、合成指数を成り立たせている変数とウエイトの両方が、包括的なジェンダー予算枠組みを支えている、変化している慣行と要素を指数が引き続き捕捉することを保証するようにするために、時間の経過とともに更に洗練されていく可能性がある。

統計分析

モンテカルロ・シミュレーションを通じて、様々なウエイト付けオプションに対する指標の頑健性を確立するために、感度分析が実施された。2022年OECDジェンダー予算編成指数の構成要素レベルでの感度分析の結果は、分析対象となった多くの国で、合計点があるカテゴリーに与えられた値の選択にあまり敏感でないことを示している。クロンバックのアルファ係数は0.84に等しく、このことは、構成要素が同じ基礎となる構成要素を測定していることを示している（OECD, forthcoming）。

図A.2　2022年OECDジェンダー予算編成指数：変数とそれに与えられたウエイト

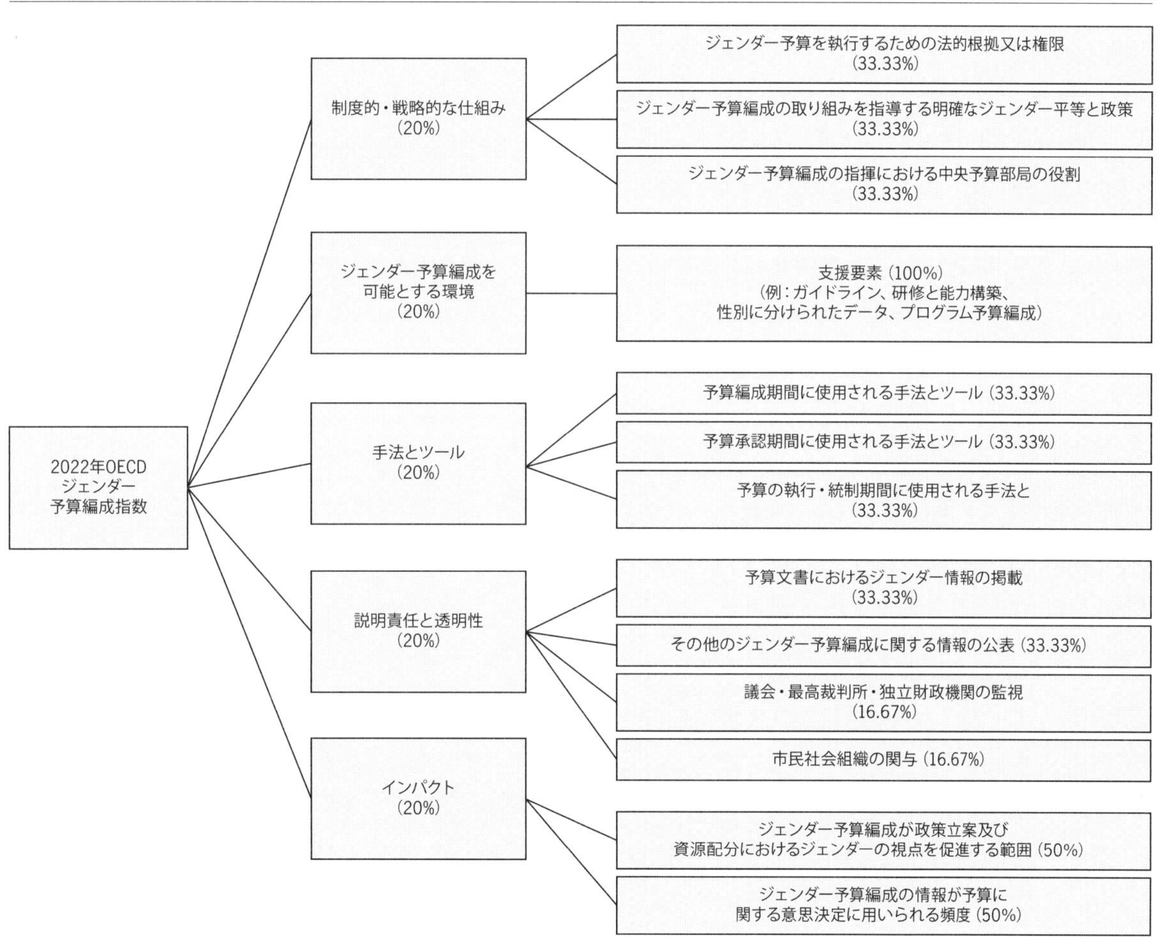

OECD独立財政機関（IFI）コミュニケーション指数

独立財政機関のためのOECD原則は、IFIに対し、効果を達成するための鍵である効果的なコミュニケーション・チャネルを最初から開発するよう求めている（OECD, 2014）。2021年のOECD独立財政機関（Independent Fiscal Institution: IFI）コミュニケーション指数は、OECD諸国の国家レベルのIFI全体を通じた、コミュニケーション慣行に関する尺度を提供している。この指数は、コミュニケーションの3つの異なる角度に照らした制度上の仕組みを考慮に入れている。すなわち、1）研究の普及（52％）、2）研究の促進（32％）、及び3）影響の追跡（16％）である。

2021年OECD IFIコミュニケーション指数の構築に使用されたデータは、OECD独立財政機関データベース（OECD, 2021）から抽出されている。データは机上サーベイを通じて収集され、その後、OECD「議会事務局国家予算担当官吏及び独立財政機関に関する作業部会」の関連する上級職員によって確認及び認証された。指数に含まれる変数及びウエイトは、OECD事務局内の専門家グループによって、また、「議会事務局国家予算担当官吏及び独立財政機関に関する作業部会」に出席した各国代表と協議して、当該概念における重要性に基づいて選択された。ウエイトは、3つの次元に寄与する変数に与えられた相対的な重要性を反映している。

変数とウエイト

この指数の構築に使用された構成要素とそれぞれに与えられたウエイトは、図A.3に示されている。

2021年OECD IFIコミュニケーション指数の構成要素に関する詳細な説明は、オンラインで入手可能である（https://www.oecd.org/gov/govataglance.htm）。これには、合成指数を構築するために使用された変数、回答オプション、スコア及びウエイト、並びに実施された統計分析が含まれる。

統計分析

感度分析が、モンテカルロ・シミュレーションにより、異なるウエイト付けオプションに対する指数スコアの頑健性を確立するために実施された。2021年OECD IFIコミュニケーション指数の変数レベルでの感度分析の結果は、分析された国の大多数について、合計スコアが、各カテゴリーに割り振られた値の選択にあまり敏感でないことを示している。クロンバックのアルファ係数は0.79であり、変数が同じ基礎となる構成要素を測定していることを示している。

図A.3　2021年OECD IFIコミュニケーション指数：変数とそれに与えられたウエイト

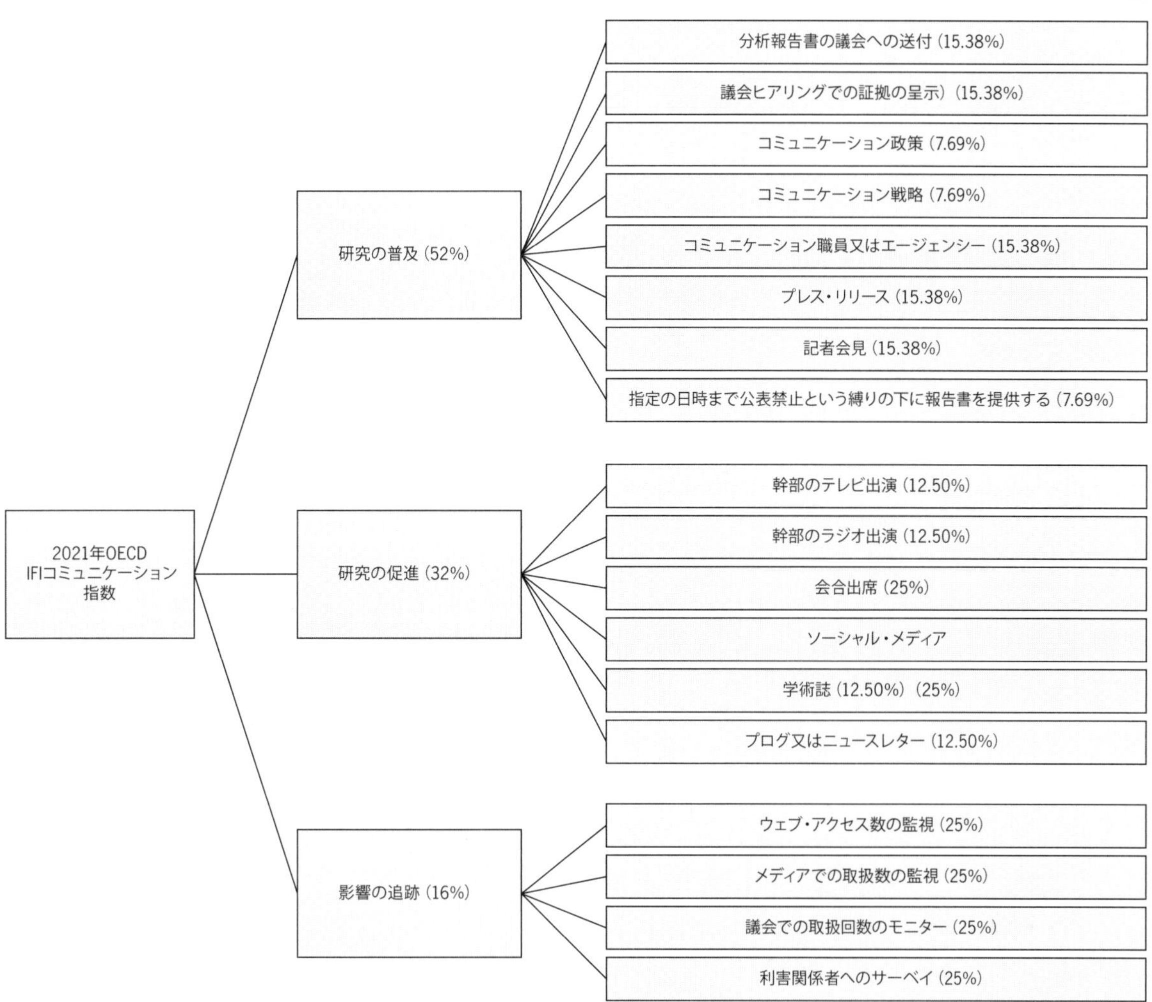

参考文献・資料

Gatt Rapa, K. and S. Nicol (2023, forthcoming), *Gender Budgeting in OECD Countries 2023*, OECD Publishing, Paris.

Gatt Rapa, K. and S. Nicol (2023, forthcoming), *OECD Framework for Gender Budgeting*, OECD Publishing, Paris.

Nardo, M. et al. (2005), *Tools for Composite Indicators Building*, European Commission, https://publications.jrc.ec.europa.eu/repository/handle/JRC31473.

OECD (2021), *Independent Fiscal Institutions Database (Version 2.0)*, OECD, Paris, http://www.oecd.org/gov/budgeting/OECD-Independent-Fiscal-Institutions-Database.xlsx.

OECD (2020), *OECD Green Budgeting Framework: Highlights*, OECD, Paris, https://www.oecd.org/environment/green-budgeting/OECD-Green-Budgeting-Framework-Highlights.pdf.

OECD (2019), *Government at a Glance 2019*, OECD Publishing, Paris, https://doi.org/10.1787/8ccf5c38-en.

OECD (2014), *Recommendation of the Council on Principles for Independent Fiscal Institutions*, OECD, Paris, https://www.oecd.org/gov/budgeting/OECD-Recommendation-on-Principles-for-Independent-Fiscal-Institutions.pdf.

OECD (forthcoming), *Green budgeting in OECD Countries - 2022 OECD Green Budgeting Survey Results*, OECD Publishing, Paris.

OECD/European Union/EC-JRC (2008), *Handbook on Constructing Composite Indicators: Methodology and User Guide*, OECD Publishing, Paris, https://doi.org/10.1787/9789264043466-en.

附録 B
インフラストラクチャ・ガバナンス指標の方法論

OECDインフラストラクチャ・ガバナンス指標（Infrastructure Governance Indicators: IGIs）は、2020年7月17日にOECD理事会で採択されたインフラストラクチャのガバナンスに関するOECD勧告（以下「勧告」）（OECD, 2020）の実施を支援し、監視することを目的としている。勧告は、政府がインフラストラクチャ資産の計画、優先順位付け、資金調達、予算計上、サービス提供し、施設運営し、監視をどのように行うかに関連する10の柱に基づいている。それは、インフラストラクチャ・プロジェクトのライフサイクル全体を対象とし、地域的及び社会的強じん性、環境的視点及びジェンダーの視点に特に重点を置いた政府全体のアプローチを提示している。勧告の柱の包括的な性質は、インフラストラクチャに関する計画立案、意思決定及び提供において作用する複数のガバナンスの次元を徹底的に分析することを可能にしている。したがって、注は、IGIsの開発のための強固な概念的枠組みを提供している。柱は、概念的なカテゴリーと機能的な作業分野の両方を表している。そのため、柱は独立した存在ではなく、インフラストラクチャ・ガバナンスの包括的な概観を支援するために相互に作用している。

IGIsは、各国が現在の開発段階を評価し、より多くの注意を必要とする可能性のある側面を特定するのに役立つ診断ツールとして機能する。特に、IGIsは以下の目標を達成することを目的としている。

- インフラストラクチャ・ガバナンスに関するOECD諸国の活動状況をマッピングし、強みと弱みを特定する
- 勧告で強調されたインフラストラクチャ・ガバナンスの各柱における業績を各国が自己評価するためのツールを提供する
- インフラストラクチャ・ガバナンス枠組みを構成する様々な柱について、包括的な見解とより深い理解を提供する
- 各国が時間の経過とともにインフラストラクチャ・ガバナンスに関する業績の変化を特定できるようにする
- インフラストラクチャガバナンスを測定するために利用可能で必要なデータの量と、現場で包括的なデータベースを構築するメリットに注意を喚起する

- インフラストラクチャ・ガバナンスとインフラストラクチャのアウトカムとの関係に関する議論に貢献する

総合的なアセスメントに加えて、IGIsは、各国からの、更なる開発を必要とする個々の柱の内部の特定の分野をピンポイントで見つける役割も果たしている。より詳細なレベルでの結果（すなわち、各次元の下位の構成要素の業績）は、より詳細な評価を可能にする。

他の合成指標と同様に、IGIsの構築に使用される方法論は、合成指標の構築に関するハンドブック（OECD/European Union/EC-JRC, 2008）に基づいている。この方法論は、インフラストラクチャ及びPPP担当官吏ネットワーク（Network of Senior Infrastructure and PPP Officials: SIP）及び公共調達に関する幹部実務者作業部会（Working Party of the Leading Practitioners on Public Procurement: lPP）の専門家及び官吏と共有され、議論されてもきた。

インフラストラクチャ・ガバナンス指標（IGIs）の構造

IGIsは、合成指標において測定され、提示されている。勧告の個々の各柱に対応する1つの指標であり、これに加えて、環境的に持続可能で気候変動に強いインフラストラクチャに関する横断的な柱に対応するものである。個々の柱は、「下位の柱」と呼ばれる変数のグループに分類できる。これらの下位の柱は、より詳細なレベルで、各国の業績を反映する。このような入れ子構造は、各国が各合成指数の背後にある推進力を理解するのに役立つ。

進捗段階別のインフラストラクチャ・ガバナンス指標（IGIs）の実施

IGIの実施は3つの段階で実施されている。第1段階では、3つの合成指標が構築された。第2段階では、5つの合成指標が構築され、以下の柱を測定した。すなわち、1）透明性があり、体系的かつ効果的な利害関係者の参加、2）首尾一貫した、予測可能で効率的な規制の枠組み、3）清廉性に対する脅威をマネジメントするための政府全体型アプローチ、4）証拠に基づいた意思決定、5）環境的に持続可能で気候変動に強いインフラストラクチャである。第3かつ最終段階では、残りの柱の合成指標が開発される予定である（図B.1参照）。完成したすべての指標の結果は、勧告のすべての側面と、環境的な柱にわたって、各国の業績の包括的な分析を提供する。『図表でみる世界の行政改革』のこの版は、第2フェーズの4つの柱の結果を提示し、議論している（図B.2参照）。第1段階の結果は、OECDインフラストラクチャ・ツールキット（OECD, n.d.）で入手できる。

データ収集と検証

IGIは、OECDのサーベイ手法を通じて収集されたを用いて構築されている。すなわち、インフラストラクチャのガバナンスに関するサーベイその他の調査とOECDの政策コミュニティから収集されたその他の関連データを用いて構築された。このサーベイは、OECDの関連部門／理事会からのインプットに基づき、SIP及びlPPと協議して設計された。サーベイへの参加招請は、SIPへ

図B.1　段階別データ収集の実施

第1段階（2021年）	第2段階（2022年）	第3段階（2024年）
インフラストラクチャの長期的な戦略的ビジョン	利害関係者の参加	政府のレベルを通じた調整
政府財政の持続可能性、支出可能性及び「金額に対する価値」	規制の枠組み	ライフサイクル全体の業績
効率的かつ効果的調達	清廉性に対する脅威のマネジメント	極めて重要なインフラストラクチャの強じん性
	証拠の情報を与えられた意思決定	
	環境的に持続可能で気候変動に強いインフラストラクチャ	

の各国代表団及び各国代表団の主要な連絡窓口を含む全てのOECD諸国に送付された。SIP参加官吏は、政府全体で回答を調整し、場合によっては特定の部門（最も一般的な部門は交通部門であった）その他の権限のある省からの回答もあった。回答者の圧倒的多くは、インフラストラクチャ、公共事業及び財政を所掌する中央／連邦の省、並びにインフラストラクチャを所掌するエージェンシーその他の事業実施省の上級官吏の上級官吏であった。このプロセスには、データの質と正確性において最高水準を確保するための様々なステップが含まれていた。サーベイが開始される前に、質問表と主要な用語の用語集が、OECDの関連部門や理事会と議論され、SIPの各国代表からコメントを得るために。彼らのの間で回覧された。データ検証プロセスを使用して、サーベイ回答の内部及び外部と」の一貫性をチェックし、関連するクエスチョネアで提供された以前の回答と今回の回答を比較し、回答を検証する前に裏付けとなる証拠が体系的に提供されていることを検証した。

変数の選択と再コード化

「下位の柱」は、勧告に沿ったガバナンス慣行の採用と妥当性を測定することを目的とした一連の変数から構築された。変数は、インプットとプロセス（例えば、政策ツール、相互作用に関する規範、意思決定の方法論、モニタリング戦略）の観点から、インフラストラクチャのガバナンスにおける各国の業績を測定するために選択された。提案された合成指標には、アウトプットやアウトカムに関連する変数（例えば、投資の水準、インフラストラクチャ・サービスの質、資本ストックの量、政策目標の達成）は含まれていなかった。変数の選択と再コード化、したがって合成指標の構造は、OECD諸国全体の制度的、政治的、経済的状況の変化を説明するために、IGIsの将来の版で変更される可能性があることに留意することが重要である。『図表でみる世界の行政改革』のこの版に提示されている4つの柱のそれぞれの下にあるサブピラーの概要を、次の図B.2に示す。

インフラストラクチャのガバナンスに関するOECDサーベイは、定性的なデータを収集するために設計されている。したがって、サーベイの質問に対する回答は、0から1の間の数値を用いて再コード化された。ここで、1は最大値であり、勧告で強調されたベスト・プラクティスとの完全な整合性を示し、0は国内にそのような慣行がないことを示す最小値である。

部門別の質問については、交通、エネルギー、社会、水道水、政府庁舎の5つの部門を対象とした。しかし、完全な情報は交通部門についてしか入手可能ではなかった。各国の回答相互間の比較可能性を確保するため、合成指標は交通部門のみを考慮して構築された。規制枠組みに関する柱の下で、経済規制当局のガバナンスに関する「下位の柱」は、経済規制当局の独立性と説明責任という2つの変数を集約している。これらの変数は、部門別規制当局のガバナンスに関する2018年の指標を用いて構築された。これらの指標は、エネルギー、電気通信、鉄道交通及び航空交通における経済規制当局のガバナンス体制を捕捉し、独立性、説明責任及び所掌事務の範囲という3つの柱を中心に構成されている。両方の変数を構築するために、データが入手可能な同等のセクター指標の単純平均が計算された。部門規制当局のガバナンスに関する指標は0から6の値をとり、0が最も効果的なガバナンス体制を示すため、経済規制当局の「下位の柱」のガバナンスに関する経済規制当局の変数の独立性と説明責任を構築するために逆コード化された。環境的に持続可能で気候変動に強いインフラストラクチャに関する柱の下でのサーベイのクエスチョネア上の質問の1つは、OECDの2021年規制政策とガバナンスの指標（iREG）のデータを使用した。iREGは、規制

図B.2　インフラストラクチャ・ガバナンス指標：本書で使用されている柱、下位の柱及びそれらに対応するウエイト

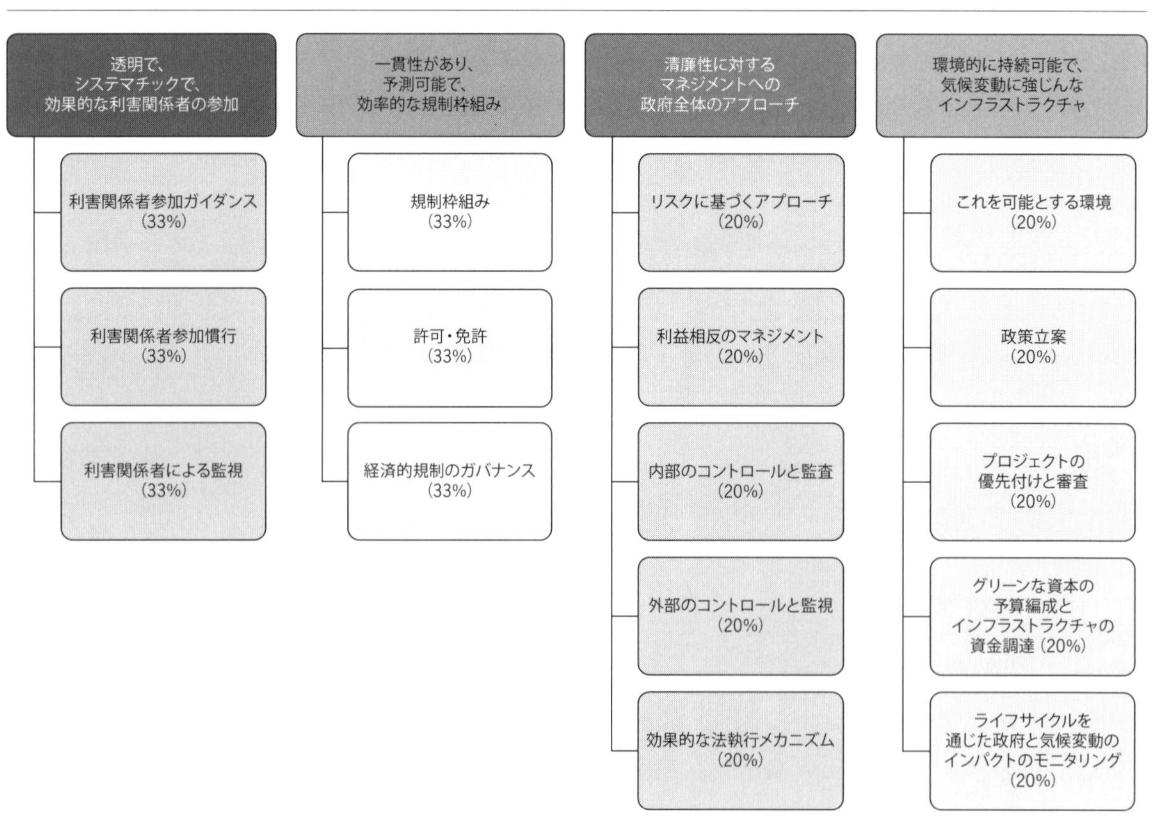

政策とガバナンスの慣行に関する最新の証拠を提示し、3つの主要原則を測定している。すなわち、利害関係者の関与、規制インパクト分析（regulatory impact analysis: RIA）及び事後評価である。これらのデータは、規制改革を所掌する政府機関によりデータを提供された、2021年規制指数のためのサーベイの回答に基づいている。

「清廉性に対するマネジメントへの政府全体型アプローチ」の柱の下で、データ処理を単純化するため、データ収集のためのこのサーベイは、内部コントロールに関する（すなわち、特定されたリスクを緩和することをねらいとする）方策がリスク・マネジメント手続きの一部であったとしても、（「リスクに基づくアプローチ」に関する「下位の柱」の下での）清廉性に対する脅威に関しても、そして、（「内部コントロールと監査」の「下位の柱」の下での）リスクに基づく評価に関しても、それぞれ独立の節を有している[1]。

欠損値

インフラストラクチャ・ガバナンスの概念には横断的な性質があるため、インフラストラクチ・ガバナンスに関するOECDサーベイでは、様々な機関の回答者に対し、その国のインフラストラクチャ・ガバナンスの枠組みと慣行に関する情報を提供するよう求めている。個々の柱の合成指標は、その柱の下位の柱のいずれか1つについて、2つ以上のサーベイの質問に回答するための情報がないと報告した国については、すべての当該下位の柱のための指標の値は計算されなかった。その結果、これらの諸国は、当該の柱のための指標の数値は、OECD諸国平均に算入されなかった。合成指標を構築するために使用されたデータは定性的であるため、欠損値を処理するためのデータ補完は行われなかった。しかし、国の回答が、特定の部門に適用される慣行のみに基づいている場合には、これらは留保され、それらに関連して強い警告が提供されたことに留意すべきである。

ウエイトの付与と集計

合成指標を構築するために、個々の柱のすべての「下位の柱」に等しいウエイトが与えられた。しかし、「下位の柱」の下にある変数は、以下のルールに準拠し、異なるウエイトが与えられた。1）個々の「下位の柱」を構成する変数の個数。「下位の柱」の下の変数の個数が多いほど、各変数のウエイトは低くなる。2）各変数の重要度。特定の「下位の柱」を測定する上で、より重要度の高い変数に、より大きなウエイトが与えられた。個々の「下位の柱」の下にある変数に割り当てられたウエイトは、合計で1になる。すべての変数にウエイトをかけて算出されたスコアの合計は、「下位の柱」において、0から1の範囲の「下位の柱」のスコアになる。線形集約法を使用して、最初に変数を「下位の柱」に集約し、（すなわち、ウエイトを掛けられた算術平均を算出する）、次に「下位の柱」を合成指標に集約した（すなわち、算術平均を算出した）。SIPとIPPの専門家と官吏は、ウエイトの最終的なセットが確認される前に、ウエイトの割り当てと集約のタイプについて協議した。

多変量解析

多変量解析を用いて、収集されたデータの全体的な構造を研究した。この分析は、変数のグループ化、及び集計に関する方法論的選択の指針として、さらに役立つように使用された。多変量解析で使用された技術を、以下に詳述する。

因子分析

因子分析は、そのようなグループ化が概念的に意味のある「下位の柱」の下でグループを再編し得たであろう、統計的に近似している変数グループの特定を支援するため、変数の次元に沿ったデータの構造をチェックするために用いられた。分析は、個々の柱に対し、個別に実行された。主成分因子分析を使用して主成分を抽出し、それらを因子（変数のグループ）として検討した。因子分析によって提供された変数のグループは、合成指標の実行を支える概念枠組みとともに解釈された。

結果は、共通の基礎となる次元を測定し、ゆえに二重計上となることを避けるためと、再グループ化できる変数のセットを探すために慎重に審査された。この結果により、要因が概念グループ（下位の柱）とよく一致するいくつかのケースを提供した。共分散のレベルが高いが、最初の概念グループが異なる変数の場合、結果が専門家と協議され、変数を再グループ化する必要があるかどうかが判断された。この専門家との協議の後、環境的に持続可能で気候変動に強いインフラに関する柱の下のいくつかの「下位の柱」が再調整された。これらの場合、最初は異なる「下位の柱」に配置されていたが、近似又は高度に関連した概念を測定することが判明した変数は、最も関連性の高い「下位の柱」の下で結合された。

クロンバックのアルファ係数

クロンバックのアルファ係数（c-α）は、内部一貫性と規模の信頼性の尺度として使用された。この係数は、変数がグループとしてどのように関連しているか、及びそれらが同じ基礎となる概念をどの程度測定しているかを示している。通常、許容可能な信頼性のしきい値として0.7のc-αが推奨されている（Lafortune and Ubaldi, 2018）。c-αテストは、個々の柱の内部一貫性を測定するために使用された。規制枠組みに関する柱を除くすべての柱の係数は、しきい値の0.7を超えていた。規制枠組みに関する柱の係数は、しきい値をわずかに下回る0.69であった。これは、複数の理由が重なったためである可能性がある。例えば、この柱の下にある2つの変数は、2018年の部門規制当局のガバナンスに関するOECD指標を使用して構築された。これらの指標自体は、異なる基礎となる次元が異なる合成指標を集計した合成指標で構成されている。一方、この柱の下にある他の変数は、特定の次元を測定している。

感度分析

合成指標の頑健性を評価するために、モンテカルロ・シミュレーションを用いて、ウエイト配分スキームの不確実性が合成指標の値にどのように影響するかを調べた。この手法では、ランダムに生成された1,000セットのシミュレートされたウエイトを使用して、異なるウエイト配分スキームの下で、発生し得る各国の合成指標スコアを計算する。

「下位の柱」スコアにおけるバランスを測定する

優れたインフラストラクチャ・ガバナンスは、複数の側面にわたる改善が必要である。理想的には、各国はすべての「下位の柱」で進歩を遂げるべきであり、一部の「下位の柱」の低いスコアは他の「下位の柱」の高いスコアで補償されるべきではない（すなわち、ある国の「下位の柱」は広い範囲の値を示すべきではない）。個々の柱について、変動係数に基づく評価尺度を用いて、バランスのとれた（柱の下の国別の「下位の柱」のスコアの変動が小さい）プロファイルからバランスのとれていない（柱の下の国別の「下位の柱」のスコアの変動が大きい）プロファイルまでの国別プロファイルを評価する。個々の柱について、この分析は、「下位の柱」のスコアに関し、国別プロファイルがどの程度バランスがとれているかを示し、比較的高い指標値を有するが、「下位の柱」のスコアに大きな変動がある国を特定するのに役立つ。各国の分析は、OECDインフラストラクチャ・ツールキット（OECD, n.d.）に示されている。

注

1. リスク・マネジメントとその適用、例えば調達段階への適用に関する詳細については、OECD（forhcoming）を参照。

参考文献・資料

Lafortune, G. and B. Ubaldi (2018), "OECD 2017 OURdata Index: Methodology and results", *OECD Working Papers on Public Governance*, No. 30, OECD Publishing, Paris, https://doi.org/10.1787/2807d3c8-en.

OECD (2020), "Recommendation of the Council on the Governance of Infrastructure", *OECD Legal Instruments*, OECD, Paris, https://legalinstruments.oecd.org/en/instruments/OECD-LEGAL-0460.

OECD (n.d.), *Infrastructure Toolkit*, OECD, Paris, https://infrastructure-toolkit.oecd.org/ (accessed on 15 January 2023).

OECD (forthcoming), *Risk Management in Public Procurement: Good Practices and Guidelines.*

OECD/European Union/EC-JRC (2008), *Handbook on Constructing Composite Indicators: Methodology and User Guide*, OECD Publishing, Paris, https://doi.org/10.1787/9789264043466-en.

附録 C
国民経済計算統計における
政府に関する各国の報告システムとデータ・ソース

表C.1　各国の報告システムとデータ・ソース

国名	非金融政府会計	金融政府会計
OECD諸国		
オーストラリア	SNA2008; OECD年次国民経済計算, 一般政府会計	SNA2008; OECD年次国民経済計算, 金融貸借対照表, 連結
オーストリア	ESA2010; OECD年次国民経済計算, 一般政府会計	ESA2010; 欧州統計局政府金融統計, 年次一般政府金融会計, 連結*
ベルギー	ESA2010; OECD年次国民経済計算, 一般政府会計	SNA2010; OECD年次国民経済計算, 金融貸借対照表, 連結
カナダ	SNA2008; OECD年次国民経済計算, 一般政府会計	SNA2008; OECD年次国民経済計算, 金融貸借対照表, 連結
チリ	SNA2008; OECD年次国民経済計算, 一般政府会計	SNA2008; OECD年次国民経済計算, 金融貸借対照表, 非連結
コロンビア	SNA2008; OECD年次国民経済計算, 一般政府会計	SNA2008; OECD年次国民経済計算, 金融貸借対照表, 連結
コスタリカ	SNA2008; OECD年次国民経済計算, 一般政府会計	-
チェコ	ESA2010; OECD年次国民経済計算, 一般政府会計	ESA2010; 欧州統計局政府金融統計, 年次一般政府金融会計, 連結*
デンマーク	ESA2010; OECD年次国民経済計算, 一般政府会計	SNA2008; OECD年次国民経済計算, 金融貸借対照表, 連結／ ESA2010; 欧州統計局政府金融統計, 年次一般政府金融会計, 連結*
エストニア	ESA2010; OECD年次国民経済計算, 一般政府会計	ESA2010; 欧州統計局政府金融統計, 年次一般政府金融会計, 連結*
フィンランド	ESA2010; OECD年次国民経済計算, 一般政府会計	ESA2010; 欧州統計局政府金融統計, 年次一般政府金融会計, 連結*
フランス	ESA2010; OECD年次国民経済計算, 一般政府会計	ESA2010; 欧州統計局政府金融統計, 年次一般政府金融会計, 連結*
ドイツ	ESA2010; OECD年次国民経済計算, 一般政府会計	ESA2010; 欧州統計局政府金融統計, 年次一般政府金融会計, 連結*
ギリシャ	ESA2010; OECD年次国民経済計算, 一般政府会計	ESA2010; OECD年次国民経済計算, 金融貸借対照表, 連結*
ハンガリー	ESA2010; OECD年次国民経済計算, 一般政府会計	ESA2010; OECD年次国民経済計算, 金融貸借対照表, 連結*
アイスランド	SNA2008; OECD年次国民経済計算, 一般政府会計	SNA2008; OECD年次国民経済計算, 金融貸借対照表, 連結
アイルランド	ESA2010; OECD年次国民経済計算, 一般政府会計	ESA2010; OECD年次国民経済計算, 金融貸借対照表, 連結*
イスラエル	SNA2008; OECD年次国民経済計算, 一般政府会計	SNA2008; OECD年次国民経済計算, 金融貸借対照表, 連結
イタリア	ESA2010; OECD年次国民経済計算, 一般政府会計	ESA2010; 欧州統計局政府金融統計, 年次一般政府金融会計, 連結*
日本	SNA2008; OECD年次国民経済計算, 一般政府会計	SNA2008; OECD年次国民経済計算, 金融貸借対照表, 連結
韓国	SNA2008; OECD年次国民経済計算, 一般政府会計	SNA2008; OECD年次国民経済計算, 金融貸借対照表, 連結

表C.1　各国の報告システムとデータ・ソース（続き）

国名	非金融政府会計	金融政府会計
ラトビア	ESA2010; OECD年次国民経済計算, 一般政府会計	ESA2010; 欧州統計局政府金融統計, 年次一般政府金融, 連結*
リトアニア	ESA2010; OECD年次国民経済計算, 一般政府会計	ESA2010; OECD年次国民経済計算, 金融貸借対照表, 連結*
ルクセンブルク	ESA2010; OECD年次国民経済計算, 一般政府会計	ESA2010; 欧州統計局政府金融統計, 年次一般政府金融会計, 連結*
メキシコ	SNA2008; OECD年次国民経済計算, 一般政府会計	SNA2008; OECD年次国民経済計算, 金融貸借対照表, 非連結
オランダ	ESA2010; OECD年次国民経済計算, 一般政府会計	ESA2010; 欧州統計局政府金融統計, 年次一般政府金融会計, 連結*
ニュージーランド	SNA2008; OECD年次国民経済計算, 一般政府会計	SNA2008; OECD年次国民経済計算, 金融貸借対照表, 連結
ノルウェー	SNA2008; OECD年次国民経済計算, 一般政府会計	SNA2008; OECD年次国民経済計算, 金融貸借対照表, 連結
ポーランド	ESA2010; OECD年次国民経済計算, 一般政府会計	ESA2010; OECD年次国民経済計算, 金融貸借対照表, 連結*
ポルトガル	ESA2010; OECD年次国民経済計算, 一般政府会計	SNA2008; OECD年次国民経済計算, 金融貸借対照表, 連結
スロバキア	ESA2010; OECD年次国民経済計算, 一般政府会計	SNA2008; OECD年次国民経済計算, 金融貸借対照表, 連結
スロベニア	ESA2010; OECD年次国民経済計算, 一般政府会計	ESA2010; 欧州統計局政府金融統計, 年次一般政府金融会計, 連結*
スペイン	ESA2010; OECD年次国民経済計算, 一般政府会計	ESA2010; 欧州統計局政府金融統計, 年次一般政府金融会計, 連結*
スウェーデン	ESA2010; OECD年次国民経済計算, 一般政府会計	ESA2010; 欧州統計局政府金融統計, 年次一般政府金融会計, 連結*
スイス	SNA2008; OECD年次国民経済計算, 一般政府会計	SNA2008; OECD年次国民経済計算, 金融貸借対照表, 連結
トルコ	SNA2008; OECD年次国民経済計算, 一般政府会計	SNA2008; OECD年次国民経済計算, 金融貸借対照表, 連結
イギリス	ESA2010; OECD年次国民経済計算, 一般政府会計	SNA2008; OECD年次国民経済計算, 金融貸借対照表, 連結
アメリカ	SNA2008; OECD年次国民経済計算, 一般政府会計	SNA2008; OECD年次国民経済計算, 金融貸借対照表, 連結
OECD加盟申請国		
ブラジル	SNA2008; OECD年次国民経済計算, 一般会計	SNA2008; OECD年次国民経済計算, 金銭貸借対照表, 非連結
ブルガリア	ESA2010; OECD年次国民経済計算, 一般会計	ESA2010; 欧州統計局政府金融統計, 年次一般政府金融会計, 連結*
クロアチア	ESA2010; OECD年次国民経済計算, 一般会計	ESA2010; 欧州統計局政府金融統計, 年次一般政府金融会計, 連結*
ルーマニア	ESA2010; OECD年次国民経済計算, 一般会計	ESA2010; 欧州統計局政府金融統計, 年次一般政府金融会計, 連結*

注：*印は、これらの諸国の政府財務会計のデータソースが、欧州統計局であることを示す。同局は、最新の（認証化された）最新データを反映している（このデータは2年に1度送信されている）。EU地域の他の諸国については、最新の（認証化された）データは、OECD国民経済計算（データベース）に送信され、抽出されてきた。

附録 D
歳入統計のための方法論

以下の表では、第10章「公共歳入と生産費用」で提示された、租税、純社会負担、売上及び交付金その他の収入の集計がOECD国民経済計算データからどのように構築されたかについての詳細な情報を提供する。

表D.1　歳入統計

本書でのラベル	国民経済計算でのラベル	OECD 国民経済計算データ（一般政府の主要集計）でのコード
税		
間接税	生産・輸入に対する税、受取	GD 2 R
直接税	所得及び財産に対する経常税、受取	GD 5 R
資本税	資本税	GD 91 R
純社会負担	純社会負担	GD 61 R
売上	市場産出額及び自己の最終使用のための産出額 その他市場で取引されない産出額に対する支払	GP 11_P 12 R GP 131 R
交付金その他の収入		
経常及び資本交付金	その他の経常移転、受取 その他の資本移転及び投資交付金、受取	GD 7 R GD 92 R_D 99 R
補助金	生産に対するその他補助金、受取	GD 39 R
資産所得	資産所得、受取	GD 4 R
歳入総額	歳入総額	GTR

附録 E
政府の目的別分類（COFOG）

OECDにより開発された政府の目的別分類（Classification of the Functions of Government, COFOG）は、資金が使用されている目的によって、国民経済計算からの政府支出データを分類する。表E.1が示すように、第1レベルのCOFOGは、支出データを10の「機能的な」グループ（支出の下位部門）（経済業務、教育、社会保護等）に分類する。そして、第2レベルのCOFOGは、さらに、第1レベル・グループのそれぞれを、最大9つの下位グループに分割する。第1レベルCOFOGデータは、（時系列データの利用可能性で分けると）OECD諸国38か国のうちの34か国で利用可能であるが、第2レベルCOFOGデータは、現在、ヨーロッパのOECD 諸国とオーストラリア、コロンビア、コスタリカ、イスラエル及び日本でしか常時利用可能ではない*。

表E.1　第1レベル及び第2レベルのCOFOG

第1レベル	第2レベル
一般公共サービス	●行政・立法機関、財務・財政業務、対外業務 ●対外経済援助 ●一般行政 ●基礎研究 ●R&D（一般公共サービス） ●その他の一般公共サービス ●公的債務取引 ●他レベルの政府との間の一般的移転
防衛	●軍事防衛 ●民間防衛 ●対外軍事援助 ●R&D（防衛） ●その他の防衛
公共の秩序・安全	●警察サービス ●消防サービス ●裁判所 ●刑務所 ●R&D（公共の秩序・安全） ●その他の公共の秩序・安全
経済業務	●経済、通商、労働関係業務一般 ●農畜産業、林業、漁業、狩猟 ●燃料・エネルギー ●鉱業、製造業、建設 ●運輸 ●通信 ●その他産業 ●R&D（経済業務） ●その他の経済業務

表E.1　第1レベル及び第2レベルのCOFOG（続き）

第1レベル	第2レベル
環境保護	●廃棄物管理 ●廃水管理 ●公害対策 ●生物多様性・景観の保護 ●R&D（環境保護） ●その他の環境保護
住宅・地域アメニティ	●住宅開発 ●地域開発 ●上水道 ●街灯 ●R&D（住宅・地域アメニティ） ●その他の住宅・地域アメニティ
保健	●医療用品、医療器具・機器 ●外来サービス ●病院サービス ●公衆衛生サービス ●R&D（保健） ●その他の保健
娯楽・文化・宗教	●娯楽・スポーツサービス ●文化サービス ●放送・出版サービス ●宗教・その他の地域サービス ●R&D（娯楽・文化・宗教） ●その他の娯楽・文化・宗教
教育	●就学前・初等教育 ●中等教育 ●中等教育終了後教育（高等教育を除く） ●高等教育 ●レベル別に定義できない教育 ●教育に付随するサービス ●R&D（教育） ●その他の教育
社会保護	●傷病・障害 ●老齢 ●遺族 ●家族・児童 ●失業 ●住宅 ●その他の社会的脱落 ●R&D（社会保護） ●その他の社会保護

＊第1レベルCOFOG支出データは、カナダ、メキシコ、ニュージランド及びトルコで利用可能ではない。最近まで、第2レベルCOFOGデータは、いくつかの国家統計部局で利用可能であったが、国際機関によって収集されていなかった。さらに、国連SNAガイドと政府財政統計に関する国際通貨基金マニュアルが、COFOG概念の適用に関する実用的な情報をあまり提供していないため、第2レベルCOFOGデータは完全な国際比較を常にできるものではなかった。しかし、2005年に、欧州統計局は、国民経済計算支出データへのCOFOGの適用に関するガイダンスを開発し、ヨーロッパ諸国に対する第2レベルCOFOGデータの収集について議論するためのタスク・フォースを設立した。ヨーロッパ圏外のOECD諸国（オーストラリア、コロンビア、コスタリカ、イスラエル及び日本を除く）では、第2レベルCOFOGデータが利用可能ではない諸国もある。さらに、限られたCOFOG区分でのみ、これらのデータが利用可能である国もある。これらのデータのOECDへの提出に関して、これらの諸国との合意に達するための取組が進行中である。

附録 F
職業の分類と定義

以下の分類は、2016年戦略的人的資源マネジメントに関するOECDサーベイ以後、中央／連邦政府における労働力の構成に関するOECD諸サーベイにおいて用いられてきた。この分類は2020年以後、公務員における職員関与に関する標準的サーベイ・モジュールとしても使われてきた。この分類は、政府の職業に関する1つの主要なハイラーキー・レベルを定義している。これらの定義は、おおむね国際労働機関（International Labour Organizatuion: ILO）によって維持管理されている国際標準職業分類（ISCO）に基づいている。完全な定義は、次のリンク（www.ilo.org/public/English/burau/stat/isco/isco08/index.htm）で利用可能である。この職業の分類と定義はILOによって開発された、国際標準職業分類（ISCO-08）を改変したものである。

改変の理由は、すべての諸国が、自国政府の職業の分類にISCOモデルを用いている訳ではないからである。これは、中央レベルの政府に含まれる職業が、個別の法的・行政的枠組みにより異なりうるためである。

表F.1　職業の分類と定義

トップ・マネジャー
D1マネジャー（ISCO-08 1112の一部）は、省の大臣又は長官／副大臣の直下の、トップの公務員である。彼らは、上級幹部公務員のメンバーの場合もあるし、及び／又は、政権又は政権の長によって任命される場合もある。彼らは、政策事項に関し政府に助言し、政府の政策の解釈と実施を監督し、国によっては、彼らが執行権を有する場合もある。D1マネジャーは、閣議の一部に出席する権利を与えられる場合もあるが、彼らは閣僚の一部ではない。彼らは、省の大臣／長官又は特定の行政分野に対し、総合的な指揮とマネジメントを提供している。自律性の高い執行エージェンシー、政府権限の分権化、よりフラットな組織、そしてマネジャーにより強い権限が与えられているシステムのある国では、D1マネジャーが執行エージェンシーの長（Director General）に相当する。
D2マネジャー（ISCO-08 11及び112の一部）は、D1マネジャーの直下に位置する。彼らは、他のマネジャーの支援を受けつつ、政策を策定・レビューし、省又は特別な局（directorate）／ユニットの活動全体の計画立案・指揮・調整・評価を行う。彼らは、上級幹部公務員の一部である場合もある。彼らは、作業プログラムの調整とマネジメントにおける指導と、様々な政策分野における専門職チームに対するリーダーシップを提供する。彼らは、自らの監督下にある特定の行政ユニット／部門の目的、戦略及びプログラムを決定する。
中間マネジャー（3人以上の部下のマネジメント権限を有する）
D3マネジャー（ISCO-08 12の一部）は、D2マネジャーの直下に位置する。彼らは、他のマネジャーの支援を受けつつ、通常、役員会又は組織の統治機関によって定められたガイドラインの範囲内で、省内部の特定の局／行政ユニットの全体的な機能を計画し、指揮し、調整している。彼らは、自らの特定の分野内部で、リーダーシップとマネジメントを専門職チームに提供している。これらの職員は、ユニット、課又は政策分野の作業プログラムと職員の開発及びマネジメントを行っている。彼らは、予算の決定及びマネジメント、支出コントロール、並びに資源の効率的な使用の確保を行う。彼らは、様々な専門職チームの業績を監視し、評価する。

表F.1　職業の分類と定義（続き）

D4マネジャー（ISCO-08 121の一部）は、D3マネジャーの直下に位置する。彼らは、政策助言、並びに戦略及び財務計画の策定と実施を行う。彼らは、運営上及び行政上の手続を決定及び指揮し、上級マネジャーに助言を提供する。彼らは、職員の選抜、訓練及び業績をコントロールし、予算案を編成し財務運営を監督し、支出をコントロールし、資源の効率的な使用の確保を行う。彼らは、ユニットの中の特定の専門職チームにリーダーシップを提供する。

D5マネジャー（任意）（ISCO-08 1211、1211、1212及び1213の一部）は、D4マネジャーの直下に位置する。彼らには、その主たる権限が作業プログラムの執行を指揮し、他の専門職及び若年の専門職の作業を監督する。

D6マネジャー（任意）（ISCO-08 1211、1212及び1213の一部）には、その主たる権限が作業プログラムの執行を主導し、他の専門職又は若年の専門職の作業を監督する専門職が含まれる。

専門職

上級エコノミスト／政策分析官（ISCO-08 242 及び2422の一部）は、（3人以上の部下のマネジメントを行うという）マネジメント上の権限を有さず、初級の分析官と行政／秘書職員より高い格付けがなされている。彼らは、通常、学士の学位を必要とする。彼らはある作業分野又は様々なプロジェクトに関し、指揮する権限を有し、政府の運営とプログラムの設計、実施及び変更を誘導する政策を開発し、分析する。これらの専門職は、異常と時代遅れの規定を特定するために、既存の政策と法律を審査する。彼らは、政策上の選択肢を分析し、立案し、政策変更のためのブリーフィング・ペーパーと勧告を用意する。さらに、彼らは、公共政策のインパクト、財政上の含意、並びに政治上及び行政上の実現可能性を評価する。このグループの職員には、昇任を通じてマネジャーになる可能性が与えられている。彼らの専門的技能の領域は、法学、経済学、政治学、行政学、国際関係論に始まり、工学、環境学、教育学、医療経済学などにわたる。上級政策分析官／エコノミストは、専門職として5年以上の職務経験を有する。

初級エコノミスト／政策分析官（ISCO-08 242及び2422の一部）は、行政／秘書的職位より高い格付けがなされている。彼らは、通常、学士の学位を必要とする。彼らは、リーダーシップを発揮する権限をまったく有していない。彼らは、政府の運営とプログラムの設計、実施及び変更を誘導する政策を開発し、分析する。これらの専門職は、異常と時代遅れの規定を特定するために、既存の政策と法律を審査する。彼らは、政策上の選択肢を分析し、立案し、政策変更のためのブリーフィング・ペーパーと勧告を用意する。さらに、彼らは、公共政策のインパクト、財政上の含意、並びに政治上及び行政上の実現可能性を評価する。彼らの専門的技能の領域は、法学、経済学、政治学、行政学、国際関係論に始まり、工学、環境学、教育学、医療経済学などにわたる。初級政策分析官／エコノミストは、専門職として5年未満の職務経験しか有していない。

秘書的職位

秘書（ISCO-08 411及び4110の一部）は、一般に、学士の学位を必要としない（しかし、その多くは所持している）。彼らは、金銭の取り扱い、旅行の手配、情報請求及び面会予約に関する様々な事務的及び行政的任務を実行する。彼らは、情報を記録し、準備し、仕分けし、分類し、ファイルする。郵便物を仕分けし、開封し、送付する。報告書と通信を作成する。職員の使用する設備の問題を記録する。電話若しくは電子的な照会に対応し、又は適切な者に転送する。数字をチェックし、請求書を作成し、完了した財務取引の詳細を記録する。コンピュータに情報を入力する。文書を校正し、修正する。予算案を編成し、支出を監視し、契約や購入・調達命令を起案する補助を行う者もいる。事務的支援職員の作業を監督する最も上級の者は、このカテゴリーに含まれない。

附録 G
オンライン図表一覧

第３章　公共サービスに対する満足度

●G1.1　性別、年齢、教育レベル別の公共サービス満足度の人口統計値（2021 年）

StatLink：https://stat.link/hcmuso

第５章　規制ガバナンス

●G2.1　政策立案におけるステークホルダーの関与（国別）（2021 年）

StatLink：https://stat.link/ujkhan

第６章　予算編成の慣行

●G3.1　グリーン予算編成の法的根拠（2021 年及び 2022 年）
●G3.2　グリーン予算編成の説明責任と透明性の枠組み（2022 年）
●G3.3　グリーン予算編成を可能にする環境（2022 年）
●G3.4　OECD ジェンダー予算編成指数: 制度的・戦略的枠組みの構成要素（2022 年）
●G3.5　OECD ジェンダー予算編成指数: インパクトの構成要素（2022 年）

StatLink：https://stat.link/jdli4n

第７章　公共調達のマネジメント

●G4.1　一般政府調達支出の機能別構成の変化（2019 ～ 2021 年）
●G4.2　一般政府調達支出の政府レベル別構成（2019 年及び 2021 年）

StatLink：https://stat.link/pfwi8e

第 10 章　公共部門の収入と生産コスト

●G5.1　1 人当たり政府歳入の年成長率（実質）（2019 ～ 20 年、2020 ～ 21 年及び 2021 ～ 22 年）
●G5.2　財務手段別政府債務の構造（2021 年及び 2022 年）
●G5.3　1 人当たり政府債務の年成長率（実質）（2019 ～ 20 年、2020 ～ 21 年及び 2021 ～ 22 年）
●G5.4　1 人当たり一般政府総債務の年成長率（実質）（マーストリヒト条約の定義による）（GDP 比）（2019 年、2021 年及び 2022 年）
●G5.5　一般政府のアウトソーシング支出の構造（2021 年）

StatLink：https://stat.link/n6kubm

第 11 章　公共部門の歳出支出

●G6. 1　1 人当たり政府歳出の年間成長率（実質）（2019 ～ 20 年、2020 ～ 21 年及び 2021 ～ 22 年）
●G6. 2　一般政府歳出の機能別構成（2021 年）
●G6. 3　一般政府歳出の機能別構成の変化（2007 ～ 2019 年）
●G6. 4　社会保護に対する一般政府歳出の機能別構成（2021 年）
●G6. 5　保健に対する政府支出の機能別構成（2021 年）
●G6. 6　社会保護に対する一般政府歳出の機能別構成の変化（2019 ～ 2021 年）

- G6. 7　保健に対する一般政府歳出の機能別構成の変化（2019～2021年）
- G6. 8　総投資額に占める政府投資の割合
- G6. 9　一般政府の投資額の機能別構造
- G6.10　一般政府の構造的基礎的財政支（OECD諸国及びそのうち最大の経済規模の国の潜在的GDP比（%））（2007～2024年）

StatLink：https://stat.link/abjphu

附録 H
運営グループメンバー

『図表でみる世界の行政改革』運営グループは、OECD公共ガバナンス委員会の非公式グループである。すべてのOECD諸国が参加可能である。この運営グループは、『図表でみる世界の行政改革』の初版（2009年）の出版時に設立され、本書の出版と、より広く公共ガバナンスに関する統計とデータについて助言するために、定期的に会合を開いている。

国名	氏名	職名／職位	省名
オーストリア	Michael Kallinger	イノベーション型行政開発ユニット長	連邦首相府、公務及びイノベーション型行政開発局
ベルギー	Florence Pole	アタッシェ	連邦公務政策・支援省
カナダ	Brett Thompson	戦略的立案課長	財務委員会
チリ	Pablo Torres	参事官	OECDチリ政府代表部
クロアチア	Tomislav Micetic	質の高いマネジメント担当部局長	司法・行政省
エストニア	Laura Vilup	持続可能な開発及びEU基金プロジェクト顧問	政府官房
欧州連合（EU）	Mina Shoylekova	部門長	欧州委員会
フィンランド	Katju Holker	政府政策ユニット長	財務省
フランス	Francois Gautier	予算・公共ガバナンス担当参事官	OECDフランス政府代表部
ギリシャ	Christos Kokkalas	イノベーション・ユニット長	内務省
アイルランド	Nora O' donnell	顧客サービス・イニシアティブ・マネジャー	公共支出・改革省
イタリア	Angela Guerrieri	欧州プログラム立案・コントロール部局長	行政省
韓国	Emily Seonwoo Park	課長補佐	内務・安全省
ラトビア	Inese Kušķe	部門間調整官	国家官房、行政政策局
リトアニア	Darius Zerioulus	リトアニア首相顧問	首相府
ルクセンブルク	Astrid Spreitzer	参事官	行政省
メキシコ	Adrian Franco Barrios	副所長	国立統計・地理研究所
オランダ	Frans van Dongen	プログラム・マネジャー	内務・王国関係省
ノルウェー	John Nonseid	上級顧問	公共マネジメント･eガバメント･エージェンシー政府行政・改革省
ルーマニア	Mette Unheind Sandstadd	上級顧問	公共・財務マネジメント・エージェンシー
	Monica Giurgiu	調整官	政府官房
スロベニア	Polona Kobal	国際関係顧問	行政省
スウェーデン	Max Dahlback	分析官	公共マネジメント・エージェンシーー
アメリカ	Amira Boland	連邦顧客経験リーダー	行政管理庁

訳者あとがき

今回の2023年版『図表でみる世界の行政改革（*Government at a Glance*）』は、2009年にシリーズの刊行が開始されて以来、8回目のものである。OECDでは、21世紀に入り、特定の政策分野に関するデータとその解説を一覧できるようにコンパクトにまとめた「図表でみる」シリーズの刊行を開始し、これまで、教育、農業政策（2011年以後「モニタリングと評価」として刊行」）、社会問題、年金、地域間・都市間格差（2018年から、それ以前は地域格差）、環境（2020年まで）、開発支援（2008年まで）、貿易支援、国民経済計算、保健医療、起業及び宇宙経済（2014年まで）の分野で実績を重ねてきた[1]。

『図表でみる世界の行政改革』は、これら特定政策分野のインフラストラクチャとも言える公共ガバナンスについてのデータをとりまとめている。ここでは、『図表でみる世界の行政改革』の基本的考え方、2023年版の特色、基礎となるOECDの法的文書等について簡単にまとめてみたい。

『図表でみる世界の行政改革』の基本的考え方

OECDは、2005年以後、行政改革等に関する指標の整備事業を行ってきた。この背景には、OECDによる公共マネジメントの分析が、各国を比較できる共通データがないために、客観的な定量・定性的な比較が進まず、国ごとの改革の「ベスト・プラクティス」を主観的にピックアップすることで行われてきたことがある。このために、各国の特徴や、強み・弱み等の分析がなされてこなかったのである。

『図表でみる世界の行政改革』の目的は、政府に関する様々なデータを収集・整理することにより、経済社会状況が類似している他のOECD諸国の経験との比較を行い、自国の政策の到達度を把握し、よって自国の各分野の政策をよりよく理解することを可能にすることである。具体的には、公共部門の効率性や制度の有効性、政府間の業績の差を生む要因は何か、公共部門の改革の影響・効果はどの程度なのか等に関する様々な知識を提供し、各国の官民双方における幅広い研究に寄与することを意図している。

1. 現在は削除されているOECDの「『図表でみる』出版物」のサイト（www.oecd.org/about/publishing/at-a-glance.htm）には、『OECDファクトブック』並びに2つの「スコアボード」（「中小企業及び起業家への投融資」と「科学・技術・産業」）も列挙されている（2020年9月14日閲覧）。

データの分類

本書のデータは政府の生産チェーンに沿って構造化され、概念要素とカントリーノート（文脈上の情報）、「インプット」「プロセス」及び「アウトプット」と「アウトカム」に分類、掲載されている[2]。

「インプット」「アウトプット」及び「アウトカム」の3区分は、1980年代のニュー・パブリック・マネジメント（NPM）に基づく諸外国での公的部門のマネジメント改革で取り入れられるようになったものである。オーストラリアで1984年に開始されたProgram Management and Budgetingにおいては、事業目的をアウトカム指向で明確化することが要求され、1999会計年度からの発生主義会計の採用後にも、重点の置き方はアウトプットに移っているものの、アウトプットとアウトカムの区分は維持されている。ニュージーランドでは、1988年の国家部門法（State Sector Act）による改革の結果、アウトカムは大臣の責任とされ、各省の首席執行官（Chief Executive、日本の事務次官に当たる）と当該アウトカムを実現するためのアウトプットについて契約を結ぶという形になっている。

一般に政策プロセスは、下図のように模式化することができる。

図　政策プロセスのフロー

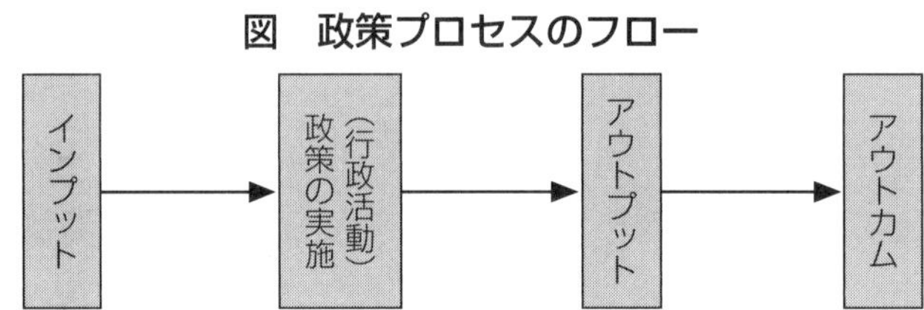

インプットは、政策を実施するための行政活動に投入される資源である。日本では、カネ（財源）、ヒト（人員）、モノ（物的資源）などと言われるものである。1980年代までは、世界中のどこの政府でも、このインプット、特に財源（予算）や人員（職員定数）だけで行政活動のマネジメントを進めようとしてきた。

これに対し、アウトプットは、行政活動の結果、直接産出される財やサービスである。例えば、道路清掃ならば清掃された道路の延べ面積、職業訓練ならば職業訓練を受けた者の人数である。

しかし、アウトプットは、通常、政策が最終的にねらいとする、ある社会・経済上の変化ではない。例えば、道路清掃ならば、清掃した面積が問題なのではなく、道路を清潔に保つことが目的なのであり、職業訓練ならば、何人訓練したかが問題なのではなく、職業訓練を通じて1人でも多くの国民が安定した職を得て自立することが目的なのである。まさに、このような「道路の清潔度」や「職業訓練によって職を得た人の数（さらには、失業率の低下、失業給付から離脱した者の増加等）」が、アウトカムである。近年の先進国での行政のマネジメントの関心は、いかにアウトカム

2. 2019年版23頁の図1等、過去の版を参照。

を高めるかであり、そのために、アウトカムを測定することにより職業公務員がアウトカムを向上させるようなインセンティブを仕組んでいくことであった。我が国における政策評価制度においてアウトカムに着目した目標設定をアウトプットに着目した目標設定より優先しているのも、このような系譜に位置付けられる。

行政機関におけるアウトプットとアウトカムの峻別という考え方を学術文献で1980 年代にとったのは、ジェームズ・Q. ウィルソンの『官僚制：政府機関は何をしており、それをなぜしているのか』である[3]。同書では、行政機関をマネジメントの観点から分類するのに、その機関のアウトプットとアウトカムをマネジャーが直接観察することができるかどうかという基準を用い、行政機関を、生産型組織（アウトプットもアウトカムも観察可能）、手続型組織（アウトプットは観察できるがアウトカムは観察できない）、職人型組織（アウトプットは観察できないが、アウトカムは観察できる）、状況対処型組織（アウトプットもアウトカムも観察できない）という4つの類型に分類している。ただし、同書では、後述する『行政革命』とは若干異なり、アウトプットは、個々の職員の行動、あるいはそのトータルとしての機関の活動という意味で使われ、アウトカムは、そのアウトプットが社会をどのように変えるか、換言すれば、その機関の活動の結果、という意味で使われている。

アウトプットとアウトカムの峻別を一般にも普及させたのは、デビッド・オズボーンとテッド・ゲーブラーの『行政革命』であろう[4]。同書では、巻末の「補遺B－業績評価法」の部分で詳細に論じられている。アウトプットは、一定の時間に実際に産出された量を意味するのに対し、アウトカムはアウトプットの質、換言すれば、その（行政）活動が、社会、あるいは少なくともその機関が対象としている人々にどのような影響を与えたかということを意味するとされている。アウトプットを生み出しつつもプラスのアウトカムを生み出していない例として、職業訓練校が溶接プログラムの卒業生を多数出していても、その卒業生が溶接工の職を見つけられない場合が挙げられている。このような場合、どんなにアウトプットが大きくても、そのプログラムが成果を上げているとは言えない。

もし、アウトカムが意識されないまま、アウトプットのみが注目されると、いわゆる「数字競争（gaming the numbers）」が始まることになる。この例として、『行政革命』では、上記ウィルソンの『官僚制』から、エドガー・フーバー長官時代のFBIの例を引用している。この時期、FBIの捜査員は、逮捕数、盗品の回収数等を伸ばし続けなければならないというプレッシャーを長官から受けていた。このために、彼らは、地元の警察に既に発見された盗難車のリストの提出を求めた。それらの車を盗品の回収数とするためである。また、逃亡犯人の逮捕率を上げるために、捜査員は軍隊からの脱走兵に的を絞った。なぜならば、脱走兵は、自宅に向かうことが多いので、通常の犯罪

3. Wilson, James Q. (1988), *Bureaucracy: What Government Agencies Do and Why They Do It*, Basic Books.

4. Osborne, David and Ted Gaebler (1992), *Reinventing Government*, Perseus Books.（邦訳：デビッド・オズボーン、テッド・ゲーブラー著、高地高司訳（1994）『行政革命』、日本能率協会マネジメントセンター、1994年）

者よりもずっとみつけやすいからである。ゆえに、1970年代に至り、連邦政府の検察官は、FBIが送検してくる事件の60％を、多くの場合事件が余りに瑣末であるために、不起訴とするようになっていた。

このように『行政革命』では、アウトプットとアウトカムを区別した上で、結果重視の政府（result-oriented government）における「結果」とは、正にアウトカムであると述べている。この点は、同書全体を通じて流れる思想――社会のニーズに対応するためには、進歩主義（progressivism）に基づいた、これまでのプロセス中心、コントロール中心の政府ではなく、政府活動の「結果」の最大化を目指さなければならない――からも重要な意味を持つ。アウトプットに着目すれば、どうしてもその生産プロセスに着目し、それを規制したりコントロールしたりしようということになるからである。同書は、アウトプットをプロセスと同義語としてさえ使っている。そして、この「結果最大化」という目的に適合した組織構造あるいはマネジメント手法として、「分権化された政府（Decentralized Government）」あるいは「組織使命によって動かされる政府（Mission-Driven Government）」となるべきだとの主張がなされている。

なお、上述の同書の補遺Bでは、アウトプットとアウトカムの違いにとどまらず、効率性（efficiency）と有効性（effectiveness）の違い、事業のアウトカム（program outcome）とより広い政策のアウトカム（policy outcome）の違いについても強調している。同書では、これらを表にして整理しているので、参考のためにここに表1として引用する。

表1　アウトプットとアウトカム

	一般的定義	道路清掃	福祉：職業訓練
アウトプット（またはプロセス）	産出された量	清掃された距離	訓練された人数
アウトカム（または結果）	生産の質ないし効果：その生産が生み出した望ましい結果の度合	道路の清潔度の指標	6か月後、1年後、及びそれ以後に、就職し、福祉給付を離脱した人数。彼らの生活へのインパクト
プログラム・アウトカム	望ましい結果の達成における特定の事業の効果	清掃の結果としての道路の清潔度の指標	同上
事業のアウトカム	基本的な諸目的達成における、幅広い諸政策の効果	市民が道路にどれだけゴミを残すかを示す諸指標	労働力人口における失業、福祉給付依存率及び貧困率、福祉給付人口のうち1年以上、5年以上等福祉給付を受けている等
プログラムの効率性	産出量1単位当たりの費用	清掃1マイル当たりの費用	被訓練者、就職者、職業保持者……等1人当たりの費用
政策の効率性	基本的な諸目的達成のための費用	Xレベルの道路清潔度のための費用	失業、貧困率、福祉受給者数等の望ましい減少を達成するための費用
事業の有効性	事業が望ましい結果を達成する度合	道路の清潔さに対する市民の満足度	アウトカムに同じ
政策の有効性	基本的な諸目的と市民のニーズが満たされる度合	市民はこのように金を使われることを望んでいるか？　例えば彼らは金が道路の再舗装に使われることを望んでいるのではないか？	より大きな社会への効果：例えば貧困率、福祉受給者数、犯罪率、貧困救済のために事後的に要する費用等

出典：Osborne, and Gaebler（1992）, pp.356-7.

行政の生産性・効率性

『図表でみる世界の行政改革』は、全編にわたって、各指標と行政府の生産性・効率性との関係を意識してデータが収集されている。生産性と効率性の違いは、基本的には、より多くのアウトプットを同じ資源量で供給するか、それとも、同じ量のアウトプットを最小の資源量で供給するかというものである。OECDは、『図表でみる世界の行政改革』において、インプット指標、プロセス指標とアウトプット指標、アウトカム指標との因果関係を立証するという大きな目標を掲げている。OECDの定義する生産性とは、測定したインプットの量に対するアウトプット・アウトカムの割合を指す。『図表でみる世界の行政改革』において生産性という表現を用いる際、OECDは政府全体の生産性を指している。つまり、個別の政府活動のインプットとそれに対応するアウトプット・アウトカムに基づく生産性ではなく、全政府活動のインプット・アウトプット・アウトカムを総計した、いわばマクロの生産性を意識しているのである。

2011年版及び2013年版においては、測定が難しいアウトプット等の指標については、教育や保健医療、税務行政など特定の分野の指標しか取り上げていなかった。これに対し、2015年版以後は、アウトプットとアウトカムの測定を、政府全体の次元と、個別の国民サービスの次元の2つに分け、それぞれ独立の章で示している。すなわち、2023年版では「第2章 信頼と民主的ガバナンス」において、政府全体の次元として、公共組織への信頼（指標1）及び公務員への信頼（指標2）、政治的効能感（指標3）を取り上げている。「第3章 公共サービスの満足度」においては、保健医療、教育及び司法制度という、国民への直接・現物サービス提供を行う分野について、サービスへのアクセス、応答性及び質（又は公平・公正性）という3つの観点から、サービスのアウトプットとアウトカムの測定に取り組んでいる。

2023年版の特色

(1) OECD独自の公共部門に対する国民の信頼・満足度調査

本年度版において出色の取組は、公共部門に対する信頼や満足度に関するサーベイを、OECD自らが行い、分析の基礎としていることである。これまでは、これらのデータは、ギャラップ社の「世界価値観調査」の結果等を用いていた。しかし、「世界価値観調査」等は、公共部門を対象としたものではなく、政治・経済・社会全体の仕組みについて、各国国民の主観的印象をサーベイしているもので、公共部門についての設問は少なく、サンプル数も詳細分析に耐えうるものではなかった。

それに対し、今回のOECDサーベイは、公共部門の各制度・各機関に対する信頼や満足度に的を絞って調査票が設計されている。さらに、標本規模が、各国2,000人を基準としており、今後、詳細分析も可能である。本年度版では、第1章から第3章までの分析の基礎となっており、今後、ますますその重みを増していくであろう。

(2) 第1章にみる2023年版の特色

各年版全体の特色は、巻頭の第1章に集約されてきた。2023年版は「複数の危機の時代における民主主義の強じん性－構築・強化・保護－」である[5]。複数の危機とは、2021年版の中心テーマであったCOVID-19の流行に加え、2022年のロシアによるウクライナ侵攻が代表である（2023年のイスラエルとパレスチナ・ガザ地区（ハマス）との紛争は、本年版公刊時にはまだ発生していない）。

本章では、上記のような重複して発生する危機に、民主主義政府が十分な対応をできなかった場合に、その能力と価値に対する信頼を損なうリスクがあり、それに対してどのように備えるべきかを考察している。第2次世界大戦時のイギリス首相であったウィンストン・チャーチルが言う通り「これまでも多くの政治体制が試みられてきたし、またこれからも過ちと悲哀にみちたこの世界中で試みられていくだろう。民主主義が完全で賢明であると見せかけることは誰にも出来ない。実際のところ、民主主義は最悪の政治形態と言うことが出来る。これまでに試みられてきた民主主義以外のあらゆる政治形態を除けば、だが。」[6]なのである。我々は、このチャーチルの皮肉に満ちた反語を正面から受け止め、民主主義、民主主義政治体制を命がけで守っていかなければならない。

前段落で述べたとおり、OECDは危機が国民の政府に対する信頼を損ない、それが民主主義のリスクになると主張しているのであるが、裏返すと、国民の民主主義政府への信頼なくしては、民主主義政府を維持することができないのである（ドイツのワイマール共和国崩壊の経緯を見よ！）。

OECDは、民主主義の強じん性の強化の方策として、3つの側面から整理を試みている。①参加と代表、社会的包摂性、イノベーション及び協力における民主的な強みの強化、②複数の危機の中での公共財・サービスの提供を支援するために必要な、主要なガバナンス能力の強化、そして、③公共の清廉性の欠如と誤情報や偽情報から生じる国民の信頼に対する積極的な脅威からの保護である（p.18）。いずれも、現に我々が直面している課題である。読者の皆様におかれては、これらの課題に対し、OECDがどのような提案を投げかけているか、読み取っていただければ幸いである。

OECD法的文書（legal instruments）

この『図表でみる世界の行政改革』に掲載されている多くの指標は、公共ガバナンス委員会（PGC）規制政策委員会（RPC）及び上級予算官吏委員会（SBO）とともに策定されたOECD の原則と勧告の測定を反映している（p.6）。特に、版を重ねるにつれ、勧告と、その達成度を測定する指標の使用が増大している。しかし、「勧告」を始め、OECDの意思決定の種類と効果については、一般には良く知られていないと思われるので、OECDの文書からの引用により、ここで簡単に説明したい[7]。

5. 原著は「構築・強化・保護－複数の危機の時代における民主主義の強じん性－」であったが、副題の方が第1章の内容を端的に表していると思われるので、翻訳に当たっては両者を入れ替えた。

6. 江上隆夫（2021）「チャーチルの民主主義に関する名言を裏取りしてみた」（https://deepvisionlab.jp/%E3%83%81%E3%83%A3%E3%83%BC%E3%83%81%E3%83%AB%E3%81%AE%E6%B0%91%E4%B8%BB%E4%B8%BB%E7%BE%A9%E3%81%AB%E9%96%A2%E3%81%99%E3%82%8B%E5%90%8D%E8%A8%80%E3%82%92%E8%A3%8F%E5%8F%96%E3%82%8A%E3%81%97%E3%81%A6%E3%81%BF%E3%81%9F/、2025年3月7日閲覧）

1961年にOECDが設立されて以来、OECDの枠組みの中で約450の実質的な法的文書が作成されてきた。これらには、OECD法（すなわち、OECD条約に従ってOECD理事会によって採択された決定及び勧告）及びOECDの枠組みの中で作成されたその他の法的文書（例えば、宣言、国際協定）が含まれる。

すべての実質的なOECD法的文書は、有効であるか廃止されたかを問わず、OECD法的文書のオンライン概要に列挙されている。それらは、以下の5つのカテゴリーに分類されている：

－決定：採択時に棄権したものを除き、すべての加盟国に法的拘束力を有するOECD法的文書。それらは国際条約ではないが、同様の法的義務を伴う。支持国は、決定を実施する義務があり、そのような実施のために必要な措置を講じなければならない。

－勧告：法的拘束力はないが、実際には、支持国の政治的意思を代表するものとして大きな道徳的力を与えるOECD法的文書。支持国が勧告を完全に実施するために最善を尽くすことが期待される。したがって、そうするつもりのない加盟国は、通常、勧告が採択されたときに棄権するが、これは法的には要求されない。

－宣言：OECD法的文書は、組織内で、一般的には補助機関の中で作成される。それらは通常、一般原則又は長期目標を設定し、厳粛な性格を有し、通常、理事会又は組織の委員会の閣僚会合において採択される。

－国際協定：OECD法的文書は、組織の枠組みの中で交渉され、締結される。それらは、締約国に対して法的拘束力を有する。

－取り決め、理解及びその他：公式に支援される輸出信用に関する取り決め、海上輸送原則に関する国際理解及び開発援助委員会(DAC)勧告のような、いくつかの特別な実質的な法的文書が、時間の経過とともにOECDの枠組みの中で作成されてきた。

このうち、条約と同等の効果を有する決定が用いられることは少なく、支持国の政治的意思の表明である勧告が用いられることが多い。目標を共有しつつ、実施は各国の政治・経済・社会の状況に合わせて、実施速度も各国の状況に合わせて行えるものである。

このような、「ソフトな国際約束」が、条約のような「ハードな国際約束」をいかに補完しているかについては、前OECD日本代表部大使の岡村善文氏が同代表部のウェブサイトに掲載した「OECDはホームセンター」というエッセイが正鵠を射ているので、失礼ながら、ここに全文引用させていただきたい[8]。

社会において皆が円滑に生活するために、規則が必要です。たとえば交通規則がないと、たちまち交通は麻痺します。混雑する交差点には信号が必要ですね。世界経済も同様で、経済活動の自由といってもな

7. OECD（2018）*Recommendation of the Council on Public Service Leadershop and Capability*, p11.

8. 岡村善文（2021）「OECDはホームセンター」OECD日本政府代表部ウェブサイト（https://www.oecd.emb-japan.go.jp/itpr_ja/11_000001_00034.html、2025年3月25日閲覧）

んでも許されるわけではありません。貿易、投資、税制、企業行動などについて、皆が公平に経済活動を進められるように、また社会に弊害が出ないように、青信号・赤信号を決めなければなりません。

でも国際社会には立法機関はないし、取り締まりを行う警察もいない。どうやって規則をつくり、どうやって守らせるのか。ひとつのやり方は、多国間条約です。国が集まって交渉し、規則を条約・協定として締結すれば、それはお互いに守らなければならない約束、つまり国際法上の拘束力を持ちます。この最大の例のひとつが、「関税および貿易に関する一般協定」いわゆるGATTです。世界中の国が互いに貿易をする上での、関税その他について取り決めたものです。この協定から発展して設立された世界貿易機関（WTO）が、協定の違反を監視したり、国どうしの紛争を裁定したりしています。条約・協定には各国に守る義務があるので、このやり方で決めていけば実効性のある規則ができます。

でも、それだけに規則を決める交渉はたいへんです。長い月日がかかるのが通例です。また、守れない約束はできませんから、国内に事情を抱えた国は厳しい内容には首を縦に振りません。どうしても誰もが容認できる、最小限の内容にとどまってしまいがちになります。そして条約・協定が発効するためには、一定の数の締約国が批准という国内手続き（日本の場合は国会承認）を済ませないといけない。規則が多国間条約として成立するのは簡単ではないのです。

そこにOECDが登場します。OECDは、そんな厳密な条約・協定でなくても良い、と考えます。契約書みたいに縛られるものでなくても、努力目標を紙に書いて壁に貼るようなものなら、規則は作れる。でもそんな紙だけでは、守られないじゃないか。いやいや、各国がそれを個別に実施すればいいのです。つまりOECDで規則を作って、各国はそれを国内で法律や行政規則にしていく。これがガイドラインとか紳士協定と言われるものです。OECD各国の間で内容を協議し、勧告というかたちで取り決めています。

これらのガイドラインや紳士協定は、単に国々の間で守るべき規則を定めるだけではありません。各国政府に、さまざまな分野においてどういう政策で臨むべきかの、国際的な標準を示すことになります。これは各国政府にたいへん助けになります。ふむふむ、このあたりを国内でも立法化しておけば国際的に遜色ないのだ、国内外での問題発生を未然に防げるのだ、と分かるわけです。それに法的拘束力が前提になっていませんから、かえって幅広く柔軟な内容を決めていくことができます。どんどん進化していく現代社会・経済です。それに対応して規則を制定・改訂していかなければならないときには、とても効率的なやり方です。

たとえば、「多国籍企業行動指針」は1976年に策定され、投資委員会の検討を経て、現在に至るまで何度も改訂されてきています。これは、多国籍企業に責任ある行動を自主的に取るように求めるガイドラインです。多国籍企業は、国の管轄権を越えて活動しますから、一国の産業政策、税制、消費者利益、労使問題、人権保護などの管理が及ばなくなる可能性があります。この指針に基づいてOECD加盟国の中で共通して取り組めば、多国籍企業に責任ある企業行動を求めることができるのです。

また、輸出にかかわる信用供与については、1978年に「公的輸出信用アレンジメント」を取り決めています。各国の政府系金融機関が融資や保険などを野放図に行い、輸出を行う私企業を支援すると、質と価格に基づく公平・公正な競争が損なわれます。また、諸政策の観点から各国が協調して輸出支援策を見直していこうとする場合もある。そうした問題を解決するため、OECD加盟国の間で紳士協定を作ったものです。そして、新しい問題がどんどん出てきますから、貿易委員会（輸出信用・信用保証部会）で検討を重ね、毎年のように改訂してきています。

これらはほんの一例。こういうガイドライン・紳士協定がいくつくらいあるかと数えたら、245本もあります。OECDのHPに一覧が出ています。実にいろいろな分野に及んでおり、OECDの用語で「法的文書(legal instruments)」と呼んでいます。各国が自国の国内で適用していくための「道具(instrument)」だということでしょう。木工をするには鉋(かんな)や鋸(のこぎり)、修理をするならドライバーやペンチ、塗装をするならペンキや刷毛、目的によってさまざまな道具が必要です。OECDは各国にそうした道具を提供します。OECDは各国にとって、そこに行けば必要な道具が見つかる、いわばホームセンターのような機関だと言ってよいでしょう。

おわりに

『図表でみる世界の行政改革』は、2009年のシリーズ出版開始から10年が経ち、8版を数えるに至った。レスリー・A. パルは、1961年のOECD発足以後の、OECDにおける公共マネジメントに関する取り組みとその成果を分析した『ガバナンスのフロンティア：OECDとグローバル公共マネジメント改革』の中で、OECD及び公共ガバナンス委員会のネットワーク的な仕組みの意義を示し、その中でも『図表でみる世界の行政改革』が果たしている、加盟国間の情報交換手段の重要性を指摘している（同書159ページ）[9]。

今回の版の翻訳においても執筆の遅い訳者を励まし、支えていただいた明石書店の安田伸氏に厚く御礼申し上げたい。最後に本書を、総務庁・総務省職員の優秀な先輩として、また、実務家研究者としての道を示してくださった先人として敬愛する故堀江正弘先生に捧げたい。

2025年3月

平井　文三

9. Pal, Leslie A. (2012), *Frontiers of Governance: The OECD and Global Public Management Reform*, OECD Publishing.

◎編著者・訳者紹介

経済協力開発機構（OECD）

経済協力開発機構（Organisation for Economic Co-operation and Development, OECD）は、より良い暮らしのためのより良い政策の構築に取り組む国際機関で、1961年に設立された。OECDは、政府、市民との協力のもと、実証に基づく国際基準を確立し、様々な社会・経済・環境問題に取り組んでいる。経済成長、雇用創出から、充実した教育の促進、税務分野における国際協調まで、データ整備と分析、経験・ベストプラクティスの共有、公共政策と国際基準の設定に関する助言を行うための、独自のフォーラムと知識の中核拠点を提供している。

平井 文三（ひらい・ぶんぞう） HIRAI Bunzo

1965年北海道生まれ。88年東京大学法学部卒業後、総務庁入庁。94年米国ジョージタウン大学公共政策大学院修了（公共政策学修士）。96年から98年まで九州大学法学部助教授（行政学）。2007年から09年まで、11年から13年まで及び15年から16年まで慶應義塾大学法学部講師（非常勤）。08年から10年まで総務省人事・恩給局総務課人事制度研究官。09年亜細亜大学法学部講師（非常勤）。10年から13年まで亜細亜大学法学部特任教授。14年から16年まで及び19年から21年まで東久留米市財政健全経営計画検討会議委員長。15年から20年まで同市まち・ひと・しごと創生推進懇談会会長。14年から19年まで同市外部評価委員。14年から15年まで政策研究大学院大学講師（非常勤）。現在は亜細亜大学法学部教授（行政学、地方自治論）、会計検査院退職手当審査会委員、武蔵野市行政不服審査会会長、第2期小金井市行財政改革審議会会長。

［主な著訳書］

『世界の公務員の成果主義給与』（監訳、OECD編著、2005年、明石書店）
『世界の行政改革：21世紀のグローバル・スタンダード』（翻訳、OECD編著、2006年、明石書店）
『ロシアの経済と行政：規律ある市場経済の創造をめざして』（翻訳、OECD編著、2008年、明石書店）
『公務員制度改革の国際比較：公共雇用マネジメントの潮流』（監訳、OECD編著、2009年、明石書店）
『世界の業績予算：政策評価・行政評価に基づく新たな予算編成システム』（監訳、OECD編著、2010年、財団法人行政管理研究センター）
『OECD投資審査ロシア連邦：投資のための政策枠組みを強化する』（翻訳、OECD編著、2010年、ココデ出版）
『図表でみる世界の行政改革：政府・公共ガバナンスの国際比較』（翻訳、OECD編著、2010年、明石書店）
『図表でみる世界の行政改革OECDインディケータ（2011年版）』（監訳、OECD編著、2013年、明石書店）
『官民パートナーシップ：PPP・PFIプロジェクトの成功と財政負担』（監訳、OECD編著、2014年、明石書店）
『図表でみる世界の行政改革OECDインディケータ（2013年版）』（翻訳、OECD編著、2014年、明石書店）
『図表でみる世界の行政改革OECDインディケータ（2015年版）』（翻訳、OECD編著、2016年、明石書店）
『図表でみる世界の行政改革OECDインディケータ（2017年版）』（翻訳、OECD編著、2019年、明石書店）
『図表でみる世界の行政改革OECDインディケータ（2019年版）』（翻訳、OECD編著、2020年、明石書店）
『分配された公共ガバナンス：エージェンシー、オーソリティーその他の政府の部内・部外の公共主体』（翻訳、OECD編著、2021年、ココデ出版）
『図表でみる世界の行政改革OECDインディケータ（2021年版）』（翻訳、OECD編著、2024年、明石書店）

図表でみる世界の行政改革OECDインディケータ（2023年版）

2025年4月29日　初版第1刷発行

編著者：経済協力開発機構（OECD）
訳　者：平井 文三
発行者：大江 道雅
発行所：株式会社 明石書店
〒101-0021
東京都千代田区外神田6-9-5
TEL　03-5818-1171
FAX　03-5818-1174
https://www.akashi.co.jp/
振替　00100-7-24505

装丁：金子 裕
組版・印刷・製本：モリモト印刷株式会社

（定価はカバーに表示してあります）

ISBN978-4-7503-5930-4